Monnaie et raison d'État

Une histoire de l'argent
dans les civilisations occidentales

Volume I. L'Antiquité

Collection « L'esprit économique »

fondée par Sophie Boutillier et Dimitri Uzunidis en 1996
dirigée par Sophie Boutillier, Blandine Laperche, Dimitri Uzunidis

Si l'apparence des choses se confondait avec leur réalité, toute réflexion, toute Science, toute recherche serait superflue. La collection « L'esprit économique » soulève le débat, textes et images à l'appui, sur la face cachée économique des faits sociaux : rapports de pouvoir, de production et d'échange, innovations organisationnelles, technologiques et financières, espaces globaux et microéconomiques de valorisation et de profit, pensées critiques et novatrices sur le monde en mouvement...
Ces ouvrages s'adressent aux étudiants, aux enseignants, aux chercheurs en sciences économiques, politiques, sociales, juridiques et de gestion, ainsi qu'aux experts d'entreprise et d'administration des institutions.

La collection est divisée en six séries :

Dans la série *Economie et Innovation* sont publiés des ouvrages d'économie industrielle, financière et du travail et de sociologie économique qui mettent l'accent sur les transformations économiques et sociales suite à l'introduction de nouvelles techniques et méthodes de production. L'innovation se confond avec la nouveauté marchande et touche le cœur même des rapports sociaux et de leurs représentations institutionnelles.

La série *Economie formelle* a pour objectif de promouvoir l'analyse des faits économiques contemporains en s'appuyant sur les approches critiques de l'économie telle qu'elle est enseignée et normalisée mondialement. Elle comprend des livres qui s'interrogent sur les choix des acteurs économiques dans une perspective macroéconomique, historique et prospective.

Dans la série *Le Monde en Question* sont publiés des ouvrages d'économie politique traitant des problèmes internationaux. Les économies nationales, le développement, les espaces élargis, ainsi que l'étude des ressorts fondamentaux de l'économie mondiale sont les sujets de prédilection dans le choix des publications.

La série *Krisis* a été créée pour faciliter la lecture historique des problèmes économiques et sociaux d'aujourd'hui liés aux métamorphoses de l'organisation industrielle et du travail. Elle comprend la réédition d'ouvrages anciens, de compilations de textes autour des mêmes questions et des ouvrages d'histoire de la pensée et des faits économiques.

La série *Clichés* a été créée pour fixer les impressions du monde économique. Les ouvrages contiennent photos et texte pour faire ressortir les caractéristiques d'une situation donnée. Le premier thème directeur est : mémoire et actualité du travail et de l'industrie ; le second : histoire et impacts économiques et sociaux des innovations.

La série *Cours Principaux* comprend des ouvrages simples, fondamentaux et/ou spécialisés qui s'adressent aux étudiants en licence et en master en économie, sociologie, droit, et gestion. Son principe de base est l'application du vieil adage chinois : « le plus long voyage commence par le premier pas ».

Yaël Dosquet

Monnaie et raison d'État

Une histoire de l'argent dans les civilisations occidentales

Volume I. L'Antiquité

L'Harmattan

5-7, rue de l'École-Polytechnique ; 75005 Paris

http://www.editions-harmattan.fr/

ISBN : 978-2-336-56926-0
EAN : 9782336569260

Yaël DOSQUET est Économiste Philosophe. Il enseigne l'Économie, les Théories de la Monnaie, et l'Histoire de la Pensée dans différents établissements universitaires.

L'auteur assume l'entière responsabilité des opinions émises dans ce texte – et des éventuelles erreurs ou omissions – contenus dans cet ouvrage. Par ailleurs, de nombreux auteurs inspirants pourront éventuellement se reconnaître dans certains énoncés de cet ouvrage ; qu'ils soient remerciés pour leurs réflexions stimulantes. Ce livre espère leur rendre la pareille. Et bien entendu, toute proposition critique constructive sera la bienvenue (contact : ydosquet@hotmail.com).

AVANT PROPOS

« Il faut savoir sortir du manège, [...] dire un mot de ces salauds qui vous mettent en garde contre l'ambition ou contre le désir d'absolu et de grandeur, qui veulent vous réduire à leurs normes de concierges ou de vicieux de la littérature. [...] Voyez les conditions de votre vie intellectuelle comme elles sont, et ne sous-estimez pas le danger... [...] Bien rares sont aujourd'hui les spécialistes capables, sans y perdre toute raison, de fabriquer pour se les fournir à eux-mêmes les livres qu'ils ont envie de lire, les paroles dont ils ont besoin. [...] La véritable poésie n'a rien à voir avec ce qu'on trouve actuellement dans les collections poétiques. Elle est ce qui ne se donne pas pour poésie. Elle est dans les brouillons acharnés de quelques maniaques de la nouvelle étreinte. »

Francis Ponge

Le plus étonnant dans cet univers matériel, tout physique, ce n'est pas tellement que la vie y soit apparue, mais bien plutôt que des signes y soient apparus. Ça parle. La nature a une voix... Quelque part, voilà le vrai mystère. D'autant que le langage, quoi qu'on en dise, est le point de départ à partir duquel on pense ce corps qui parle. Magie.

Et qu'est-ce qu'on en fait ?

Parler contre de l'argent... Tous les jours, des discours sont contenus dans des rapports monétaires... Curieuse affaire tout de même dans laquelle se trouve prise l'humanité depuis des milliers d'années... (oui, oui, des milliers d'années...). Parler contre de l'argent...

Et après réflexion, qu'est-ce que parler contre de l'argent sur le fait de parler contre de l'argent ? Eh bien... c'est supposé être une affaire d'économistes. Seulement voilà, cette question de l'économie des discours, personne ne veut s'y coller. C'est pas positif, y'a une face obscure là-dedans. On dira que le problème est mal posé et qu'il faut laisser les ordinateurs calculer. Du coup, en rapport à cette logique impensée, aujourd'hui il y a deux types d'économistes professionnels :

– des ingénieurs devins,

– et des bergers sociaux.

Et ça participe d'un contrôle des discours que d'aucuns aiment à penser comme une sélection « naturelle » (ça laisse sceptique).

L'auteur de ce livre (si je peux me désigner ainsi), pour être tout à fait honnête, n'est ni devin, ni berger... Pas de rassemblements, pas de calculs. Pour ma part, je suis plutôt un économiste philosophe, pas professionnel pour un sou. En vérité, je n'ai rien à vendre. Et dans le fond, j'en suis même à me demander ce que ça peut bien vouloir dire que d'être une « autorité »...

Ici, c'est juste le livre dont moi j'avais besoin, et que je ne trouvais nulle part... Et je savais que je ne le trouverais nulle part, justement parce qu'un tel livre ne peut être ni un artefact marchand, ni non plus un rapport administratif... Ce n'est pas non plus un mémoire académique, il n'est pas question de s'embarrasser de souci d'autorité ici.

Ce livre – ce petit bloc de solitude – est un texte personnel, hors format, introuvable, en quelque sorte clandestin ; il traite d'un problème précis, entêtant, infamant, difficile, un problème qui revient tous les jours à mes yeux avec insistance : l'argent est l'opérateur d'une économie des discours. À cause de l'argent, y'a beaucoup de choses qui sont difficiles à dire, et par contre, il y en a d'autres qui n'arrêtent pas de se répéter.

Les nécessités de l'argent formatent les discours publics. Plus encore, la distinction privé/public n'y change rien à l'affaire : même dans l'intimité du privé, l'argent génère des situations rabâchées, mélangées de confiance et d'incohérence ; l'argent autorise certains à parler, et force d'autres à se taire. On se crée d'énormes complexes avec l'argent. Il est en lui-même un nœud de rapports de pouvoirs incroyable. Il s'observe en statistiques, mais aussi en intimités. L'argent rend certaines choses visibles, et en cache d'autres dans l'obscur. Ceux qui en gagnent largement, notamment lorsqu'ils en ont eu beaucoup déjà, ils fonctionnent. Ils aiment à penser que ce qui leur revient de ce qu'ils font, ils le méritent dans l'absolu. Les autres, et notamment ceux qui contestent cela, ce sont des jaloux envieux qui feraient mieux de la boucler et de rester à leurs places. Comme l'écrit Stendhal non sans ironie : « Si vous feignez de préférer à votre propre fortune les avantages de tous, c'est que vous n'avez aucune chance d'obtenir un bon lopin du budget. » Voilà tout.

L'argent ne serait qu'un voile « neutre » recouvrant des rapports de pouvoirs « naturels » déterminés par ailleurs. C'est dans l'ordre des choses. Comme si cet ordre n'était pas l'héritage d'un construit historique de flux monétaires, comme si, à travers l'histoire ça n'avait pas déjà laissé des traces et des ornières. Et comme ça, comme de juste, on n'en parle pas. On ne sait pas trop quoi en penser, on se cache derrière des proverbes ; et s'il faut y penser sérieusement, on se dit que c'est trop complexe, trop interprétatif, pas assez positif, et puis à quoi bon, à quoi ça servirait ? L'argent est supposé être neutre, non ? Ceux qui contestent cela ne font que lutter pour l'autorité, qui finalement confère de l'argent, et donc, ce qui revient au même, ils luttent pour l'autorité que confère l'argent. Y'a rien d'autre à dire, pas moyen d'en sortir. Reste que justement, c'est à proprement parler une loi du silence.

Ce bouclage parfaitement efficace et clos m'intrigue depuis longtemps.

Peut-il être percé ?

Difficile à dire de prime abord. En tout cas, on va essayer quand même, on va creuser la question…

Avec une technicité de professionnel, mais sans répondre aux nécessités de l'argent, on va essayer de faire le tour de ce que l'on peut raisonnablement dire en vérité à propos de tout ça. J'essaie un propos inédit, qui recueille simplement des interprétations cohérentes, étayées de connaissances historiques vraies. Ni gnose ni glose – ou du moins un minimum de pensum – juste des questions et des faits historiques. Par ailleurs, ce livre n'est pas non plus un roman. Pas de fables…

J'ai écrit ce livre d'abord pour moi, tout simplement. Il aurait pu en rester là… Et pourtant, pourquoi ne pas tenter de le partager… Essayer de faire un bel ouvrage… un livre. Le problème évidemment, c'est que la fabrication et la distribution de l'artefact fait alors travailler des gens, et ça va devoir être vendu (et ça met aussi en jeu des questions de droits d'auteur, or si je cite tout le monde le résultat va crouler sous les références savantes et les notes de bas de page ; il faut donc couper court en espérant que les lecteurs savants en viennent à porter un regard indulgent sur le caractère lacunaire du choix restreint des références explicites). Argh ! Le livre sera alors lui-même empêtré dans des problèmes d'argent ! C'est embarrassant, mais on va essayer de faire avec. (Et ce sera un échec social bien sûr… le contrôle social de ces choses-là dans l'espace public est infaillible de nos jours… Mais enfin bref, au final si malgré tous les obstacles ce livre vous a trouvé et vous a plu, partagez-le ! Et on verra bien…).

Cela dit de toutes manières, si je le publie, ce n'est pas pour convaincre qui que ce soit ; si je le publie, c'est plutôt pour partager une vision, un peu comme on fait écouter de la musique à un ami. C'est pour donner force à tous ceux qui sont en lutte avec les pouvoirs de l'argent. Ceux-là assurément, ce n'est pas le plus grand nombre, c'est par définition l'exception. L'argent leur coûte cher, au fond d'eux ils le savent. Mais au fond d'eux aussi, ils s'y retrouvent quand même. Sinon, ils ne feraient pas ce qu'ils font. Résister.

Je dédie ce livre,

Aux artistes,

Aux lanceurs d'alerte.

SOMMAIRE

INTRODUCTION : L'ASSUJETTISSEMENT MONÉTAIRE

« Tout ce que les hommes font, ou savent, ou ce dont ils ont l'expérience, a un sens seulement dans la mesure où il est possible d'en parler. »
Hannah Arendt

« Réduction du vocabulaire, stéréotypes verbaux, mentaux. Chaque fois qu'un mot se perd, ce sont des sensations qui disparaissent. [...] Tout est à vendre. »
Philippe Sollers, *La fête à Venise*

« Faites en sorte que je puisse vous parler. »
Maurice Blanchot, *L'attente l'oubli*

« ... Parce que l'argent mène le monde ! » La sentence est à la fois terrible et dérisoire... Car il y a la sensation que y'a rien d'autre à dire. Et enfin ça, cette impuissance de chacun à toucher réellement à la marche du monde, qu'est-ce que ça signifie ? Eh bien... ça signifie que la monnaie est l'opérateur d'un pouvoir symbolique du souverain sur ses sujets ; et que c'est cette opération-là qui est décisive dans la construction du réel. Mais tout de suite, dès qu'on ouvre le capot du grand véhicule de l'argent et qu'on se penche sur le moteur de l'histoire : pouvoir/souverain/symbole c'est compliqué. Et puis d'abord, la souveraineté c'est quoi, le souverain c'est qui ?

La souveraineté c'est la force et la justice. Cependant les constituants de la souveraineté que sont force et justice ne tombent pas du ciel. Ils sont l'objet d'une production. Et pour cette production, les instruments du sujet souverain sont la machine de guerre et la monnaie. Avant de devenir des symboles de souveraineté, l'épée et la balance sont deux outils entre les mains du sujet souverain.

Ainsi le souverain génère son existence à travers l'emploi de machines de guerre militaires et l'usage de la monnaie dans le civil. La force armée et la monnaie sont les opérateurs fondamentaux du pouvoir et de la justice du souverain. Et au fil du temps, à mesure que les rapports de pouvoir se stabilisent, le travail répétitif de ces instruments sur les sujets s'installe dans une culture, qui participe à déterminer les coutumes d'un peuple, puis s'institutionnalise dans un livre de lois qui dit les droits de chaque assujetti.

Le souverain, c'est celui qui juge et qui décide en dernière instance, celui qui tranche. Le jugement est un attribut de la souveraineté. C'est au souverain absolu qu'il revient de juger dans l'absolu. Et le jugement individuel n'est qu'une dérivation de plus faible degré du jugement souverain. Car le jugement individuel n'a de valeur qu'en tant qu'il n'est pas conditionné. Or le sujet humain individuel n'est que relativement autonome de ses conditions d'existence sociales, culturelles et naturelles ; le sujet individuel est pris dans des déterminismes socio-économiques, psycholinguistiques, et biologiques. Dans ce cadre, la capacité à imposer la légitimité d'un jugement – l'autorité – est la marque de pouvoir du jugement souverain. L'autorité, c'est la crédibilité non démentie, c'est le droit d'être cru, c'est ce qui autorise la parole des sujets individuels, c'est « la voix du maître » qui en fait des « ayants droit » auprès du souverain. Le souverain est ainsi la source de tous les droits, de toutes les grâces, et de tous les honneurs.

Du coup, du point de vue du sujet individuel, le souverain c'est une figure paternelle, c'est l'auteur de toutes les autorisations ; et sa substance, la souveraineté, c'est la compétence de reconnaître la compétence, et tout ce qui s'ensuit de délégations. C'est que, les paroles des sujets individuels sont des actes, et ces types d'actes sont régulés par le fait que les sujets individuels doivent en assumer la *responsabilité*. Cette affaire est au fondement de la constitution du sujet juridique. C'est en effet au sujet individuel qu'il incombe de *répondre* de ses actes discursifs... Et justement le sujet souverain est l'instance auprès de laquelle le sujet individuel rend compte de ses paroles et de ses actes. Ainsi, en dernière instance, le souverain, c'est l'auteur et le sujet même de l'Histoire. De sorte qu'au centre de cette histoire donc, il y a le problème de l'assujettissement du sujet individuel – auteur de l'action – à la volonté du sujet souverain.

Le sujet souverain, c'est un personnage conceptuel, une unité institutionnelle, un centre absolu de décision autonome[1]. Le sujet souverain, c'est le sujet autonome (du grec *auto-nomos* : « qui se donne à lui-même sa propre loi »), autonome de droit, et autonome de fait. Le sujet souverain est autonome de droit, dans la mesure où personne ne lui conteste dans les principes son pouvoir. Et le souverain est autonome de fait, dans la mesure où personne ne peut lui contester son pouvoir dans les faits, par la force – fût-elle armée. La souveraineté est une qualité de puissance, dans la mesure où le premier des pouvoirs est celui de se conditionner soi-même, de se pratiquer soi-même, de se conduire soi-même, de se gouverner soi-même. Mais ce n'est pas une qualité binaire, toute ou rien, c'est une intensité qui se mesure en termes de degrés.

Le sujet souverain – qu'on peut appeler par ailleurs Le Politique – existe bel et bien, mais il n'est pas un sujet individuel. Il couronne ce qui est au faîte de toutes les échelles sociales, à la cime de toutes les pyramides. Mais même dans les monarchies, il s'incarne en réalité la plupart du temps dans un réseau oligarchique ; ou alors par exemple, dans une démocratie libérale, où personne n'est tout à fait souverain mais où chacun peut accéder à la conscience de la

[1] De ce point de vue, le sujet souverain « en général » a une existence tout aussi consistante que le sujet individuel « en général ».

souveraineté, le sujet souverain se manifeste par fragments en tant que citoyens membres d'un corps électoral, doté d'une voix exprimable (par diverses voies comme la manifestation, le suffrage, la consultation, ou le sondage du corps citoyen). Reste que c'est auprès du souverain qu'il s'agit de faire entendre sa voix.

Le sujet souverain n'est pas un sujet fixe dans l'histoire. Il peut en effet subir des transformations de son corps incarné à travers l'histoire des métamorphoses de sa constitution : le chef, le roi, l'empereur, le cercle oligarchique, la nation, ou le Peuple, selon les régimes d'agencements des rapports des forces qui le composent à l'issue de révolutions politiques.

Dans la monarchie, le souverain, c'est un corps qui pose, qui se donne à voir, qui trône, qui siège, qui tient séance, qui marche, et – éventuellement – qui chevauche ; il attire tous les regards, et son point de vue domine tous les autres. C'est en cette geste fondamentale qu'il reste un sujet humain. Le souverain : où il réside se tient la capitale (la tête) de *son* territoire.

Cette constitution, ce corps du souverain, cette matière qui se donne comme source localisée du pouvoir, c'est par définition son point sensible ; son corps incarné, c'est le site de sa réceptivité aux forces extérieures[1]. Autrement dit, c'est par là qu'il entend. D'ailleurs, c'est en cela que la démocratie est le meilleur des régimes politiques ; ce n'est pas parce que c'est le « moins mauvais » des régimes politiques (ce critère est flou). Mais c'est bien plutôt parce que son point sensible (le Peuple) est distribué, vaste, ventilé, réflexif en quelque sorte. Sa tête est une montagne, une forêt, un océan de citoyens, comme on voudra. De sorte que la vertu du souverain démocratique est essentiellement épistémique : comme il dialogue en lui-même, comme il se dit à lui-même les choses en vérité – ou du moins, du mieux qu'il le peut – ce souverain de masse est plus raisonnable, il perçoit mieux, il parle mieux, il pense mieux, il juge mieux, il décide mieux, son régime est plus stable. Bref, le sujet souverain, c'est un sujet humain, constitué de passions ; mais en même temps, même en monarchie, il ne coïncide jamais parfaitement avec le corps d'un sujet individuel. Par définition, le point de vue du souverain est synthétique.

La volonté du souverain est de persévérer dans son être et d'étendre sa puissance dans le réel. Il veut la gloire, l'épanouissement de son être dans le réel. Cependant, cette volonté rencontre des résistances. L'autorité qui exerce le pouvoir souverain est soumise aux nécessités de l'exercice du pouvoir.

Dans le cadre de cette conception du sujet souverain, le chef doit y prendre la mesure des faits et des évènements, concevoir les nécessités tactiques et stratégiques impliquées, et prendre les mesures exigées par la situation.

[1] D'où l'idée chère aux révolutionnaires marxistes léninistes selon laquelle une stratégie est un choix de points d'application des forces. Reste à savoir sur quoi…

Ainsi, pour se gouverner, le sujet souverain ne se gouverne pas tant lui-même par idéologie, erreur et mensonge, mais plutôt par tout un ensemble de processus de production de vérité ; il lui faut connaître ses facultés, développer ses facultés, afin de savoir ce qu'il peut, afin de se définir, à l'horizon de ses objectifs propres, un ensemble de nécessités de l'exercice du pouvoir politique qui guident son action sur lui-même : une raison d'État.

La raison d'État réside à la fois dans la matière définie, délimitée, la constitution, à partir de laquelle elle peut exercer une fonction : le sujet individuel ; et elle se définit aussi par les résistances de l'objet sur lequel elle applique ses structurations (les populations, les paroles, les activités). Et là-dedans, la monnaie, depuis fort longtemps, est le moyen opératoire principal de ce processus d'ajustement du sujet aux nécessités du pouvoir.

Historiquement, ce processus d'ajustement du sujet aux nécessités du pouvoir est un processus de subjectivation, c'est-à-dire un processus de constitution des sujets individuels qui donnent corps au sujet souverain. Ce processus de constitution des sujets sociaux se fait à partir de matières (résistances) qui fonctionnent a priori au dehors de la raison d'État. Ce sont des choses vécues mais qui justement résistent à la connaissance par la raison d'État.

En effet, au dehors du sujet souverain de la raison d'État se trouvent les matières non codées aux limites de sa perception, des choses qui n'ont rien à voir a priori avec la logique de la responsabilité et qui pourtant donnent toute leur chair aux expériences humaines du sujet individuel, c'est là où s'éprouve réellement la présence du présent :

- le sommeil, le rêve et le réveil,
- la peine et les plaisirs,
- la vie des enfants entre eux,
- la sexualité et la tendresse,
- la maternité et la paternité,
- le jeu, l'art et la littérature,
- et la mort…

En fait, la raison d'État naît avec l'identité juridique des sujets qui se forge dans la répétition transactionnelle. Cela implique la responsabilité individuelle : que chacun réponde de ses actes auprès du souverain, présent à son appel, visibles à son point de vue. Ça concerne toutes les décisions où il y a des comptes à rendre. C'est la fonction en soi pour la raison d'État. Produire des subjectivités conformes aux nécessités de l'exercice du pouvoir politique : des sujets responsables. Cela participe de déplacements et de réaménagements des espaces de l'intimité du for intérieur. La raison d'État y trouve sa fin : la stabilité de la souveraineté.

Cela dit, pour la raison d'État, cette subjectivation, cette pratique incessante de codage des évènements dans l'ordre de la responsabilité individuelle, ce n'est pas une fin en soi, c'est un moyen, c'est un moyen pour l'assujettissement ; car pour la raison d'État, le contrôle des activités n'est pas une fin en soi, la production de richesses n'est pas une fin en soi non plus ; la fin en soi c'est l'assujettissement lui-même. C'est un contrôle des formes, à la fois un contrôle de l'individuation des sujets et un contrôle des liens entre les sujets. C'est par là que le sujet souverain atteint à la gloire, le plein épanouissement de son être.

La raison d'État s'intègre dans le sujet individuel à mesure que le sujet individuel s'intègre dans le sujet souverain par les voies de l'autorité et de la crédibilité. Car ces deux facultés, prêtées aux sujets individuels, impliquent la conformité de leurs comportements et de leurs raisonnements à la raison d'État du sujet souverain. Cela dit, le sens des responsabilités est par rapport au sujet individuel toujours un peu à cheval entre le dehors et le dedans, entre la répression et le refoulement. Il peut être un ordre extérieur ou une conviction incorporée. Reste que, toute la question pour la raison d'État c'est de faire emporter l'adhésion sur la contrainte.

Ainsi, on appellera ici « citoyen » tout sujet individuel qui, quel que soit le régime politique, a incorporé à plus ou moins haut degré la raison d'État du souverain. Le citoyen, c'est l'assujetti qui compatit avec le chef, c'est celui qui comprend les difficultés de l'exercice du pouvoir et qui participe activement à son fonctionnement. Il assume le principe selon lequel il ne lui appartient pas de violer la loi du souverain, mais de la fonder. De sorte que le juridique se fonde dans le rituel, tous les jours répété, du salut : geste par lequel, à l'image du souverain, le citoyen manifeste empire sur soi (*sibi imperare*), il prend garde-à-vous (Res-tez-le-même !). Et au-dessus, tout en haut dans les cieux, le corps du souverain, lui, manifeste cet empire sur soi par la sérénité (« se reposant, il se transforme »).

Cela dit, le sujet souverain ment beaucoup à ses assujettis, il a beaucoup de secrets, c'est une vieille habitude, il a le souci des apparences. Parce que, de longue date la raison d'État lui impose un souci de crédibilité. Si bien que pour le sujet souverain, il y a un écart significatif entre tenir sa parole et dire la vérité. Clairement, le mensonge et le secret d'État, c'est tout à fait justifiable du point de vue de la raison d'État. Car mentir, c'est : ne pas dire la vérité à qui on la doit. Ainsi, dire la vérité ce n'est pas une nécessité dans l'exercice du pouvoir, c'est une question de devoirs (par exemple, les parents ne doivent pas la vérité de leur intimité à leurs enfants). Le souverain ne donne aux assujettis que la vérité dont ils ont besoin pour le servir.

Donc, si la constitution du régime politique n'est pas démocratique, en principe le sujet souverain ne doit pas forcément la vérité à ses assujettis ; car alors le Peuple, en état de minorité, n'est pas en mesure de décider de son destin en connaissance de cause, il ne coïncide pas avec le sujet souverain, et il n'y a donc aucune nécessité constitutionnelle à dire la vérité aux assujettis. Ils doivent obéir à la volonté du souverain, mais il n'est pas attendu qu'ils fassent usage de leur raison politique. Alors évidemment, sur cette pente, tout dictateur tend à justifier son statut par l'organisation de la minorité de « son » peuple. Et ça débouche immanquablement à ce que dans une dictature, le langage soit contrôlé par le droit pénal. Reste que, dans la Modernité postérieure à la Révolution française, ce genre de régimes d'oppression militariste peut-être simplement considéré comme primitif et abruti. Ça fonctionne brutalement par le maintien du peuple dans la minorité.

Dans une démocratie libérale (où le Peuple est majeur), l'intention du Peuple n'est pas involontaire, il fait usage de sa raison politique à cette fin. Et alors, l'abord subjectif de la raison d'État par le sujet individuel citoyen peut emprunter deux voies : l'abord par la droite opinion se fait par le principe de responsabilité, et l'abord par la gauche opinion se fait par un principe de conviction (par exemple, les premiers pensent que pour avoir la paix, il faut préparer la guerre, et les seconds pensent que pour avoir la paix il faut faire la paix[1]).

Mais enfin bref, dans tous les cas, qu'on attribue ou pas une valeur de vérité au libre arbitre des sujets individuels, la monnaie dans ce processus gouvernemental disciplinaire, législatif et normatif, est toute à la fois un instrument, une institution, et un dispositif. C'est un instrument de savoir : ça mesure les valeurs pour établir les jugements du souverain. Et c'est un instrument de pouvoir : ça commande les activités pour réaliser au final les volontés du souverain. Et ça fonctionne au service de la raison d'État : à satisfaire l'ensemble des nécessités de l'exercice du pouvoir politique.

Cela dit, il faut considérer également que le souverain libéral, républicain et populaire, a besoin de se donner une image de lui-même pour fonctionner. Et là, pour y voir clair, tous les yeux se tournent vers les flux monétaires. La monnaie esquisse des régimes de visibilités et délimite des domaines d'expériences, c'est un objet à la fois panoptique et hétérotopique : il s'y joue des commerces de regards et des jeux de lumières aux origines obscures, il s'y déploie des replis du temps qui emportent l'action, il y existe des seuils qui ouvrent sur des espaces autres, où le sujet se découvre absent à lui-même, le miroir, l'œil, l'image, le mur, le voile, et la cage…

L'argent moyen de paiement est un objet quotidien, et pourtant notoirement méconnu, paradoxal, ésotérique, voire carrément magique et mystérieux. La monnaie est signe ambivalent et paradoxal, à la fois signe de désir et d'avoir, de liberté et de pouvoir, de lien et de domination, instrument de coordination social et exutoire à l'angoisse de mort. L'objet n'est pas clair, à ce point qu'en français, le langage savant utilise un autre mot que le langage

[1] Du latin *pax* : « pacte ». À la différence du contrat, le pacte relève d'une geste, mais pas d'un échange de consentements. On voit donc que le « pacte républicain » peut avoir des sens différents. Être de droite, c'est croire dans les vertus de la peur. Être de gauche, c'est croire qu'il existe des forces d'oppression dans la rationalité. Ou encore autrement dit : être de gauche, c'est essayer de s'en sortir, être de droite, c'est chercher à avancer.

quotidien pour désigner le même objet (l'argent)[1]. En effet, les scientifiques autorisés à parler « sérieusement » de cet objet – les économistes – utilisent le mot « monnaie ». Alors, pour clarifier le rapport des deux termes, disons que « l'argent », c'est de la monnaie enveloppée dans une représentation commune ; une représentation culturelle, accidentelle, que les savants se font fort de balayer, de brosser, pour ne laisser que l'objet pur, méthodiquement scientificisé : la monnaie.

Et tout de suite, c'est déjà là que ça coince. Parce que non seulement la monnaie est un objet construit (comme tous les objets de connaissance), mais en outre, pour ce qui est de cet objet-là, cette objectivité dépend objectivement de ce qu'on pense d'elle. L'argent, ça dépend de ce qu'on en pense (par exemple, chacun sait pouvoir se sentir libre, à l'occasion, de nier la valeur des écritures sur ce bout de papier qu'est un billet de banque[2]…). Tout un chacun peut éprouver le fait monétaire. Chacun a son expérience de l'argent. Et, même si c'est imperceptible, ça a des effets sur l'argent en général.

Après, c'est trivial de le dire mais, la monnaie en tant que dette sur l'autorité souveraine est un lien, un type de lien social. En tant que tel, il peut être scientifiquement objectivé par les sciences sociales et notamment la science économique. Mais qu'est-ce qu'une expérience scientifique du fait monétaire a de plus à dire par rapport à l'expérience personnelle, si ce n'est à rendre compte au sujet souverain ? La question est difficile en fait ; certes l'objectivation mathématique y joue un rôle important. Mais somme toute il est certain que l'acte interprétatif y joue également un rôle fondamental.

En fait, voir rationnellement la monnaie, pas seulement du point de vue des sciences sociales et de la finance, mais plus raisonnablement du point de vue des sciences de l'homme, à la croisée de l'anthropologie, de l'histoire, de la linguistique, de la psychologie et de la philosophie, qu'est-ce ? Eh bien, c'est pas facile à dire, mais ce qui se dégage de prime abord, c'est qu'il s'agit de la concevoir comme un objet libératoire, un objet libératoire dans l'échange avec

---

[1] Le mot « argent » en français est d'usage populaire depuis la fin du XVIe siècle où se généralise l'usage de la pièce d'argent dans les échanges ; car partout dans le monde, de l'Orient à l'Occident, a circulé la piastre d'argent (dit « real de 8 », dont le métal fut la plupart du temps originaire des mines du Potosi (Pérou)).

[2] Inutile de revenir en détail sur la présentation scolaire de la monnaie et sur l'écueil de la théorie instrumentale standard liée à la doctrine libérale, qui imagine une monnaie idéalement « neutre », et qui récite toujours le même mythe originel : au commencement les hommes faisaient du troc. Et un jour a émergé spontanément l'idée de se réunir pour se mettre d'accord sur le choix d'une commodité qui leur servirait d'intermédiaire universel de leurs échanges afin d'économiser leurs coûts de transaction : l'or (« l'or » : cette idée serait venue tout « naturellement » (ben voyons, tant qu'à faire !)). La monnaie ne serait alors qu'un instrument des échanges… Mais en fait, les choses ne se sont pas du tout passées ainsi dans la réalité historique, comme on le verra par la suite dans cet ouvrage. Et puis, de toute manière, dans cette théorie instrumentaliste, sans représentation collective de la monnaie attribuée a priori à l'agent économique individuel, on voit mal pourquoi, et comment il adopterait l'usage d'un instrument intermédiaire général dans les échanges.

autrui, et désiré par tous en tant que tel. Car payer, c'est se libérer d'une dette, ou en créer une, par le transfert de valeur d'un titulaire à un autre. La monnaie est donc un objet désiré par tous, précisément par ce qu'il est libératoire dans l'échange avec chacun et ce, à la mesure exacte de sa reconnaissance en tant que tel. Plus il est reconnu comme objet libératoire et plus on en veut, et plus on en veut, plus il est reconnu comme objet libératoire. Autrement dit, je veux de l'argent parce que je sais que tous les autres en veulent, pour payer leurs fournisseurs, pour se libérer de leurs dettes, et qu'ainsi à mon tour je pourrai me libérer des miennes. Ça circule comme dans un puzzle à glissières, reste le motif général : le bon fonctionnement du pouvoir souverain.

Alors, dans ce cadre, si l'argent dépend de ce qu'on en dit, que peut-on dire, non pas *de* l'argent, mais *sur* l'argent ? Et d'abord, y-a-t-il une loi du silence sur l'argent ? Et si oui, pour être plus précis, que peut-on dire de ce qu'on ne peut pas dire sur l'argent ? Non pas dire le faux en vérité, non pas corriger une erreur, mais porter le regard sous un autre angle, donner de l'impensé à penser sur cette matière. L'objectif est non pas de parler d'argent, mais de stimuler des formes de paroles nouvelles sur la monnaie, *non motivées par elle*. Parce qu'il y a un nœud dans le langage à l'endroit de cet objet soi-disant tabou (il y a un « inter-dire » comme dirait Lacan).

Prenons un angle d'attaque légitime du point de vue commun sur le regard savant : « la monnaie est un objet libératoire. » … Ah oui ? En quel sens ? Car ce n'est pas toujours ce qu'on ressent à son propos. La capacité libératoire des dettes octroyée par cet objet ne se paye-t-elle pas d'une contrariété, d'une contrainte portée par ailleurs sur la condition humaine, une servitude à la fois si évidente et si obscène qu'on passerait notre temps à la masquer, comme le pli d'une nappe qu'on plisse et qu'on glisserait dans un coin, comme la poussière sous le tapis ? Qu'y a-t-il dans ce coin de si difficile à voir, à savoir et à dire ? Les gens responsables semblent dire aux révoltés que ce serait trop long de leur expliquer (« C'est comme ça ! Rien à faire… *It's the Economy, stupid !* »).

Toujours est-il qu'il y a ceux qui font ce qu'ils veulent d'eux-mêmes et ceux qui ne font pas ce qu'ils veulent d'eux-mêmes. La vie sociale prend son sens dans la pratique sociale où il faut savoir « s'effacer ». Et même si certains doivent s'effacer plus que d'autres, à un moment ou à un autre, tous doivent passer par là et font cette expérience. Reste à savoir : qu'est-ce qu'être exilé, aliéné, possédé, expulsé de soi-même et du monde ? Est-ce un problème de domination, de corruption, de complot, un problème d'alerte à lancer ? Dans la corruption, est-ce le sujet qui mésuse de l'argent ou l'argent qui mésuse du sujet ? Est-ce le problème d'un système ? … Un système de contrôle total, englobant, qui ne peut être observé « du dedans » que par les manifestations symptomatiques d'un langage tronqué, derrière lequel l'analyste chasseur doit traquer les indices de singularités suspectes, un peu comme dans une novlangue ? Car toutes les langues sont truffées de syntagmes intéressés, d'automatismes de langage et de redondances manifestant des rapports à des structures de pouvoir. La confiscation de soi à ce point-là, ça devient alors difficile à dire, c'est comme parler du rythme sans le faire entendre (et pourtant, chacun en éprouve la possibilité en son for intérieur).

On peut s'enfoncer dans le relativisme... Reste que tout lanceur d'alerte qui se lève contre une injustice ou la corruption d'un ordre établi appelle à une raison d'État plus puissante, c'est-à-dire à une stabilité plus stable du système social, une stabilité des pouvoirs mieux fondée en valeurs. Parce que la corruption est irresponsable par définition, tellement irresponsable... Ça reste une histoire de responsabilité qui est en jeu. Autant dire que c'est une histoire de répondant.

Et à chaque fois quelque chose résiste dans la raison d'État, le souverain préfère ne pas savoir, justement au nom de la raison d'État : surtout pas de vagues... Ne jetez pas le discrédit sur l'institution ! Le maintien de l'ordre l'emporte sur tout le reste, ça, on peut compter là-dessus. Mais au nom de quoi ? Pourquoi cette incohérence persiste-t-elle au cœur de la raison d'État au nom du principe de responsabilité ? Pourquoi une telle (ab)surdité à la Justice, à la cohérence la plus élémentaire ? L'exercice du pouvoir semble avoir ses nécessités propres...

Bien entendu, il y a des appétits et des pénuries, il y a des dominations, il y a des haines, il y a des intérêts, il y a des normes, et il y a d'autres choses encore, mais c'est pas clair... Et pourtant, on peut aller plus loin. Par-delà la philosophie du soupçon, le philosophe Michel Foucault partait plus généralement du principe selon lequel les discours se déploient dans un espace de rareté. Car « somme toute, peu de choses peuvent être dites... » Certes chaque époque dit tout ce qu'elle peut ; mais en son sein, elle se répète incessamment, elle bafouille quelquefois, elle se répète beaucoup par définition, et elle laisse passer la lumière d'une parole nouvelle assez rarement. En tout cas, elle se déploie dans une économie des discours qui lui est propre. Chaque époque a ses dispositifs de confiscation des discours. Et puis il y a des impensés. Chaque temps et chaque lieu a ses lois du silence, ses manières discursives appropriées, ses règles de prise de parole, du don de la parole, du droit à la parole. Chaque époque se déploie sur le sol d'une strate épistémique qui se définit à travers un état des savoirs.

Et justement, là-dessus, la monnaie fait encore un nœud considérable. C'est à la fois passionnant et très difficile à dire, alors il faut garder cet angle d'attaque du problème. Et dans cette perspective, au-delà d'une histoire des rapports entre finance et connaissance, le problème c'est celui de la constitution du sujet de connaissance.

Il est facile d'admettre que la société de consommation a transformé le sujet individuel, que le psychoaffectif incorpore du sociohistorique ; mais pour ce qui est d'un évènement historique plus important encore – l'apparition de l'usage de la monnaie – là par contre, ça rechigne à envisager que ça ait pu conditionner la subjectivité. Silence à bord là-dessus. Cet outil est supposé être neutre… Et pourtant, on peut le dire sans détour : sans monnaie, pas de société de consommation de masse, et pas de société de production de masse non plus d'ailleurs… et tellement de choses encore. En fait, l'important, ce n'est pas la nature de la monnaie, l'important, c'est ce qui se passe historiquement en elle, avec elle, autour d'elle, et à cause d'elle.

Pour reprendre à la base, on peut dire d'un point de vue général que la monnaie c'est un système de crédits et de dettes – d'avoirs et de devoirs – qui relie les individus d'une communauté. On peut considérer ce système en tant que tel, indépendamment des supports matériels qui servent à tenir la mémoire des comptes, bien qu'ils jouent un rôle important dans les modalités de fonctionnement (bâtons, tablettes, papyrus, lingots, pièces, billets, écritures bancaires dans les livres de comptes, etc.). Mais enfin bref, la monnaie c'est de la dette, peu importe le support matériel. La monnaie c'est un avoir qui sert de moyen de paiement, c'est une dette qui sert « universellement » à régler toutes les autres dettes. Ou pour être plus précis encore, puisque « nul ne paye avec sa propre dette », la monnaie c'est la dette d'un sujet tiers qui permet de se libérer de la dette en général ; c'est de la dette d'un sujet à la fois exclu, commun, et crédible, qui permet d'exécuter l'extinction de la dette entre deux sujets individuels quelconques. La monnaie, c'est de la dette souveraine qui sert à éteindre des dettes individuelles.

La création monétaire est un attribut du souverain. Cette fonction peut être déléguée à une banque, elle n'en reste pas moins une fonction essentielle du sujet souverain. Frapper des pièces, imprimer des billets, écrire dans des registres de comptes… la création de monnaie pourrait être une production comme une autre, elle ne l'est pas. Dans un système bancaire la création monétaire se fait en contrepartie d'un crédit[1].

C'est-à-dire que la banque crée de la monnaie en contrepartie de la promesse d'un agent économique de créer des richesses dans le futur, mais dans un futur bien déterminé, avant une échéance déterminée, dans un temps imparti. Ça implique toute une maîtrise de la mesure du temps… (et cette « maîtrise du temps » a elle-même une histoire).

De manière générale, cette promesse se fait auprès d'un tiers crédible, une tierce partie garante, une autorité intermédiaire (une autorité monétaire), dotée d'une signature crédible, qui va adosser/substituer à cette reconnaissance de dette de l'emprunteur quelconque, sa propre reconnaissance de dette, sa promesse, frappée d'une signature crédible : la monnaie. Dit plus simplement,

---

1 C'est une affaire beaucoup plus ancestrale qu'on ne le croit souvent. Certes, au Moyen Âge les braves gens utilisaient peu la monnaie. Mais l'extinction de l'usage de la monnaie durant le Moyen Âge « obscur » provoque dans la Modernité une erreur d'appréciation de notre situation actuelle dans l'histoire à cet égard : comme si la banque n'apparaissait qu'à la Renaissance. Et pourtant, non, la banque « renaît » à la Renaissance. Nous verrons cela méticuleusement plus en détail par la suite.

on promet de rembourser à une autorité bancaire, on signe, elle signe, et elle crédite notre compte en banque. Mais il faut bien se rendre compte de ce qui vient de se passer : elle a *créé* cette monnaie. Ensuite, pour valider la valeur de cette création nominale, il faudra tenir sa parole, créer des richesses, et rembourser le crédit.

Ainsi, un créateur de monnaie s'institue sur la base du fait que c'est auprès de lui que les promesses sont faites, il les reçoit toutes, les contrôle, les stocke, et c'est sa propre dette à lui, frappée d'une signature crédible, qui va ensuite circuler entre les agents. Autrement dit, plus encore que le fait d'honorer ses engagements, la création monétaire se fait en contrepartie de la promesse – faite par l'agent économique – de l'adoption d'un ensemble de comportements jugés crédibles et responsables par l'autorité monétaire qui a engagé sa parole : consommation « justifiée », investissement « rentable », agent « sérieux et fiable »[1]. En revanche, les comportements « excentriques » sont sanctionnés. Ceux qui n'obtiennent pas de jugement favorable, dans cette épreuve de vérité bien particulière, voient la qualité de leur intégration sociale dégradée d'emblée par cette faible affiliation bancaire, et de ce fait, ils peuvent se retrouver endettés « jusqu'au cou ».

Or c'est toute une vision de la société qui est mobilisée dans la production de ces jugements de solvabilité, dans ces jugements de valeur sur les paroles données, les comportements, et les agents eux-mêmes. Et dans la société moderne, cette procédure d'accréditation des agents et de leurs réalisations dans le réel s'appuie sur la science économique – ou du moins sur une pensée économique – pour fonder ses attentes et sa légitimité[2].

Ce processus d'objectivation du réel par le secteur bancaire pourrait se cantonner à la sphère marchande, ou encore à la zone d'acceptation de la monnaie, mais même pas. Ses effets de subordination débordent loin, même sur les espaces sauvages (pollués ou surexploités) et les temps intimes (*cf.* statistiques du divorce, des suicides, etc.).

À partir de là, le problème ici pour le sujet de connaissance n'est pas de savoir comment s'affilier pour fonctionner heureusement dans la constitution du sujet souverain (ça, tout le monde en parle : des obscènes livres de développement personnel jusqu'à la vénérable littérature académique universitaire qui est appelée à se rendre utile et à se mettre au service de la préparation à l'insertion professionnelle dans les entreprises privées, en

---

[1] Quand ils travaillent, les Américains disent « *to make money* », pour être « *bankable* ». En français, on a cette expression laconique : il faut bien « *gagner* sa vie ». C'est clair : la *win* ou la mort… C'est « le jeu ».

[2] En réponse à cette question qui a été posée de manière récurrente par un certain nombre d'économistes parmi les plus éminents : « À quoi sert la science économique ? », eh bien il se pourrait qu'elle n'ait jamais vraiment servi qu'à ça ; même quand on remonte dans ses fondations historiques préscientifiques. Pour illustrer, il suffit de considérer ce qui fait encore aujourd'hui tout le prestige d'un économiste « sérieux » : c'est sa connexion d'avec le secteur bancaire (employeur principal des économistes « devins »).

passant par la foule des articles d'informations « tendances » dans les journaux et les magazines pour classes moyennes « pressées »). Dans cette noosphère de la pensée positive entrepreneuriale, les acteurs y ont les stratégies de leurs actifs ; les individus raisonnables y ont les espérances de leurs chances, et progressivement, ils y veulent ce qu'ils peuvent, chacun joue sa chance selon son sort. Ça parle beaucoup, ça lutte tout le temps, mais ça plane à tous les niveaux, le pilotage automatique est activé. Il s'agit de s'élever dans les hiérarchies et de « prendre des responsabilités ». Alors, tout le monde s'obsède de pouvoir. L'horizon excitant, c'est de se rapprocher du *centre* des cercles du pouvoir, pour pouvoir jouir un jour, peut-être, de toucher du bout du doigt la place du souverain.

Mais sérieusement, le problème n'est pas d'accéder au pouvoir. Bien sûr l'argent est un opérateur de pouvoir. Mais le problème n'est pas d'avoir le pouvoir. Le problème est de savoir quoi faire du pouvoir. Autrement dit, le problème n'est pas de pouvoir mais de savoir. Voilà donc pourquoi il est important de penser... Pour le sujet individuel, dans cette perspective, la question à se poser c'est : Que faisons-nous de nous-même à ce moment de l'histoire ? C'est une question qui permet de comprendre en quel sens « seule la pensée agit ». Et c'est le seul problème cohérent qui vaille pour le sujet individuel dans une démocratie libérale. Plus qu'un problème existentiel, c'est un problème d'esthétique de l'existence. Ce problème concerne chacun dans son intime for intérieur. Comment donner un sens responsable à sa vie qui ne soit pas seulement celui de servir les desseins du souverain ?

Restons concrets, quel est l'enjeu ? En une phrase : comment accorder ses valeurs idéales avec sa manière de vivre ? Comment accorder ses convictions avec ses responsabilités ?

Première approche. La persistance de la logique de la marche vers l'effondrement écologique de l'humanité a mené les philosophies écologistes à converger vers un constat alarmant : les sujets individuels souffrent actuellement d'une crise des sensibilités. Le travail fuit de toutes parts, il donne la sensation de perdre de plus en plus son sens à mesure qu'il réclame toujours plus d'investissement personnel et de « savoir être ». L'affaire est plus sérieuse qu'elle n'en a l'air.

Être ou ne pas être... Comment être pleinement acteur de soi-même ? Comment faire de ses actes des fins en soi ? Quelle forme chacun peut-il donner à la vie qu'il a entre ses mains ? Quelle manière d'être au monde, quelle vie intérieure faut-il vivre pour être créatif ? Quel art de vivre faut-il déployer pour être en capacité d'ouvrir un regard neuf et de produire des formes neuves ? Comment vivre avec talent ? Dans quelles dispositions, dans quels agencements des espaces et du temps faut-il plonger son système nerveux pour être en capacité de jouer sa propre mélodie ? Quelle discipline, quelle pratique de soi faut-il adopter pour mettre l'esprit en condition d'atteindre la capacité de création poétique[1] ? Comment faire pour s'écrire soi-même dans son propre langage, pour qu'un poème soit vrai (plutôt que de « écrire un texte ») ? Dans quelles conditions de vie trouve-t-on l'inspiration d'être heureusement soi-même ? Tout cela, ce n'est probablement pas qu'une question d'argent, mais très certainement une question de rapport à l'argent. Au cœur du problème c'est déjà peut-être que le courage de la vérité est lié au courage d'être soi. Mais ce n'est pas tout…

Le problème plus immédiat n'est pas moral, il pourrait être plutôt stratégique : dans quelle position faut-il se mettre pour pouvoir tenir tel ou tel discours ? L'argent a-t-il quelque chose à voir dans ce problème puisqu'il participe à définir les positions sociales et les situations dans les espaces ? Et si oui, quoi ? Et comment ? Et qu'est-ce que ça implique de voir les discours assignés sous cet angle ? Quels sont, à nous modernes et postmodernes, nos ensembles de positions et de dispositions par rapport à tout ça concernant la monnaie ? Que fait-elle de nous ? Et en perspective générale donc : quelle place la monnaie occupe-t-elle dans l'histoire des rapports de pouvoir ? Quel rôle a joué la monnaie dans la constitution du monde et du sujet moderne, c'est-à-dire dans la constitution de la subjectivité moderne ? Et puis, comment juger des conséquences que cela a eu sur l'histoire ? Que dire sur les rapports entre monnaie et lucidité ? Quelle place a la monnaie dans la production du savoir, dans les facteurs d'intérêt à la vérité, et notamment lorsque le savoir n'est pas monnayable ou qu'il va à l'encontre d'intérêts puissants ? Il y a peut-être des choses non sues, précisément parce que la logique de l'argent ne veut pas le savoir… Et enfin : dans quelle mesure l'usage de la monnaie détermine-t-il notre vision du monde ?

Méditer longuement ces questions, c'est tout de suite s'exposer à se charger de quelque chose d'écrasant. Mais enfin, si l'on garde à l'esprit que la monnaie porte un droit de prendre, parce que c'est un droit au produit : la monnaie c'est avant tout un système de partage, un système de répartition des produits du travail qui, en tant que tel, implique dans son fonctionnement à la fois des statuts différenciés entre les individus, et en même temps, dans le dispositif monétaire, cela implique aussi le fait qu'ils soient tous les mêmes face à l'argent, le fait qu'il y a une équivalence généralisée des sujets (sauf Un (le souverain)), alors on approche de la question de savoir dans quel état la monnaie nous met. Autrement dit, à la pointe du questionnement vient cette formulation là : quel est le rôle joué par la monnaie dans l'histoire des rapports

[1] Et d'ailleurs, l'intérêt d'une biographie de grand homme, n'est-ce pas de comprendre dans quelles conditions de vies ont vécu les plus grands créateurs de l'histoire, chacun dans leurs disciplines respectives ? Par exemple, concernant la création littéraire : quelle vie que la vie de Flaubert ! Ça n'a l'air de rien mais il court-circuite sa vie bourgeoise pour la dédier entièrement au travail de son style littéraire. Par ailleurs – autre exemple illustre – dans ses *Écrits sur l'art*, Charles Baudelaire donne une piste : « le génie c'est l'enfance retrouvée à volonté ». Mais enfin, l'un et l'autre auront affaire au Procureur impérial Pinard dans des procès retentissants pour atteinte aux bonnes mœurs…

que les sujets ont à eux-mêmes ? dans la pratique de soi-même ? dans la connaissance de soi ? et dans le gouvernement de soi ?

Il y a en effet un rapport réflexif du sujet individuel à lui-même. Fondamentalement, on se dit en Occident que c'est la philosophie grecque au fondement de l'éthique du sujet individuel moderne qui a théorisé l'existence de ce rapport réflexif rationnel du sujet à lui-même – du « je » au « moi » – comme rapport du sujet à un objet (activité réflexive par laquelle le sujet se désigne et se conduit). Et c'est à partir de là que peut se poser la question du rôle joué par la monnaie dans le rapport rationnel du sujet aux objets (activité transitive de valorisation). Rapport du sujet aux objets – et à lui-même comme objet – qui est un rapport de connaissance des objets par le sujet, mais qui est aussi en retour une pratique des objets qui transforme les sujets… En bref il y a un ensemble de rapports sujets/objets donc, qui, à la lumière d'une réflexion philosophique peuvent et doivent être considérés comme pratique de soi, à travers la pratique des objets, et connaissance de soi à travers la connaissance des objets. On commence alors à comprendre que, en application : voir les choses sous l'angle de leur prix, et mesurer ce prix grâce à l'unité monétaire… *notamment* quand ça s'applique au sujet lui-même et à l'idée qu'il peut se faire de la valeur de sa personne, ce n'est sans doute pas vraiment une opération neutre, qui laisserait le sujet bien au chaud à l'abri dans sa citadelle de nature humaine, « transcendantale », constante et fixée pour l'éternité de l'histoire…

Mais alors, dans tous ces problèmes, la monnaie n'est-elle qu'une oppression venue du dehors du sujet ? Eh bien non, c'est pas si simple, parce que la monnaie lui vient du dedans ; même si au-dedans après tout, il y a quelque chose qui vient du dehors. Il y a quelque chose qui se construit historiquement. Or c'est là tout ce que l'individualisme et son abord subjectif par l'égoïsme cherchent à nier farouchement. C'est toujours plus facile de modéliser les interactions interindividuelles en partant de sujets donnés a priori *ceteris paribus*. C'est le principe même de la force de cette doctrine individualiste… Chacun a *une* âme qui lui a été donnée une bonne fois pour toutes… « *Spiritus sancti. Amen* ». Mais en fait, ça reste discutable.

Bref, pour ouvrir une perspective historique, au risque de la pensée – c'est une hérésie scientifique que d'avancer une telle hypothèse, mais soyons fous ! – il faut désormais avancer dans la réflexion sans rester figé face au regard de méduse : ici l'hypothèse de travail c'est que le médium monétaire a lui-même des effets de subjectivation. Non pas tellement qu'il aliène l'homme, comme s'il ne s'agissait que d'un dispositif répressif qui viendrait contrarier une nature humaine éternelle ; mais bien plus encore, on cherche à explorer l'idée suivante : étant donné que les régularités des processus psychiques ne sont pas tellement des constantes universelles et que la monnaie est une création de l'homme, c'est alors justement par l'intermédiaire de cet objet représentant la valeur que l'homme se guide lui-même dans son processus historique de constitution, comme sujet vivant, parlant, et travaillant. Au fil de l'histoire, l'usage de l'argent façonne le sujet humain, conditionne son existence, ses affects, les techniques par lesquelles les corps sont socialement intégrés, signifiés, rangés, soignés, conçus, reproduits, gouvernés. Car l'Homme est un être néotène : il vient au monde inachevé et se trouve construit comme sujet par ses proches. Or la monnaie participe au processus de civilisation des corps. L'argent participe à déterminer ses sensibilités, ses possibilités d'expression, de procréation, ses formes, ses rythmes, ses élans, et aussi donc les bases pulsionnelles de ses phonations et ses possibilités de penser… positivement.

La première perspective historique que l'on pourrait prendre là-dessus consisterait à repartir des réflexions faites par Georg Simmel, qui dès le début du XXe siècle dans sa *Philosophie de l'argent*, fait une place importante au processus historique de dématérialisation de la monnaie.

« Le principe de plus en plus actif de l'économie des forces et des substances mène à une utilisation de plus en plus étendue de substituts et de symboles, qui n'ont absolument aucune parenté de contenu avec ce qu'ils représentent. Ainsi, il en va tout à fait de même quand les opérations avec les valeurs se réalisent au moyen d'un symbole qui perd de plus en plus toute relation matérielle avec les réalités dernières de son domaine propre et n'est plus autre chose que pur symbole. Ce mode de vie suppose […] que la civilisation opte fondamentalement pour l'intellectualité. Que la vie doive essentiellement s'appuyer sur l'intellect […] va de pair avec la pénétration de l'économie monétaire. L'accroissement des capacités intellectuelles d'abstraction caractérise l'époque où l'argent, de plus en plus, devient pur symbole, indifférent à sa valeur propre[1]. »

Dans ce processus de dématérialisation, les usages des moyens de paiement évoluent à travers l'histoire, du plus matériel vers le plus idéal : partant de la monnaie marchandise originelle (grains, bœufs), vers la monnaie métallique des pièces, puis la monnaie fiduciaire des billets, et enfin la monnaie scripturale des mouvements d'écritures sur les livres de compte des banques, et au-delà vers l'informatisation électronique des écritures. Ainsi, cette envolée de la monnaie vers des formes immatérielles manifeste une évolution historique du médium monétaire vers le pur symbole, corrélative d'une tension des sociétés vers l'intellectualité rationnelle. À l'ère de la « high-tech », tout ça semble évident.

Mais non, car il y a là une réflexion qui poursuit une philosophie idéaliste de l'histoire. Si on accepte cette vision qui semble évidente, la première question qui se poserait serait de savoir si cette dématérialisation est vraiment un progrès. Mais enfin, cette question métaphysique ne peut être tranchée en vérité, c'est une impasse, alors laissons cela.

---

[1] *Cf.* Georg SIMMEL, *Philosophie de l'argent*, (1900), trad. S. Cornille et P. Ivernel, PUF, Paris, 1987, 662 p., p. 157.

Reste que cette évidence quant au sens de l'histoire mérite d'être questionnée. Au-delà de l'évidence platonicienne d'une élévation historique de l'esprit sur la matière, de l'ici-bas vers l'au-delà, des apparences accidentelles qui remontent vers les essences éternelles – i.e. à la fin, vers les âmes des choses – reste que ce processus de dématérialisation n'est pourtant pas à proprement parler un sens de l'histoire.

Déjà parce que les faits historiques sont contraires à cette idée. En effet, les origines historiques de la monnaie ne se trouvent pas dans « l'ici-bas matériel », mais dans l'entremêlement d'avec les origines de l'écriture : le sceau, la signature, la marque monumentale de la propriété, le décompte, le calendrier, la chronique, le registre des comptes... Le scriptural est au fondement de la monnaie, le scriptural n'en est pas l'aboutissement historique idéal. Donc, le plus immatériel était déjà là, il y a des milliers d'années, au commencement de la monnaie.

Et puis surtout, ce processus de dématérialisation, bien qu'il reste étrangement tendanciel, n'est pas irréversible. La dématérialisation n'est donc pas un « sens » de l'histoire ; tout au plus, c'est une pente. Car enfin, même si le fonctionnement quotidien de la civilité occidentale maintient notre esprit dans l'évidence d'une conception prékantienne, pour laquelle il existe une âme des choses, et donc une « âme du monde » – liée inévitablement à l'âme de son histoire, avec tout ce qui s'ensuit sur le sens de l'histoire[1] –, par contre, pour preuve que ce processus de dématérialisation historique vers l'idéel n'est pas une progression irréversible de l'histoire de la raison, mais bien plutôt une tendance provoquée par un a priori culturel qui travaille les sociétés occidentales (à savoir l'idéalisme) : en matière monétaire, des crises spéculatives peuvent très bien survenir, et l'incertitude générée peut provoquer le repli soudain des formes monétaires immatérielles de détention des avoirs vers des formes plus matérielles comme des stocks de métaux précieux tels que l'or[2] ; et ce repli peut aller jusqu'à des monnaies

---

[1] Alors que nous savons depuis les critiques kantiennes de la raison pure à la fin du XVIIIe siècle qu'il n'est pas de connaissance qui ne soit un construit par un problème. Il n'y a pas « d'âme des choses ». Mais bien plutôt, pour des sujets de connaissance, il y a des problèmes. Des problèmes qui déterminent des points de vue, des perspectives, sous lesquelles sont perçus et conçus des objets. Ainsi, des problèmes et des points de vue naissent, vivent, et disparaissent à travers l'histoire des cultures.

[2] L'or reste archaïquement un fétiche matériel valeur de « refuge », comme s'il était « l'âme de la monnaie ». Car l'instrument le plus efficace pour imposer son statut dominant aux autres et prouver son droit de prendre, c'est la parure du corps : couronnes, diadèmes, bijoux, tatouages, etc... Dans ce cas ostentatoire, la valeur d'usage du bien est liée à la capacité de montrer la grandeur et de prouver la prévalence ; et l'on comprend que la parure fera l'objet de désirs d'appropriation et sera porteuse de valeur. On comprend également pourquoi l'or, particulièrement apte à fabriquer des parures, sera considéré comme porteur de la valeur par excellence. L'or, précisément parce que, investie de symboles, sa possession donne des droits sur les autres personnes, c'est un type de bien qui donne des droits sur les autres. « L'or et l'argent sont devenus métaux monétaires, ainsi que d'autres substances le sont devenues aussi, parce qu'ils étaient revêtus d'un pouvoir d'action supérieur, sur les hommes, sur les choses, en

marchandises, acquises pour leur seule valeur d'échange dans des situations de désordres civils (stocks de céréales, de minerais, d'énergie, etc.).

De la sorte, si une crise financière de grave ampleur devait survenir, allant de pair avec une remise en cause de nos certitudes idéalistes sur la conception du monde, il serait d'abord prévisible que le prix de l'or flambe (le prix de l'or est un indicateur de l'inquiétude qui règne sur les marchés[1]). Ensuite l'emballement de la demande se porterait à son tour sur les prix de commodités telles que le pétrole et les métaux rares, et puis sur des biens consommables stratégiques de plus en plus matériels tels que les céréales, l'eau, etc. Les mouvements de prix en cours exhiberaient alors l'effondrement de la valeur relative de la monnaie. Ainsi, selon que se répande comme une trainée de poudre une vision de l'ordre du monde plus ou moins déstabilisée, il peut y avoir transformation et rematérialisation des encaisses de réserve de pouvoir d'achat. Et en conséquence, il y aurait transformation généralisée des activités et de leurs affectations.

Bref, remonter l'histoire en prenant le fil du processus de dématérialisation est une impasse… Il n'y a pas vraiment de raisons d'être persuadé que le sens de l'histoire va vers la dématérialisation. Mais au fait, derrière tout ça : dans cette tendance des sociétés modernes vers l'image, dans cette tendance à la dématérialisation des activités dans les périodes de stabilité, de quoi s'agit-il de faire abstraction ?

C'est du corps qu'il s'agit de faire abstraction, du corps et de ses pratiques comme condition d'accès à la vérité : pratiques disciplinaires quotidiennes, incorporées, prédisposées, institutionnalisées, ritualisées, sacralisées. Car on se persuade que la personne est déterminée par le corps et qu'elle doit s'y tenir. Or, le corps conditionne la personne certes, mais il ne le fait pas sans médiations culturelles. Et puis, le corps conditionne les pratiques du corps, et les pratiques du corps conditionnent les corps. Là-dedans, ce qui reste important, c'est que chacun devrait pouvoir se conduire vraiment lui-même, c'est-à-dire se pré-disposer vraiment lui-même.

Dans le quotidien occidental idéaliste libéral, il s'agit de faire abstraction des conditionnements dans lesquels se trouvent incidemment plongés nos corps ; on est soi-disant libre de ne pas en être affecté. Comme si on pouvait à loisir faire facilement abstraction des foules de dispositifs dans lesquels on est pris, comme si on pouvait se défaire de la chair des mots comme affection

vertu de croyances sociales de caractère religieux, magique. » *Cf.* François SIMIAND, « La monnaie, réalité sociale », *Annales sociologiques*, série D (1), 1934, p. 1-86, repris dans J.-Chr. Marcel, Ph. Steiner *Critique sociologique de l'économie*, Presses universitaires de France, Paris, 2006, p. 213-279.

[1] N.B. : il faut considérer l'effet de causalité en retour : ceux qui veulent calmer les esprits en temps de crise spéculative augmentent leur offre sur les marchés de l'or (les acteurs actuels de ce secteur – parmi les plus grandes fortunes du monde – ne cachent pas leurs intentions à ce propos, leurs intérêts sont connus).

du langage entrelacé de pulsions et d'intérêts (*corporis doloris linguae*). Comme si le dire vrai n'était qu'une question de communication analytique, comme si le sujet ne prononçait pas les mots qu'il prononce à chaque fois au risque de sa personne, comme si le dire vrai n'avait pas d'importance pour le sujet, comme si ça ne le touchait pas d'y renoncer, et comme si la possibilité de l'expression de soi n'avait pas d'importance pour le sujet de connaissance.

Alors, si on adopte une méthode d'épistémologue, une méthode d'historien des savoirs dans les traces de Gaston Bachelard qui, par exemple, étudiait avec sérieux l'erronée Alchimie du Moyen Âge ; si l'on s'en tient à la pure surface des discours tenus pour vrais à une époque et qu'on s'intéresse à la signification de la persistance d'un tissu d'erreur tenace à une époque donnée, alors, dans l'époque actuelle, que dire de ce vieux tissu platonicien et de sa déchirure inhérente, sur laquelle s'articule, en vrac : des signes sur des objets, des images sur du matériel, du culturel sur du naturel, du spectacle sur du réel, des prix « apparents » sur des valeurs « fondamentales », du nominal « neutre » sur du réel « essentiel » ? On peut se poser la question de la valeur intrinsèque de ce signe monétaire, et plus encore la question de ce que le fonctionnement quotidien de ce processus monétaire idéaliste *dit* de notre situation actuelle dans l'histoire ; situation qui, dans une société tertiarisée, fantasme – littéralement – son ancrage matériel[1].

C'est-à-dire : que peut-on dire d'une situation historique, d'une époque, où tous les discours publics ont quelque chose à vendre, et donc à proprement parler ne signifient plus rien de fondamental. Lorsque le négoce a envahi toute la culture, quel for intérieur reste-t-il à cultiver ? Autrement dit, qu'est-ce à dire quand – alors que tout semble de plus en plus être à disposition marchande, pour autant – les mots vous *manquent* de plus en plus pour vous dire vous-même ?

On va utiliser ici une hypothèse sollersienne qui peut être fructueuse pour l'éthique des sciences humaines face à un phénomène massif d'expropriation des corps en Occident : les voix produisent des corps, au lieu des corps qui produisent des voix[2]. Du coup, si on y réfléchit bien, ça consiste ici à prendre au sérieux le problème de la voix du Maître, le problème de l'impasse murée du pouvoir, de ce qu'il fait dire et de ce qu'il fait faire. Et donc on persiste à s'intéresser à un problème clandestin de l'Histoire : derrière l'évidence fragile de l'explication des comportements de toutes sortes par « l'argent pour

---

[1] La fonction première de la communication publique c'est de recouvrir d'un mythe les conditions réelles de production. Que ce mythe soit celui d'une prétendue transparence ne change rien.

[2] Hypothèse dite du « trou de la vierge » (*cf. Jean* (1 : 1-14) : « Le Verbe était la vraie lumière [...] et le Verbe s'est fait chair »). Il y a un discours puissamment agissant dans l'histoire des sociétés occidentales, selon lequel il est une femme, anomalie entre toutes les autres, qui a conçu un corps par la simple opération de la voix (de l'Esprit saint). Elle fait trou dans le réel. Et l'air de rien, c'est autour de cet orifice central que tournent les discours qui prônent une discipline idéaliste des corps.

l'argent », par la cupidité des hommes ou par la lutte pour la domination, sérieusement, quel est le véritable enjeu de l'extension historique de la sphère marchande ? Quel est le véritable enjeu d'une telle *oniomanie* ? La réponse qui vient immédiatement prend la forme d'un énoncé entêté : le pouvoir, le contrôle des affects. Pourquoi pas... mais pourquoi diable exercer de plus en plus le pouvoir *de cette manière-là* ? Pourquoi une telle expansion de cette manière-là d'exercer le pouvoir[1] ?

L'enjeu du problème de cette marchandisation généralisée, faite de centres commerciaux et de périphéries marginalisées, c'est la biographie intime... la liberté de se définir soi-même... la licence de pouvoir déborder de l'identité à laquelle on se trouve assigné dans l'ordre des rapports d'intérêts... Ce devrait être la plus fondamentale des libertés fondamentales. Et bien que cet acquis libéral ne soit pas à proprement parler social, les acquis sociaux n'ont pourtant au fond jamais eu d'autre objectif qu'elle. Et même si les différences, les distinctions, et les démultiplications d'identités sociales n'ont jamais été si variées dans une société de masse, cependant... « Être qui on veut ? » Dans une société du spectacle à l'économie de l'attention tertiarisée, où il faut jouer des rôles dans des mises en scènes à tous les étages... Chacun se faisant acteur dans sa petite mise en scène quand il le peut... Être qui on veut ?! L'émancipation par le progrès technique est complètement dans les choux là-dessus.

Il y a dans la vie tout un tas de choses qu'on ne choisit pas et pour lesquelles la singularité n'a pas le dernier mot. Et tout un tas de moments où il faut savoir rester à sa place. Rien de nouveau sous le soleil du souverain. Reste que les modes, les normes, le devoir, c'est une histoire de dettes... à l'égard d'instances, d'idées et de principes édictés. C'est souvent vécu comme dettes à l'égard de soi-même. D'ailleurs, le plus souvent, on aime à y croire : nos valeurs nous définissent (« Je n'ai qu'une parole moi Monsieur ! »). À chacun la singularité de son système de dettes personnelles. Et puis, un peu de savoir-vivre que diable ! Il n'y a que les cons qui osent tout ! La civilisation, c'est justement la répression de la désinhibition ! Oui peut-être, mais enfin, il ne s'agit pas de confondre la loi du silence et la délicatesse des non-dits ; la discipline c'est bien, la multiplicité indéfinie des disciplines c'est mieux.

Les nécessités du vivre ensemble et du vivre avec soi-même, ça a tout le temps à voir avec un système de dettes personnelles et, sauf interdit, ça a à voir avec des questions d'argent (même les interdits eux-mêmes d'ailleurs ont la plupart du temps à voir avec des questions d'argent). Et pourtant, une liberté d'être... pour vivre une vraie vie. Être qui on veut... le soir, c'est la fête, tout le monde y croit, mais au matin, ça fait moins les malins. Alors, est-on

[1] On pourrait écarter le problème d'un revers de main entêté d'idéalisme en arguant que cela se fait parce qu'il y a une raison dans l'histoire qui va vers l'émancipation de l'homme. Et ce serait son moyen le plus efficace. Mais sérieusement, ça, c'est encore une impasse parce que ça reste encore à être prouvé. Nous y reviendrons.

condamné à sacrifier la cohérence d'avec soi-même au nom de la fiabilité productive ? Comme si c'était un signe de maturité responsable ? Oui ! semble répondre le réel lui-même : il faut être responsable et enfouir sous la pudeur les fantaisies infantiles[1]. Du coup, il n'y a donc plus guère que par le biais d'un art délicat de la clandestinité que l'on peut aujourd'hui arriver à tenir une telle tension sans étouffer. Car un besoin ne constitue une orientation politique que s'il a son mot à dire et qu'il dispose d'un pouvoir d'expression. Or les corps intermédiaires sont inappropriés à ce problème ; la représentation politique, c'est des corps sur des corps qui leur ont donné leur voix, et puis, les pouvoirs sociaux d'expression sont mercenaires : « Soyez qui vous voulez ! » disent les annonces publicitaires. « Faites comme tout le monde, soyez différents ! » (sic ! Mais de quoi se mêlent-ils ?)

Libérer l'humain c'est fini. Aujourd'hui il s'agit de libérer des femmes, des homos, des noirs, des entrepreneurs, etc. C'est très bien tout ça. Mais, comment peut-on libérer des personnes qui sont liées à un groupe d'identification qui, par définition, exige subordination à des idéaux et objectifs fonctionnels spécifiques ? (Bon, c'est certain, y'en a des plus débiles que d'autres, mais enfin...). Se libérer, il faut le voir en face, c'est se débrancher de ses déterminismes, mais l'opération est périlleuse, car pour ça d'abord il faut se connaître soi-même. Et on ne peut pas le faire par l'intermédiation d'un groupe. À chaque fois qu'on dit « nous » pour se libérer, c'est loupé. Se libérer dans le fond, c'est une affaire intime, ça se passe en tête à tête. Et puis de toute manière, aujourd'hui, se libérer, c'est reconfigurer ses responsabilités ; fut un temps ça se faisait par le confessionnal à l'Église, puis sur le divan du psychanalyste... Mais au final y'a toujours un assujettissement là-dedans ; même au mieux intentionné, l'œuvre qui éveille les esprits se constitue une audience, ça fait marcher du monde, et même si ce n'est pas son intention, le produit culturel est copié, titrisé, réempaqueté, emporté par la mode, et l'audience est revendue... (y'a toujours un effet de pouvoir dans l'initiation, et de nos jours, la machine de récupération marchande des activités culturelles produit des effets redoutables (sur ça aussi, nous y reviendrons)).

Cette volonté paradoxale d'autonomie et de légèreté, de consistance et d'inconstance de soi ne peut donc trouver à s'exprimer pour l'instant que sous la forme codifiée d'une revendication citoyenne d'un « droit à la différence », d'un « droit au repos », ou d'un « droit à la dignité ».

Cependant le problème de l'émancipation esthétique du sujet déborde de toutes parts la citoyenneté, ou l'essor de l'individualisme libéral et son cortège de subjectivités rationalisées, à la fois fiables et en même temps incohérentes.

---

[1] Heureusement, l'infantilisation des alarmes écologistes accusées d'être irresponsables a fait long feu. Il y a 20 ans, nos inquiétudes étaient intimidées. Mais nous le savons désormais : il faudra faire face au problème écologique dans les 15 années qui viennent ou périr. Après 2040, il sera probablement trop tard.

Les droits et les devoirs ça peut être très bien, mais l'esthétique de l'existence c'est une question de mise en forme, ça va plus loin. Par exemple, à bien y réfléchir, le repos utile au retour au travail reste incohérent.

Cela ne peut être réduit non plus aux revendications de « liberté sexuelle », comme révoltes contre la norme, placardées dans l'intimité de sa chambre à soi. La séparation des dortoirs et de l'usine, c'est bien, et puis le débordement des dortoirs, c'est bien aussi si on veut, mais ce n'est pas le tout. Car par ailleurs, la multiplication des dispositifs d'autocontrôle et de surcontrôle des affects continue de faire proliférer les troubles de débordement de la personnalité.

La différence dans la dignité, ce n'est pas tout à fait ça le problème ici non plus, la question de la dignité ne saurait recouvrir le problème de l'esthétique de l'existence. Un exemple simple : avoir le droit au sentiment de gratitude plutôt que d'avoir le sentiment d'être acculé tout le temps à l'envie ou à l'ennui et de ne pouvoir avoir de gratitude pour rien. Ça n'a l'air de rien, mais humainement c'est important. Car si tout est calculé, négociable, si rien n'est donné et que tout a un prix, comment pourrait-on éprouver de la gratitude authentique ? Où est la magie ? Sommes-nous à ce point coupables ? Est-on au final condamné à n'éprouver d'affection authentique que pour les bébés, les chats et les chiens[1] ? Voilà un problème à la fois difficile et urgent : resituer historiquement le désastre de l'individualisme libéral. Ce n'est pas que c'était mieux avant, c'est juste que ça ne s'améliore pas en vérité.

Une puce à l'oreille pour illustrer plus encore : la famille et le couple sont bien entendu complètement empêtrés dans des questions d'argent, et c'est déjà miraculeux qu'on réussisse à s'aimer quelquefois, mais dans ce contexte, la baisse des taux de natalité dans les pays occidentalisés devrait alerter sur le caractère compressé des vies abruties dans les sociétés industrielles. Et ça va où comme ça ? Et comment bien se défendre là-dedans pour rester indemne ? Ce n'est pas seulement une question de dignité ou de sexualité, c'est aussi une question de ce qu'on a le droit de faire de soi-même. C'est à la fois évident et très compliqué.

L'exercice du pouvoir de masse a depuis longtemps découpé dans les subjectivités des pans entiers de nécessités appropriées. Ça ne facilite pas la réflexion du sujet sur lui-même. Alors pour y voir clair, il faut plutôt focaliser sur les trois vecteurs de détermination de la contrainte d'être soi qui, par la

[1] Les expériences de psychologie sociale tendent à montrer que lorsqu'on *récompense* les comportements altruistes, cela a tendance à éteindre les élans de bonté dans le cerveau ; en quelque sorte, l'induction de ce type d'opérations de calcul éteint notre empathie. Les scientifiques concluent alors qu'ils n'ont pas d'explication pour justifier que l'homme se soit construit autant de dispositifs qui produisent cet effet. Le bien commun fait décidément problème pour l'anthropologie. L'exploration de l'histoire de la raison d'État a sans doute beaucoup d'éléments de réponses à apporter en la matière.

raison d'État du sujet souverain, pèsent sur les possibilités d'être du sujet individuel : la force armée, la loi, et la monnaie… C'est la grande affaire de l'Histoire. Alors prenons du recul pour y voir plus clair. Et de là, on va laisser le spécifiquement juridique de côté[1] pour focaliser sur l'histoire de la monnaie et ses nécessités sociales intrinsèques : le corps n'a qu'une parole et il cherche à la tenir. Déjà, rien que ça à travers l'histoire, c'est tout un programme, et on a vite fait de s'y perdre… Alors on va essayer de s'y tenir.

Le plan de l'ouvrage est très simple : on reprend à la base depuis le Néolithique, on déroule une histoire dans l'ordre chronologique, et chaque époque sera traitée sous l'angle du thème problématique qui la caractérise particulièrement dans l'évolution des rapports entre monnaie et raison d'État. C'est donc un ordre « chrono-topique » qui structure les dix chapitres.

Le propos prendra son premier abord au Néolithique, avec les premières circulations monétaires, les premiers systèmes bancaires, et l'apparition des premiers États en Mésopotamie. Car alors, la sédentarisation des schémas économiques fondamentaux se fait avec la conscience de la centralité du phénomène religieux. Les fondations militaires et marchandes de la souveraineté établissent les logiques d'accréditation des sujets du souverain. Le souverain puise son crédit dans sa machine de guerre et l'organisation de son empire au sein duquel se développe une société civile.

Là-dessus, la religion chrétienne de l'Unité singularise ensuite l'histoire de l'Occident. Une bourgeoisie capitaliste apparaît, et c'est précisément à cette époque qu'on appelle « la Renaissance », au moment où les visions du monde s'ouvrent sur une multiplicité d'univers infinis qu'il s'agit de faire coexister dans la paix, c'est à ce moment-là que le concept de raison d'État est réfléchi explicitement.

Du monde clos à l'univers infini, les perspectives offertes par l'ouverture des océans aux nouvelles possibilités d'explorations vont déclencher une frénésie d'exploitation du travail, d'abord régulées par les grandes compagnies maritimes mercantiles, et ensuite par le système de marché libéral.

Et nous nous retrouverons donc dans la Modernité, où nous sommes embarqués dans une sorte de bateau monde, avec ses postes de combat, ses forces armées, ses intérêts en présence, ses nations, ses musées, ses gloires militaires, ses marchés de l'art, ses stocks d'or, ses banques centrales, ses chefs-d'œuvre logistiques, ses mesures standardisées de l'espace et du temps, et avec l'irrésolution entêtante de l'énigme de ce qui fonde la valeur des choses après tout… Car dans les jugements de valeur se joue l'économie des discours.

---

[1] *Juris* : allégeance, promesse sur soi-même, par un engagement symbolique du corps qui engage la stabilité de l'identité du sujet (main levée, ou posée sur les *testicules*, etc.).

Ainsi, au fil du cheminement dans l'histoire des rapports entre la monnaie et la raison d'État, cet ouvrage propose une sorte « d'Histoire splendide », en suivant le fil du problème de l'esthétique de l'existence du sujet individuel. Une histoire des agencements que les civilisations occidentales ont pu effectuer entre l'acte de prendre, la beauté du geste, et le principe de responsabilité.

Nul doute qu'ainsi nous allons découvrir des trésors de perspectives possibles dans des futurs oubliés du passé.

Et pour bien identifier le lien entre monnaie et raison d'État dans cette histoire, la méthode va méticuleusement s'attacher à montrer que, à chaque époque, dans le système monétaire se trouvent liés des éléments aussi hétérogènes que :

– l'autorité du souverain par les manifestations de sa puissance militaire sur les espaces,

– le récit des origines divines du souverain (le récit de la « guerre des dieux » proposant une hiérarchie des valeurs), le récit de la domination finale du souverain fondant son crédit (les dieux et les destins lui doivent leur être), et donc finalement le récit de la capacité de sa parole souveraine à dire la loi,

– les systèmes de mesures et de calculs constitutifs du regard du souverain,

– les constructions monumentales et les systèmes d'écritures pérennisant la présence du souverain,

– les infrastructures « publiques » d'État et les dispositifs spatiaux architecturaux conditionnant les interactions,

– la définition juridique de domaines d'équivalences, à la fois matériels (biens transférables), et immatériels (risques/responsabilités transférables),

– l'unité sigle monétaire comme opérateur d'un jeu dont elle est l'enjeu, ce qui produit le réajustement permanent des activités les unes par rapport aux autres à travers les transactions,

– les hiérarchies sociales statutaires orchestrant dans un espace imaginaire vertical des destins filialisés par rapport à leur proximité ou leur distance au souverain,

– et les systèmes d'authentification d'identité des sujets individuels au sein du royaume du souverain.

VOLUME I. L'ANTIQUITÉ

CHAPITRE 1

1. PREMIERS ÉTATS ET SCHÉMAS ÉCONOMIQUES FONDAMENTAUX

« S'orienter dans la pensée de la pensée est un effort poétique. »
Emmanuel Kant

La logique économique des transactions marchandes et monétaires se forge au Néolithique. Cela se fait progressivement, dans des temps où apparaissent les premiers États. Ce sont des temps où, pour la première fois, apparaissent à la connaissance des hommes les schémas économiques fondamentaux qui les relient.

PREMIERS ÉTATS

« Nécessité fait loi. »

Au commencement…

Il y a 12 000 ans, l'humanité sort de la période de glaciation brutale dite « du Dryas récent » (- 7 °C pendant 1 000 ans !). À partir de là, en l'espace de quelques siècles, les calottes glaciaires fondent aux deux tiers et les océans montent de 120 mètres.

À l'aube du Néolithique, la population totale de l'humanité, ce n'est guère plus de trois millions d'individus vivant à la surface du globe. Les groupes humains vivent en tribus territorialisées ou sont nomades, équipés au mieux de haches en pierre polie ; leurs comportements se conforment aux cycles naturels du jour, de la nuit, et des saisons.

L'observation simple des cycles du soleil et de la lune permet la divination et la division du temps sur des unités de journées, de mois et d'années. Et pour ce qu'on en sait, dans la plupart des cultures du Paléolithique tardif, les genres et les générations sont symboliquement liés à ces cycles du temps : la fécondité masculine est comme celle du soleil, journalière, alors que la fécondité féminine est lunaire, périodique.

Sorti des pratiques funéraires, on sait somme toute assez peu de choses sur les civilités des populations nomades des grandes steppes ; invisibles à l'œil de la raison d'État qui identifie qui grave et qui archive. Ces peuplades « sauvages » viendront apparaître en flux migratoires vaguement explicables, comme tout droit sortis d'un espace hors du temps.

Et dans ces vastes courants, la présence humaine commence à se sédimenter, à laisser de nouvelles traces, parce que l'intensification de la domestication des céréales attache l'homme à une terre et fait naître la nécessité de défendre un territoire, voire d'en conquérir de nouveaux quand la famine frappe[1].

Et là où croissent les systèmes de pouvoir grandissent les nécessités de connaissances fiables. Cela va de pair avec la gestion d'un surplus stocké qui permet une certaine stabilité.

De sorte que, après réflexion : si les peuples nomades sont difficiles à saisir et peu connus, c'est parce que cet effet de lumière, ce régime de visibilité offert par l'exploration archéologique, cette possibilité de percevoir les civilisations passées, c'est la présence de l'œil du sujet souverain de la raison d'État qu'elle révèle avant tout. Car après tout, lorsque la trace est

[1] Les premières traces de culture des céréales datent de plus de 20 000 ans.

monumentale, c'est qu'il y a intention de lui conférer le pouvoir d'être perçue à travers le temps. Ça présuppose déjà un regard historique[1].

Cette présence stabilisée du souverain se sédimente en infrastructures matérielles, créatrices de régularités, qui incitent l'apparition d'une unité. Les grandes civilisations seront d'abord et avant tout des grandes cités.

À partir de là, le souverain manifeste sa puissance par sa capacité à organiser les activités sur un territoire fait de contraintes naturelles. Mais pour cela, encore lui faut-il se stabiliser. Une volonté de lutter contre l'incertitude apparaît clairement. La fonction fondamentale d'un État est alors de faire valoir une zone de droits sur un espace « extérieur » mais connu[2], et sur les flux qui le traversent. De sorte que c'est l'édification de capacités de stockage des surplus qui permettent ainsi d'établir un pouvoir de régulation sur ces flux. Le développement de la poterie joue alors un rôle important à cet égard.

Sur cette base, l'élevage pastoral nomade se subordonne à l'alimentation sédentaire, et l'ensemble des communications entre la cité et les campagnes forment la base du commerce civil. Les effectifs des espèces animales domestiquées s'accroissent ; elles sont sélectionnées pour leur docilité, et reproduites pour accentuer les traits recherchés.

Et dans cet ensemble d'activités originelles, tout comme le principe de responsabilité peut précéder la raison d'État, l'existence de la monnaie peut précéder l'existence de l'État. Avant même que l'existence du souverain ne se soit stabilisée, des unités de mesure et de transfert de la valeur peuvent commencer à fonctionner, à circuler.

Car la dette n'est pas spontanément un lien entre deux sujets a priori indépendants, comme tendent à le croire les sujets bourgeois modernes qui entretiennent des liens de créances. La dette c'est un lien social qui définit ce que sont les sujets dans un ordre familial, extra-familial, tribal, et civil qui les identifie.

La dette c'est la mémoire de quelque chose, c'est ce qui crée la mémoire de liens d'attributions entre d'une part des actes, des comportements, des faits – éventuellement des hauts faits – et d'autre part un individu localisé, un corps, un sang, un clan, un nom propre, *une* parole.

Dès lors, des devoirs asymétriques se créent entre les hommes ; ce qui peut constituer tout aussi bien des classes de droits différenciés. Là-dessus, à forte densité ça crée des statuts et des hiérarchies. Et ainsi certains individus parviennent à obliger des foules entières de leurs congénères.

Cet assujettissement se fait par le droit de la force armée sur une terre, et par la conversion religieuse au point de vue du souverain sur le sens de

[1] Autrement dit, ce n'est pas que les peuples nomades n'ont pas d'histoire, ou que leur histoire est « obscure », c'est plutôt que la monumentalité de leurs systèmes de pouvoir est ponctuelle, évènementielle. La trace archéologique qu'ils laissent est en quelque sorte mobile.

[2] I.e. : un écoumène.

l'histoire du monde. Des hiérarchies durables peuvent ainsi se créer et s'institutionnaliser.

Dans ce cadre, la possibilité de l'inscription du sujet individuel dans la mémoire collective va justement se mesurer par la proximité ou la distance au sujet souverain d'un peuple. Et finalement, c'est la stabilisation de ce système de mise en ordre civil qui constitue un État naissant.

Les cités-États sumériennes et l'Empire akkadien

« On lie les bœufs par les cornes, et les hommes par la parole. »
Antique adage romain

À l'aube des civilisations étatiques, le monde est habité et parcouru de nomades des steppes, et là, dans la haute Antiquité, entre le septième et le quatrième millénaire avant notre ère, la terre argileuse du bassin mésopotamien entre les fleuves Tigre et Euphrate[1] offre un matériau parfait pour le développement des arts de la terre cuite : poteries, tablettes, et briques se multiplient.

La brique de terre cuite : cette technologie va tout changer. Car alors, un peu partout dans la région mésopotamienne apparaissent des agglomérations denses de plusieurs centaines d'habitats sur des espaces relativement restreints, formant des espèces de grands villages que les archéologues appellent des « méga sites ».

On appelle cette phase originelle « la période Obeïd ». Le site d'Eridu est à cette époque le village central de la région mésopotamienne. Sur ce site majeur apparaît la glyptique (l'art de tailler les pierres fines pour en faire de sceaux ou des cachets). Et puis Eridu est doté d'un temple palatial, dédié au dieu Enki, seigneur des eaux et des techniques.

Au fil des siècles, la maîtrise du feu dans les fours se développe. De là, les innovations majeures s'enchaînent : forge du cuivre, clous, roue, navigation côtière, écriture… et le pain produit en séries. Ainsi, les civilisations de l'ère du cuivre qui initient l'irrigation de la culture des céréales dans le bassin mésopotamien, du dixième au quatrième millénaire avant notre ère, donnent lieu à la naissance des premières cités-États.

Une phase climatique de désertification des savanes semble expliquer les agglomérations des tribus pastorales nomades de cette époque dans des villes greniers (en Mésopotamie comme en Égypte[2], mais rien d'autre de cet ordre

[1] Du grec *mesos* et *patamos* : « le pays au milieu des rivières ».

[2] Il y a 8 000 ans, le Sahara était encore une vaste savane fertile parsemée de lacs. Et c'est l'aridification qui s'enclenche alors qui force la sédentarisation sur les berges des fleuves.

ne se passe nulle part ailleurs dans le monde). À partir de là, 99 % de la population travaille à la production agricole.

Déjà au VIIe millénaire avant notre ère, l'usage des sceaux personnalisés – et de sceaux-cylindres – marqueurs tampons (appliqués sur des plaquettes d'argiles ou en teinture), est largement répandue dans tout le bassin mésopotamien, afin de sceller les couvercles des récipients. Ces clés/signatures permettent à un corps individuel – ou collectif – d'authentifier l'autorité, la propriété, les transactions, etc.

Durant la période Obeïd, les sceaux représentent des bergers et des personnages domptant des animaux. Après, à partir de la période sumérienne, certains de ces sceaux exhibent des scènes de guerre comme des captures d'esclaves.

D'autres techniques d'authentifications des transactions étaient en cours aussi. On a retrouvé des petits jetons de pierre gravés, enfermés dans une boule d'argile scellée et authentifiée avec un sceau cylindre. C'est ce qu'on appelle une « bulle-enveloppe ». Le fonctionnement de cet intermédiaire des échanges est ingénieux. Si l'autorité prête ou confie pour un temps une certaine quantité de bêtes ou de marchandises à quelqu'un, on peut s'assurer qu'à l'issue d'une période donnée, la même quantité soit rendue, en cassant la boule pour vérifier la quantité de jetons à l'intérieur. La transaction est alors close[1].

L'usage de l'araire tracté par des bœufs se généralise pour la culture des terres. Les technologies de canalisation de l'eau permettent d'irriguer les plaines et de stabiliser les approvisionnements par-delà les crues des fleuves. Et le stockage des surplus implique des instances et des procédures de collecte et de redistribution. Sur les bases du patriarcat pastoral, un nouveau type d'organisation politique hiérarchique urbain et centralisé va voir le jour : l'État.

Ainsi, c'est dans le pays de Sumer bordant la mer à l'embouchure des deux grands fleuves mésopotamiens qu'est fondée, à la fin du quatrième millénaire avant notre ère, la première cité-État : Uruk[2] (aux environs de - 3700). Un pouvoir central détenant un droit sur la terre s'attire à lui une population qui ne vit plus de la campagne, mais qui va s'employer à satisfaire ses demandes (artisanat, administration, courtisanerie…).

Les fondations archéologiques de Uruk sont uniques : elles exhibent en effet que, dès sa fondation, il y a eu une urbanisation planifiée et quadrillée (alors que pour d'autres fondations de villes plus petites, leurs naissances ont

---

[1] Il faut imaginer les usages ultérieurs qu'un tel dispositif de contrôle suggère : un homme se présente à une table, porteur d'une tablette comportant des comptes et des informations qui identifient sa personne ses droits et ses devoirs, *mais qu'il ne sait pas lire*. C'est, à proprement parler, porter une étiquette collée dans le dos.

[2] D'où vient le nom actuel du pays : l'Irak.

procédé d'une agrégation désordonnée sur la base d'un village, au mieux centré autour d'un bâtiment collectif (un temple), qui faisait office de centre des interactions).

Uruk compte déjà plus de 20 000 habitants au milieu du IVe millénaire avant notre ère. La cité s'étend sur une superficie de plus de 250 hectares. C'est, de très loin, la plus grande agglomération humaine au monde à cette époque[1]. Et en à peine quelques siècles, la taille de la ville va être encore multipliée par quatre. La cité étend une influence culturelle considérable sur tout le bassin mésopotamien.

La cité de Uruk comportait deux temples principaux. Dans la civilisation sumérienne, le temple est une « institution totale » (*ziggurat* : « construction élevée »), comprenant des espaces dédiés aux dieux, des cours pour les assemblées communautaires, des greniers, des entrepôts de marchandises, des salles d'archives et des ateliers d'artisans. Des productions en séries, de poteries, de textiles et d'objets forgés y sont organisées à des échelles massives tout à fait inédites jusque-là.

À Uruk se posent les premières fondations de la civilisation urbaine. Ainsi, aujourd'hui beaucoup d'historiens considèrent le temple rouge de Uruk sur le site de Eanna (la « cité temple »)[2] comme étant le plus ancien édifice bancaire connu (bâti entre - 3400 et - 3200). Le centre de la capitale pour sa part comporte plusieurs quartiers spécialisés et des places de marchés, centrés autour d'un édifice religieux monumental : le temple blanc sur le site de Kullab (dédié au dieu An : on estime que sa construction a réclamé le travail de 15 000 hommes pendant au moins 5 ans).

Uruk mène une activité de guerre systématique avec les agglomérations voisines de la région. Par exemple, à Tell Hamoukar plus au nord, le village est incendié, rasé, et sur le site est construit une cité, calquée sur le modèle de Uruk.

Le « prêtre-roi » de Uruk (le « *En* » : souverain) entretien une logique de tribut avec les autres cités sumériennes alentour. Le tribut est l'acte fiscal archaïque. Il résulte de la capitulation. Il est la manifestation même du pouvoir du chef : ce dispositif consiste à faire en sorte que le vaincu finance lui-même les infrastructures de son assujettissement. Le vainqueur retient sa main armée, il autorise le vaincu à vivre, cependant que par ce conditionnement, le chef s'assure ainsi de l'adéquation de la volonté du vaincu à ses objectifs.

---

[1] Cela dit, du VIe au IIIe millénaire avant notre ère sur le territoire de l'actuelle Ukraine, la culture semi-nomade de Cucuteni-Trypillia a laissé des traces archéologiques qui exhibent des agglomérations urbaines de maisons en terre battue qui pouvaient abriter plus de 10 000 habitants sur près de 400 hectares (à Talianki par exemple). Ces agglomérations ne comportent ni temple ni palais, ce qui laisse augurer d'une structure sociale égalitaire entre les maisons. Mais on en sait pas beaucoup plus.

[2] Le temple du ciel, dédié à la déesse Inanna.

Cette logique fiscale archaïque est une condition de possibilité de l'intensification de la souveraineté et du développement de l'État[1].

Ainsi, le pouvoir se centralise de plus en plus au sommet de la hiérarchie des officiers du temple, d'où se distinguent des élites aristocratiques liées à ce pouvoir central. L'organisation lignagère patriarcale fonde les hiérarchies. La circulation des femmes entre les groupes sociaux dans le jeu du mariage permet l'extension des logiques d'alliances selon la fameuse formule de la prise d'otages pour garantir l'échange (« *taking hostages to support exchange* » comme disent les spécialistes).

La civilisation sumérienne se pense elle-même comme une civilisation urbanisée : les hommes s'y élèvent au statut « civilisé » par la consommation du pain et de la bière, le port de l'habit, de la barbe rasée et parfumée, l'usage de la prostitution sacrée, et la pratique de l'adoption. Sur cette base s'organise progressivement non pas un Empire, mais plutôt un réseau archipel de cités fluviales liées par une culture homogène.

L'intensification de l'usage de biens de production comme le bœuf, l'araire et les outils métalliques, décuple la productivité agricole, et va aller de pair avec le développement d'une division sociale du travail entre classes dirigeantes de propriétaires terriens établis, artisans travailleurs du temple, commerçants semi-nomades, populations agraires nouvelles venues, et esclaves pris en tribut aux cités vaincues. Des unités standardisées de rations (d'orge, d'huile et de tissus) rémunèrent les travailleurs du temple, leur assurant un revenu stable.

Par ailleurs, la technologie des murailles en briques de terre cuite a un effet au long cours en temps de paix. En effet, derrière leurs protections, des spécialisations – c'est-à-dire des dépendances à la sécurité – peuvent se développer : forgerons, orfèvres, bouchers, boulangers, tisserands, brasseurs, tailleurs, cuisiniers, etc. Ils peuvent se consacrer pleinement à leurs tâches artisanales parce que d'autres sont occupés à produire la nourriture pour tous. La citoyenneté commence à faire sens.

Les premiers systèmes de fermages s'établissent, et avec, les premiers systèmes de saisie. Et donc, sur le modèle du tribut, apparaissent les premiers systèmes extra-familiaux de dettes, c'est-à-dire les premiers systèmes d'obligations civiles entre les uns et les autres.

Toutefois, si dans les hiérarchies sociales les classes subcitoyennes sont porteuses de force de travail, elles sont aussi vecteurs de forces de nomadisation. Alors pour les encadrer, la réaction des forces de stabilisation secrétées par l'attribution de positions dans le système d'approvisionnement se fait à la mesure de la puissance de l'État.

D'une extension nouvelle de la technique des sceaux, des tablettes d'argile imprimées font leur apparition dans le cadre d'un système centralisé de registres des transactions. Des comptes de flux et de réserves de céréales

[1] En sumérien, la libération de la dette se dit *amargi* : « retour à la mère ».

(principalement de l'orge) sont inscrits pour enregistrement sur des tablettes, qui constituent ainsi les plus anciennes traces d'écriture connue (- 3300)[1].

Dans les siècles qui suivent, les premiers écrits des récits épiques des origines apparaissent, racontant le poème de la gloire mythologique du souverain par-delà le déluge fondateur : l'épopée d'Atra-Hasis par exemple[2]. Cela dit, l'important dans ce type d'écrit ne tient pas tant dans leur réalité, mais dans leur fonction. Il s'agit en l'occurrence d'un récit, celui du premier conflit social de l'histoire : une grève de fermiers levés contre leurs maîtres menaçait de famine tout le pays. Et hélas, tout ce « bruit » déplut aux dieux. Alors, pour résoudre la situation, le roi dieu va créer un « nouvel homme », à partir d'argile…

Cette apparition relativement tardive des textes de « fiction » est très instructive. Au-delà des textes administratifs de compte et de législation, ce sont en quelque sorte des textes de comptabilité métaphysique. Cette apparition correspond probablement aux leçons (religieuses) tirés des premières crises sociales à Uruk, entre débiteurs et créanciers. Ces crises plongèrent la civilisation sumérienne dans « l'âge sombre » (de - 3100 à - 2900). Ce qui, dans le pays de Sumer, amena au déplacement du centre de pouvoir, de la cité de Uruk à celle de Ur.

À partir de là, il y a manifestement prise de conscience de toute l'importance de fonder la crédibilité du souverain non seulement en administration mais aussi en religion, pour stabiliser la temporalité et consolider l'étendue des systèmes d'obligations. Les deux bâtiments principaux de chaque cité-État deviennent : le palais d'une part, où trône le roi magico-religieux, et le temple d'autre part, qui fonde sa légitimité sur l'autel. Là, le bœuf y symbolise puissance et virilité.

Les Sumériens aiment à penser qu'ils ont sept cités principales, et à leurs têtes, sept sages. Mais enfin, les hiérarchies sociales et les interactions statutaires se maintiennent grâce à la remise de l'organisation de l'espace et du temps entre les mains exclusives du souverain divin, à la fois chef de l'administration militaire (qui énonce combien il faut payer et à qui), et chef de l'administration religieuse (qui énonce pourquoi et quand il faut payer).

De là, une gouvernementalité monumentale commence à se mettre en scène : à la guerre, lorsque le tribut qui lui est dû n'est pas payé, le roi mène les armées, et en paix, lorsque les obligations sont tenues, le roi remercie les dieux.

---

[1] Les premières traces d'écriture chinoise, sur des carapaces de tortue, remontent seulement au deuxième millénaire avant notre ère et n'avaient pas une fonction administrative mais divinatoire.

[2] Dit « Le très sage ». Les plus anciennes traces écrites, en akkadien, sont datées du XVIIIe siècle avant notre ère.

Pour ce qui est des dieux, le panthéon Sumérien est triadique : il y a An, le père (dieu du ciel), et ses fils Enlil (dieu du vent) et Enki (dieu des eaux de la terre). La déesse mère est Inanna (déesse de l'amour et de la guerre)[1]. Il apparaît ainsi que cette civilisation se montre à elle-même consciente des forces qui la traversent. Consciente d'une part que son édification monumentale urbaine s'est faite sur la base de l'exploitation des flux d'énergie de l'eau et du vent (qui permet le déplacement des matériaux). Et consciente d'autre part que ce qui mettait en péril cette érection tenait à la survenue des conflits fratricides en l'absence d'arbitrage par le père (dont l'autorité repose sur la « dette de vie »).

Cette conscience religieuse était intense : les dieux étaient fort riches. Les temples sumériens accumulaient dans leurs chambres aux trésors, des dons, offrandes, butins, tributs, et perceptions sur les fermages qu'ils concédaient sur leurs très vastes domaines terriens. Les prêtres disposaient de très grandes quantités d'esclaves, de bétail, de greniers, de maisons et d'édifices. Éventuellement, l'orge servait de moyen de règlement pour les transactions locales, et on se servait de lingots de cuivre et d'argent pour les transactions de plus haute importance.

Un calendrier est imposé, basé sur les cycles de la lune. Considérant que la durée d'une lunaison fait 30 jours, cela permet aux prêtres de définir une division mensuelle des échéances sur 12 mois d'une année lunaire de 360 jours.

La comptabilité des temples était très minutieuse. Le prêt du grain se payait au tiers de la quantité avancée, et celui de l'argent au quart.

Et ainsi, la prospérité des temples sumériens dura plus de deux mille ans...

À l'âge du bronze, alors que les grandes civilisations de l'écriture prennent leur essor, l'étain était un métal précieux au même titre que l'or qui commence à s'imposer comme symbole de statut[2]. C'est étonnant de prime abord : le métal qui circulait comme office monétaire dans les premiers âges des civilisations mésopotamiennes durant l'âge du bronze (du XXXe au XIIe siècle avant notre ère) c'était l'étain.

Bien que la cassitérite la plus pure se présente sous forme de pépites bi pyramides fascinantes, on ne songeait pas encore à en faire des pièces. Par contre l'étain servait à valoriser le cuivre, et se trouvait donc être un métal précieux parce qu'il était nécessaire pour fabriquer des armes en bronze[3].

[1] I.e. : Ishtar – celle qui réunit ce qui s'oppose – à la fois « reine céleste » et « prostituée du ciel ».

[2] Les plus anciens objets en or connus remontent à 40 000 ans avant notre ère. Mais ils restent extrêmement rares jusque-là. Ils ne sont donc pas du tout monnayés.

[3] L'alliage se compose en moyenne de 1 mesure d'étain pour 10 de cuivre. Les mines de cuivre se trouvent partout en relative abondance.

Ainsi le bronze est l'élément principal de la machine de guerre du sujet souverain à cet âge[1].

Aux alentours du XXIVe siècle avant notre ère, l'urbanisation s'intensifie et les premiers empires de l'histoire – ceux de Sumer puis de Akkad –, se forgent au-dessus du disparate des cités-États du bassin mésopotamien. A ce moment-là on y compte au total environ 2 millions d'individus.

L'Empire akkadien fondé par Sargon, « Roi de Akkad, de Sumer, et de l'Univers » (de - 2334 à - 2279) est de loin le plus vaste et le plus puissant au monde à l'époque ; il se dote de la première armée régulière permanente de l'histoire. Les troupes sont fidélisées par la promesse de terres.

L'ère des guerriers est ouverte. Un nouveau type de culte du corps se développe.

L'asservissement à l'esclavage était la plupart du temps le produit du droit de la guerre. Les prises d'esclaves ne constituaient pas pour autant le butin principal. À partir de l'Empire akkadien, un général d'armée qui prend possession d'un territoire prend en priorité possession – par le droit de la force – des mines de métaux et particulièrement des métaux liés à la machine de guerre : l'étain, le cuivre, l'argent, l'or[2], et bientôt le fer. La forge de guerre est entre les mains du roi, et la forge de prestige est mise au service de la grâce religieuse du souverain.

La dynastie prospère, et centralise tous les pouvoirs vers son palais d'Akkad au côté du Temple de la déesse Ishtar. Elle parvient ainsi à maintenir son hégémonie par népotisme pendant deux siècles. La fidélité des gouverneurs (*Ensi*) est assurée par le lien du sang et par le fonctionnement d'une administration royale qui utilise efficacement la communication par bulles-enveloppes. Et puis, les filles de la famille royale assurent les fonctions de grandes prêtresses.

L'Empire akkadien laisse une empreinte culturelle durable sur toute la Mésopotamie et même au-delà. La langue et les unités de mesures impériales sont normalisées dans toute la région.

Les premières routes de commerce maritime au long cours apparaissent. Le commerce des métaux en est le prétexte : soit en rejoignant l'Égypte vers le couchant où la construction des pyramides a lieu sur le plateau de Gizeh, soit en allant vers le levant, suivant les routes des grands plateaux vers les mines d'étain du Badakhshan, ou encore en longeant les rives au-delà du royaume de l'Élam, vers l'océan Indien jusqu'au bassin de l'Indus.

---

[1] Cela dit, ce ne sera que 2 000 ans plus tard, à l'arrivée de l'ère du fer, à partir du XIIe siècle avant notre ère, que les armes en bronze auront finalement balayé toutes les civilisations de l'ère du cuivre.

[2] Les plus anciens artefacts forgés d'or mis à jour par les archéologues remontent à environ 4 500 ans avant notre ère sur le site funéraire de Varna sur les rives de la mer Noire dans l'actuelle Bulgarie. Ce sont des objets d'apparat : bracelets, colliers, ceintures.

C'est ainsi que, suivant les routes de l'encens, l'épopée de Gilgamesh (roi de Uruk vers - 2650) sera connue jusque dans le bassin de l'Indus (sa plus ancienne trace écrite a néanmoins été retrouvée dans les fouilles de la bibliothèque assyrienne de Ninive).

Cela dit, avec le délitement de l'hégémonie militaire akkadienne, de nombreuses périodes de troubles et de guerres surviennent au début du deuxième millénaire avant notre ère, et ces routes de commerce ne seront rouvertes que cinq siècles plus tard.

L'Égypte pharaonique à l'âge du bronze

« Le docteur Freud indique qu'il y a des raisons particulières dans notre subconscient qui expliquent que l'or satisfasse spécialement en nous de violents instincts et nous serve de symbole. Les vertus magiques que dans l'antiquité lui conféra la prêtrise égyptienne, le métal jaune ne les a jamais complètement perdues. »

John Maynard Keynes, « *Auri Sacra Fames* » (1930)

Les Égyptiens avaient un sens aigu de la dette et du devoir. Déjà à partir de la IVe dynastie, il était possible de mettre les momies de ses parents en gage lors de l'octroi d'un prêt. Pour autant, cette civilisation n'utilisait pas les pièces de monnaie. Un système comptable scriptural centralisé très sophistiqué organisait les transferts et répartitions de ressources entre diverses castes : famille royale, nobles, prêtres, scribes, commerçants, artisans, paysans.

L'allocation des ressources comprenait un prélèvement direct des paysans sur leur propre produit, puis l'essentiel de la récolte était administré. Mais encore, les produits pouvaient être portés à des marchands réunis sur des places de marché, et troqués contre des équivalents définis comme tels par les nomenclatures du souverain[1].

Le pays est émaillé d'un réseau très dense de bâtiments d'archives et de bibliothèques, où une pléthorique administration royale se compose de scribes lettrés, qui lisent, écrivent et conservent des infinités de rouleaux de papyrus comptables à travers les siècles (cela dit, on estime qu'en moyenne selon les époques seulement guère plus de 5 % de la population savait lire).

Le roi Narmer fonde la première dynastie de pharaons (« la grande maison ») aux alentours de - 3150. À sa succession, son fils Hor-Aha (« Horus combattant ») fait édifier de murs blancs la capitale Memphis, comme siège d'une souveraineté unifiant la haute et la basse Égypte.

---

[1] Aux époques les plus favorables aux paysans, pharaon ne prenait pour son compte que le 1/5e de la valeur de leur produit.

Progressivement à travers les siècles, pour constituer son contrôle sur le pays et subjuguer les habitants, le souverain construit une série de places fortes sur les rives du fleuve nourricier : le Nil. Le territoire sera ainsi subdivisé autour du fleuve en 42 districts appelés *nomes*. Ils seront dirigés localement par des hauts fonctionnaires (*tjaty*) et des gouverneurs (nomarques).

Les signes de la royauté de pharaon sont la couronne, la houlette et le fléau. L'authentification des documents utilisait un système de sceaux. Cela dit, les archives parlent d'achats de terres, de droits de corvée, mais pas d'esclaves (au contraire de ce qu'on trouve chez les Sumériens et de ce qu'on pourra trouver plus tard chez les Babyloniens, les Perses, les Grecs et les Romains).

Alors, comment les Égyptiens ont-ils été menés à construire les pyramides ? Pour le comprendre, il faut considérer d'abord que la religiosité mythologique égyptienne réclamait une présence monumentale pour imposer la stabilité de l'ordre, en fonction du ciel (*maât*). À cette fin, le calendrier religieux occupait une place tout à fait centrale dans cette civilisation.

Le dieu-fils tutélaire de l'Égypte, c'est Horus (né au 25 décembre). Il est la personnification de l'astre solaire. Partant de lui, dès le IIIe millénaire avant notre ère, comme les prêtres-géomètres égyptiens comprenaient le mouvement des ombres pour s'orienter, la méthode du gnomon (bâton planté dans le sol et dont on mesure la longueur d'ombre) était déjà largement répandue. Ainsi, aux alentours de - 2900, les astronomes égyptiens inventent le calendrier (nilotique) sur l'observation des cycles solaires. Ils en relient le fonctionnement avec la mesure des crues du Nil, annoncées par l'apparition annuelle de l'étoile Sirius (*Sothis*). Et les jours épagomènes qui s'ensuivent sont considérés comme moments sacrés – éternellement renouvelés – de naissance des grands dieux d'État[1]. L'année agricole comporte ainsi trois saisons : la crue (*akhet*), la germination (*peret*), et les moissons (*chemou*). Au début, l'année agricole fait entre 350 et 380 jours, l'année lunaire fait 360 jours ; et puis au fil des siècles, à force de calculs astronomiques pour faire coïncider l'année agricole à l'année sothiaque, l'année calendaire y fait exactement 365 jours et un quart[2].

Dans cette civilisation, la mesure du temps est d'emblée pleinement un instrument de pouvoir. En effet, le calendrier religieux faisait naître diverses obligations de corvées au fil des saisons (il faut remercier les dieux pour les crues du Nil et la fertilité de la terre)[3]. L'homme endetté était corvéable et prenait un statut particulier (« *mrt* » prononcé « méret »).

Et le coup de génie dans cette affaire, c'est que ces droits sur le travail d'autrui étaient contrôlés, stockés en bibliothèque, et surtout, ils étaient

---

[1] 5 jours maléfiques pour les hommes parce qu'ils brouillaient la perfection divine de la récurrence annuelle du temps. Chacun était consacré à l'adoration d'un dieu majeur : jour 1 : Osiris, jour 2 : Horus, jour 3 : Seth, jour 4 : Isis, jour 5 : Nephtys.

[2] Le « divin » cycle sothiaque fait 1 461 années. Le calcul abouti sous Ptolémée III vers 230 av. J.C.

[3] En quelque sorte c'est comme si le lundi par exemple était un jour dû à l'État.

cumulables et transférables entre créanciers. Les monuments, les infrastructures et les armées étaient ainsi majoritairement levés par conscription. Une administration de police civile, liée soit au temple soit aux vizirs du roi (*tjaty*), se servait de traqueurs équipés de babouins pour retrouver les fugitifs irrespectueux de leur contrainte budgétaire.

Le cobra ne cligne pas des yeux… Il symbolise ainsi le regard du souverain auquel rien n'échappe. Même les prisonniers de guerre moissonnés par Pharaon et frappés de servitude étaient intégrés par ce système. Cela dit, la journée de travail n'excédait pas 8 heures et le calendrier comportait tout de même plus d'une centaine de jours non travaillés.

Les besoins administratifs poussent au développement de comptes et de mesures de l'espace pour inventaires. Les scribes égyptiens utilisent pour ce faire un système de numération décimal.

Pour la mesure de l'espace, les géomètres bâtisseurs utilisaient la coudée égyptienne, dite royale. C'est un étalon digital de mesure de l'espace, il se fonde sur les dimensions du corps humain. Il se décline en pieds, mains, palmes, paumes, pouces, doigts, et fait 0,5236 mètre.

Pour les allocations de ressources, les nombres rationnels, les fractions, permettent de prévoir et d'appliquer des divisions de quantités conformes à des principes de répartition édictés par le souverain. Ces nombres, représentant des parts[1], sont dénotés par le hiéroglyphe de l'œil d'Horus.

Dans les transactions, bien que la valeur s'évalue fondamentalement au poids d'or, selon les époques, l'unité de compte a pu être le « *shât* » d'or (anneau), le deben[2], le sac de grain, la ration de pain[3], ou encore le senihou de cuivre[4]. Cela dit, c'était des unités de poids étalon de mesure des valeurs qui permettaient des équivalences comptables mais pas des fongibilités réelles, dans la mesure où les métaux n'étaient pas monnayés. Autrement dit, les métaux ne servaient pas vraiment dans les échanges civils, ils ne servaient que de référentiel pour exprimer les prix. Les paysans égyptiens n'avaient que très exceptionnellement de l'or ou de l'argent entre les mains. Ces métaux précieux n'étaient pas monnayés à l'intérieur du royaume.

Certes Pharaon tirait d'énormes quantités d'or des mines de Nubie (le royaume de Koush : « pays de l'or ») en amont du Nil. La mine d'or y était un gouffre sec où l'on enfournait des hommes pour en tirer les larmes des dieux. De là, Pharaon se parait d'or pour montrer la puissance massive de sa parole et prouver son autorité souveraine.

---

[1] I. e. : tout aussi bien des « prix ».

[2] Le deben d'or vaut 12 shâts (de 7,5 g), le deben d'argent en vaut 6 ; le shât équivaut, en unité mésopotamienne, au shekel.

[3] « *Senihou* », étymologiquement dérivé de *snh* : « petit pain d'offrande ».

[4] Voir par exemple les travaux de Jérôme Maucourant.

Ainsi, il ne serait pas venu à l'esprit d'un égyptien d'échanger de l'or contre des denrées périssables, car l'or (*nebou*) était la chair sacrée des dieux à l'aune de laquelle toutes les autres substances s'évaluaient[1].

Par exemple, les hommes nobles étaient tenus d'offrir de l'or à leur femme en signe d'attachement. Et il était d'usage de couvrir d'or le corps des nobles défunts pour signaler leur entrée dans le monde divin. Ainsi, les monuments pharaoniques étaient souvent recouverts ou sertis d'électrum, alliage d'or et d'argent. L'argent aussi était sacré, c'était la substance résiduelle sacrée des os divins (l'argent était cependant utilisé dans le commerce avec les marchands venus d'autres civilisations). Et puis le cuivre et le bronze étaient des ressources de puissance industrielle et militaire entre les mains exclusives de Pharaon.

Au milieu du XVIe siècle av. J.C., l'émergence de la XVIIIe dynastie pharaonique marque une nouvelle ère, qui met fin à deux siècles de domination de la civilisation commerçante Hyksôs[2] sur l'Égypte.

Les Hyksôs avaient, depuis la cité comptoir d'Avaris, établi ensuite leur capitale à Memphis[3] dans le delta du Nil. Mais enfin, chassé par Ahmôsis Ier qui réunifie la haute et la basse Égypte, ce peuple ira s'installer plus au nord, au pays de Canaan[4]. Là, dans cette zone territoriale prospère, les espaces font tampon au croisement des grands royaumes de l'Antiquité : Hittites, Hourrites, Assyriens, Babyloniens.

Pour y mater les soulèvements qui finirent par y resurgir, Thoutmôsis III ira y livrer bataille à Megiddo en - 1457 contre une coalition de princes. Ce choc légendaire constitua la première grande bataille de l'histoire. Pharaon en reviendra avec richesses, butins, tributs, otages[5] et gloire.

À partir du XVIe siècle av. J.C., les pharaons du royaume ancestral de Koush (haute Égypte en amont du Nil) attribuent aux Hyksôs l'adoration de

---

[1] Certaines normes de la Haute Égypte interdisaient même de toucher l'or sous peine de mort. Seul le roi peut donner de l'or divin à qui bon lui semble pour le récompenser ; recevoir de l'or des mains du roi est une marque de noblesse, c'était être par là même invité à participer à la vie divine de Pharaon. Ainsi par exemple, un décret d'avertissement de Sethos Ier s'adresse aux équipes d'orpailleurs chargés de livrer l'or à son sanctuaire funéraire en ces termes : « Les dieux (ancêtres) n'aiment pas qu'on mésuse de leur être. Gardez-vous de les léser. […] La force du Roi, c'est la vérité. »

[2] Les Hyksôs sont un peuple de nomades conquérants aux origines inconnues, probablement venus des steppes d'Asie (« maîtres des terres étrangères » en égyptien). À partir du XVIIIe siècle avant notre ère, ils apportent en Égypte le cheval, le char de guerre, l'arc composite et le cimeterre (*khépesh*).

[3] Memphis (*Men-néfer* : « durable et parfait ») est la cité berceau ancestrale de l'artisanat égyptien. C'est dans sa vaste nécropole de Saqqarah contenant le plateau de Gizeh à la lisière du désert et du monde de la mort qu'ont été édifiées les ancestrales pyramides monumentales un millénaire auparavant.

[4] Où apparaît à cette époque le culte de Bâal (« Le Seigneur ») dans les royaumes philistins limitrophes.

[5] De nombreux Cananéens sont également déportés en Égypte.

Seth[1] ; et donc, en rupture, ils imposent le culte d'un dieu nouveau, tout puissant, et unique : Amon « le dieu caché, l'inconnaissable, le seigneur des trônes »[2].

Ainsi, ces pharaons de la XVIIIe dynastie sont des rois du Sud qui vouent un culte au soleil Amon-Rà, au temple de Karnak. Ce sont des rois de l'or qui ont un fort souci de propagande[3]. Ce nouvel empire prend Thèbes (*Ouaset* : « le sceptre ») pour nouvelle capitale clé : elle est située plus en amont du Nil à la jonction de la haute et de la basse Égypte.

La XVIIIe dynastie des pharaons marque l'apogée de l'Égypte ancienne. À partir des règnes d'Ahmôsis et d'Amenhotep, l'Égypte connaît alors un nouvel âge d'or et se couvre de sanctuaires monumentaux[4]. Leur succèderont ensuite nombre des pharaons parmi les plus célèbres : Akhenaton (« l'hérétique »), Toutankhamon, et Ramsès II.

Ramsès II – roi aux nombreuses épouses, grand bâtisseur, et rempart de l'expansion hittite au XIIIe siècle avant notre ère – fait disparaître l'usage du shât d'or au profit du deben d'argent ; d'abord parce que ça facilite le commerce international, mais aussi surtout parce qu'il cherche à restaurer la sacralité de l'or[5].

Le souci d'archaïsme est une constante chez les souverains égyptiens depuis l'ancestrale époque glorieuse – mais révolue – de la construction des grandes pyramides.

---

[1] Dieu du chaos à la tête d'oryctérope-chien, défenseur de la divine barque solaire, contre Apophis le serpent destructeur.

[2] Bien plus tard, à l'oasis de Siwa en -331, Alexandre III de Macédoine dit « le Grand » sera proclamé, à l'issue de sa conquête de l'Egypte : Ammon-Zeus (« le soleil au séjour du tonnerre »). Son emblème était le bouc.

[3] À partir de cette dynastie, on pratique la déformation volontaire des crânes : on ligature secrètement les crânes des bébés des familles royales afin de leur modeler une macrocéphalie. Cet « attribut corporel » se donne alors comme signe d'appartenance à une élite divine inaccessible au commun des mortels.

[4] C'est de cette époque que nous tenons la version complète de l'ouvrage le plus fondamental de la culture égyptienne : *Le Livre des Morts*. Ce papyrus sacré montre que le passage de la vie vers l'au-delà est marqué par l'épreuve du jugement d'Anubis, le maître des balances. Originellement, c'était ainsi en se soumettant à cette épreuve qu'Horus s'était confronté à la mort (Seth) pour pouvoir finalement succéder à Osiris (« le roi mort »). Et à partir de ce moment où Horus accède à l'absolu, les serviteurs du souverain « défunt » doivent aller moissonner les champs *à sa place* lorsque le soleil appelle son nom à la maturité des cultures. Ainsi, à travers les générations, c'est tout un système de devoirs qui prend sens. Cela montre bien comme ce livre est une clé essentielle pour comprendre la civilisation égyptienne où l'écriture revêt un caractère sacré. Elle scelle dans ses formes, des savoirs, des pensées et des gestes, mais des dettes aussi ; et elle les transite au-delà de la mort.
Autre illustration du caractère sacré de l'écriture chez les Égyptiens : les plus anciens traités médicaux retrouvés datent de cette époque, et il n'y est fait aucune distinction entre magie et technique, les médications écrites y sont des sorts magiques.

[5] Comme en témoigne le colossal temple d'Abu Simbel, Ramsès II était très soucieux d'affirmer la divinité de son pouvoir. Le désir d'immortalité est particulièrement visible chez ce pharaon.

Fort longtemps auparavant en effet, cette époque monumentale ancestrale n'avait duré que quelques siècles seulement au milieu du IIIe millénaire avant notre ère. La construction des grandes pyramides avait eu lieu sous les IIIe et IVe dynasties : du règne de Djéser (« le très grand »)[1] fondateur de la IIIe dynastie, jusqu'aux règnes de Snéfrou (« le porteur de beauté », fondateur de la IVe dynastie) et de son fils Khéops[2]. Et par la suite, plus aucune pyramide géante n'avait été construite... Reste que tout avait commencé par la découverte d'immenses mines de cuivre par Djéser dans le Sinaï[3]...

Après l'âge d'or des grandes pyramides, les chroniques avaient gardé – en guise d'avertissement – le souvenir d'âges sombres et profanateurs dans les siècles qui avaient suivi la fin de la VIe dynastie. L'administration ancestrale du récit d'une certaine vérité sur le chaos primordial venait ainsi raisonner la discipline gouvernementale du souverain...

Mais enfin, plus d'un millénaire après l'époque de la construction des pyramides, au XIIIe siècle avant notre ère, le long règne de Ramsès II est si édifiant, Pharaon marque si profondément l'Égypte en son siècle, que ses successeurs l'appelleront « le grand ancêtre »[4].

Cela dit, en ces temps prospères de la fin de l'âge de bronze, on exploite massivement des esclaves en Égypte. Et il semble bien que des peuplades de langues sémitiques vivaient à cette époque en communautés dans l'est du delta du Nil. Cependant, rien ne permet d'affirmer qu'il s'agissait d'Hébreux qui auraient été capturés et réduits en esclavage. Ce qui reste certain par contre, c'est que, après la mort de Ramsès II, l'Égypte des pharaons entame un long et douloureux déclin.

---

[1] Imhotep était le chancelier architecte du roi-dieu Djéser, grand administrateur de sa résidence et représentant de sa majesté, il était aussi grand prêtre d'Héliopolis, médecin, et maître artisan sculpteur. Il est réputé être le rédacteur de la première sagesse. Hélas, elle n'a jamais été retrouvée. Reste que c'est lui qui imagine pour la première fois l'usage de la pierre pour la construction de monuments funéraires tels qu'un mastaba, plutôt que la brique de terre cuite.

[2] Et c'est à son fils Khéphren que l'on doit la construction du Sphinx. À moins que ce ne soit à son frère aîné Djédefrê, dont Khéphren a usurpé le pouvoir après l'avoir fait assassiner et détruire sa pyramide... les historiens ne sont pas très sûrs sur ce point.

[3] Hérodote rapporte que la construction de la pyramide de Khéops absorbait à ce point les ressources de l'Égypte, et cela laissait Khéops dans un tel besoin d'argent qu'il aurait prostitué ses filles pour trouver les moyens d'achever l'ouvrage. L'énoncé relève du ragot peu glorieux. Cela nous en apprend plus sur le rapport à l'argent de l'historien grec (vivant au Ve siècle av. J.C.) que sur la raison d'État et le sens des priorités du légendaire Pharaon. Reste que, sous la IVe dynastie, plus de matériaux ont été déplacés dans l'espace que sur le reste de toute l'histoire de l'Égypte antique. Le pouvoir de Pharaon était donc immense à cette époque.

[4] Il fait construire, sur le site ancestral d'Avaris, sa splendide cité princière : Pi-Ramsès.

Tribus et centres de contrôles mégalithiques

« La main forme avec la parole le trait essentiel de l'homme. »
Martin Heidegger, *Parménide*

« Ainsi c'est la vertu du verbe qui perpétue le mouvement de la Grande Dette dont Rabelais, en une métaphore célèbre [« l'estomac et les pieds »], élargit jusqu'aux astres l'économie. »
Jacques Lacan

Dans le bassin mésopotamien, sur les restes de l'Empire akkadien, la dernière dynastie sumérienne (dite « Ur III ») atteint aux alentours de - 2000 des degrés de prospérité et de sophistication culturelle jamais vus. Ur, Uruk, Eridu et Larsa sont reliés par un vaste et dense réseau de canaux et canalisations qui s'étendent sur des dizaines de kilomètres. L'Empire néo-sumérien développe, sur la base d'un archipel de cités reliées par une vaste batellerie fluviale, un immense État centralisé qui met au point un ensemble de méthodes de contrôles des sujets, un système fiscal, et de distributions des richesses et des corvées, le tout entièrement documenté par des tablettes d'argiles administratives (des livres de comptes rédigées en écriture cunéiforme). On y notait qui faisait quoi et qui avait donc droit à quoi. Le personnage central y est le « roi-prêtre ». Et dans ce cadre, l'ironie de l'histoire a voulu que la plus ancienne trace écrite d'un zéro y soit une case vide devant la rétribution d'un travailleur « enfui » ...

Dans ce système, l'un des moyens principaux de contrôle social des sujets est justement un petit instrument de compte. À partir de la civilisation sumérienne, dans l'époque paléo-babylonienne (- 2000 à - 1600) l'utilisation du jeton d'argile se généralise : les *calculi*. Il s'agit d'un instrument monétaire de gestion administrative des activités et des transactions. Les *calculi* servent à réaliser concrètement les opérations de calcul pendant les transactions économiques (sur une table, un « comptoir » permet de disposer les jetons aux yeux de tous, et de faire différentes opérations : des mises en rapports de prix nominaux, des multiplications de prix par des quantités, etc.). Les *calculi* pouvaient aussi circuler en tant qu'ils matérialisaient des unités de compte de valeur (ils pouvaient être délivrés par le temple comme quittance de sacrifice effectué ; ou placés dans une jarre scellée[1], ils permettaient d'authentifier une décision quantitative, un ordre de paiement porté à un scribe par exemple). Les *calculi* pouvait aussi servir dans des transactions politiques (tirage au sort, ou vote, ou contribution à un pot au sein d'un conseil de village, etc.). Le *calculus* est en quelque sorte un instrument de contrôle microlithique.

[1] Plusieurs exemplaires de bulles-enveloppes et de sceau cylindres ont été retrouvés sur les sites archéologiques sumériens de cette époque.

L'astronome est le gardien du temps, il est celui capable de prévoir à long terme la position des astres dans le ciel. Cela dit, sa divination impliquait l'usage d'un instrument ésotérique : le gnomon. C'est un bâton sacré d'environ 2 mètres qui, planté dans le sol sous le soleil, permet la mesure de la longueur d'ombre. Au fil de la journée, l'extrémité de l'ombre esquisse le parcours d'une hyperbole. De sorte que le point de la plus courte ombre journalière est pile dans l'axe nord-sud. Avec cela, la longueur la plus courte de l'année est au solstice d'été, la plus longue au solstice d'hiver, et les équinoxes de printemps et d'automne montrent une journée de longueur exactement égale.

Cela permet un découpage de l'année en 4 saisons compartimentées : printemps, été, automne, hiver. L'année est divisée en 12 mois de 30 jours. Chaque lunaison de 30 jours est divisée en quartiers, ce qui permet de définir une semaine de 7 jours ; chacun attribué à un astre : le Soleil (dimanche), la Lune (lundi), Mars (mardi), Mercure (mercredi), Jupiter (jeudi), Venus (vendredi), et Saturne (samedi).

Un travail d'observation et de calcul astronomique élaboré permet la production d'éphémérides. Des présages relatifs aux mouvements des astres sont gravés sur des tablettes par les prêtres. Par la prévision – la divination – des saisons, des périodes de pluies et de sécheresses, tout cela permet l'organisation et la planification des activités sous l'autorité du souverain. Et pour la discipline du travail, l'application du système sexagésimal permet la subdivision du temps journalier en deux fois 12 heures, et l'heure (*kaspu*) en 60 minutes (*gesh*). Les paléo-babyloniens sont ainsi les premiers à véritablement se soucier de la fabrication sociale de la mesure du temps. Ils ont laissé les plus anciennes traces écrites de calculs mathématiques de la mesure du temps.

Le temps et l'espace sont socialisés, centralisés, et fermement contrôlés. Le Temple d'une part et le Palais d'autre part s'érigent en instances distinctes mais sont reliés dans un circuit fermé. De là se creuse un schisme dans les pratiques d'écriture archaïques : entre le récit littéraire historique et mythologique mettant en scène la gloire du souverain d'une part et le calcul réel et ses pratiques concrètes d'autre part. Reste que dans cette urbanité archaïque, la prose tatillonne du quotidien, reflétée dans le récit épique des sentences divines, fait un monde en soi comme un effet bulle. C'est nécessaire au fonctionnement de la cité-État quand la fonction d'unité de compte monétaire est parfaitement séparée de la fonction de réserve de valeur. Quand le support monétaire n'a pas de valeur intrinsèque, son usage lui en invente une de toutes pièces. Ainsi, la fonction représentative de la valeur, non pas de l'unité sigle mais de l'unité *calculus*, symbolise la valeur même de la coordination fiable des activités, et revêt par là même une valeur intrinsèque. Ces objets étaient précisément l'objet de toutes les attentions.

Bien loin de là, sur les territoires de la façade atlantique, une culture mégalithique s'élève à partir du Ve millénaire avant notre ère. De prime abord on ne sait que très peu de choses sur ces installations. C'est qu'au troisième millénaire avant notre ère, l'Europe du nord n'est encore guère parcourue que par quelques tribus nomades d'explorateurs[1]. Mais enfin, des villages apparaissent et des ethnies se font jour.

Du côté des civilisations paléo-celtiques, l'évènement archéologique majeur c'est Stonehenge : sa construction aurait commencé dans le Néolithique nordique tardif, dit « mégalithique », environ 2500 ans avant notre ère[2]. C'est à l'époque un site funéraire qui reçoit les cendres de défunts dans des petits fossés creusés alentour d'un cercle de pierres entouré d'un grand fossé. En - 2000 environ, apparaît une « avenue » de 12 mètres de large qui relie la rivière Avon jusqu'au site. Il se compose alors d'un cercle de 80 pierres bleues (dolérites) de 2 mètres de haut orienté vers le soleil levant du solstice d'été.

À cette époque d'apparition des chefs de guerre, au début du deuxième millénaire avant notre ère, la population d'Europe double en quelques siècles, on l'estime à environ 12 millions d'individus. Aussi trouve-t-on un peu partout ce genre de sites dans les îles britanniques, en Bretagne, en France et en Allemagne.

Non loin à 3 kilomètres de Stonehenge se trouvait le village de Durrington Walls, le plus grand site néolithique de Grande-Bretagne. Plusieurs milliers d'habitants pouvaient y loger lors de grandes affluences. Le site est cerclé d'un talus de 30 mètres derrière un fossé de 5 mètres en guise d'enceinte (*henge*). Et au sud sur la place à l'entrée du site, vers - 2500 est apparu un gigantesque cercle de bois (*woodhenge*) qui se donnait comme site de réunion des vivants. De là, une route pavée conduisait à la rivière Avon.

C'est seulement plusieurs siècles plus tard, au milieu du IIe millénaire avant notre ère, qu'est érigé à Stonehenge le cercle complet des 30 monolithes de grès sarsen surmontés de 30 linteaux sur 33 mètres de diamètre (*cromlech*[3]) ; avec au centre les cinq trilithes en forme de portiques gigantesques de plus de 6 mètres de haut orientés vers le coucher du soleil au solstice d'hiver. Le monument devient extraordinairement massif.

Aujourd'hui encore, aux yeux des spécialistes, la fonction du site au moment de l'érection des mégalithes reste incertaine. L'archaïque fonction de funérarium – manifestement délaissée à ce moment-là –, confère assurément néanmoins au site le caractère sacré d'une terre des ancêtres. Mais enfin, dans

---

[1] Quelques rares villages existent çà et là depuis des milliers d'années, mais on n'en sait pas grand-chose.

[2] C'est exactement à cette époque également qu'est construit plus au nord le fameux Cercle de Brodgar dans les îles écossaises des Orcades, érigeant 60 pierres levées de plusieurs tonnes chacune sur un cercle quasi parfait de 100 mètres de diamètre (en fait, à partir de 3300 avant notre ère, plusieurs cercles de pierres sont érigés en Britannie).

[3] « Cercle de pierres levées » en vieux gallois.

cet espace d'interprétations possibles, l'application d'une réflexion sur la raison d'État nous mène à suggérer une hypothèse : le site est à la fois un bâtiment diplomatique « inter-tribal » et une horloge, un point de convergence et de rencontres, un marché-calendrier monumental. Les chefs des clans et des tribus du Néolithique pouvaient s'y retrouver périodiquement pour régler leurs comptes et honorer leurs promesses et leurs engagements dans les délais impartis, aux yeux de tous, et sous l'égide du tempo divin ci authentifié par le soleil, à sa place prévue aux solstices, au jour près, à l'heure dite, en ce lieu-là, point d'ancrage invariable et sacré, tenu entre les portiques ancestraux[1]. Les livraisons et les paiements entre tribus nomades pouvaient être ainsi effectués dans les délais, les paroles étaient tenues, de nouvelles promesses pouvaient y être faites, et les guerres pouvaient y être collectivement conjurées ou décidées, plutôt que subies. Au-delà de l'organisation communautaire familiale/tribale/clanique, la société tout entière s'y découvrait une nouvelle puissance, une nouvelle ressource, pourtant invisible : celle générée par la coordination, la synchronicité des activités. Puissance à la fois colossale et invisible dont la présence est symbolisée par les mégalithes eux-mêmes...

Par ailleurs, le plus ancien site mégalithique connu au monde est tout à fait étonnant : il date du Xe millénaire avant notre ère et se situe à Göbekli Tepe en actuelle Turquie. On ignore encore aujourd'hui de quelle civilisation il s'agit, et de surcroît, une énigme considérable réside à cet endroit. On ignore comment une construction aussi monumentale a été possible en des temps aussi ancestraux, précédant de plusieurs milliers d'années tout ce qui se voit ailleurs.

Le site se compose d'un ensemble de piliers anthropomorphes sculptés en « T », pesant des dizaines de tonnes chacun, et disposés en formation circulaire monumentale[2]. Comme à Stonehenge c'était probablement un sanctuaire de rassemblement de tribus nomades de chasseurs-cueilleurs en vue d'effectuer ponctuellement des échanges. Mais si tant est qu'on puisse effectuer ce rapprochement par contre, outre la distance historique et géographique, il y a une autre différence de taille entre les deux sites. À Göbekli Tepe les piliers sont reliés entre eux par des murs de pierres sèches à moitié enterrés, de sorte que, concernant ces piliers monumentaux, il s'agit probablement de chapiteaux destinés à porter une toiture. Par ailleurs, il y a aussi une vingtaine d'enclos similaires collés les uns aux autres sur le site.

Par conséquent, bien qu'on puisse garder l'hypothèse d'un lieu de transactions, en revanche la fonction d'horloge astronomique y est plus

[1] Le repère de passage d'un jour à l'autre est une notion arbitraire qui peut varier d'une civilisation à une autre : au lever du soleil (mésopotamiens et égyptiens), au coucher du soleil (hébreux), de midi à midi ou de minuit à minuit (romains).

[2] À la même époque, d'autres sites similaires mais plus petits s'érigent dans la région.

douteuse. Il s'agissait donc bien plus probablement de quartiers d'hiver ou d'un lieu de retraite cultuel pour un ensemble de tribus nomades.

Mais enfin, il reste qu'on s'explique mal comment un site monumental urbain si précoce a été possible en pleine préhistoire néolithique précéramique[1]. Parce que : pas de céramique, pas de forge, pas d'outils en métal. Et en effet, à l'époque très lointaine de la sortie de l'ère glaciaire du Dryas récent, on en est encore à l'âge de pierre... Du coup, l'érection des piliers de pierre sculptés pesant plusieurs dizaines de tonnes à Göbekli Tepe par des hommes équipés seulement de silex taillés reste un vrai mystère...

Autre fait notable : dans l'Égypte néolithique du Ve millénaire avant notre ère, à l'époque du « Sahara vert », à Nabta Playa dans la haute Égypte, les tribus pastorales ont érigé des cercles mégalithiques du même genre sur près de 26 km^2 dans le désert de Nubie dans le sud de l'Égypte. Eux aussi font partie de la collection géographiquement disparate des sites de monuments mégalithiques circulaires à orientation astronomique. On y a découvert récemment à proximité des silos souterrains de céréales et des sépultures de bovins.

Ce qu'il y a d'étonnant, c'est la présence de lignes de mégalithes qui pointent vers le nord. Le site permet de révéler les solstices d'été et de prévoir le déclenchement des pluies d'été. Mais ce site est moins étonnant que Göbekli Tepe. Car les poteries nubiennes retrouvées sur le site de Nabta Playa sont d'une remarquable qualité. Ce qui peut laisser augurer de la présence d'arts de la forge qui permettent des outils qui expliquent raisonnablement les techniques d'érection de mégalithes de plusieurs tonnes. D'autant que les bovins semblaient occuper une place centrale dans le Néolithique égyptien du Ve millénaire avant notre ère.

Cela dit, au tournant du IVe millénaire, le Sahara enclenche son aridification, les bovins se raréfient et tous les systèmes sociaux pré-pharaoniques de ces civilisations égyptiennes perdues volent en éclats. Nous n'en savons que très peu de choses aujourd'hui. Mais certains archéologues tiennent ces sites circulaires pour des prototypes d'églises.

Dans le bassin mésopotamien, les fonctions assumées par ce genre de sites mégalithiques seraient distribuées sur trois bâtiments distincts : le Palais, le Temple, et l'Hôtel de Ville. Le Palais et le Temple puisqu'ils sont le lieu du siège des deux pôles du sujet souverain entre lesquels se situe la machine de

[1] Les premières traces de terre cuite remontent au VIIe millénaire avant notre ère. C'est de cette époque que datent les plus anciennes traces connues d'une cité de plusieurs centaines d'habitants, qui ont été retrouvés en Anatolie sur le site de Çatal Höyük. Mais il y a probablement d'autres sites plus anciens non encore découverts.

guerre : le roi maître de la force qui capture, et le prêtre maître des signes qui lient et relient. Mais pour le troisième pôle, l'Hôtel de Ville – siège de l'administration municipale, place des commerces des biens et services, des commerces matrimoniaux et des commerces d'idées, lieu de siège du patriarche commerçant – eh bien, au point où nous en sommes de la haute Antiquité, cet archétype de bâtiment public n'est apparu que sous la forme de la simple place publique. Pour qu'il prenne une forme monumentale fonctionnelle et expressive, il faudra attendre la civilisation assyrienne et ses marchés circulaires[1].

Ainsi, bien que le *cromlech* de Stonehenge soit le plus monumental du monde, reste que Göbekli Tepe est le plus ancestral site d'amphictyonie mégalithique connu : ce sont des lieux circulaires sacrés sur lesquels se retrouvent de manière cyclique des émissaires de tribus voisines d'une région, pour des célébrations communes qui entretiennent la paix (faire la paix c'est penser la coexistence).

Le mot pour caractériser le phénomène vient du grec *amphiktyones* (« ceux qui voisinent[2] ») car la pratique deviendra centrale dans la civilisation hellénique : Temple de Héra à Argos, Oracle de Delphes, Jeux à Olympie, etc. Chaque cité-État envoyait ses députés (*hiéromnémon* « archiviste sacré ») aux réunions des « ligues sacrées »[3].

Et ensuite, l'architecture panoptique de l'amphithéâtre viendra ancrer cette logique dans une proxémie plus quotidienne de la fréquentation citoyenne. Nous en reparlerons plus loin.

Disons pour l'instant que cette architecture circulaire crée un *milieu*. En différence d'avec une architecture monumentale verticale qui suggère une hiérarchie et une centralisation du pouvoir. Cette architecture circulaire de l'espace où se rangent les corps suggère une isonomie des paroles, une égalité des membres au milieu desquels se trouve, aux yeux de tous, l'objet des transactions : butin à répartir, marchandise mise aux enchères, promesse à tenir, discours à juger, etc.

---

[1] *Cf.* Chapitre 2.

[2] N.B. : en anglais : « *the ring* ».

[3] Delphes est au centre du monde grec antique, et au centre de ce nombril du monde terrestre (*omphalos*) se trouve l'*adyton* (lieu interdit), abritant la tombe de Dionysos et le siège de la Pythie, la prophétesse d'Apollon au fronton du temple duquel était inscrit : *gnôthi seauton* (« connais-toi toi-même »). Les cités y envoyaient des représentants pour prendre conseil sur le gouvernement des choses. C'est en cette cité que s'est forgée la légendaire grande Ligue amphictyonique hellénique, qui réunit, après la guerre de Troie, les Hellènes, les fils du patriarche Hellen, roi de Phthie fils de Deucalion, lui-même fils de Prométhée. Pour les Grecs, une amphictyonie, c'est une ligue sacrée en charge d'un sanctuaire.

Lié à ce type d'architectures de places publiques, isonomiques, pré-étatiques, et sans systèmes d'écritures communes, l'usage du bâton de comptage permet de graver la mémoire de quantités. En fait, de manière générale depuis le Paléolithique, dans les civilisations pastorales, le bâton d'un pasteur l'identifie, et peut être donné en gage, en caution de résolution ultérieure d'une promesse.

Ou encore, les bâtons de comptages simples pouvaient être coupés en deux comme des *tessères*[1]. Cela permettait d'abord de mémoriser des unités de dettes par le nombre d'encoches gravées sur le bâton. Et ensuite ça permettait d'authentifier le porteur, et l'ayant droit, par la réunion des deux moitiés du bâton qui avaient été fendues dans la longueur, et emportés par chacune des parties de la transaction pour en garder mémoire jusqu'à sa résolution[2].

L'origine de l'usage des bâtons de comptage se perd dans les méandres de la préhistoire[3] ; mais son usage s'est répandu partout et à toutes les époques, et on en trouve encore des échos aujourd'hui. Outil pastoral, bâton de soutien, bâton de commandement : sceptre.

Pour un illettré, en faisant simplement glisser le doigt le long des encoches, il permet de vérifier qu'un troupeau est au complet, qu'un nombre donné de jours est écoulé, qu'une prière a été répétée comme il fallait, etc.

Les Perses l'utilisèrent beaucoup sous forme de cordelettes nouées. Et il était très répandu dans l'Europe moyenâgeuse illettrée et démonétisée : on l'appelait bâton de taille (*tally stick*). D'ailleurs, le mot « taille » servait ainsi plus généralement à désigner la redevance qu'un vassal devait à son seigneur.

Le fournisseur de marchandises s'en servait pour authentifier la série de livraisons et donc la preuve de la créance. Ainsi, chez le boulanger, on pouvait prendre le pain « à la taille » d'où l'expression « commerce de détail ». La contretaille (encore appelée « échantillon ») pouvait être conservée par l'acheteur. Les cours de justice médiévales l'acceptaient largement comme preuve d'une transaction, et même encore dans des tribunaux de commerce au XIXe siècle[4].

Au passage, la considération de cet instrument de commerce qu'est le bâton de taille montre que le troc généralisé, eh bien à travers l'histoire ça n'a jamais vraiment eu lieu. Le troc n'a jamais posé de problèmes d'efficacité des

---

[1] Petits morceaux de poteries qu'on brise par moitié (l'une étant confiée au messager, et l'autre au récepteur) afin d'authentifier le porteur d'un message.

[2] En latin, il y a déjà proximité des termes *tessera* et *talea* (pieu, pied, solive), qui serait lui-même apparenté à *talio* (vengeance), et au grec *tâlea* (bouture) et *talis* (fiancée), d'où est sorti, par *talis* (tel) et son dérivatif *qualis*, le terme latin *qualitas* (qualité).

[3] Le plus ancien bâton de comptage connu date de plus de 40 000 ans avant notre ère : c'est un os gravé retrouvé sur les flancs du mont Lebombo en Afrique du Sud.

[4] Pour l'anecdote, au XVIIe siècle, les *tallies* royaux étaient utilisés pour la collecte des taxes et, enregistrant les dettes de la Couronne d'Angleterre, certains furent versés (littéralement déposés) par des créanciers de la Couronne au capital fondateur de la Banque d'Angleterre. Ils y sont toujours.

transactions qui aurait donné lieu au besoin de créer de la monnaie. Et pourtant, on croit encore aujourd'hui largement qu'au départ il y avait le troc, mais c'était compliqué alors on aurait inventé la monnaie : les pièces d'or, et puis plus tard seraient apparus le crédit et la banque. Mais non. C'est un mythe[1]. Pour les petites dettes particulières, on utilisait spontanément à peu près partout le bâton de comptage, dont le support matériel (en bois ou en os) n'avait pas de valeur intrinsèque particulière.

Mais alors, quand et comment sont apparues ces mythologies monétaires du troc primitif et de l'or civilisé ?

Troc est un mot péjoratif et encore inusité au début du XVIIIe siècle. De l'indo-européen *terek* (tordre), il vient en français « troc » et « truquer », et *barter* en anglais qui, de retour en français donne « baratin » et « baraterie » (faire volontairement couler un bateau assuré pour faire payer au prix fort la cargaison soi-disant perdue à celui qui assumait le risque du péril en mer).

En fait, le mythe du troc primitif apparaît d'abord dans le *Deuxième traité du gouvernement civil* de John Locke (1690) ; afin de réfléchir en principes de nature les fondements de la propriété privée. La monnaie s'y invente spontanément pour sa fonction de réserve de valeur. Dans ce cadre, la nature incorruptible et l'apparence brillante de l'or en font le véhicule idéal du pouvoir de commander le travail à travers le temps. L'idée semble intuitive et elle est largement tenue pour vraie par tous en Occident ; mais au vu des connaissances archéologiques que nous avons aujourd'hui, nous savons qu'elle est fausse.

L'inspiration est classique, elle vient d'Aristote. À la suite, au tournant du XVIIIe siècle, de nombreux auteurs viennent participer à forger la mythologie classique du troc primitif et de l'invention de la monnaie pour rendre les échanges plus efficaces : Anne Robert Turgot en France, Adam Smith et James Steuart au Royaume-Uni, Cesare Beccaria en Italie. À partir de là, copie, reprises, multiplications, diffusions, et hégémonie d'une croyance fausse sous prétexte qu'elle est utile. Bien qu'incohérente, il s'agirait d'une croyance responsable par rapport au fonctionnement de l'État. Elle participe à sa puissance. Il faut utiliser la monnaie parce qu'elle est un moyen efficace de réaliser les échanges. Le sens de la responsabilité individuelle est incidemment invoqué. Cette mythologie du troc primitif vient ainsi prendre place au cœur de la raison d'État.

À partir de la généralisation de cette mythologie du troc, le mot « client » perd son sens juridique romain[2], et prend le sens commercial qu'on lui connaît aujourd'hui (même si on attend toujours de lui confiance et fidélité). Il s'agit de fonder une vision de la relation égalitaire sur la « place de marché », où il y a potentiellement substituabilité parfaite des sujets « partenaires de

[1] Voir notamment à ce propos les travaux de Jean-Michel Servet.

[2] Voir : Chapitre 4. « L'état civil romain ».

l'échange ». Les statuts sont en principe neutres sur l'échange. Pas de dettes, pas d'obligations, ni avant, ni après l'échange.

Ce mythe participe à mettre en évidence une valeur substantive (travail) derrière les prix, comme une nature derrière le politique. Ce qui fonde une vision dichotomique de l'économique, plaçant l'essence du réel derrière l'apparence du nominal : derrière le nominal polémique des termes de la négociation, il y a la réalité des nécessités du pouvoir.

Les conséquences de ce tissu d'erreurs tenaces c'est que, de là, des confusions impliquées par la conception substantive de la valeur peuvent bourgeonner silencieusement. Pour exemple : la croyance spontanée selon laquelle la rareté fonde la valeur et donc le prix ; croyance qui peut se prendre immédiatement les pieds dans un syllogisme contradictoire : « Si tout ce qui est rare est cher, et qu'un cheval bon marché est rare, donc un cheval bon marché est cher. » En fait la valeur de marché ne repose pas sur la rareté qui serait comme une « âme de la valeur », mais sur une confrontation, entre la difficulté de produire et l'intensité de la demande.

Ce qu'on peut dire plus rigoureusement aujourd'hui c'est que le comportement du producteur est déterminé par la rareté du temps de travail et celui du consommateur par la rareté du temps de satisfaction utile. Pour autant, la théorie de la valeur économique n'est pas bouclée. Car il reste que, côté producteur, l'égalité statutaire présupposée a priori du temps de peine humaine se heurte à la hiérarchie des rémunérations qui fait de cette égalité une chimère derrière laquelle courent pourtant les tentatives d'explication en termes de différentiels de productivité, mais sans jamais y parvenir[1]. Et puis, il reste aussi que, côté consommateur, les théories de la valeur utilité ignorent avec entêtement les logiques mimétiques des désirs, par faute d'être incapables de les intégrer dans leur individualisme méthodologique (nous reviendrons là-dessus plus en détail par la suite).

Ce qui reste à considérer sérieusement concernant les origines historiques réelles de la monnaie, c'est que l'or monnayé n'a de valeur que dans la mesure où l'on croit qu'il permet de commander le travail. Et donc derrière, l'important c'est la question de la croyance, de la dette, de la confiance, du crédit, de la parole donnée, de la promesse, et le problème de sa valeur de vérité… et puis, derrière il y a le problème de la cohérence des choses. Tous ces problèmes sont en fait inhérents aux fonctionnements des systèmes de transactions depuis le haut Néolithique.

Bref, avant d'aller plus loin dans l'histoire du rapport entre monnaie et raison d'État – autrement dit dans l'histoire des rapports entre la modalité centrale du parler vrai et la réflexion de soi sur soi du sujet souverain –, pour y voir clair, il faut d'abord focaliser sur la logique de la transaction et ses implications.

---

[1] Par exemple, les métiers du soin (*care*) restent relégués socialement.

LES SCHÉMAS ÉCONOMIQUES FONDAMENTAUX

« La représentation monétaire est effectivement une réalité, part intégrante, constitutive, essentielle, dans le fonctionnement d'un système proprement économique. »
François Simiand, « La monnaie, réalité sociale » (1934)

La monnaie implique : une relation entre deux agents, un rapport à l'avenir, et une crédibilité de la parole de l'émetteur.

Or dans le rapport monétaire, ces axes sont toujours très inextricablement enchevêtrés. Alors, pour y voir clair et éviter les chausse-trappes, notamment la fable du troc comme mythe fondateur de l'ordre social libéral, il faut donc tout reprendre à la base[1].

D'abord, montrer le schéma économique fondamental de la connexion : la filière d'approvisionnement.

Ensuite, expliquer le schéma économique fondamental de la mise en équivalence : la production d'intermédiation.

La filière d'approvisionnement

« Tout est commun entre amis. »
Proverbe pythagoricien

« Les bons comptes font les bons amis. »
Proverbe français

L'existence humaine du sujet vivant, parlant, et travaillant implique des inter-actions anthropologiques fondamentales (reproduction, communication, échanges, etc.). Certaines interactions constituent des trans-actions entre les sujets de l'action. Cela implique des co-ordinations. Dans ce cadre, la dette est un état de devoir à l'égard d'autrui.

Au commencement : la dette est un lien social fondamental. L'obligation à l'égard d'autrui produit des nécessités sociales. C'est le principe fondamental de l'économique et du politique.

[1] Cela dit, le lecteur peu intéressé par les considérations théoriques peut sans problème passer aux chapitres suivants.

Ce peut être aussi un état de devoir à l'égard de soi-même. Ainsi, l'obligation de soi à soi – l'identité – produit des nécessités spécifiques. C'est le principe fondamental du juridique.

On voit tout de suite que la dette n'est pas un simple objet au dehors du sujet, qu'il peut manipuler à sa guise. La dette est aussi bien au-dedans, elle constitue les sujets.

Bref, pour commencer nous allons focaliser sur la dette elle-même et sur le sujet de l'action culturelle.

La dette est un lien social fondamental entre les individus. C'est du normatif, du devoir. Il ne s'agit pas ici de faire l'impasse sur le Droit. Pas du tout. Un droit, c'est une créance sur l'univers, c'est de la non-dette universelle ; et à l'inverse, un devoir, c'est de la dette. Certains ont des droits sur d'autres, d'autres ont des devoirs à l'égard des premiers.

De là naissent des passions, des principes, des normes, des obligations, toutes sortes de choses qui déclenchent des actions, des comportements, et des manières de faire.

La dette est aux sujets ce que la force est aux objets, c'est la motivation de leurs mouvements, le mobile de leurs actions.

Pour l'homme, la dette première du sujet, c'est d'abord une dette par rapport à sa condition animale incarnée : c'est tout simplement la faim. L'animal a faim, et cette passion le pousse à l'effort de la chasse, à l'issue de laquelle il mettra sa proie à disposition de sa consommation.

Ainsi, pour de nombreuses civilisations, ce n'est pas le travail, mais la dette qui est première et originelle dans le schéma économique fondamental. Les anthropologues parlent ainsi de « dette de vie »[1]. C'est ce que l'on doit à ce qui nous permet de jouir de l'existence.

Cela dit, on peut distinguer : le devoir qui assujettit, et la dette qui implique un accord. Et puis on peut distinguer aussi la dette subjective à l'égard de valeurs en soi d'une part, et d'autre part la dette objective qui implique une expression nominale entre individus. La dette peut être non marchandable, non fongible, non échangeable (mais éventuellement transférable par des mécanismes de substitutions), comme dans le cas d'une malédiction, ou d'un déshonneur. Et à l'inverse, pour le crédit, le prestige, le statut, l'appartenance à une lignée, les dettes sont transférables d'un individu à l'autre par des processus spécifiques… Et puis de l'autre côté, la dette objective peut aussi être marchandable, transférable et négociable (comme pour une charge, une position, une fonction, une créance, un titre, ou un stock de monnaie

[1] « Cette dette est bien nommée car elle fait allégeance au souverain absolu qui est la mort. » *Cf.* Michel AGLIETTA et al., *La Monnaie entre dettes et souveraineté*, éditions Odile Jacob, Paris, 2016, 460 p., p.72.

métallique). Et enfin, on peut encore distinguer la dette qui peut être externe : d'un souverain à un autre, ou interne : d'un État à ses citoyens assujettis[1].

On pourrait continuer à déployer des typologies en éventail sur de nombreuses perspectives, mais enfin, s'il s'agit de ne retenir qu'un terme supplémentaire significatif pour illustrer plus encore, ce serait celui de dette faustienne : c'est la dette qui vise l'insolvabilité du débiteur. C'est un lien qu'on trouve souvent dans l'histoire entre le travailleur et l'investisseur ; par exemple, c'est un prêt qui est assujetti à la consommation des produits de l'investisseur (donc c'est un tribut « avancé »).

Bref, pour reprendre à la base, voici le schéma économique fondamental d'une approche anthropologique de la dette marchandable :

Figure 1 : Le Schéma Économique Fondamental

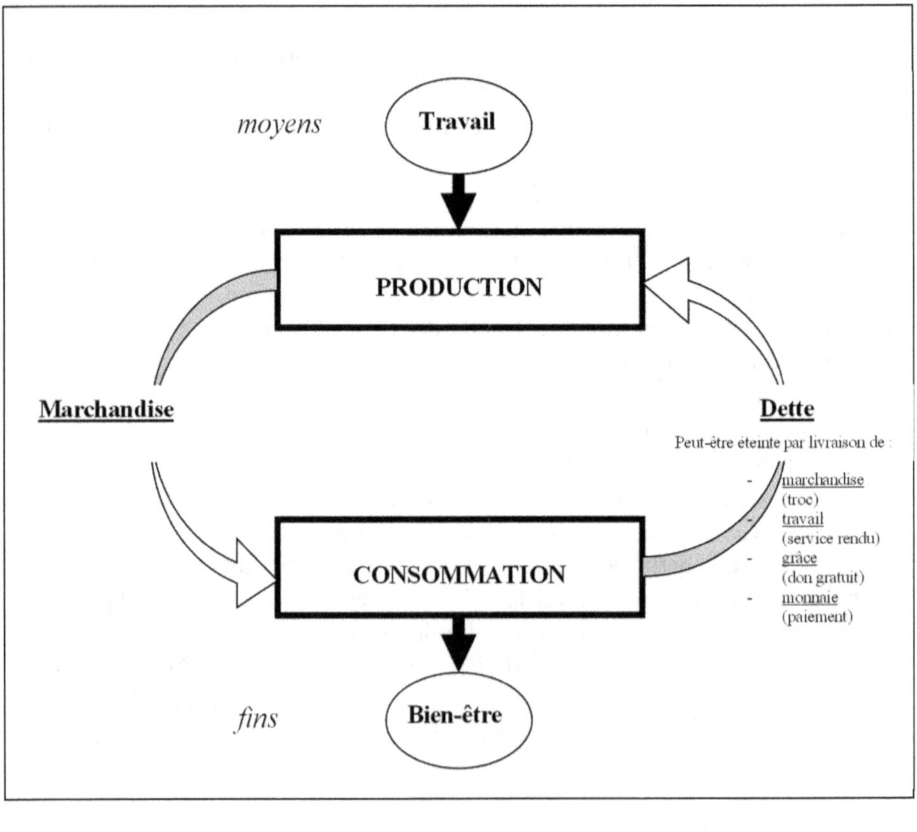

[1] Par exemple : au début du XXIe siècle la dette intérieure du Japon s'accroît, mais sa dette extérieure diminue (le pays est structurellement exportateur).

Au commencement dans ce schéma économique fondamental, il y a du travail : une activité pénible par laquelle les hommes produisent leurs conditions d'existence. Ce travail s'implique dans une production : une activité de création de valeur par la transformation de la nature environnante en éléments aptes à satisfaire des besoins humains. En résultat, les services et artefacts reproductibles livrés à la transaction sont des marchandises, livrées à une consommation : une utilisation d'un bien ou d'un service dont on tire un bien-être. Ce bien-être est un état de satisfaction des besoins et des désirs ; c'est la finalité plaisante visée par l'activité pénible de production. Car un besoin est ce qui tend à la satisfaction.

Et comme le producteur s'est donné une peine alors que le consommateur jouit d'une satisfaction, cette interaction fait naître en contrepartie une dette du consommateur à l'égard du producteur.

Ce peut être à l'égard de soi-même à la fois consommateur et producteur, si on s'est produit quelque chose pour soi, on est bien récompensé par le résultat de son travail... (Ou pas : si les moyens déployés n'atteignent pas une fin satisfaisante. On s'en veut, on s'est donné du mal pour rien, on se sent *coupable...*).

Mais revenons au cas d'une interaction entre deux individus. Anthropologiquement, cette dette du consommateur au producteur peut être éteinte par diverses modalités : la livraison d'une marchandise en retour (troc), la livraison d'un travail en retour (service rendu), l'attribution d'une grâce au consommateur qui justifie la non-réciprocité (don, offrande)[1], ou enfin, l'extinction de la dette peut se faire par la livraison d'une dette d'un tiers crédible (paiement monétaire).

Par exemple, si on applique le schéma à la transaction urbaine par excellence depuis que les villes existent : l'achat du pain. Le boulanger est le producteur, il s'est donné la peine de travailler pour faire un pain. Moi consommateur, je me rends au comptoir de sa boulangerie. Il me livre un pain. Alors je prendrai plaisir à consommer ce qu'il s'est donné la peine de produire. Je lui dois cette peine en contrepartie de ma satisfaction. Dès lors, pour éteindre cette dette, plusieurs choses sont possibles. Je peux lui livrer un bien équivalent d'un pain en retour. Ou travailler pour lui le temps équivalant au temps qu'il lui a fallu pour produire ce pain. Ou alors, si j'étais une star, il pourrait exprimer la gratitude qu'il ressent de me voir dans sa boulangerie en me faisant cadeau du pain. Sinon, de manière tout à fait quotidienne, je peux aussi le payer en monnaie : lui livrer une pièce de 2 € par exemple. Cette pièce de monnaie est la reconnaissance, par l'autorité monétaire, du pouvoir d'achat

[1] À l'issue d'une transaction, la parure (représentative d'un statut, d'une grâce qui justifie la non-réciprocité) pouvait servir de moyen de règlement d'un reste dû.

d'une valeur de 2 euros à son porteur[1]. Cette pièce, je me la suis procurée en échange de mon travail (disons que je l'ai moi-même gagné – acheté – en échange de 10 minutes de mon travail par ailleurs). Et c'est cette pièce que je procure au boulanger en échange de son travail. De son point de vue, à ma dette, à ma promesse de payer, je substitue donc celle du souverain. C'est satisfaisant pour le boulanger. À ma promesse de payer peu crédible est substituée celle du sujet souverain, parfaitement crédible. Lorsque l'échange aura été effectué et la pièce encaissée, ce sera au boulanger que l'autorité monétaire – disons la banque centrale de l'État – devra la reconnaissance de ce pouvoir d'achat : 2 €. Et le commerçant acceptera d'autant ce « jeton monétaire » qu'il croit que ses propres fournisseurs l'acceptent en paiement aussi de ses propres dettes (tout comme je l'ai moi-même accepté en revenu de mon travail). Ainsi circule la monnaie. On voit ainsi clairement que la crédibilité de l'autorité monétaire dans sa capacité à organiser la reconnaissance du pouvoir d'achat est déterminante du pouvoir d'achat de l'unité monétaire qu'elle émet.

De là, deux problèmes académiques typiques se déploient :

– Problème classique : comment se déterminent ces rapports d'équivalences entre biens échangés ? Comment se détermine la valeur relative des biens les uns par rapport aux autres ?

– Problème institutionnaliste : comment se détermine la confiance dans le pouvoir d'achat que confère une unité monétaire ? Comment se détermine la valeur relative de la monnaie par rapport aux biens ?

Le traitement de ces questions à travers l'histoire de la pensée économique et politique occupe des bibliothèques entières à propos des systèmes de prix et du pouvoir d'achat de la monnaie. Mais enfin bref, ces questions académiques ne sont justement pas celles qui nous intéressent dans cet ouvrage. Et ce ne sera pas le caractère le moins inédit de ce livre que de soigneusement s'attacher à éviter de retomber dans les enjeux des problèmes académiques (c'est-à-dire les problèmes au « service » de la raison d'État. Car enfin, il va de soi qu'on ne pourrait pas objectiver la raison d'État dans une réflexion qui serait d'emblée au service de la raison d'État). Nous allons plutôt divaguer sur des chemins de traverse hors des sentiers battus, mais sans perdre le fil.

Nous allons légèrement déplacer l'angle d'attaque problématique : au bord de la raison d'État, entre le dedans et le dehors, il y a la transaction elle-même, le processus transactionnel, l'action transactionnelle… Comment les transactions se lient-elles les unes aux autres pour former des systèmes d'échanges ? Et comment ces systèmes d'échanges deviennent-ils homogènes, aptes à la circulation monétaire de masse ?

---

[1] La « détention » de la pièce authentifie que l'autorité monétaire émettrice – le souverain (seigneur, roi, État) – doit la valeur nominale au pouvoir d'achat du porteur.

Nous allons plutôt rester encore un peu sur le schéma économique fondamental pour expliquer cette affaire de monnaie en rapport à la raison d'État. Et pour cela il faut déployer des applications plus vastes du schéma économique fondamental.

Si l'on tire notre exemple, le boulanger ne produit pas le pain partant de rien, mais de matières premières en consommations intermédiaires dont l'approvisionnement résulte du travail de producteurs fournisseurs (par exemple l'agriculteur produit et fournit du blé au moulin, puis le moulin produit et fournit de la farine au boulanger). Il y a donc enchaînement des schémas économiques fondamentaux les uns après les autres en séries de connexions producteurs/consommateurs intermédiaires qui forment une filière d'approvisionnement pour un consommateur final. La filière d'approvisionnement repose sur des liens de connexité qui satisfont la nécessité de l'approvisionnement des vivants sur un territoire.

Pour former une filière d'approvisionnement, il s'agit d'agencer les activités en colonnes centrées sur la capitale du souverain, en colonnes d'approvisionnement de ressources vers l'amont des colonies, et en colonnes d'administration de l'ordre vers l'aval, en chaînes de commandement.

Dans cet enchaînement, chaque sujet individuel, chaque unité institutionnelle[1] consomme la marchandise de son producteur fournisseur, afin de produire elle-même la marchandise qu'elle livrera à son client consommateur. En ce cas, le « bien-être » tirée de la consommation intermédiaire sur laquelle s'applique le travail pour la production finale, c'est la valeur ajoutée. Elle viendra se cumuler dans une chaîne de création de valeur jusqu'à être livrée comme marchandise finale de forte valeur ajoutée entièrement payée par le consommateur final. Ensuite, par le biais des règlements aux fournisseurs, cette recette viendra rémunérer, par une cascade de paiements qui remonte la filière, la valeur ajoutée de chaque producteur dans la filière.

Par exemple, sur la base d'un territoire – propriété du souverain – l'exploitation d'un arpent de terre y est concédée. Disons que cet acte initial de concession est institué par la livraison de graines à un fermier. Ensuite celui-ci y produit par son travail un quintal de céréales. Le fermier livre ces céréales à un moulin qui achète le quintal au prix disons de 40 euros. Ce produit fini du fermier (secteur primaire) devient consommation intermédiaire du moulin (secteur secondaire) pour moudre de la farine. Le produit fini du moulin est ensuite vendu en sacs de farines à un boulanger commerçant de détail (secteur tertiaire) pour 100 euros. La valeur ajoutée propre du moulin est donc de 60 euros. Ensuite, le boulanger fait des pains avec cette farine qui

[1] C'est-à-dire chaque centre élémentaire de décision autonome, comme on dirait dans le langage de l'économie libérale (où le droit assure que les choses soient effectivement considérées ainsi par les acteurs).

est pour lui une consommation intermédiaire. La valeur ajoutée propre du boulanger est alors, disons, de 100 euros. Car en effet, partant de cette farine, la recette des ventes en produit fini d'une centaine de pains auprès des consommateurs finaux a atteint 200 euros.

Bref, la matière première a été extraite de l'environnement (primaire), manutentionnée (secondaire), puis intégrée dans un service et couverte de signes (tertiaire) pour être vendue. Les consommateurs finaux versent les 200 euros au boulanger. Il peut désormais payer son fournisseur en versant 100 euros au moulin pour la livraison de la farine et se garde donc 100 euros pour rétribuer sa propre valeur ajoutée. Le moulin peut à son tour payer la facture de son fournisseur (40 euros au fermier qui vont rétribuer sa valeur ajoutée), et garder ensuite la rétribution de sa propre valeur ajoutée dans cette filière d'approvisionnement : 60 euros. On voit ainsi que le consommateur final a payé l'intégralité de la valeur du produit (200 euros) et que ce paiement vient rétribuer en cascade tous les producteurs de la filière d'approvisionnement : 100 euros au boulanger, 60 euros au moulin, et 40 euros au fermier[1].

Et ainsi le système de pouvoir d'achat se boucle dans un « système économique », quand les consommateurs finaux d'un territoire sont également l'ensemble des producteurs d'un territoire. Dans notre exemple schématique, ils produisent pour 200 euros de pain et consomment pour 200 euros de pain.

Ainsi, quand le consommateur final est tout simplement le souverain qui veut absorber le produit de ses sujets, tout le problème pour lui est de savoir ce qui – chez les producteurs d'une filière d'approvisionnement – pourrait bien les commander à lui livrer leurs marchandises et provoquer l'acceptation de son « jeton de reconnaissance », c'est-à-dire de sa promesse de paiement.

Au premier titre, il est attendu que cette reconnaissance du souverain à son fournisseur donne droit – à celui qui l'accepte – de se fournir à son tour pour ses propres besoins auprès de tous les sujets du souverain. L'institution d'une monnaie est l'institution d'une capacité déléguée à commander le travail.

Et pour en fonder l'acceptabilité dans une population et déclencher le flux de livraison donc, dans un premier temps l'envoi d'une force armée pour ponctionner la production induit la prévision du paiement de l'impôt qui vient. Cet impôt à prévoir, c'est au premier titre le fermage en fin de saison. La « dette de terre » du fermier au souverain reste la piste archaïque fondamentale pour comprendre l'enclenchement de la machine monétaire. Il faut instituer l'idée que la reconnaissance de dette du souverain confère un pouvoir libératoire, a minima au regard des obligations de chacun par rapport au

---

[1] N.B. : le partage de la valeur ajoutée dans une société de consommation libérale se fait entre les composantes du sujet souverain : le profit à l'investisseur-entrepreneur, le salaire au travailleur-consommateur, et les taxes au citoyen. Et dans la pensée marxiste, la lutte entre les intérêts antagonistes des facteurs de production que sont le capital et le travail est le moteur social de l'histoire déterminant les conditions matérielles d'existence des hommes.

souverain. Et à partir du moment où chacun est initialement en dette à l'égard du souverain – d'une dette qui se renouvelle chaque année – alors chacun a besoin de se doter régulièrement de la reconnaissance du souverain. Sur cette base la circulation monétaire peut s'étendre aux commerces délégués et privés.

Ainsi, on voit que lorsqu'une monnaie s'impose à cours légal, cela signifie que l'émetteur souverain – maître de la loi – oblige tous les créanciers qui lui sont assujettis à accepter sa propre dette comme instrument d'extinction de leurs avoirs sur les dettes des autres.

Derrière tout ça, un problème persistant pour la raison d'État reste de se doter des moyens d'assurer les filières d'approvisionnement de la puissance – ou du moins de la crédibilité de la puissance – du sujet souverain. Car plus une chaîne d'approvisionnement s'allonge, plus elle est fragile et réclame d'être sécurisée par des infrastructures.

Approvisionnement énergétique et approvisionnement en armes : sécurité énergétique et sécurité militaire. Et également, approvisionnement en hommes.

Ainsi, la technologie la plus fondamentale pour le développement de la raison d'État, c'est le stockage.

Dans les filières d'approvisionnements, l'édification de capacités de stockages permet d'absorber les aléas en constituant des zones tampons qui assurent pour un temps des continuités de flux malgré les fluctuations accidentelles des sources.

La gestion des stocks d'approvisionnement de la puissance est dès lors l'activité administrative première du sujet souverain. Les intérêts vitaux du souverain sont en jeu. C'est par exemple l'approvisionnement métallique pour l'équipement de la machine de guerre du souverain, et c'est aussi l'approvisionnement en hommes : la sécurité alimentaire et l'approvisionnement en force de travail.

Mais en outre il y a aussi l'approvisionnement en services administratifs (consommés par le souverain pour l'efficacité de son gouvernement), qui implique de se lier un clan familial d'origine, une domesticité royale, une caste de fonctionnaires royaux.

Et plus largement, en dehors de la maison propre du souverain, pour ce qui concerne les activités déléguées, il faut développer la juridicité du commerce afin d'ouvrir la possibilité de signer des engagements d'approvisionnement à long terme avec des fournisseurs. D'une part ça sécurise l'approvisionnement du consommateur qui peut affecter d'autres ressources ailleurs qu'à la couverture des aléas, et d'autre part ça sécurise l'approvisionnement du fournisseur en monnaie : il a un flux de revenus futurs garantis, et cela lui confère un crédit à partir duquel il peut lever plus de fonds pour étendre et pérenniser son activité.

Bref, à travers l'histoire, les civilisations et les régimes politiques passent… Par contre les logiques des filières d'approvisionnement restent les mêmes.

La production d'intermédiation

« Le troisième grand résultat de l'affranchissement des communes, c'est la lutte des classes, […] Les rapports des diverses classes entre elles, la nécessité où elles se sont trouvées de se combattre et de se céder tour à tour, la variété de leurs intérêts et de leurs passions, le besoin de se vaincre sans pouvoir en venir à bout, de là est sorti peut-être le plus énergique, le plus fécond principe de développement de la civilisation européenne. »
François Guizot, *Histoire de la civilisation en Europe* (1828)

« La propagande est aux démocraties ce que la matraque est aux dictatures. »
Noam Chomsky

Les relations économiques contiennent des relations de pouvoir. Ça semble banal, mais pour bien le comprendre, il faut rajouter aux pouvoirs exécutifs, législatifs et judiciaires, les pouvoirs médiatiques et monétaires. Or, comme ces deux derniers n'ont pas encore aujourd'hui de définition claire au niveau de la raison d'État, ils ne sont pas impliqués officiellement dans les principes de séparation des pouvoirs qui permettent de fonder un État de droit. Ça reste un problème. Parce qu'en réalité, l'intensification des productions d'intermédiations permet l'extension des chaînes d'approvisionnement.

La plupart du temps, nous ne produisons pas ce que nous consommons. Cette séparation, ce fait que les marchandises en quelque sorte tombent du ciel, c'est ça qui implique ce que l'on appelle un rapport fétichiste à la marchandise[1].

De là, ce qui vient occuper cette place vide, c'est la marque. Et ce qui vient rendre possible la transaction par-dessus cette séparation, c'est la monnaie.

Une marque de produit de luxe condense typiquement cette opération. L'exhibition ostentatoire de sa consommation confirme bien que payer une marchandise de marque, c'est acheter des signes avec des signes.

Il faut créer du sens, enfin, un sens : de la confiance. Y'a là toute une économie symbolique à réaliser.

Dans tous les cas, il s'agit d'intermédiation. Et ce qui rend difficile la saisie de cette intermédiation, c'est que justement elle n'est pas faite d'une composition homogène, elle n'est pas que technique, elle est aussi culturelle.

Moyens de paiement et moyens d'échange ne se superposent pas exactement. Des échanges peuvent avoir lieu sans moyens de paiement, par

[1] On « remercie les dieux » pour le pain quotidien par exemple.

contre les échanges mobilisent toujours des moyens d'intermédiation. Or ces moyens d'intermédiation sont l'objet de productions.

La production d'intermédiation, ce peut-être : la production de la culture (par la monumentalisation du pouvoir par exemple (le Temple, le Palais, l'Hôtel de Ville[1]), la production de la monnaie (en tant qu'opérateur de transaction), la production du marché (comme système de transactions, de mise en équivalence et de transfert de propriété), ou encore la production des infrastructures qui permettent l'installation de marchés (certains rapports sont rendus plus favorables par la présence d'infrastructures).

Les intermédiations culturelles entre les sujets ne sont pas, en tant que telles, des apparitions spontanées, ce des objets produits. À ce propos, la notion libérale d'émergence spontanée des conséquences inintentionnelles des actions a bon dos. Car cette « innocence suggérée » de la théorie de la génération spontanée des moyens d'intermédiations, en expliquant de manière libérale à peu près toutes les créations institutionnelles, en fait, en même temps elle n'explique rien du tout. Paravent : circulez y'a rien à voir.

Certes, on aimera à dire que la monnaie c'est comme le langage, ça émerge tout seul et ça se standardise spontanément au fil des usages et des aléas. Mais non, cette vision libérale idéale n'a jamais eu lieu dans la réalité historique. C'est un mythe. Les savoirs et les techniques ne se déploient pas dans un espace lisse (comme si rien ne les avait précédés), mais sur le sol de rapports de pouvoirs quelquefois abrupts et déterminés. Et y'a pas de raisons de ne pas aller voir à chaque fois dans le détail comment ça s'est passé.

En outre, si l'intermédiation elle-même est l'objet d'une production, la production d'une intermédiation a sa logique propre – logique tout à fait différente de la production dans le cadre d'une filière. Cela relève plutôt d'une logique propre à la production de médiums.

C'est que la production d'intermédiation implique, non pas la connexion en série de schémas économiques d'approvisionnements (où le produit de l'un est la consommation intermédiaire d'un autre), mais bien plutôt, la production d'intermédiation implique la superposition des schémas économiques fondamentaux les uns sur les autres, en parallèles les uns des autres, ce qui fait apparaître des relations d'équivalences par les mises en parallèles.

Dans les filières de production, les transactions s'enchaînent en séries diachroniques accrochées comme les wagons d'un train les uns derrière les autres. Alors que dans les productions d'intermédiations, les transactions se superposent en parallèle synchronique les unes sur les autres comme si les acteurs étaient disposés dans des cases (les synchronicités font signe). Et

[1] En démocratie la salle de spectacle est une sorte d'annexe de l'Hôtel de Ville, car le spectacle en commun qui vise l'adhésion du public y est alors mise en scène de la scène démocratique elle-même.

notamment, les redondances simultanées constituent, en rangs, des classes de producteurs d'une part, et des classes de consommateurs d'autre part.

Des positions typiques peuvent être identifiées, et à partir de là, elles peuvent être paramétrées dans le cadre de dispositifs, afin d'instaurer des statuts et de créer des dispositions typiques.

La production d'intermédiations crée des liens d'équivalences entre des séries de producteurs, des séries de consommateurs, des séries de biens, des séries de dettes... La production d'intermédiations crée des régimes de visibilités et des catégories de pensée. Autrement dit, le médium culturel crée à la fois des domaines d'objets et des identités de sujets.

Bien que la production finale de l'intermédiation culturelle puisse engager des filières de fournisseurs de biens matériels, pour autant la fonction du produit culturel d'intermédiation est de produire des identités, des distinctions, des catégories, des ordres, et des coordinations.

Dès lors, la difficulté avec les médiums, c'est que, de près comme de loin, nous sommes pris là-dedans. En conséquence, pour explorer les intermédiations, nous n'avons pas d'autre choix que de partir de nous-même et de notre position, prise dans le temps de l'histoire, et dans l'espace du monde. Dans cette composition, le temps est divisé en durées standards et ponctué d'échéances calendaires[1] ; et l'espace est aménagé de réseaux d'infrastructures.

Dans l'espace, les réseaux d'infrastructures sont des outils de productions d'intermédiations. Pour parler des réseaux d'infrastructures du commerce, on pourrait parler des réseaux d'intermédiation physiques (les réseaux d'infrastructure de transport, les routes, les ponts les ports, les réseaux d'infrastructures hydrauliques, etc.), mais pour l'instant, nous allons plutôt focaliser sur l'exemple des réseaux d'intermédiation culturelle dans leurs rapports avec les réseaux d'intermédiation domestique.

Les réseaux d'intermédiations domestiques se composent avec d'autres médiums et laissent des traces sédimentées de leurs effets qui se superposent au fil d'une stratigraphie qui témoigne de développements divers de la raison d'État dans la Modernité[2].

Par exemple, une analyse des strates de réseaux domestiques peut se faire par une archéologie de la fiction libérale du bonheur de masse[3], en trois moments.

D'abord, à la fin du XIXe siècle les grands trusts (étasuniens et autres), ont bien dû commencer à justifier leur existence de monopoles dans un monde

---

[1] Du latin *calendarium* : « livre de compte », dérivé du verbe *calare* : « appeler ».

[2] Développement donc, dont on peut réaliser une archéologie positive en partant simplement de notre position, lorsque ces traces s'étendent dans les catégories kantiennes de l'entendement : le temps et l'espace.

[3] Voir par exemple les travaux d'Alain Ehrenberg.

libéral « libéré ». Il faudra alors se lancer dans les « relations publiques » à la Belle Époque, puis au sortir de la grande Guerre. Pour trouver un mode de contrôle des foules, on va utiliser des technologies électriques de propagation de l'information dans les « *living-rooms* ». Et puis on va communiquer massivement par les images. Et ça marche du feu de Dieu.

Dans un premier moment, à partir des années 1920, s'installe un premier réseau d'équipement du foyer (l'eau courante, le tout-à-l'égout, le gaz, l'électricité). La salle d'eau trouve sa place dans un habitat qui commence à vivre continûment dans la lumière active du jour même le soir.

Dans un deuxième moment, dans les années 1950-1960, s'élabore le réseau de la mécanisation du foyer, avec l'introduction d'appareils mécaniques et électriques, dans la cuisine et le salon.

Dans un troisième moment, à partir des années 1980, se développe l'électronisation du foyer, avec l'interconnexion de réseaux homéostatiques domotiques et virtuels, automatisant et informatisant les relations des réseaux précédents.

Point central : c'est dans le deuxième moment, dans les années 1960, que se développe la thématique du confort intérieur de masse. C'est aussi le moment d'une profonde reconfiguration du statut féminin. Par le frigo, la machine à laver et la cuisinière, la femme occidentale se trouve libérée des tâches ménagères. Ce processus relève en fait d'une rationalisation du foyer sur une trajectoire analogue à celle de l'entreprise. Rationalisation du confort : on se fait spectateur dans le *living-room*, où l'on absorbe l'imaginaire standardisé de ce qui se prépare dans la cuisine[1]. Depuis, la taylorisation généralisée des activités instaure un parallélisme des modes d'organisation de la production, qui traverse les barrières public/privé ou marchand/non-marchand. Il s'observe très bien dans la cuisine et ses espaces connexes, car c'est le lieu qui superpose le plus de réseaux d'intermédiations dans le foyer.

L'intermédiation culturelle

« Le message, c'est le médium »
Marshall McLuhan

Le problème culturel moderne, c'est l'intermédiation culturelle elle-même, c'est le système de production de représentations dans lequel s'inscrit le sujet individuel. Mais enfin, comment expliquer cette *situation* de l'intermédiation culturelle moderne ?

L'homme est un animal qui a conscience de lui-même. Il se donne des représentations de lui-même, il se prend pour objet pour mieux se dépasser

[1] Cf. Philippe MEYER, *L'enfant et la Raison d'Etat*, Seuil, Paris, 1977.

comme sujet. Il se sait mortel et limité, il naît, il vit, il meurt. Blabla… Ainsi passent les saisons et le flot des générations (*sic transit gloria mundi* : « ainsi passe la gloire du monde »). Cette conscience angoissée de la mort imprègne toutes les cultures de l'homme : il cherche à donner sens au flot perpétuel des générations, il cherche un salut. Ainsi, il produit des choses qui ont vocation à persister à travers le temps pour aller toucher à l'éternité : ça va des humbles pratiques funéraires jusqu'aux glorieux monuments militaires en passant par la conception d'enfants et d'œuvres artistiques.

Certes, le constat est banal ; mais il y a quelque de chose de difficile à penser : la dette est impliquée dès le départ dans cette affaire qu'on appelle « le sens de la vie ». Cette dette peut être considérée comme subjective ou objective, mais en fait cette distinction est juste question de modalité d'objectivation sociale de la force qui s'impose aux sujets.

Direct au plus obscur de ces forces : l'homme est animé de désirs, c'est-à-dire de volontés involontaires, de forces qui le traversent et le dépassent (nous verrons plus tard la dimension religieuse de cette affaire). Pour l'instant, disons simplement que tout cela crée un besoin de divertissement (*divertire* : « se détourner de la mort »). Tout comme le passage à l'action réclame de surmonter ses doutes et de clore la pensée, dans la journée « active », il y a un besoin du sujet de se « laisser aller », non pas dans un sommeil éveillé, mais au contraire dans un éveil endormi. Suspension d'incrédulité dans le flot de la vie quotidienne…

Que les médias fabriquent l'opinion, soit ; y'a un trafic d'influences généralisé, l'affaire est entendue. L'individu s'y laisse flotter. Mais se rend-on bien compte de ce que ça signifie ? Et de ce qui est en jeu pour le sujet individuel ?...

Idéalement, dans une démocratie les médias reflètent l'opinion publique, indépendamment de l'État, des pouvoirs de l'argent, et des puissances étrangères. « L'opinion publique » c'est, au départ, un concept phare de la philosophie des Lumières. Il dérive du concept de « société civile », qui, dans le libéralisme politique, invite à penser un espace d'expression et de coordination des sujets individuels au fondement de la constitution du sujet souverain. Et donc en tant que tel, le « droit naturel » définit un ensemble de libertés fondamentales qui esquisse un domaine de comportements naturels du citoyen. Domaine de comportements « naturels » duquel la pratique gouvernementale du sujet souverain doit se retirer ; il faut « laisser-faire ». Le « marché » va naître au cœur de cet espace social, non plus comme lieu du réglage juridique des termes des échanges, mais comme lieu de révélation de prix qui expriment les préférences de la population. Espace de révélation de vérités par rapport auquel, non seulement l'activité de l'État doit se retirer, mais en outre le sujet souverain est appelé à réguler sa pratique gouvernementale par rapport aux informations produites par ce domaine.

Pour le traitement collectif de l'information, les médias sont des moyens d'expression et de communication essentiels au fonctionnement de la démocratie depuis la fin du XIXe siècle. Grâce aux médias, les citoyens peuvent s'informer des évènements, se forger une opinion et débattre. Aujourd'hui multiples, les « médias » comprennent la presse, la radio, la télévision, et internet.

Dans une démocratie, l'information produite par les médias de la société civile doit être exacte et non soumise à des pressions politiques ou financières[1]. Et les journalistes doivent respecter une déontologie lorsqu'ils exercent une certaine pression médiatique par la dénonciation (*naming and shaming*). Car c'est une fonction de confiance déléguée pour la fourniture d'information aux citoyens. Cela dit, ça reste légal de colporter des rumeurs, de se tromper, de mentir, de faire des relations publiques, de la publicité, de la propagande électorale, etc. Du coup, les médias d'information se sont aussi créés comme marque : elles dénotent alors une certaine qualité de l'information sur un « marché de l'information ».

Mais l'évolution des technologies et des régulations économiques bouleverse les règles du jeu médiatique. La numérisation de l'information et le développement d'Internet ouvrent de nouveaux espaces de communication, massifs et ultra-réactifs (réseaux sociaux, blogs, twitter, etc.), qui concurrencent les médias traditionnels, et qui échappent aux régulations comme aux déontologies (fausses informations, incitations à la haine, atteinte à la vie privée, etc.).

L'opinion publique se forme désormais par des canaux de communication qui échappent largement au pouvoir des États. Et au-dessus des États, l'efficacité prime : « *code is law* » (la plus forte puissance de computation de l'information anticipe les stratégies adverses et ce faisant, parvient à imposer sa loi[2]).

Cela dit, quel que soit le mass media ou l'époque politique considérée, quelque chose reste constant dans les réseaux médiatiques.

Pour approcher ce point de constance problématique dans le dispositif médiatique, il faut observer le symptôme. Le journaliste de terrain vient chercher le scoop, l'info « fracassante », celle qui produira le plus d'audience. Ça le biaise. Le constat de ce biais semble banal, et pourtant, les implications sont vertigineuses…

Prenons pour exemple central la télévision, archétype moderne du média de masse.

---

[1] En France, la liberté et le pluralisme des médias sont garantis par la loi sur la liberté de la presse du 29 juillet 1881.

[2] Un *hacker* aujourd'hui (un « pirate informatique ») est un individu qui comprend mieux les règles du système que ceux qui l'utilisent.

Au XXᵉ siècle, la radio puis la télévision se sont imposées au cœur des foyers comme médium du lien familial. Et, de même qu'autour d'une table se consomme le plaisir de manger ensemble, devant la télévision se consomme le plaisir de voir ensemble. Le poste de radiodiffusion puis de télé-vision prend ainsi place dans l'espace familial privé de la consommation : le salon.

C'est au tournant des années 1970 que le réseau télévisuel prolifère, se colorise, et permet la clôture imaginale synchronique de la société sur elle-même : le travailleur consommateur y voit des images de travailleurs et des images de consommateurs. Cristal en formation de miroirs, qui se réfléchissent eux-mêmes dans une profondeur de surface qui crée une sensation de foule réfléchissante, une sensation de masse insondable. Il faut voir les choses en face : une part importante de l'attrait d'une télédiffusion réside dans le fait de savoir qu'un grand nombre de gens sont également branchés sur le même signal.

Et pour aller direct au point sensible : le point de départ de l'analyse des mass médias c'est le paradoxe de l'invisibilité de ce qui rend visible, le malentendu, le tissu d'erreur tenace qui tient au caractère hétérotopique du dispositif médiatique : il n'est pas là où il se donne à voir…

Il faut s'expliquer là-dessus, méticuleusement. Lorsqu'on applique le schéma économique fondamental à la production médiatique (*cf.* Figure 1), on dira spontanément que le producteur est le média, que le produit c'est de l'information et du divertissement, tout ça pour la consommation du spectateur. Le spectateur est le client des chaînes de télévision, privées ou publiques.

Seulement voilà : cette vision normale des médias est tout à fait erronée.

Pour expliquer pourquoi, prenons un exemple de base : TF1 ou Facebook sont des producteurs médiatiques. Il leur revient de produire ou de réaliser par eux-mêmes une animation culturelle, une mise à disposition d'information ou un divertissement afin de créer un rassemblement synchronique d'attention : une audience. Et c'est cette audience qui est la marchandise vendue dans ce système de production.

Et, preuve que les auditeurs/télé-spectateurs/internautes ne sont pas les clients du média, contrairement à ce qu'ils croient spontanément : ils ne paient rien. Les récepteurs ne sont pas les consommateurs de l'audience. Alors que de l'autre côté du poste ça bosse, ça travaille : à donner à voir, à mettre à l'aise, à faire sourire, à flatter le regard et les oreilles. Ça produit un max.

Plantés devant nos écrans, on passe innocemment notre temps à se délasser de regarder et d'écouter des gens qui travaillent, qui travaillent à nous plaire. Et ça travaille dur, ça travaille à capter l'attention. Les bons professionnels diront que justement, quand c'est bien fait, ça ne se voit pas, on n'y pense pas.

Sur les réseaux sociaux, c'est encore mieux, les gens postent eux-mêmes du « contenu ». Ils se mettent eux-mêmes en scène. Ils se travaillent eux-mêmes pour attirer un maximum d'audience, récolter des *rewards* (« récompenses »), et exhiber un statut dominant d'intermédiaire culturel

(« influenceur »). Toutes les filières d'approvisionnement de contenu peuvent être rémunérées ; reste que le produit final de cette filière, la marchandise en question, c'est bien l'audience.

Le média donc, en tant que producteur, vend cette audience – cette assemblée d'yeux et d'oreilles – à des annonceurs publicitaires qui sont, au cœur du système productif de masse, les industries productrices des biens et services de la consommation de masse. Il y a des annonceurs publics aussi qui consomment de l'audience, ils peuvent avoir des doctrines à diffuser dans l'opinion publique. Bref, les « annonceurs », ce sont eux les consommateurs de la marchandise produite par cette filière qu'on appelle « les médias ».

Un média c'est une entreprise (un journal, un magazine, une radio, une chaîne de télévision, un réseau social, etc.) qui vend une audience à des annonceurs publicitaires. L'annonceur publicitaire c'est lui le consommateur final des médias qui produisent des audiences. Sachant que pour produire ces audiences, ces médias utilisent comme consommation intermédiaire des productions artistiques – qu'ils financent d'ailleurs la plupart du temps. Donc, les véritables consommateurs de l'industrie de production médiatique culturelle ce sont les firmes qui utilisent cette audience, cette attention captée, pour la mettre à la disposition de leur « communication »[1].

Bref, le média, le producteur d'intermédiation culturelle ne produit pas de l'*entertainment* pour un consommateur de loisir. Mais bien plutôt, ce producteur produit une audience (on ne le répétera jamais assez).

À partir de là on peut parler d'audience marchande, c'est-à-dire d'audience comme marchandise qui se transfère, une marchandise qui se prête, une marchandise qui se collecte et qui se revend, à des annonceurs qui ont des messages à communiquer.

Notamment, le rôle de la publicité c'est d'y recouvrir le produit, d'un voile d'associations symboliques qui se donnent comme image de marque, et de l'y lier, l'air de rien, afin d'occulter ses conditions de production réelles. Sans oublier que le rôle de la publicité est justement d'être publique, il s'agit de créer une connaissance commune, une notoriété du produit, c'est-à-dire qu'il s'agit – au minimum – de normaliser le produit par l'exhibition de sa présence quotidienne.

Mais ce n'est pas tout. Ce qui reste constant dans les médias, c'est l'effet de miroir qu'ils produisent. Ce n'est pas tant un effet de miroir de notre société ; c'est plutôt un effet de miroir qui porte sur la place qu'occupe le spectateur dans le dispositif médiatique moderne. En effet, le spectateur s'entête à ne pas se voir à la place qu'il occupe dans la production médiatique

[1] Certes il existe des modèles de plateformes à accès payant, qui transforment le spectateur en usager qui vote pour des valeurs culturelles de contenu avec ses dollars (ex. Canard Enchainé, Netflix, etc.). Reste que le modèle du magazine, à la fois payant et publicitaire, montre que le modèle médiatique en général est toujours un peu hybride (ex. Canal +).

– à savoir celui de la marchandise – c'est plus fort que lui, il s'imagine consommateur destinataire final devant son poste, alors qu'il est, en dernière instance, une composante de l'audience vendue. Cette occultation têtue, c'est tout à fait fascinant quand on y pense, c'est révélateur de notre mode de civilisation.

Il est tout à fait remarquable de constater que le téléspectateur s'approprie la télévision comme organe de perception, dans une logique de prolongement cybernétique, comme s'il en était le client, le consommateur[1]. Comme si c'était l'organe de *son* corps. Alors que nul n'a jamais caché l'évidence : à savoir que le produit de l'industrie télévisuelle, c'est le temps de disponibilité des consommateurs potentiels aux messages publicitaires des diverses industries de la consommation de masse.

Du coup, ce qui est choquant, c'est précisément que la petite phrase du PDG de TF1 Patrick Le Lay ait pu choquer son époque : « Ce que nous vendons à Coca-cola, c'est du temps de cerveau humain disponible[2]. » Comment se fait-il qu'une idée aussi banale ait pu choquer à ce point-là ? Pourquoi une idée aussi triviale et évidente peut-elle être aussi subversive ? Eh bien c'est justement parce que les gens ne veulent pas le savoir. Aliénation, schize, dissonance cognitive, addiction, tout ce qu'on voudra… C'est une illustration typique de la présence d'un tissu d'erreur tenace, d'une résistance de la pensée à la pensée, dû au caractère hétérotopique du dispositif. Dans le spectacle, il y a toujours une caméra, une chambre noire, une hétérotopie – un lieu autre – dans lequel le spectateur est mis en absence de lui-même.

Ne perdons pas ce fil, observons de près le problème de l'hétérotopie du sujet individuel pris dans les intermédiations culturelles, le problème de l'hétérotopie du point de vue du consommateur.

Une enquête de l'institut de sondage TNS-Sofres datant de 2005 montre que 80 % des gens pensent que la publicité a un effet d'influence sur les consommateurs en général ; et paradoxalement en même temps, 80 % des gens pensent que la publicité n'a pas d'effet *sur eux-mêmes* en particulier. « La publicité, ça a un effet, c'est certain, mais sur les autres hein ! pas sur moi ! » Évidemment, personne ne le dirait comme ça, brut de décoffrage. Et pourtant… Déni total, c'est-à-dire : déni du déni, et volonté de ne pas savoir. Dissonance cognitive parfaite.

Cela relève d'un biais tout à fait naturel au sujet individuel : l'égocentrisme. Rien de bien méchant, l'individu est un individu. Mais enfin, on voit bien que ça ne facilite pas la pensée des processus d'assujettissement des sujets individuels.

---

[1] Dans l'interprétation freudienne l'écran est un substitut du sein, surface lisse et bouton compris.

[2] Cité dans : *Les Dirigeants français et le changement*, éditions Huitième Jour, juin 2004.

Après tout, l'ego est une pelote complexe de ressorts narcissiques et d'angoisses de castration. Il fonctionne comme une psychose, il a ses mécanismes de défense qui assurent sa persistance... Reste que le cortex préfrontal régule moins bien les circuits de la récompense quand le corps est fatigué... L'estimation coûts/avantages se resserre, perd la vue, devient myope et court-termiste. Le sujet lâche l'affaire, il se laisse aller aux incitations immédiates... On l'observera plus borné et égoïste[1]. Mais enfin bref, ici le problème n'est pas tellement là.

Ce qui est plus intéressant pour la raison d'État, c'est que, pour le producteur d'intermédiation médiatique, l'objectif de l'assujettissement des audiences, c'est de créer des points de saillances pour fonder des conventions sociales et ancrer de nouvelles normes.

Pour l'audience des consommateurs potentiels en situation d'information incomplète, la prescription du produit par une autorité (ou le spectacle d'une domination que l'utilisation du produit permettrait) déclenche dans la masse le phénomène imitateur et l'acte d'achat.

Le caractère ostentatoire des biens exhibés par la publicité participe alors d'un dispositif de mise et de remise en ordre continuel des hiérarchies de statuts. C'est un dispositif de contrôle social qui contient les rivalités dans les sociétés libérales. En effet, la mise en scène spectaculaire de la consommation des biens ostentatoires permet aux individus de s'attirer une bonne estime de leur personne par les autres et de s'affirmer supérieur dans l'ordre des droits et des devoirs des uns par rapport aux autres (ne pas être « n'importe qui »). L'affirmation crédible de la supériorité de l'apparat, c'est pour mieux revendiquer notre droit à la dette des autres à notre égard, notamment dans les relations sentimentales (« parce que je le vaux bien »).

L'effet est ambivalent. D'abord il y a externalité positive parce que ça fait consommer et donc ça incite à l'effort productif. En revanche il y a externalité négative parce que c'est abrutissant – existentiellement abrutissant. Dans cette machine à micmacs, tous les contenus culturels sont littéralement lessivés.

Par exemple, le sportif est donné comme exemple. Et en imitation du spectacle sportif, la pratique des sports et l'adoption de leur ascèse disciplinaire renvoie en fait – sous couvert d'hygiénisme –, au simulacre puéril et futile de la capacité à dominer les autres dans les rivalités. Ainsi, les classes populaires pratiquent des sports défouloirs, alors que les élites « bien dans

[1] Bien entendu, comme de juste, le phénomène est recouvert d'une expression pour le moins confuse : « addiction aux écrans ». Mais enfin les écrans n'ont jamais généré d'addiction en eux-mêmes bien que leur usage altère l'exercice de l'empathie chez les enfants ; ce n'est pas aux écrans que les esprits sont addicts, mais aux signaux d'incitation à la réjouissance et au plaisir émis par la médiation capitaliste de la marchandise (les néons attirent le regard). Alors d'ailleurs... l'instrumentalisation des signaux sexuels pour cette affaire, certes, on peut dire que ça joue avec le feu, mais pas dans un sens sociologique ou moral, mais dans un sens politique et historique.

leurs baskets » pratiquent des sports exclusifs (équitation, voile, golf, tennis). Et par ailleurs, par extension du domaine de la lutte, c'est tous les rapports sociaux qui deviennent sportifs, avec leurs cultes du corps, leurs cultes de la performance, leurs cultes des cultes, et leurs fatigues d'être soi[1]...

L'individu à son tour s'affirmera plus intensément, comme dominant, dans les petites micro-interactions de conflictualité statutaire ; ce qui somme toute, donne toute sa vraisemblance aux interactions discursives quotidiennes les plus banales... À chaque fois qu'on sent ces petites pinailleries narcissiques, c'est que tout se passe normalement.

Dans l'intermédiation culturelle marchande, tous les arts susceptibles de produire une audience marchandable seront alors dits « arts populaires ». Ainsi se présentent les médias « *mainstream* » et leurs contenus : populaires.

Alors qu'en fait, c'est la logique de la marchandisation des audiences qui s'est saisie des arts populaires pour en produire des formes dérivatives propres à son format (défilés de rue, chansons, feuilletons, talk-shows, karaokés, séries, etc.).

Car cette production d'audience de masse implique une structuration panoptique du média culturel dans un schéma un/tous : avec d'une part un émetteur qui polarise l'audience et les regards, et d'autre part une multiplicité de récepteurs prêts et *disposés* à recevoir le signal. Le panoptique est d'abord un agencement spatial. Il produit des régimes de visibilités : il distribue du visible et de l'invisible. Et ça va loin : l'architecture elle-même se trouve prise dans les nécessités des sciences de l'étalage.

Là-dedans, les communautés de valeurs se réunissent en audiences qui forment des cliques qui se donnent des artistes fétiches comme porte-parole de leurs goûts. Et c'est dans ce cadre que l'artiste auteur d'une œuvre cherche à se construire une légende. Une vie re-nommée.

Alors, sous quel angle lucide considérer les objets culturels diffusés par les mass médias ? Faut-il jeter le bébé avec l'eau du bain ?

Parce que paradoxalement, historiquement c'est le confinement du déchaînement des conflits d'intérêts et d'influences dans la sphère marketing qui a libéré la production artistique des réquisits du mécénat aristocratique et bourgeois. Le contenu est d'autant plus libre que l'intermédiaire y trouve immédiatement son compte.

Cependant, dans ce système, un artiste gagne d'autant plus d'argent qu'il est le support de beaucoup de publicités en termes de temps de vision par un grand nombre d'individus.

Par exemple, pour un musicien : si à chaque vision du clip se glisse un spot de publicité, alors ça fait un bon revenu. Ou pour un footballeur : après tout,

---

[1] Remarque : au départ, les tapis de jogging électrique furent inventés au XIXe siècle pour servir de tympans (pour grues ou pour moulins) dans des casernes de travaux forcés.

participer à un vingt-deuxième de la production du spectacle sportif qu'est un match de football, qui procure l'audience du stade et l'audience de la retransmission télévisuelle en direct, au niveau national et international, plus les rediffusions des meilleures actions... Alors si à chaque fois se glissent des messages publicitaires, ça fait de bons revenus.

Bref, seule compte la capacité de production d'audience, c'est la mesure de la valeur médiatique d'un artiste. Quand bien même le média fonctionne au péage, ça reste la même logique. Plus l'artiste participe au bourrage de crâne publicitaire, plus son revenu sera élevé.

L'artiste produit de la crédibilité, de l'authenticité, et le producteur médiatique la consomme à ses propres fins. Par exemple, cette force de frappe dans l'opinion publique peut lui permettre de gagner en influence politique.

L'artiste, tant qu'il est encore jeune et impétrant, lui, il peut encore clamer son innocence juvénile et affirmer haut et fort qu'il est authentique et que son art n'a rien à voir avec tout ça. Il peut faire des films, dessiner des vêtements, danser, se produire sous les projecteurs au-devant de la scène, et tout en même temps rester « *underground* » et « branché ». S'il montre sa capacité à capter de l'audience, l'infrastructure de média diffusion l'accueille et met en avant sa production artistique « subversive ».

Cela peut lui permettre à son tour d'offrir de la « visibilité », de la négocier, de la transactionner en allongeant des chaînes d'approvisionnement de mise en lumière. Il peut se créer un clan, un collectif dont il se fait le garant a priori. Ça ferait une nouvelle branche de production de « contenu ».

Mais si l'artiste refuse de jouer le jeu, en cherchant à resserrer la boucle de l'audience sur sa propre production artistique sans faire place à l'industrie publicitaire, toute l'infrastructure de média diffusion lui est soustraite (« l'artiste n'est pas gérable »).

En fait, la logique a atteint un tel statut d'évidence que les acteurs protagonistes l'anticipent et ajustent à cet égard leurs comportements et leurs performances.

Et quand bien même, l'artiste peut raconter n'importe quelle connerie, subvertir toutes les valeurs qu'il veut dans son discours, même celles de la publicité, tout passe. Sauf : ne pas mettre effectivement l'attention de son audience au service de l'industrie publicitaire. Pire : ne pas prêter l'audience du tout (« gourou ! »). Ça, ça ne passe pas (enfin, disons que ça se passe à la niche). Ne pas mettre son art au service de l'économie de l'attention médiatique lui ferme toutes les portes de l'infrastructure.

Dans l'espace public on voit des panneaux publicitaires jusque dans les moindres salles de spectacles... Alors, pour l'artiste, tant qu'il reste dans un rôle d'interprète du réel, ça va, mais ça va être plus difficile s'il cherche à être auteur du réel... Si son art se déploie trop en actions subversives par rapport à l'économie de l'attention ; et s'il se met à trop réfléchir sur le fonctionnement de l'argent...

Après, libre à lui de se constituer son audience sans tout ça, bien entendu. Reste que la raison d'État viendra sabrer les instabilités à un autre niveau si ça vient provoquer des désordres publics dans l'espace (rave-party par exemple). Bien entendu, il y a des festivals bien organisés qui arrivent à produire ça (mais ça reste « confidentiel »).

Et si le public insiste à s'enfiévrer pour un marginal, alors on ira chercher la « petite merveille » pour le mettre sur les feux de la rampe en tête des hit-parades. Histoire qu'il serve à quelque chose. En attendant de lui trouver une faille sociale qui pourra justifier de le brûler en place publique... Triste spectacle.

Voilà pourquoi il est inutile de chercher de belles pubs qui seraient de beaux objets culturels. Car sans une recontextualisation muséographique en règle, bien serrée au niveau de l'explication sociopolitique[1], tout est bon à jeter, il n'y a pas de « pub honnête ». Le métier de parler contre de l'argent est irrémédiablement quelque chose d'étrange...

Une publicité, quel que soit son support, est une production culturelle qui vise l'instrumentalisation du désir ; avec lucidité elle ne saurait être vue autrement que comme telle. À partir de là, une sympathie intéressée peut redevenir sympathique dans sa manière de nous rouler dans la farine... (mais de là à y trouver un plaisir esthétique en soi... il faut raison garder).

Cela dit, pour ce qui est du débat sur le point critique où la création artistique se trouverait étouffée par les nécessités de l'exploitation, qui, elle, implique des répétitions et des mots d'ordre (satisfaisant la pulsion de mort[2]), il ne faut pas conclure trop vite. Le point d'attaque central sur cette réflexion, ça reste qu'en principe, l'intensité de l'exploitation d'une œuvre d'art, ça se joue en fait dans le problème de l'intensité du droit d'exclusivité de l'exploitant : au pire il se réserve l'œuvre pour sa propre audience et interdit son apparition partout ailleurs, et au mieux l'œuvre est commune et gratuite. Et c'est entre les deux que l'exploitation marchande est maximale. Y'a un rapport de forces dans lequel est nécessairement pris tout artiste qui met des œuvres au monde... Et ces conditions ne sont pas neutres sur les possibilités d'apparition des productions esthétiques. Car enfin, il reste à nourrir l'artiste[3]...

L'enjeu a pris récemment une tournure plus intense avec une nouvelle modalité d'intermédiation culturelle : Internet est un vaste marché d'audiences à acheter, c'est un club très fermé de méta-utilisateurs, qui se payent des fermes de faux comptes et des armées de trolls pour faire des

---

[1] Elle peut être intuitive comme chez Warhol par exemple.

[2] *Slogan*, en vieux finnois ça veut dire « voix des morts »... et quand ça passe à l'antenne : les Américains disent « on air »...

[3] Ce problème sera plus amplement discuté dans le Chapitre 9.

masses de voix qui fonctionnent comme hauts parleurs des leurs (*astroturfing*). En fait, les réseaux sociaux, c'est un vrai petit paradis pour milliardaires en mal de capacité de séduction.

Ainsi, la publicité numérique absorbe déjà à la fin des années 2010 plus de 50 % des dépenses publicitaires. Et GOOgle et Facebook représentent déjà, à eux seuls, plus de la moitié des parts de marché mondiales de la publicité en ligne. C'est un marché en plein essor qui représentait à peu près 500 milliards de dollars il y a quelques années et plus de 800 aujourd'hui.

La somme n'est pas extravagante, quand on pense à la quantité d'acteurs qui vivent aux crochets de ce gâteau. Mais enfin, dans ce secteur, la preuve de l'attention captée, la « *proof of work* », c'est le clic.

Au départ, à la fin des années 1990, la production de contenu et l'installation des infrastructures physiques des réseaux internet ne posaient pas de problèmes. Ensuite, l'essor des infrastructures software, par contre, a nécessité l'intégration des réseaux de diffusion des contenus dans la logique de l'intermédiation médiatique industrielle. La publicité est aujourd'hui plus que jamais le nerf de la guerre médiatique généralisée.

Et dans ce bain, alors que les émetteurs de « contenus » se multiplient, la posture prend le pas sur le comportement. Tout le monde se met à se comporter comme une célébrité auprès de sa petite audience de proches.

Je me com-porte, non pas seulement que je me porte moi-même, mais plutôt que je me porte avec moi-même. Et par là même, je change, je m'élève au-dessus de moi-même. Logique de la re-nommée... nous y voilà.

Dans le paradis numérique, chacun peut s'inventer et s'exprimer lui-même dans ses avatars, tant que ça reste virtuel... tant que ça reste dans le parc.

L'influenceur partage son expérience du produit (le plus souvent touristique). C'est un consommateur vendeur. Mais ça reste surtout un collecteur d'audience, qu'il revend – ou plus prosaïquement : qu'il met à disposition – à des annonceurs. Tant qu'il ne revendique pas une certaine crédibilité, la signification finale du contenu culturel n'est pas trop altérée...

Et d'ailleurs, pour que ça ne sorte pas du cadre, on cherche à gagner en qualité en adoptant des techniques marketing (alors même que le marketing consiste à reprendre la « recette » de « ce qui a marché »). Ainsi, la communication publique n'a pas en elle-même vocation à être créative.

En fait, c'est l'implication personnelle du consommateur qui symbolise ce modèle. Celui-ci draine donc dans son sillage tous les stéréotypes de la créativité de masse.

Ainsi s'ouvre l'ère de la marchandise émotionnelle. Le mimétisme y est roi : le « même » est le contenu viral (rival ?) par excellence. On s'y presse.

Et puis, en réseaux, plus que jamais, les produits suivent des effets d'ubiquité, il y a des effets de seuil qui décident des déclenchements d'adoption de masse, c'est-à-dire des effets de mode massifs (s'il y a beaucoup de consommateurs ex ante, c'est que le produit est fiable). Cela peut être instrumentalisé dans les dynamiques commerciales pour établir des effets de trajectoires, des normalisations de standard et des captures de clientèle (la plupart de nos habitudes de consommation ne sont pas « librement culturelles », elles ne sont pas apparues spontanément, mais sont des produits médiatiques implantés par des firmes au XXe siècle[1]). Alors, plus que jamais, la puissance médiatique des infrastructures est décisive quant au succès de l'implémentation d'innovations, de standards, et de nouvelles conventions (la téléréalité le prouve : en portant aux nues des célébrités sans talents, c'est la puissance de l'infrastructure médiatique elle-même qui se célèbre).

L'intermédiation monétaire

« Le crédit et le crédit seul est la monnaie. »
Alfred Mitchell-Innes, « *What is Money ?* » (1913)

La frappe d'une pièce et sa mise en circulation servent souvent à faire commémorer un évènement « marquant » du règne d'un souverain. Frapper une pièce d'or à sa propre effigie, pour un souverain, c'est une production médiatique… L'intermédiation monétaire est un type d'intermédiation culturelle spécifique.

La monnaie est un support de communication politique entre le souverain et les assujettis. Parce qu'elle trouve son principe dans le fonctionnement des conventions et des normes.

Voilà pourquoi l'argent institue les choses (si on parle de la valeur d'une chose, c'est flou, par contre dès qu'on parle du prix d'une chose ou de son coût monétaire, c'est du sérieux). Là où l'argent circule, tout de suite, ça devient sérieux (ce n'est plus « pour du beurre ») ; l'argent, c'est la culture « sérieuse », parce que là où il circule, ça génère des systèmes d'obligations en cascades.

L'écriture était au départ une activité monétaire, et réciproquement, la monnaie c'est d'abord un système d'écritures. Certes, un système d'écriture nécessite l'instauration de tout un système institutionnel de codages, de constitution d'auteurs, de lecteurs, d'opérateurs, et de stockages. Mais, dans le cadre de la problématique qui nous intéresse ici, le mode de paiement monétaire a une spécificité : il fait intervenir un tiers en intermédiaire des transactions.

---

[1] Les histoires de céréales du petit-déjeuner, d'œufs-bacon, et de dentifrices au fluor sont déjà notoires… Pour exemple plus significatif : les consommateurs occidentaux n'ont pas voulu tous ces bidules en plastique qui leur sont tombés sur la tête au sortir de la Seconde Guerre mondiale. Ce sont les industries pétrolières qui leur ont refourgué ce produit résiduel du raffinage des carburants dont elles ne savaient que faire.

Car la monnaie est une dette sur l'autorité souveraine, une dette qui circule comme moyen de paiements des biens et services échangés entre les individus. La monnaie, c'est une dette qui sert à éteindre des dettes ; ou pour être plus précis, c'est une dette souveraine qui sert à éteindre des dettes d'assujettis. La monnaie est une dette du souverain qui circule entre les sujets du souverain.

Comme toute créance, la monnaie est à la fois une dette pour son émetteur, un engagement, et en même temps, c'est un crédit pour son usager, un avoir. L'argent, l'usager l'a dans la main alors que l'émetteur l'a à l'œil. Et, la différence par rapport à l'ensemble des intermédiations culturelles n'est pas de nature mais d'intensité : ça a toujours à voir avec le problème de la crédibilité de la parole. Crédit et dette sont les deux faces opposées d'une même pièce.

La production de la monnaie par l'assujettissement monétaire

La monnaie comme système de règlement des transactions est l'objet d'une production par le souverain.

Mais c'est à la fois un produit médiatique comme les autres et en même temps une marchandise pas comme les autres. Son schéma de fonctionnement n'est pas seulement celui d'une marchandise-instrument fournie à des utilisateurs-consommateurs qui en paieraient le prix ; ce n'est pas seulement le schéma d'une monnaie véhicule, qui s'achèterait avec du travail productif, et qui commanderait le travail productif.

La monnaie est aussi un intermédiaire des échanges, un médium culturel. Sous cet angle, elle relève du schéma de production de l'intermédiation culturelle.

Certains moyens de paiement permettent de se libérer de ses obligations d'abord à l'égard du souverain (paiement de d'impôt ou d'amendes) mais ils ne circulent pas encore forcément parmi les assujettis comme intermédiaires des échanges. C'est seulement ensuite que, typiquement cette capacité de règlement fiscal rend le moyen de paiement désirable par tous les assujettis, ce qui peut constituer une base d'audience solide pour commencer à le qualifier dans les usages comme monnaie.

Ainsi l'usage de la monnaie, l'extinction de la dette par le mode de paiement monétaire, c'est une norme culturelle comme les autres, et en même temps pas comme les autres. Dans la mesure où un avoir monétaire c'est un droit sur le produit en général, un droit garanti par le souverain.

Une monnaie – une unité sigle moyen de paiement – est produite par un souverain pour être livrée à une audience : une zone d'acceptation.

Son utilisation, sa consommation génère un bien-être, un surplus spécifique : l'économie des coûts de transaction et les gains de coordination des activités.

Notons au passage que ce bénéfice transactionnel peut-être approprié par le producteur émetteur ou le consommateur usager. Cela se fait à la mesure de la reconnaissance de la contribution de chacun à la formation de l'audience[1]. Sachant que, plus l'audience est grande, plus la zone d'acceptation est vaste, plus la variété de choix et d'instant d'usage est large, plus l'intermédiaire des échanges est utile, plus il apporte de bénéfices transactionnels, plus il a de valeur, et plus fort est son pouvoir d'achat.

Reste que dans tous les cas, le producteur de l'intermédiaire monétaire idéal c'est le sujet souverain. Et son problème de base est justement de se constituer une audience, c'est-à-dire un espace de reconnaissance et d'acceptation de son pouvoir. Il a pour cela à sa disposition une machine de guerre qui est une machine de capture. Ensuite, il s'agira d'imposer la croyance que cet ordre est stable. Du point de vue responsable : il est de toute première importance pour le souverain émetteur de monnaie que soit entretenue sa crédibilité, c'est-à-dire la fiabilité de sa parole. Il en va de la qualité de la coordination des activités de ses sujets.

La monnaie assume des fonctions éminemment politiques. Car l'unité sigle monétaire est l'opérateur d'un jeu dont elle est l'enjeu (le commerce) afin de produire le réajustement permanent des activités d'approvisionnement les unes par rapport aux autres. Autrement dit, la monnaie est un intermédiaire dans l'exercice du pouvoir souverain. Là où la monnaie circule il n'est pas nécessaire de faire intervenir la force armée pour commander le travail et approvisionner la puissance du souverain. Reste que, à l'origine, le potentiel de la force de coercition – la puissance militaire – suffit à instaurer la circulation monétaire. Ensuite, l'émission et la circulation monétaire procurent les moyens de maintenir, voire de renforcer cette puissance : par l'approvisionnement du souverain en contrepartie de l'émission de monnaie, par la coordination des activités civiles du fait de la circulation, et par l'administration des justices commutatives (équivalences) et distributives (récompenses).

Ainsi, la production de l'intermédiation monétaire se fait justement par l'assujettissement monétaire. Et la monnaie assume des fonctions politiques précisément du fait de son caractère symbolique : d'une part elle permet de quantifier les valeurs et de définir dans le langage un domaine de discours « sérieux », et d'autre part elle polarise les passions et réalise l'intégration hiérarchique des individus.

Dans ce cadre, la monnaie assume trois fonctions économiques qui motivent son utilisation : unité de mesure de la valeur, intermédiaire des échanges de valeur, et réserve de valeur.

---

[1] Équilibre subtil de l'obéissance : par le consentement interne de l'adhésion (adoption enthousiaste) ou par la force externe de la contrainte (cours légal par exemple) ?

Le développement de son usage va de pair avec l'extension de la sphère marchande. Selon la théorie classique de la division du travail[1] : plus la division du travail se fait par métiers dans une société, plus les individus ont besoin des autres pour approvisionner leurs consommations respectives. Le besoin d'intermédiaire des échanges se fait plus fort à mesure que les échanges se multiplient. Mais d'un autre côté, plus les individus sont spécialisés, plus leur tâche est répétitive, plus la dextérité peut s'exprimer extensivement (quantité) ou intensivement (qualité). Plus les postes de production sont rapprochés dans des espaces fonctionnels (urbains), plus l'extensivité du surplus peut être poussée, et plus des effets intensifs émergents apparaissent. L'abondance et la qualité des biens s'accroissent. Et des biens sont de plus en plus utilisés pour produire d'autres biens dans des réseaux d'approvisionnements de plus en plus complexes. L'outillage plus spécialisé peut se complexifier. Et, en effet, l'accumulation du capital est alors une affaire « bourgeoise » : elle réclame l'élévation de murailles par le souverain pour abriter le développement des spécialisations, qui sont tout autant de dépendances à la production de sécurité (des propriétés) et de stabilité (des transactions).

Ensuite, dans cette vision théorique, par la recherche d'efficacité transactionnelle, les formes d'usage de la monnaie tenderaient à se développer au fil d'un processus historique de dématérialisation : monnaie marchandise, monnaie métallique, monnaie fiduciaire, monnaie scripturale, monnaie cryptographique…

Reste que sphère monétaire et sphère marchande ne se superposent pas exactement. Les frontières de ces sphères sont variables selon les rapports de force sociohistoriques et selon certains points problématiques inhérents à la raison d'État.

On peut en effet distinguer sphère monétaire et sphère marchande dans la mesure où certains biens peuvent donner lieu à des évaluations monétaires par unité de compte (biens publics par exemple) mais pas à des échanges de marché par usage de moyens de paiements, dans la mesure où leur livraison aux citoyens est « gratuite » et le financement de leur production est collectif. En fait, la sphère monétaire contient une partie marchande et une partie non marchande. Et de l'autre côté, le marchand n'est pas forcément monétaire. Par exemple, les activités domestiques au sein de la famille sont a priori non monétaires, mais elles peuvent donner lieu à des marchandages qui n'ont rien à voir avec l'unité de compte ; et par ailleurs la production et la distribution des biens et services publics peut être l'objet de nombreuses transactions et

[1] La division du travail est la parcellisation d'une séquence de production en série de tâches élémentaires.

marchandages (éventuellement politiques et pas forcément monétaires : par des « renvois d'ascenseurs » par exemple…[1]).

Alors certes, cette définition de la sphère marchande par le « marchandable » est critiquable. Mais elle nous permet de nous tenir à l'idée qu'une dette marchande est une dette transférable, par moyens monétaires ou non, et qu'une dette non marchande est une dette non transférable par intermédiation monétaire, et donc qu'il s'agit d'une dette non marchandable ni négociable en termes monétaires (fut-ce par un pacte ou un contrat de gré à gré). C'est le cas de la dette du fils au père par exemple.

Des idées bien plus fructueuses peuvent venir à partir de là. Par exemple dans le cas de l'application du droit édicté par le souverain sur ses sujets : si la dette pour violation de la volonté du souverain (amende) est marchandée par l'agent d'application du droit (« pot de vin »), il s'agit alors à proprement parler de corruption. Quelque chose se soustrait au regard du souverain sous couvert d'accomplir sa volonté (« dessous de table »).

En cas de corruption, une extension abusive de la sphère d'équivalence marchande définie par le souverain est venue transactionner de la dette du souverain contre la volonté du souverain. Or la monnaie n'a pas vocation à contraindre la portée d'application de la volonté du souverain mais au contraire à l'étendre.

Le sujet libéral d'aujourd'hui rechigne à comprendre cela. Reste que ce tour de passe-passe libéral, où la sphère juridique serait contrainte par la sphère monétaire marchande, ne serait fondé que dans le cas d'une pure constitution bourgeoise capitaliste du souverain (1 unité de capital = 1 voix). Le capitalisme pousserait alors légalement à l'extension de la régulation des activités par la sphère marchande elle-même (la production de la loi et les règles d'attribution des droits seraient alors une question d'argent, notamment concernant les propriétés du souverain : la terre, le travail, et la monnaie sont alors considérés comme pures marchandises).

Mais si les conditions constitutionnelles de cette autorégulation des marchés ne sont pas établies, alors le marchandage du droit, c'est de la corruption du lien de proximité entre le souverain et ses sujets citoyens constituants.

Pour le régime qui nous intéresse le plus immédiatement, dans un État de droit, ce lien de proximité est fondé sur une équivalence des citoyens justiciables : il y a égalité de tous devant la loi. Cela implique une séparation des pouvoirs afin qu'ils se contrôlent les uns les autres, et dans ce cadre normalement, le banquier se fait discret et il se tient à distance respectable du juge[2].

---

[1] Ce qui amène plutôt à focaliser sur le visible et l'invisible par rapport au regard du souverain.

[2] Rem. : pourquoi ce droit à l'opacité du système bancaire libéral ? Pour répondre à cette question, faisons un petit exercice d'imagination : que serait, dans un système capitaliste, une

Car enfin, l'État de droit repose sur le respect de la figure souveraine du citoyen. Or justement, la corruption c'est le fait pour une personne d'aller à l'encontre de ses propres principes en échange d'un avantage matériel. Le silence d'une conscience est acheté. Une conscience souveraine est convertie à la servilité. Une liberté se nie (elle choisit de ne pas choisir). Par là même, un sujet est assujetti à un intérêt qui lui est antagoniste, il est aliéné. Son statut de citoyenneté n'est plus alors qu'une façade, il est effacé.

Avec la corruption, la raison d'État du sujet souverain fait éminemment face aux problèmes métaphysiques de la constance, de la dégradation des choses, et de la constance de la dégradation des choses. Des dualités antinomiques et cycliques apparaissent alors dans des conceptions mystiques de la totalité : de l'ordre à la corruption, comme les deux faces d'une même pièce. Tout ce qui fleurit est condamné à faner. L'être apprend à faire avec le non-être pour devenir. Le vivant est voué à la mort, cependant qu'à l'échelle de l'histoire des générations, la mort est la condition du renouvellement. Ainsi, les principes et les idéaux se reforgent et s'aiguisent à l'épreuve du feu des forces matérielles. L'essentiel apprend à faire avec les nécessités des apparences. Le réel concret des comportements apprend à faire avec les nécessités du nominal symbolique. L'ordre apprend à faire avec les nécessités du bruit. Preuve que le bruit, c'est pas rien. La raison d'État apprend à faire avec la vie et la mort du souverain.

Ça va ? Ça va, ça suit son cours… vers la mort. Symbole de la stabilité absolue.

Pour résumer : la monnaie c'est une dette transférable du souverain, exécutoire d'une transaction entre deux sujets individuels. Et derrière cela, pour commencer à voir en profondeur les implications de cette vision, il faut garder à l'esprit l'importance d'un évènement considérable dans l'histoire de l'humanité : la monnaie participe de l'invention de l'écriture, et même peut-être justement, précède l'écriture[1].

La monnaie dette

Voyons maintenant la question de la crédibilité de la parole du sujet souverain émetteur de monnaie. Ce crédit peut être délégué à une autorité émettrice de monnaie pour le compte du souverain : une banque.

---

banque nationalisée et rattachée au pouvoir judiciaire ? Cela correspond-il à la définition du « Trésor public » ?

[1] Mais ça, nous l'avons déjà vu : à Stonehenge ou à Göbekli Tepe, on prend l'apéro entre chefs de tribus, on s'échange des promesses et des bâtons de bergers, et l'air de rien, la monnaie est née avant l'invention des livres de comptes par les rois-prêtres-banquiers sumériens et les pharaons égyptiens.

Dans un système monétaire de crédit, la fiabilité de la parole du souverain repose sur la fiabilité de la parole de ses assujettis, et l'intermédiation monétaire est intrinsèquement liée à l'intermédiation financière. L'intermédiation financière est réalisée par un intermédiaire financier (ce qu'on appelle communément : une banque). C'est un agent qui réalise l'intermédiation entre les agents à capacité de financement et les agents à besoin de financement, par la collecte des ressources auprès des uns et l'octroi de prêts aux autres. L'intermédiaire financier institutionnalisé prend à sa charge la gestion des risques liés à cette activité et permet de réduire les coûts de transactions causés notamment par les asymétries d'information entre agents non financiers (les prêteurs ne sont pas sûrs du « sérieux » des emprunteurs).

Dans ce cadre, au-delà de l'activité de solidarité qui est, ex post des infortunes, la prise en charge des sinistrés par les non-sinistrés, l'activité de production d'assurance est une activité de mutualisation des risques par la constitution de caisses alimentées par le paiement ex ante de primes, qui permettent de couvrir les sinistres qui surviendraient éventuellement à l'avenir.

Cette activité de constitution de réserves provisionnelles afin de stabiliser les flux est fondamentale dans la raison d'État du sujet souverain. Des facultés et des corps spécifiques peuvent être créés et attachés tout spécialement à cette fonction, essentielle à la stabilité des rapports de pouvoir.

Très tôt dans l'histoire, les logiques d'assurance se raffinent dans différentes civilisations en lien avec les développements de la finance de leur temps. C'est que, au-delà du pacte, le contrat d'assurance est un contrat financier qui stipule le versement d'une prime de cotisation en contrepartie de l'engagement de délivrer une prestation réparative sous condition d'occurrence d'un évènement accidentel définit à l'avance (un naufrage par exemple).

En bref, dans son activité d'assurance, un intermédiaire financier achète des risques d'agents averses au risque et les fait porter (quelquefois en interne par ses propres agents) par des agents preneurs de risques (par exemple, on arme un navire à ses frais en contrepartie d'un droit de propriété sur la cargaison, on prend ce faisant sur soi de répondre des risques de la mer).

Ainsi, on commence à comprendre qu'est intermédiaire financier celui qui peut assumer beaucoup de risques, beaucoup de responsabilités ; est intermédiaire financier celui qui peut répondre de beaucoup de choses.

Le souverain est l'intermédiaire financier par excellence, puisque tous les risques sont à sa charge en dernière instance ; mais il peut aussi déléguer cette fonction à un commerce accrédité.

Et c'est dans ce commerce des risques, dans le jeu de cette marge imaginaire, que l'intermédiaire financier trouve à s'approprier une marge bénéficiaire, nécessaire à la stabilisation, à la pérennisation, à la reproduction et de son activité propre de monnayeur.

La littérature financière moderne s'est ainsi attachée, dès ses fondements[1], à montrer que l'existence des intermédiaires financiers se justifiait des imperfections naturelles des marchés monétaires, c'est-à-dire des marchés de transferts de risques : ils réduisent les coûts de transactions et les asymétries d'informations.

Cela dit, de ce point de vue, l'intermédiation financière ne reste en tant que telle qu'une intermédiation de marché (comme celle d'un courtier par exemple) dans laquelle l'expertise et le crédit de l'agent financier/tiers intermédiaire permettent de réduire les coûts de transaction entre le demandeur et l'offreur de fonds qu'il met en relation par sa médiation.

Mais l'intermédiation proprement bancaire va plus loin : c'est une intermédiation de bilan dans laquelle la banque incorpore sur son propre compte, à la fois les risques attenants aux promesses de payer des uns, et les risques inhérents à la garde du dépôt des autres. Et sur cette base de créances et d'actifs détenus, l'établissement bancaire émet sur son compte à son passif, son reçu, sa propre reconnaissance de dette qui, elle – tenue pour être crédible – se mettra à circuler comme moyen d'extinction des dettes entre les uns et les autres. Voilà comment est produite la monnaie.

Autrement dit, les crédits font les dépôts. En effet, la création monétaire se fait en contrepartie de l'octroi de crédits. La création monétaire, c'est la transformation de créances en moyens de paiement. D'abord ce peut être la promesse de payer du souverain, la parole du souverain (la parole d'autorité maximale) qui donne directement lieu à création monétaire (écriture de droits, frappe de pièces, émission de billets de reconnaissance de dettes, etc.). Ensuite alors, par délégation de pouvoir de création monétaire, la banque est instituée comme intermédiaire émetteur de monnaie qui prend les promesses de payer des acteurs (non souverains) de faible qualité de signature, les stocke, et leur adosse, en contrepartie, sa propre dette, frappée de sa propre signature – signature « bancaire » par définition de forte qualité de crédibilité et qui, une fois émise pourra circuler (comme titres, pièces et billets de banque) entre les agents comme moyen de paiement entre eux.

La banque s'institue ainsi comme fournisseur de confiance à partir duquel circulent les marchandises. En effet, « miner », exploiter une mine dans l'Antiquité, ça met dans un rapport de fournisseur auprès du souverain : un fournisseur de confiance (« dur comme fer ») pour la coordination des composants du sujet souverain.

Ainsi, dans l'Antiquité, le métal était une composante essentielle de la machine de guerre (aujourd'hui, c'est la capacité de cryptage

---

[1] Voir par exemple : John GURLEY, Edward SHAW, *Money in a theory of finance*, The brooking institution, Washington DC, (1960), trad. fr., *La monnaie dans une théorie des actifs financiers*, Cujas, Paris, 1974.

(l'authentification des données) qui est une composante essentielle de la machine de guerre[1]).

Autrement dit : tout comme une information peut se voir attribuer une valeur de vérité par une source d'autorité émettrice référée (ou par une preuve d'analyse de données), une unité monétaire peut se voir attribuer une valeur de commandement du travail par sa source d'autorité émettrice référée, ou par une preuve de valeur travail incorporée pour la constituer (de ce point de vue, un lingot d'or c'est une preuve de travail, une « *proof of work* »…)[2].

Question : on peut monnayer des marchandises, des métaux, mais à partir de quand s'est-on mis à monnayer de la dette et du risque ?

Certains spécialistes rechignent à parler de cela avant l'apparition du capitalisme et des systèmes bancaires modernes à la Renaissance. Cependant, il n'est pas nécessaire d'attendre l'apparition du souci de rentabilisation du capital, non plus que d'attendre l'apparition des billets à ordre et des billets de banque. Quand on reprend méticuleusement les traces archéologiques laissées, l'affaire est claire : dès la plus haute Antiquité, la possibilité même de l'apparition d'un souverain étatique repose sur le monnayage de sa propre dette, sur la promesse de *sa* reconnaissance. En fait, il faut garder à l'esprit que les formes monétaires premières dans les civilisations étatiques sont scripturales : ce sont des jeux d'écritures dans les livres de comptes sacrés des souverains. Ces écritures attribuent des parts, des rations, des lots et des devoirs à chacun, et enregistrent les transferts. La logique de la crédibilité de la parole est impliquée dès le départ dans la circulation monétaire.

La monnaie c'est par définition de la dette du souverain. Elle peut éteindre des dettes privées. Mais il y a une profonde asymétrie qui suscite une verticalité dans les imaginaires. Pour bien le comprendre, il faut considérer ceci : de la dette privée par contre, ne peut, par définition, être monnayée. Si Jacques doit quelque chose à Pierre, c'est une dette, mais a priori l'actif n'est pas fongible, il ne peut être transféré à un tiers, il ne rentre pas dans le domaine d'équivalences définit par la volonté du souverain, cela ne peut devenir spontanément de la monnaie. Dans la dette, il n'y a que sa dimension publique qui peut être monnayée : la dimension de ce qui relève de la volonté du souverain dans l'action individuelle. Car ce n'est qu'en tant qu'il satisfait la

---

[1] *Cf.* Chapitre 10.

[2] Cela dit, tout ça est bien beau, mais ça prend pour argent comptant la théorie objective de la valeur travail typique de la pensée classique du début du XIXe siècle (ce qui fait la valeur d'une marchandise, c'est la quantité de travail qui y est incorporée). C'est un vieux paradigme de pensée. Et ce n'est pas tellement qu'il est obsolète, mais pour le moins disons pour l'instant qu'il a des trous dans la raquette. Nous y reviendrons dans le chapitre 10, histoire de garder un œil critique sur nos propres cadres de pensée.

raison d'État du sujet souverain que l'acteur est considéré comme responsable doté d'un statut crédible.

Hétérotopie du point de vue individuel là encore, et dont le langage métonymique rend mal compte : « c'est *mon* argent ». Or la monnaie n'appartient pas à son porteur ; il n'en a pas la possession, il n'en a que le doit d'usage (d'où l'interdiction légale de brûler des billets de banque par exemple). La monnaie n'appartient pas à l'usager, elle reste la propriété du souverain. L'usager n'est que titulaire du pouvoir d'achat qu'elle confère, il n'a pas le droit de la détruire ou de la falsifier. Et même s'il peut s'approprier le fruit de son usage dans une certaine mesure, en principe ce n'est pas au bénéfice du porteur qu'elle circule mais à celui du souverain.

Bref, comme toutes les intermédiations culturelles, la monnaie est l'objet d'un phénomène d'occultation (ce point prendra de l'importance lorsque nous le reprendrons sous l'angle du religieux, mais pour l'instant, tenons le pour (bien) entendu, et avançons).

La monnaie temps

L'implication majeure du monnayage de la dette, c'est d'inclure les activités dans un certain rapport au temps : « *Time is money* » (« Le temps c'est de l'argent ») écrivait Benjamin Franklin dans ses *Conseils à un jeune commerçant* (1748). Moui... mais c'est pas clair et c'est encore un peu cliché... Et même, mieux, il y a eu plus récemment : « *Time is the ultimate currency* » (Elon Musk, Twitter, 3/9/2021)... Mais c'est vite dit aussi. Tout le monde applaudit l'évidence de l'aphorisme du gourou des nouvelles technologies. Il nous promet les étoiles. Mais qu'est-ce à dire ? On serait bien ennuyé d'avoir à s'expliquer là-dessus en détail (d'abord parce qu'on ne peut considérer le temps comme intermédiaire des échanges que sous l'hypothèse d'un solipsisme étrange (le temps vécu ne peut se transférer que de soi à soi). Mais enfin bref, essayons de prendre cette chose dite au sérieux. Est-ce à dire que, de manière tout à fait classique, dans le fond, ce qui s'échange à travers les marchandises, c'est du temps de travail contre du temps de travail ? La vision est classique en effet : du temps contre du temps, payé avec du temps... Enfin, en l'occurrence c'est plutôt que, quand on va travailler, on échange du temps contre de l'argent. Et ensuite avec cet argent, on va acheter le produit du temps de travail des autres[1].

---

[1] Là-dessus, en arbitrages, la logique des coûts d'opportunités se déploie. Par exemple : David Beckham doit-il tondre lui-même sa pelouse ? La réponse classique est : Non. Il ferait mieux cet après-midi d'aller faire une publicité pour des caleçons et, avec le revenu qu'il a gagné, de payer quelqu'un pour tondre sa pelouse à sa place. Tout le monde est gagnant. Plus de richesses ont été créées globalement.

Cela dit, pour l'anecdote, certains économistes célèbres ont avoué avoir utilisé l'argument pour s'éviter les tâches ménagères auprès de leurs femmes (« Allons chérie ! Si je suis payé 200 euros de l'heure, je préfère payer quelqu'un 10 euros pour faire le ménage plutôt que de

Reste que, archaïquement ces milliers d'heures de peines d'esclaves incorporés dans ces talents d'étain qui circulent dans la Mésopotamie de la haute Antiquité, ce ne sont pas elles qui confèrent à ces lingots leur fongibilité, et donc leur propriété monétaire ; c'est bien plutôt le jugement de valeur du souverain qui sait bien quelle extension de sa puissance il en tirera par son usage intégré dans sa machine de guerre. C'est par cette équivalence-là – et elle seule – que s'estime la valeur proprement monétaire de ces lingots. La valeur et la fongibilité de ces lingots monétaires ne dépendent que de ça : l'usage qu'en fait au final le souverain dans l'alimentation de sa puissance.

Il y a une volonté du souverain qui remplit les têtes, de son imaginaire et de ses histoires, et qui dispose ses sujets à la réaliser. Le reste, sauf exception (« notable »), disparaîtra dans les limbes de l'histoire comme des larmes sous la pluie.

De ce point de vue qui comporte un biais monarchique, le souverain libéral démocratique apparaît être une bien étrange chose. Toujours est-il que son fonctionnement quelque peu mécanique est assuré par le système bancaire. La fonction fondamentale d'une banque centrale y est – par délégation du souverain – de contrôler l'octroi de crédits : à qui, et pour quels objectifs. Et dans ce cadre, la création monétaire est un moment important de la production de la souveraineté civile, plus important encore que le pouvoir de police et l'administration de la justice.

Pour illustrer cela, considérons dans la société moderne, quand un professeur d'économie explique la création monétaire : il parle de l'octroi de crédits à une signature peu crédible d'agent non financier, par un contrat de crédit, qui adosse à sa signature une signature crédible d'agent financier. Le compte de l'agent non financier est crédité, il peut disposer des billets signés de la banque centrale. Le professeur conclut ensuite le chapitre en disant que le remboursement du crédit détruit la monnaie. Et puis ça s'arrête là. Le chapitre s'intitule « La création monétaire » mais il n'y a jamais de chapitre sur « La destruction monétaire ». Et pourtant, c'est l'autre face du contrat de crédit : l'agent s'engage à aller travailler pour rembourser sa dette.

En général, tout au plus, les raisonnements académiques usuels s'arrêtent là. On n'en saura pas plus sur la destruction monétaire qu'à imaginer un crématorium pour billets de banque usagés. Pas plus de développement sur l'idée qu'une unité de monnaie créée est éphémère, comme un papillon, elle est créée, circule, puis disparaît.

Et pourtant, lors de la création monétaire le banquier est allé chercher une valeur dans le futur pour la rendre immédiatement disponible dans le présent, par l'octroi de crédit à un agent économique. La banque a créé – à proprement

---

« perdre » une heure voyons ! » (ça me rappelle encore un autre qui disait qu'en épousant sa femme de ménage, c'était le Produit national qui en pâtirait (puisqu'il n'y aurait plus de transactions marchandes entre lui et elle)).

parler – la monnaie : elle met à disposition immédiate un pouvoir d'achat du futur. Mais l'agent a promis de réaliser cette réalité future d'une valeur supplémentaire (par exemple : il produit une récolte par le travail de la terre qui lui a été concédée en fermage). Il reste donc à sa charge de fournir le travail et les revenus qui valideront, par le paiement des échéances, cette réalité promise.

Et d'ailleurs, l'agent économique table bien sur le fait que la présence immédiate de cette valeur future va lui permettre de générer dans le présent une dynamique de croissance de richesse plus élevée que celle qui aurait été obtenue sans financement. Enthousiasme. Logique capitale de l'investissement dans les sociétés libérales : auto-engagement, supervision disciplinaire privée, « effet *bootstrap* »...

La monnaie est une anticipation d'une valeur qui n'existe pas encore. Elle repose sur une parole donnée « sérieusement », elle repose sur une promesse. Ainsi, en tant que telle, la monnaie c'est de la justice en suspens.

La dette dramatise le cours du temps. Une unité de monnaie dette voit son temps compté, lié à un calendrier d'échéances. C'est comme une petite bombe à mèche, elle fait « tic-tac » à son rythme propre pendant qu'elle change de main ou dort dans un coffre. Et si au moment précis où l'échéance sonne, le débiteur original n'a pas tenu sa promesse de créer de la valeur livrée au créancier[1]... alors, où qu'elle soit, quelles que soient les mains dans lesquelles elle se trouve, la monnaie implose dans un nuage de fumée magique comme une patate chaude : « pouf ! » sa valeur intrinsèque est tout à coup invalidée. Tout à coup cette promesse d'un autre ne commande plus rien, le collatéral sur lequel elle repose n'a plus de valeur, au-delà de la promesse passée, on confirme aujourd'hui qu'elle n'existe pas.

Bien sûr, en cas d'insolvabilité l'intermédiaire financier prend sur lui de couvrir cette défaillance locale d'un agent non financier pour maintenir la stabilité globale du pouvoir d'achat de l'unité de compte. C'est à ça que servent ses réserves. Mais c'est un moment quotidien critique, qui peut tourner à la crise, et puis – à mesure de l'effet de masse – ça peut tourner au crash « économique » : la panique (moment du dieu Pan). Il sera alors temps de liquider les espèces pour en forger de nouvelles.

Ainsi l'argent contient une urgence intrinsèque (qui selon David Hume – moraliste écossais du XVIIIe siècle – est un Artifice, mais un artifice Non Arbitraire). Cet agencement monétaire général crée la cupidité : un désir de créances sur autrui qui pousse à prendre plus de risques. Ça pousse à prendre des engagements qu'on n'est pas sûr de pouvoir tenir. Ça pousse le sujet à l'effort, au dépassement de soi, à la performance. Cette urgence est, au contact des corps, la morsure, le fouet brûlant qui force les acteurs à respecter leurs contraintes temporelles dans le travail. La signification de sa temporalité est liée à celle du travail ; et ce d'autant que l'on considère que dans l'échange de

[1] Dans le langage bancaire, on parle de « défaillance » voire de « délinquance » du débiteur.

marchandises c'est du temps de travail qui s'échange contre du temps de travail…

Ainsi, comme l'argumentait Winston Churchill face au travailliste Clément Attlee au sortir de la Seconde Guerre mondiale : il est de toute première importance dans une démocratie libérale que la fonction punitive de la surveillance du respect de la contrainte budgétaire par les agents ne soit pas assumée par l'État directement. Mieux vaut que ce ne soit pas l'État lui-même qui saisisse les biens et mette les gens dehors lorsqu'ils ne tiennent pas leurs paroles et tombent en faillite. Car mettre dans la même main le pouvoir monétaire et le pouvoir de police c'était, pour le chef d'État britannique, le pas de trop vers la dérive totalitaire à ne pas franchir.

Et pourtant, le cœur vibrant de la validité d'une circulation monétaire repose sur cette fonction disciplinaire. Cette violence étatique de répression du désordre transactionnel, cette violence en dernière instance de la civilité, motive à reconnaître de la valeur à ce qui préserve du déchaînement de la violence : la monnaie. Autrement dit, ce qui fonde la valeur d'une monnaie, c'est la qualité du travail que les acteurs réalisent pour justifier leurs crédits.

De ce point de vue, le prix de l'argent – le taux d'intérêt – apparaît clairement comme une sorte de taux de pression sociale qui rend les temps plus ou moins difficiles. Une augmentation des taux d'intérêt augmente la pression sociale de l'injonction à l'effort pour le respect de la contrainte budgétaire, annihile des projets d'investissement trop peu rentables, force des faillites, pousse à courir plus vite… Et vice-versa, quand les taux d'intérêt baissent : relâchement, augmentation des « marges », ouverture du jeu, « mais oui ! ça va aller ! ça passe, ne vous inquiétez pas, lancez-vous ! prenez des risques, faites des promesses ! les temps sont faciles ! »…

Le taux d'intérêt est un instrument de contrôle des activités civiles extrêmement puissant… Le taux d'usure s'était pourtant ignoré pendant longtemps en tant que tel : tant que la raison d'État du sujet souverain n'avait pas conscience d'elle-même (jusqu'au XVIe siècle).

Mais depuis cette prise de conscience, la politique monétaire est l'aspect essentiel de l'activité gouvernementale du sujet souverain. Et à partir de là vont être créés les premières « banques centrales » au tournant des XVIIe et XVIIIe siècles apr. J.C., afin de réassurer la valorisation de certains actifs bien choisis et de stabiliser la crédibilité de la puissance du souverain.

Le problème de l'autorité monétaire

Ces institutions étatiques majeures que sont les banques centrales ne vont pas tarder à faire problème dans les processus de démocratisation des régimes politiques occidentaux.

C'est que, la fonction déléguée par le souverain à une banque centrale c'est d'assurer la stabilité de sa monnaie. Il s'agit de faire face à tout ce qui viendrait contester sa valeur.

Fondamentalement, contester la monnaie, c'est contester le pouvoir – non pas tant de la main du souverain, mais de la parole du souverain. Contester la monnaie, c'est contester le pouvoir du souverain – non dans l'ordre militaire mais dans l'ordre civil.

Il apparaît ainsi que la crise monétaire, c'est une modalité spécifique de contestation de la légitimité du souverain – c'est une modalité émergente des désordres monétaires. Ce désordre peut survenir : spontanément de l'intérieur, d'une dérive par rapport à des pouvoirs extérieurs, ou carrément être le produit d'un raid, d'une attaque spéculative venue d'une puissance rivale.

Or justement, tout le problème c'est que, ce pouvoir monétaire gouvernemental s'est de plus en plus concentré dans les mains d'une autorité monétaire centrale, dont la science économique libérale vient à « démontrer » dans les années 1970 qu'elle devait être indépendante de la détermination démocratique, et ce, pour le plus grand bien des peuples... L'autogouvernement des peuples a ses limites selon les libéraux : c'est le problème d'Ulysse face aux sirènes…

Le « *currency board* » se trouve alors érigé comme autel de sacrifice au totem stabilité. On se prive de toute liberté monétaire par des « menottes d'or » pour mieux restaurer sa crédibilité (c'est un peu paradoxal comme réputation pour un citoyen tout de même…).

Et pourtant les libéraux monétaristes ont ainsi réussi à imposer cette idée au tournant des années 1970, en partant de l'idée que l'intermédiation gouvernementale démocratique de la monnaie dette correspond très exactement à l'ouverture d'un espace de corruption[1]. Il s'agirait alors de refermer cette faille par la production d'un « ancrage » monétaire parfaitement neutre.

Ça les amène à distinguer la « monnaie confiance » (l'or) et la « monnaie dette » (monnaie bancaire). Avec cette idée que la monnaie « confiance » c'est parfait, et ça ne tolère naturellement rien d'autre que le monopole naturel.

Mais enfin, tout ça ne fait que manifester une obsession naïve pour la stabilité monétaire *obligatoire*… « Comme au bon vieux temps de la monnaie or. » Comme si l'or était la monnaie neutre par excellence… Or, en réalité, nous le verrons encore mieux par la suite, le monnayage de métaux précieux à travers l'histoire n'a jamais été « neutre » (et d'ailleurs cette « relique barbare » qu'est l'or ne résout pas particulièrement les problématiques de confiscation de l'autorité monétaire au profit d'intérêts oligarchiques).

En fait, dans la Modernité européenne, c'est seulement au XIXe siècle qu'ont commencé à circuler en masse dans la population des billets de banque

---

[1] Dit simplement : du point de vue des élites technocratiques bancaires, nos démocraties sont trop faibles pour qu'on prenne le risque de les laisser décider en matière de politique monétaire.

échangeables contre de l'or ou de l'argent dans un système d'étalon fixe. Les banques émettrices étaient donc tenues de constituer par elles-mêmes, de stocker et de conserver des réserves métalliques en contrepartie de leurs émissions de billets.

L'affaire semble raisonnable de toute évidence, sauf que… alors en ce cas, la quantité de monnaie n'est pas fonction de la quantité d'activité dans le pays. Et si l'on indexe la quantité de monnaie à la quantité d'or détenue en réserves plutôt qu'à la quantité d'activité, on s'expose à contraindre le développement des activités par manque de liquidités.

Pour autant, l'étalon-or s'impose en Angleterre en 1844 et grosso modo a cours au niveau international de 1870 à 1914. Ensuite, pendant la Première Guerre mondiale, l'inflation des dépenses de guerre, qui vient à peser plus des deux tiers des PIB des pays belligérants, impose la levée de l'étalon-or pour pouvoir régler tout ça par l'inflation[1].

Au sortir de la guerre, la conférence de Gênes instaure le Gold Exchange Standard en 1922, qui place le dollar et la Livre sterling en pivots d'échange avec l'or (on voit alors quelles sont les nouvelles puissances souveraines en Occident).

Ensuite, pour éponger la crise de 1929, les USA abandonnent l'étalon-or en 1933. (Roosevelt – qui vient d'être élu en 1932 – n'a lui, aucune affection fétichiste particulière pour l'étalon-or).

Après la Seconde Guerre mondiale, le système monétaire International de Bretton Woods instaure la convertibilité or du seul étalon dollar en 1944, jusqu'à l'abandon de tout ça en 1971 ce qui met fin à la convertibilité or du dollar.

Dès lors, les banques centrales continuent de stocker des réserves d'or, mais bien que l'actif garde une place première dans les bilans, il n'est plus l'instrument principal des politiques de stabilisation monétaire.

Enfin bref, au final, l'étalon-or n'a jamais servi qu'à stabiliser et enrichir les patrimoines des plus riches. Leurs connaissances en la matière sont sûres d'elles-mêmes car ils sont créanciers bien instruits, ils savent ce qu'ils veulent. Et ils ont les moyens d'imposer leurs opinions. Ce n'est pas le cas des plus pauvres, donc le rapport de force dans ce débat est déjà biaisé d'entrée de jeu… Reste que, de quelque manière qu'on prenne le problème, la fixité des changes externes – qui profite aux affaires des cosmopolites – implique des flexibilisations internes pour les travailleurs locaux (ou vice-versa… après, à vous de voir…).

Donc, pour résumer : la monnaie ne doit pas sa valeur à l'or mais à sa relation au produit. Et la stabilité d'une monnaie vient de sa vélocité, c'est-à-dire de son adoption transactionnelle.

---

[1] Autrement dit, la « Grande Guerre », littéralement, ça a été la mort à crédit.

S'en tenir à la vision d'une monnaie métallique « neutre » qui échapperait aux problèmes fiduciaires des crises spéculatives de confiance, c'est se méprendre sur la problématique fondamentale de l'autorité émettrice de la monnaie : la crédibilité. Que la monnaie en question soit marchandise, métallique, fiduciaire ou électronique ne change rien à l'affaire[1].

Car cette problématique fondamentale ne peut jamais être refermée ; c'est elle qui constitue le point d'apparition du souci de responsabilité, souci constitutif de la formation à maturité du sujet individuel citoyen. Souci qui manifeste paradoxalement en même temps la présence en soi de la volonté du sujet souverain de la raison d'État.

L'intermédiation transactionnelle

« Deux choses remplissent l'esprit d'admiration et de craintes incessantes : le ciel étoilé au-dessus de moi, et la loi morale en moi. »
Emmanuel Kant

« Ce qui a son prix a peu de valeur. »
Friedrich Nietzsche, *Ainsi Parlait Zarathoustra*

Penser le fonctionnement de l'intermédiation monétaire en rapport aux nécessités de l'exercice du pouvoir amène à se poser une question « hérétique » tout à fait centrale : quelles sont les implications subjectives de la transaction monétaire ? La question est à la fois bizarre et difficile… Mais enfin, ce problème peut être abordé sous l'angle des nécessités de l'exercice du pouvoir.

Lorsqu'il s'agit d'étendre la portée du pouvoir du souverain, il faut opérer l'extension de la zone de reconnaissance de la crédibilité de sa parole, c'est-à-dire qu'il faut opérer l'extension de la reconnaissance de l'intermédiation transactionnelle du souverain qui est tout aussi bien l'extension de la zone d'acceptation de sa monnaie, la zone d'acceptation de sa promesse de payer.

Seulement voilà, l'instauration d'une monnaie comme équivalent général dans des marchandages de la terre et du travail, l'opération n'est pas neutre : ça fait sauter des cloisonnements anthropologiques de certains circuits d'échanges[2]. Car les structures et les institutions n'ignorent pas les psychés individuelles ; pour la simple et bonne raison qu'elles opèrent à travers elles.

Assurément, les structures familiales sont grandement déterminantes des processus de subjectivation individuels. Elles sont notamment déterminantes

---

[1] *Cf.* Chapitre 9 pour une plus ample discussion sur ce point.

[2] Les circuits d'échanges au sein de la famille par exemple se déroulent dans le cadre de multiples cloisonnements qui définissent des domaines de substitutions possibles. L'argent circule dans des canaux tout à fait codifiés. Ces domaines cloisonnés peuvent être liés à des visions du monde religieuses, animistes, totémiques, ou tissés d'analogies singulières.

des rapports aux autorités, du plus ou moins d'individualisme ou de communautarisme, ainsi que de la place respective des genres dans les répartitions des tâches et des pouvoirs de décisions. Reste que dans leurs dynamiques, les structures familiales – qui articulent des principes de descendance et des principes d'alliances – sont dépendantes des modalités transactionnelles qui les traversent.

La monnaie y est la voiture du dispositif de coopération à large échelle qu'instaure le souverain lorsque ses sujets se mettent à faire circuler sa dette dans leurs transactions marchandes. Dès lors, des foules de nombres se mettent à déferler sur les générations.

Comme nous l'avons vu, l'intermédiation implique une mise en parallèle des sujets acteurs de l'action individuelle. Et alors à ce propos, à un sujet libéral d'aujourd'hui, il vient immédiatement l'intuition que cette dimension en quelque sorte verticale, perpendiculaire au déroulement de l'action est celle d'inhérentes rivalités et compétitions entre les sujets qui s'observent, se comparent, et se mesurent les uns aux autres. Et c'est tout.

Et la pensée libérale présuppose que l'égalité des droits des sujets individuels à l'entrée du marché compétitif suffit à produire l'égalité des citoyens dans la justice. Mais à vrai dire, cette soi-disant justice inhérente du marché, ça n'a rien de nécessaire, et ça n'a rien à voir avec une nature humaine (*cf.* Chapitre 10). Les civilisations occidentales auraient pu agencer d'une tout autre manière les équivalences sociales : un type de mise en ordre statutaire n'est pas une nécessité de nature, c'est une nécessité historiquement construite.

Les a priori de la transaction

Pour qu'il y ait des échanges, avant même que ne s'instituent des marchés ou des États comme processus d'allocations des ressources, il faut que se constitue d'abord une communauté de valeurs. Il faut qu'on s'entende a priori sur ce qui a valeur, et sur ce qui fait valeur. À partir de là peuvent s'instituer des domaines d'équivalences entre sujets, et entre objets échangeables, c'est-à-dire des domaines de relations de substitutions possibles.

Mais avant d'aller plus loin, il faut bien spécifier la délimitation des domaines transactionnels. Toutes les interactions humaines ne sont pas nécessairement des transactions. Et toutes les transactions ne sont pas nécessairement monétaires.

Donc, première implication de cette délimitation transactionnelle des sujets et des objets : les interactions ne prennent pas forcément la forme de transactions.

Du coup, dans cette perspective d'interactions hors transactions, pourquoi ne pas réduire l'éventail des possibles à l'acquisition systématique par la prédation et la guerre ? C'est du déjà-vu, depuis la nuit des temps… Ce n'est pas que l'homme soit mauvais, c'est la confiance qui manque du fait même de l'individuation[1]. Autrement dit : entre nous, il y a des murs n'est-ce pas ? Alors, à qui se fier si ce n'est à soi-même ? La conclusion rationnelle se donne à l'individualisme comme une évidence de nature…

Et pourtant, par-delà ces limitations, des corps collectifs vont se constituer pour satisfaire une certaine soif de puissance qui vise à satisfaire le besoin de stabilité de l'être souverain : l'autonome de droit et de fait, de celui qui se donne à lui-même sa propre loi sans qu'une autre puissance ne l'assujettisse, notamment par la force armée. De cette nécessité du sujet souverain de la raison d'État, tout le reste dépend, notamment les processus de subjectivations des individus internes à sa constitution.

Du point de vue de l'individu, c'est du même mouvement de pensée l'autre face de la volonté de ne pas perdre le contrôle. Monter en puissance et s'intégrer dans des alliances pour ne pas perdre le *contrôle*, c'est une nécessité propre à l'exercice du pouvoir politique que manifeste la raison d'État du souverain.

Mais enfin, lorsque l'interaction ne prend pas la forme d'une simple animale prédation, la possibilité d'une logique de la réciprocité entre les sujets amène à s'interroger sur le rôle de l'intermédiaire lui-même, celui qui rend possible l'existence de termes d'une transaction. Rien que le troc et le service rendu réclament déjà une communication. Et cela produit déjà l'existence d'un sujet commun, entre les deux sujets de l'action : le sujet de la trans-action.

L'inter-action entre deux sujets individuels secrète systématiquement un tiers sujet commun : un médium. Il se manifeste par l'existence même de la transaction comme forme de l'interaction[2].

La transaction est un acte exécutoire. En l'occurrence un acte exécutoire qui consiste justement à prendre acte, à prendre acte du rapport à l'autre. Une transaction est un échange d'engagements. Des termes se sont fixés, il y a un accord, ça fait point ; il y a un évènement, quelque chose d'irréversible. Quelque chose a été conclu, et il y aura un avant et un après, un ex ante et un ex post.

En ce sens, le moment transactionnel, c'est pour le sujet individuel une hétérotopie, ou plutôt une hétérochronie, un lieu et un moment où il se trouve, et en même temps où il se découvre absent de lui-même, tout absorbé à prendre acte de l'autre. Moment peut-être fugitif, mais passage nécessaire. Point dans le temps qui ne se réduit pas à quelque chose qui passe ; à ce moment-là, le sujet se réduit à l'être rapport. Un maillon bien à sa place dans une chaîne.

---

[1] Le dilemme du prisonnier démontré par la théorie des jeux offre un éclaircissement détaché des systèmes moraux sur cette logique.

[2] *Cf.* en grec, *metadosis* : « don d'une part, contribution, au-delà du don, communion ».

Et s'il y a transaction, c'est qu'il y a confiance. Car atteindre ses objectifs par l'intermédiation du comportement d'autrui implique d'avoir confiance dans ce comportement. En réciprocité ça donne une transpassion : la confiance partagée. Et il y a confiance parce qu'il y a empathie : dans la transaction, les points de vue se frottent et se mêlent au point qu'on peut se mettre indifféremment à la place de l'autre inter-actant, ce qui sécrète – au mieux – la sensation harmonieuse de l'accord (*métanoïa*)[1]. Cet état trans-actionnel du sujet relève d'un système d'attentes croisées[2].

Autrement dit, si on tire le fil, il apparaît qu'à travers leurs arbitrages, les acteurs sont non seulement porteurs de leurs demandes, mais aussi porteurs des demandes potentielles des autres. À l'occasion ils peuvent se faire intermédiaires d'approvisionnement des autres. Le potentiel suffit pour créer des domaines d'équivalences sur lesquels s'instaurent des conventions.

Par exemple, lorsqu'on voit un pied de café dans la jungle, sa valeur à nos yeux est instruite de l'idée qu'on se fait de la demande urbaine pour le jus qu'on en tire. Cela peut alors déclencher un comportement producteur d'investissement pour le compte d'un tiers dont la demande est anticipée. Les comportements peuvent alors « spontanément » se coordonner pour créer une chaîne d'approvisionnement. Mais ces anticipations réclament une certaine confiance dans les représentations qu'on se fait des attentes des autres, ainsi que dans le comportement effectif des autres.

Mais enfin, à partir de là, des sociétés fiduciaires (reposant sur une confiance partagée de compagnons œuvrant dans un intérêt commun) peuvent s'instituer pour intégrer le contrôle des activités de production.

Cela dit, la transaction est un rapport avec un dehors. Elle implique une résistance réciproque à l'union. Sa perpétuation implique donc des stabilisations extrinsèques : par des identités authentifiées des sujets (ipséités sédimentées en liens juridiques), par des sédentarisations des rencontres en fréquentations (heccéités régularisées à travers les marchés conclus), par des synchronisations des rendez-vous et des activités (harmonisations consolidées par des accords de volontés qui spécifient les obligations de chacun dans les accords).

Ainsi dans la transaction, l'État en soi (*Urstaat*) transforme les désirs subjectifs en intérêts objectifs stabilisés, par un codage à partir duquel « on »

---

[1] Se mettre d'accord sur les termes d'une transaction implique une certaine réciprocité, mais pour autant, ce n'est pas forcément une égalité qui ressort de l'équilibre des forces antagonistes ; nous le verrons par la suite, car c'est beaucoup trop tôt pour aborder le problème de la « justice » dans la transaction.

[2] I.e. : un « *double-bind* » comme dirait l'anthropologue Gregory Bateson. Cela dit, qu'il y ait une vision a priori d'un dénouement de l'interaction, et que cette vision provoque les comportements qui tendent à la réaliser finalement, cela a été saisi sous de nombreux aspects par de nombreux concepts : institution, convention, polarisation mimétique, équilibre anticipé, équilibre stratégique, prophétie autoréalisatrice, performativité, complexe savoir/pouvoir, émergence, etc.

peut faire société. Les désirs qui fusent en tous sens sont encapsulés dans des fils de rapports d'intérêts qui esquissent des perspectives politiques et des liens sociaux qui se tissent.

Les domaines transactionnels

Les domaines de mises en équivalence sont des constructions sociales. Typiquement, ça réside dans les sujets, comme domaines de possibilités d'extinctions marchandes de la dette. Certaines obligations peuvent être éteintes, d'autres pas. Ou dit autrement, ça réside dans les sujets comme morale de ce qui se marchande et de ce qui ne se marchande pas, ou comme choix de ceux avec qui on peut transactionner, ou de ceux avec qui on ne transactionne pas.

Le souverain est loin d'avoir le contrôle de tous les domaines d'interactions ; de nombreuses interactions échappent à la surveillance du pouvoir comme au principe de responsabilité... Mais alors, comment se normalisent les choix éthiques dans les interactions transactionnelles ?

En deçà des institutions – ensembles réglés d'obligations, qui impliquent déjà en elles-mêmes des normalisations transactionnelles sédimentées – il faut à chaque fois chercher par contraste les manifestations de l'intermédiation transactionnelle, par les interdits, les qualités, les déontologies : qu'est-ce qui ne doit pas circuler ? Avec qui ne fait-on pas affaire ? Pourquoi ? La transgression de ce genre de normes, quelles autorités les sanctionnent ? À propos de quoi ne peut-on marchander ? Les capacités transactionnelles sont-elles égales dans une population ? Comment se normalise et s'impose un type de transaction ?

Par exemple : prescriptions transactionnelles et tutelles font partout problèmes dans les systèmes libéraux d'économie de marché (pensées comme concurrences imparfaites dans la théorie économique standard, elles impliquent des monopoles, des déficiences de l'effort du fait qu'elles échappent à la discipline de marché, et une sous-optimalité de l'allocation des ressources qui ne maximise pas le produit et le bien-être). Et pourtant les tutelles, les interdictions de « trafics », les régulations et les normalisations de marchés sont partout dans les économies de marchés modernes ; comme dans tous les autres types de systèmes transactionnels en fait...

Ça s'explique très bien à chaque fois au cas par cas. Et ça se comprend très bien quand on adopte une perspective historique : y'a pas un domaine transactionnel, dans lequel se déroulent des rapports de force, qui ne soit lui-même un sédimenté de rapports de pouvoirs.

Car la raison d'État s'organise d'abord dans le jeu historique des statuts : dans la juridicité des sujets qui organise leur civilité.

Alors déjà, entre le sujet individuel et le sujet souverain, quelle est la nature du rapport en soi, est-ce un pacte ou un contrat[1] ?

L'individu est emboîté dans le souverain, qui le déborde toujours de parties qui lui sont imperceptibles et obscures, mais en même temps il lui donne corps. Le point de vue du sujet individuel est contenu dans le point de vue du sujet souverain comme dans une monade dominante, mais non sans médiations.

En effet, le point de vue individuel est une subjectivité particulière, une subjectivité contenue dans la subjectivité universelle de l'histoire, mais néanmoins marquée initialement du point de vue de la famille dans laquelle il a été élevé et socialisé. Par exemple, le fils est affilié à son patriarche mais il tend personnellement à s'en différencier. Ensuite, les familles – ou les tribus – développent des interactions et font société dans la constitution d'un espace transactionnel commun où se confrontent des particularités objectives, des intérêts. Et finalement, le dépassement des particularités objectives confrontées se réalise par l'émergence d'un universel objectif : la volonté d'autonomie du gouvernement de soi, portée par chaque chef de communauté et partagé par tous les autres. Cette volonté d'atteindre au contrôle des règles qui encadre les confrontations d'intérêts mène à la constitution d'un sujet souverain étatique qui impose universellement l'objectivité de son point de vue comme médiation des particularités objectives qu'il contient. Voilà à partir de quoi on peut parler d'État (mais laissons cela, il ne s'agit pas particulièrement de parler d'État ici).

D'un autre côté, est-ce à dire que derrière le souverain, historiquement ce sont les peuples qui sont agissants en fin de compte ? Non, car ce serait dire que derrière tout régime politique, c'est l'ochlocratie en fin de compte, le gouvernement de la foule par le propre effet de sa masse. Or les sujets du souverain ne soient pas une masse inerte mais constitutive, donc ce n'est pas tout à fait ça. Entre le souverain et le Peuple, il y a une dichotomie qui les sépare et les définit, et en même temps c'est une sorte de symbiose, chacun vit l'un par l'autre. Les corps constitués instituent les corps qui les constituent. Jusqu'à ce qu'idéalement ils ne fassent qu'Un, mais ça, c'est dans l'idéal... Ainsi, dans l'idéal démocratique, l'intérêt général se veut être l'expression *naturelle* de la volonté souveraine du Peuple. Mais pour que ce normatif soit effectif, encore faudrait-il que le Peuple soit réellement souverain. Autrement dit, le Peuple souverain, c'est l'unité qui manque.

Quant à la question de savoir si la substance de la transaction est de l'ordre du pacte ou du contrat, l'intention ne nous éclaire pas là-dessus, parce que l'intention dans la transaction, c'est une question de point de vue et d'horizon temporel. Ce qui reste par contre dans la transaction c'est que, d'une part, la décision individuelle peut-être prise selon la convention (la passion

[1] N.B. : la transaction sexuelle est l'objet d'un pacte cependant que le contrat lui est en quelque sorte contre-nature.

collective), l'opinion publique, mais d'autre part, cela se heurte au principe de la décision prise selon la valeur fondamentale (la raison individuelle), la comptabilité mathématique.

Cela dit, le résultat du calcul peut coïncider avec l'opinion publique (on aimera à dire en ce cas que l'opinion publique est fondée en raison). Reste que la raison individuelle est une passion collective. L'usage de la raison est plus une affaire de normes que de choix. La valeur comptabilisée est une opinion après tout, certes prise dans une convention particulière. Mais, bien qu'elle puisse être rationnelle, une norme reste fondamentalement arbitraire.

La résolution de cette schize du sujet de transaction se fait dans l'identité par le *juris*, « le serment fait à soi-même de rester soi-même » à partir duquel peuvent se faire des contrats, « accords de volontés individuelles ».

Et finalement, bien que ça ne satisfasse aucun parti pris théorique, l'observation historique montre que la sub-stance qui rend possible les engagements de volontés dans le contrat, c'est le pacte fondateur de la domination du souverain (quel qu'il soit).

Dans le serment, le sujet jure fidélité à son souverain. Mais en outre, le serment de fidélité au souverain, ce n'est pas assez pour la raison d'État. Car cela doit se compléter de la fidélité du sujet à soi-même pour être consolidé.

Autrement dit, il y a toujours un rapport de force pacifié qui précède un contrat ; et il y a toujours la référence à une autorité tierce qui garantit la stabilité du domaine de règles dans lequel se déploie ce rapport de force.

Disciplines et dispositifs transactionnels

Les choses transactionnelles ne sont pas seulement réglées par l'éthique, la morale, et les relations statutaires institutionnalisées. Ce ne sont que des idées et des dérivés d'idées ; en pratique il y a aussi plus concrètement les disciplines et les dispositifs.

La discipline est l'ensemble des techniques par lesquelles le sujet se conduit lui-même. Ce rapport de soi à soi ne se fait pas sans intermédiations, sans médiums. Et dans toutes ces pratiques par lesquelles le sujet se gouverne lui-même, le religieux, le militaire et le monétaire jouent un rôle fondamental.

Oui, le monétaire aussi, car le gouvernement de soi a besoin de vérité pour s'ajuster ; et le résultat transactionnel en termes monétaire devient un moment important de révélations de vérités nécessaires au gouvernement de soi dans un système où se développent les transactions marchandes. Ce n'est pas que la monnaie soit une discipline, bien que son usage réclame des disciplines, mais c'est plutôt que le dispositif monétaire est un module interne important dans les disciplines du travail.

En effet, dans un système monétaire, chaque acteur se voit attribuer un compte, un « compteur » qui exhibe son solde de pouvoir d'achat. Et lorsque la logique du nombre s'intègre dans les disciplines, comme dans une économie de marché libérale par exemple, le problème gouvernemental du sujet individuel articule un problème de connaissance de soi (dans lequel la monnaie vient jouer comme opérateur de savoir) sur des pratiques de soi (dans lesquelles la monnaie vient jouer comme opérateur de pouvoir).

D'autre part, un dispositif est un agencement intentionnel de choses visant une finalité anticipée. Bien qu'il puisse se définir par sa structure, le dispositif se repère et se définit d'abord par sa fonction et ses effets. Effets qui, du fait des usages, peuvent considérablement différer des intentions initiales[1].

La fonction générale d'un dispositif, c'est l'incitation, l'affordance. L'affordance est la caractéristique d'un objet ou d'un environnement qui (par design ou disposition) suggère à son utilisateur son mode d'usage, ou une pratique composée. La hanse d'un pot par exemple suggère la modalité de son usage ; ou la monumentalité colossale d'une statue de dix mètres de haut suggère la subjugation ou la prosternation du sujet à ses pieds[2]. Ce peut être également vu comme les propriétés prédisposées d'un espace, d'une architecture, d'un environnement qui rendent certaines actions nécessaires, fréquentes, ou simplement possibles.

À partir de là on peut comprendre un point important : le marché comme enceinte amphictyonique des activités transactionnelles est un dispositif gouvernemental.

En langage économique moderne on dirait que les marchés émergent d'arrangements institutionnels (on négocie les conditions de la négociation) ; et à partir de là, la problématique importante concernant la transaction marchande est celle des coûts de transactions qui impliquent un arbitrage entre : faire soi-même en interne en ayant recours au commandement, ou faire faire en externe en ayant recours à la transaction (à coût du travail égal, le sujet rationnel choisit de faire faire en externe une tâche lorsque les coûts de transaction sont inférieurs au coût du commandement en interne). Cela décide du déplacement des frontières de l'intégration verticale de la production dans une structure hiérarchique, et donc par là même cela décide du développement des relations de marché comme délégation de commande. Et incidemment cela détermine aussi le développement de la division du travail et des capacités d'allongement et de complexification des chaînes d'approvisionnement.

Du coup – comme exemple de problème performatif pour le sujet souverain : comment baisser tous les coûts de transactions d'un territoire afin que les échanges se multiplient, et que la division du travail et le produit s'accroissent ?

Belle formulation orthodoxe d'un problème de rationalisation, bien posée du point de vue économique moderne… Mais à travers l'histoire, le souverain

---

[1] La prison par exemple, avait à l'origine une intention correctionnelle. L'intention était bonne au départ…

[2] Ce qui, somme toute, est le thème fondamental d'une statue équestre sur piédestal.

n'a clairement pas nécessairement eu ce type de problèmes en tête. Comme si les espaces sociaux étaient a priori homogènes, alors qu'en fait ça dépend des rapports des forces qui les constituent…

La subjectivité transactionnelle

Le problème, c'est que les individualisations sont produites par les agencements de liens noués. Ainsi, les rapports de pouvoir précèdent et produisent les sujets individuels et non l'inverse. Parce que les agencements capturent et composent par là même des devenirs.

Cela se révèle par une relation métonymique entre sujet et pouvoir (l'expression d'une cause par son effet, d'un contenu par son contenant[1]), une métonymie récurrente et indéfiniment prégnante à la surface du langage[2].

À ce propos, dans ses études sur les rapports entre relations de pouvoir et rationalité des sujets, l'œuvre de Michel Foucault s'est particulièrement attachée à montrer cette intuition essentielle : « Il ne faut donc pas, je crois, concevoir l'individu comme une sorte de noyau élémentaire, atome primitif, matière multiple et muette sur laquelle viendrait s'appliquer, contre laquelle viendrait frapper le pouvoir, qui soumettrait les individus ou les briserait. En fait, ce qui fait qu'un corps, des gestes, des discours, des désirs sont identifiés et constitués comme individus, c'est précisément cela l'un des effets premiers du pouvoir ; c'est-à-dire que l'individu n'est pas le vis-à-vis du pouvoir, il en est, je crois, l'un des effets premiers. L'individu est un effet du pouvoir et il est en même temps, dans la mesure même où il est un effet, un relais : le pouvoir transite par l'individu qu'il a constitué[3]. »

Ce qui nous intéresse ici c'est l'opération de subjectivation qui accompagne cet arraisonnement du sujet individuel par le sujet même de la transaction, qui, lui, apparaît de prime abord comme une foule. Nous sommes dans le monde qui est en nous ; et finalement cette présence du monde à soi subsume la dyade transactionnelle en lui, comme Monade, comme intérêt partagé[4] co-vécu mais individuel. En se mettant d'accord, on réalise à deux une intégration partielle de réalité commune.

Ce tiers sujet de la transaction est un rapport que les deux sujets se découvrent en commun lors de l'interaction transactionnelle. C'est d'abord une transaction de reconnaissances. Et c'est incidemment la conscience de la relativité des rapports : c'est la raison elle-même que les sujets de l'interaction

---

[1] Comme on dit boire « un verre » par exemple.

[2] Car il y a dans le langage une prévalence du discours indirect : « Il » précède « Je » *Cf.* Gilles DELEUZE, Félix GUATTARI, *Mille plateaux. Capitalisme et Schizophrénie II*, éditions de Minuit, Paris, 1980, p. 97.

[3] *Cf.* Michel FOUCAULT, « Cours du 14 janvier 1976 », *Dits et écrits, II, 1976-1988*, Gallimard, Paris, 2001, p. 180.

[4] Étymologiquement, l'intérêt en latin peut se dire : *inter-esse*, « être entre ».

se découvrent *entre eux* par la réalisation d'une transaction. Ce qui est tout aussi bien le constat de leur finitude en tant que sujets individuels de volontés.

On commence à comprendre que cette fameuse « raison individuelle » n'est pas tout à fait une idéalité mathématique tombée du ciel…

En effet, il y a bien une subjectivité transcendantale qui naît de l'interaction transactionnelle : une raison à la fois en soi, et en même temps une raison objective partagée avec autrui. On a des moyens et des fins en soi, et on se retrouve l'un moyen pour les fins de l'autre.

Dans la transaction marchande, le schéma économique fondamental montre que les deux acteurs économiques fondamentaux en interaction – le producteur et le consommateur – ont des intérêts antagonistes par rapport aux termes de l'échange (l'un veut le prix le plus élevé possible, l'autre veut le prix le plus faible possible). Chacun dispose de moyens limités (technologie limitée pour le producteur et (donc) ressources limitées pour le consommateur). Et c'est à partir de ces finalités antagonistes à moyens limités que se vise la maximisation de l'objectif de chacun : maximisation du revenu pour le producteur et maximisation finale de la satisfaction pour le consommateur. Or maximiser une fin sous la contrainte de moyens limités c'est optimiser. Et optimiser, c'est rationaliser, c'est-à-dire mettre en rapport des fins visées à des moyens mobilisés. Ainsi, la transaction économique fondamentale se caractérise par des décisions et des actions plus ou moins rationnelles.

À partir de là, on peut comprendre comment, avec ou sans conscience explicite, les nécessités économiques peuvent déployer leur matrice disciplinaire. Des sujets sont constitués comme objets pour être assujettis à des fins qui leur sont extérieures. Et à partir de là éventuellement, un savoir « économique » dictant des manières de faire efficaces peut se déployer, dans l'espace de la problématique des différences de valeur des actions possibles : il s'étend des actions vaines absorbant les moyens « pour rien », jusqu'aux actions rationnelles et efficaces qui produisent beaucoup de satisfaction pour peu de moyens mobilisés.

Reste que de toute manière, les comportements transactionnels sont des comportements réalisant la volonté du souverain, à la gloire du souverain, codés par le souverain, sous les ordres du souverain, sous la protection du souverain, autorisés par le souverain, ou complaisamment ignorés par le souverain, et, à la limite, réprimés par le souverain. Mais toujours, les transactions se font en rapport à une instance de souveraineté…

Le problème de la confiance

Pour passer un marché, il faut entremêler beaucoup de choses : personnes, actions, engagements, durées, échéances…

Donc au commencement de la transaction : il y a un problème de confiance ; la confiance étant un état de sensation de fiabilité et de prévisibilité du comportement d'autrui qui s'obtient par investissement réciproque : fréquentation, mariage, prise d'otage, concession, tribut, etc.

Cela pose deux problèmes principaux dans la transaction : le problème de la marque d'identification d'une part, et le problème de la mesure sociale du temps d'autre part.

Car une transaction marchande suppose une confiance réciproque : confiance dans la qualité du produit d'une part, et confiance dans la ponctualité du paiement d'autre part.

Et les deux impliquent des institutionnalisations, dans la mesure où leur fonctionnement concret dans les comportements du commerce demande un *enforcement* de la confiance, c'est-à-dire un contrôle punitif de la tromperie et du vol d'une part, et de l'usurpation ou de l'imposture d'autre part.

Et donc, du point de vue institutionnel, le point de départ conceptuel de la transaction, c'est le contrat. Pour l'économie standard d'aujourd'hui à base d'individualisme méthodologique et d'économie de marché, le contrat est l'alpha et l'oméga de la coordination des activités. L'entreprise productive est ainsi vue comme un « nœud de contrats ». De ce point de vue, un contrat – que l'on peut définir comme une convention d'obligations librement consenties entre acteurs – implique des actions, des coordinations et des contreparties, des paiements programmés et des distributions de quantités de valeur sur des sites, en fonction d'occurrence d'évènements plus ou moins aléatoires.

Or donc, la possibilité du contrat ne tombe pas du ciel. Déjà parce que comme nous venons de le voir les sujets de droits doivent au préalable être constitués et reconnus comme personnalités juridiques. Un certain nombre d'Alliances, Pactes, Conventions, Normes, Dispositifs, doivent d'abord s'établir, se conclure et se stabiliser pour que soient possibles des contrats. Le contrat c'est un sédimenté d'institutions, d'ensembles réglés d'obligations déjà enchevêtrées, qui réclament tout un ensemble de conditions historiques elles-mêmes institutionnalisées pour apparaître et fonctionner.

Reste que dans l'univers libéral du contrat, le sujet économique souverain est théoriquement sans foi ni loi, il fait tout ce qu'il peut pour maximiser sa satisfaction personnelle dans la limite de ce qu'il sait. Il est sans juridiction inhérente, mais prédisposé par définition à transactionner. Bref, y'a quelque chose qui ne tient pas la route là-dedans…

Cela dit, même s'il n'est pas toujours actuel dans tous les moments de la vie, le sujet économique motivé par sa satisfaction personnelle est bien réel : il a ses déterminants propres, il oppose ses résistances, et il se manifeste dans ses effets. Et d'un point de vue archéologique, il laisse les traces de sa présence organique sous forme de sites urbains rationalisés, sortes de coquilles vides fossilisées, exhibant les récurrences de diagrammes de rapports de pouvoirs révolus disposant des périphéries autour de centres…

Pour être concret, disons pour l'instant que chacun peut percevoir la présence de cet intérêt individuel rationnel satisfaisant la raison d'État, sa présence en soi se manifeste par le principe de responsabilité : que quelqu'un réponde de l'action entreprise.

Nous y voilà : sur qui faire porter la responsabilité ? En fait quand on y pense, la plupart des problèmes d'éthique économique se résument dans cette seule question.

Nous verrons que, bien que les théories classiques du droit naturel se soient employées à le démontrer, l'attribution individuelle de la responsabilité n'a rien d'un phénomène naturel, c'est un phénomène par définition juridique de bout en bout. Inutile ici de le nier[1]. Or justement, « libérer » les sujets par l'extension de leurs capacités transactionnelles, leur concéder une autonomie individuelle dans la transaction, c'est par là même d'abord leur attribuer la responsabilité de leurs actes.

Constituer des sujets responsables, c'est l'objectif visé dans un régime libéral. Ainsi, dans la mesure où elle est générée et contrôlée par la raison d'État du sujet souverain, la liberté individuelle est une technologie gouvernementale. L'idée peut sembler pour le moins iconoclaste aux idéalistes, paradoxale et déplaisante de prime abord. Mais elle est d'une importance capitale. Aussi nous y reviendrons plus tard, dans le dernier chapitre.

Revenons sur le problème de la confiance dans la transaction. On lit souvent que la monnaie et le contrat produisent de la confiance. C'est vrai en un certain sens, mais en fin de compte, c'est tout à fait inexact.

Eh quoi ? la monnaie résout-elle le dilemme du prisonnier ?... Non. On dirait même d'ailleurs que plus l'économie est monétaire, plus la logique méchante de dilemme du prisonnier est forte. A-t-on confiance en autrui du fait de l'utilisation de la monnaie ? Non, et c'est même l'inverse : la monnaie c'est ce qui permet de se coordonner avec autrui justement sans même lui faire confiance. Le suspens de l'extinction de la dette est très court, très vite justice est faite, c'est payé, on ne se doit plus rien, on ne se connaît plus. La monnaie, c'est comme le contrat, si on l'utilise c'est précisément parce qu'on ne se fait pas confiance. Si on utilise la monnaie pour régler nos transactions c'est justement pour ne plus avoir à faire confiance aux autres. La monnaie nous permet de ne plus nous faire confiance les uns les autres, de ne plus rien partager à ce niveau-là de notre subjectivité les uns avec les autres.

L'usage de la monnaie, paradoxalement, ça permet des interactions plus fiables et en même temps ça éteint le travail de confiance entre nous ; ce qui

---

[1] Par exemple si on considère que : « un mort, c'est un meurtre, dix morts, c'est un massacre, mille morts, c'est une guerre. » On voit bien que la cohérence du principe de responsabilité est complexe.

par là même nous permet d'être des individus de plus en plus indépendants les uns des autres.

Autrement dit, la monnaie nous permet d'être de plus en plus des « individus ». La monnaie participe d'un processus d'individualisation, c'est-à-dire d'un processus de subjectivation spécifique des individus.

Et donc réciproquement c'est justement dans la mesure où nous ne sommes plus capables de nous faire confiance les uns les autres que nous avons besoin de l'intermédiation de la dette du souverain entre nous[1].

Plus nous utilisons la monnaie, plus nous avons besoin de l'intermédiation du souverain pour nous rassurer, pour nous assurer qu'on nous fera justice. Et alors, on agit comme des enfants dans le parc qui, anticipant l'intervention de leur père si on leur faisait du mal, se projettent dans ce grand corps et agissent tout à coup gaillardement, voire agissent avec arrogance, car ils se sentent forts de la présence de leur patriarche. Le sujet décide « comme si » il était souverain (l'objectivité du sujet individuel est un construit : le *cogito* (le sujet raisonnant) apparaît sur la forclusion du sujet de passions). Exactement comme le conducteur automobile ne se rend pas tout à fait compte de la puissance qui le transporte lorsqu'il est en train de conduire un véhicule de 3 tonnes à une vitesse dépassant allègrement les capacités humaines de vélocité autonome (appliquée autrement, la quantité d'énergie déployée pulvériserait son squelette, ça devrait l'effrayer mais il n'en est rien).

En ouvrant la possibilité de la transaction autonome, pour compte propre, la monnaie fait paradoxalement de nous des enfants irresponsables, des assujettis, des personnalités « juridiques ». Du coup toute la confiance est polarisée par et vers le sujet souverain. Personne ne fait confiance à personne, mais tout le monde a confiance dans la puissance du souverain comme en soi-même.

Tout cela se déploie d'un même mouvement : le processus de subjectivation est corrélatif au processus d'assujettissement.

Cela dit, dans ce processus de subjectivation monétaire par l'intermédiation du sujet souverain, quelque chose a été perdu, car le mot « confiance » recouvre alors deux réalités différentes[2].

D'une part, lorsqu'on fait confiance à un autre c'est par empathie, c'est parce que « on se connaît ». On peut prévoir avec fiabilité le comportement de l'autre parce qu'on se fréquente. À la limite même, on est amis, on se dit tout, on se fait vraiment confiance.

[1] En dehors des liens de la famille où la circulation monétaire n'implique pas pour autant des relations de marché.

[2] La théorie monétaire institutionnaliste distingue trois dimensions de la confiance : la confiance méthodique fondée par la répétition quotidienne des transactions, la confiance hiérarchique fondée sur la souveraineté de l'autorité, et la confiance éthique fondée sur des valeurs symboliques partagées. Ce sont tout aussi bien trois modes de rapport de subjugation de l'individu au souverain.

Et d'autre part, lorsqu'on fait confiance au sujet souverain, ce n'est pas exactement par empathie, mais bien plutôt parce qu'il est puissant. C'est en ce sens qu'on anticipe la fiabilité dans les situations. Parce qu'on peut croire qu'il a « tous les moyens du monde » à sa disposition pour tenir sa parole. Toutes les forces convergent entre ses mains ; puisque par définition le souverain est l'autonome, de principe, et de fait. Et dans la mesure où il suit la logique de la raison d'État, il honore autant qu'il peut ses engagements afin d'entretenir sa crédibilité et donc sa puissance et sa souveraineté. On ne le connaît pas, mais on peut compter sur lui, ou plutôt, on peut compter sur la raison d'État, sur les nécessités de l'exercice du pouvoir politique.

C'est la raison d'État qui fait de la crédibilité le souci premier du souverain. Et l'existence de ce souci manifeste la présence de la raison d'État, qu'elle soit virtuelle ou actuelle dans le réel, et qu'elle soit l'objet d'un discours, explicite, théorique, ou non.

Dans la transaction, ce souci de crédibilité fait miroir, il fonctionne comme une connaissance commune – en réalité nécessaire à la circulation monétaire. C'est ce sur quoi on peut compter de la part de l'autre co-contractant. Il aura le souci de se montrer crédible autant qu'il le peut. Cette espèce de cristallisation *est* l'intermédiation transactionnelle par le sujet souverain. Reste que cette connaissance commune, le souverain doit la produire dans le collectif qu'il subsume pour se constituer lui-même comme sujet.

Il est donc de toute première importance que le sujet souverain entretienne la croyance de ses assujettis en sa toute-puissance. Leur enthousiasme transactionnel en dépend (du grec *enthousiasmos* : délire sacré du possédé par le dieu « en soi »). La raison d'État réclame donc que le souverain alloue une part non négligeable de ses ressources à l'entretien de cette croyance : d'abord par l'entretien réel de sa force armée ; et puis, il doit financer constamment les productions de représentations culturelles à sa gloire : bâtiments, monuments, artefacts, récits, spectacles, etc.

À partir de là on peut croire que le sujet souverain a une volonté de faire justice, qu'il interviendra si nécessaire et qu'il a le souci d'honorer sa parole. À partir de là, on est assez assuré pour transactionner, on se fait « soi-disant » confiance. On peut faire société.

La transaction fondamentale

Croire dans la puissance du souverain, c'est croire dans la fiabilité de sa parole – dans le pouvoir d'achat de sa monnaie – ce qui facilite les coordinations d'activités et accroît effectivement la puissance du souverain. Et tout cela va participer à produire des situations, des comportements, des gestes et des regards…

Cela dit, l'institutionnalisation de domaines transactionnels par le sujet souverain de la raison d'État ne se joue pas simplement au niveau de l'intermédiation marchande elle-même. Cela ne se joue pas non plus simplement au niveau de l'intermédiation culturelle où se chante la gloire de son être autonome, ce n'est pas une superficielle propagande. Et puis, ce n'est pas seulement non plus qu'une question de régulation des valeurs qui motivent les activités. Concrètement, c'est à la fois plus profond et plus en surface.

Parce que la constitution du sujet souverain est elle-même faite des intermédiations transactionnelles qu'il secrète pour faire fonctionner son autonomie. Par exemple, l'infrastructure étatique fondamentale, la place centrale où se décident les transactions aux yeux de tous les concernés, c'est la cour. De là se déploie la centralité de la cour royale, de la cour de justice…

Ainsi, l'une des activités principales du souverain, c'est le courtage, puisque le courtier est un intermédiaire dans la transaction entre un acheteur et un vendeur, de sorte que la raison d'État apparaît souvent comme régulation de cette activité de courtage.

Sur cette base, le processus d'étatisation, ça se joue au niveau de la constitution d'une maison et d'une caste fonctionnaire citoyenne qui rend possible l'exercice d'un pouvoir souverain centralisé, un pouvoir juridique qui s'implique effectivement dans les sujets. Ainsi se produit un processus d'étatisation, un processus de stabilisation de l'environnement institutionnel, pile au niveau de la constitution juridique des statuts des sujets du souverain (les citoyens).

Là, entre eux, la transaction implique systématiquement un commerce de regards avec un tiers témoin. Appelons le simplement « l'œil du pouvoir » pour s'éviter de longs détours dialectiques, et venons-en à la question du fonctionnement de l'autorité de ce médiateur.

D'abord, l'autorité relève de trois choses : l'expertise, l'influence, et la responsabilité[1].

Une fois installée, le risque pour l'autorité, c'est : déchoir. Ce que craint le chef, c'est d'être déchu. C'est une affaire de prestige, au sens littéral du terme, au sens magique du terme. D'où le souci de réputation, d'image, de crédit, de crédibilité, de fiabilité, du sujet souverain.

Et c'est alors autour du phénomène d'autorité qu'apparaît l'étrange énigme du principe de réalité : quelque chose résiste, malgré les éventuelles bonnes volontés des uns et des autres, tout ne se passe pas la plupart du temps idéalement. Un abîme de bruit absorbe des quantités colossales de moyens à des fins obscures.

Pour y voir clair là-dedans, reprenons le processus de la transaction monétaire. La monnaie peut être symbole de fiabilité d'interaction, et la monnaie peut être symbole de cohérence d'interaction. Mais l'une et l'autre comportent des zones mutuellement exclusives. C'est que l'interaction monétaire ne sera fiable que parce que libératoire, et donc déconnective. Et

[1] D'ailleurs : n'y a-t-il d'autorité autre que de médiation ?

l'interaction monétaire ne sera cohérente, non par enchaînement mais par ré-enchaînement, faisant littéralement pont, par-dessus cette coupure intrinsèque entre sujets individuels distincts, coupure première, irrationnelle et inabolissable par le lien monétaire, puisqu'en tant que symbole, la monnaie la suppose.

Conséquence : l'intérêt incite la fiabilité du comportement, mais peut nuire à sa cohérence lorsqu'il s'agit de réaliser quelque chose d'authentique. En effet, il y a un paradoxe à produire quelque chose d'authentique quand on y est intéressé : gagner de l'argent à faire la fête par exemple, ou gagner de l'argent à créer des liens ; parce que des amis ça ne s'achète pas.

Donc la cohérence monétaire ne peut s'établir que sur le principe d'une absence de fiabilité potentielle (ou peut-être faudrait-il dire une fiabilité irrationnelle ?) entre deux pôles d'action dans une interaction (« pour que « ça colle » vraiment entre nous, il aura déjà fallu que nous nous soyons trouvés par nous-mêmes, comme deux animaux sauvages »).

Bref, l'interaction monétaire n'est pas forcément cohérente, mais reste que dans l'interaction monétaire, c'est précisément parce qu'on ne se fait pas confiance qu'on se paie, et c'est parce qu'on se paye qu'on peut se lier. Du coup, la stabilité de l'interaction dépend de la fiabilité du moyen de paiement.

La fiabilité du moyen de paiement est un commun. Mais, jusqu'à quel point faut-il sacrifier à la fiabilité du moyen de paiement ? (Nous y revoilà…).

Une énorme quantité de ressources est sacrifiée sur l'autel d'un manque : manque d'autorité, manque de justice, manque d'unité, manque de confiance, manque d'authenticité, manque d'empathie…

Et c'est à partir de là qu'apparaît plus clairement l'idée que, de la transaction monétaire émerge un nouveau sujet, c'est-à-dire un nouveau point de vue, car, lorsqu'on pose la question de la valeur des actions, il apparaît nécessaire de se poser la question de savoir de quel point de vue. Et on comprend intuitivement que ce n'est ni le point de vue du producteur, ni le point de vue du consommateur qui est invoqué. Les principes d'actions souhaitables à défaut d'être souhaités relèvent du point de vue du principe, c'est un tiers point de vue : un point de vue plus « raisonnable », plus « responsable ».

Ce tiers sujet médium qui juge en dernière instance de la valeur des actions à travers l'autorisation – ou pas – des transactions qui leur sont liées, c'est le sujet souverain de la raison d'État. Au fil de l'histoire humaine, ce sujet historique émergeant à la cime des foules de transactions peut se manifester sous diverses formes, plus ou moins organiques et institutionnalisées : la matriarche, le patriarche, le chef de guerre, le prince, le roi-dieu, l'oligarchie, l'assemblée des citoyens, le Peuple, etc. Autrement dit, sujet émergeant des transactions inter-individuelles, le sujet souverain de la raison d'État préexiste à l'État. Il est simplement celui vers la puissance duquel convergent toutes les transactions. Le souverain est un point de focalisation, un centre de gravité.

Ce sujet est l'auteur fondamental de l'histoire ; l'intention manifestée est celle de la raison d'État. Et le déroulement de la logique de la dette et de ses résolutions, c'est l'opérateur de son actualisation historique. Car une dette c'est une promesse non encore tenue. Or *faire* justice est la fonction sociale principale du sujet souverain de la raison d'État...

Là encore, la production d'une intermédiation va consister à produire une audience, qui sera ensuite livrée au sujet souverain lui-même pour réaliser sa fonction gouvernementale. Et c'est la raison d'État qui *contient* cette transaction fondamentale du sujet souverain avec lui-même.

Dans sa propre maison et dans son royaume, il y a une audience primitive qui est liée au sujet souverain par un pacte fondateur de valeurs.

Ce pacte, il se repère par la présence de l'œil du pouvoir incorporé en chacun, c'est le sens moral de la communauté citoyenne, la norme civile, le surmoi normal, comme on voudra : « Ai-je le droit ? Qu'en penserait-on ? Est-ce responsable d'agir ainsi ? » Ces questions surviennent à longueur de journée dans la tête du sujet individuel en société.

De par sa prérogative gouvernementale, le sujet souverain peut, dans une certaine mesure, porter la main sur ce regard collectif, par l'énoncé de la loi dans son royaume, mais pas seulement. L'investissement de son autorité par la religion joue aussi un rôle important.

L'intermédiation religieuse relie les hommes aux dieux, aux cieux, à l'ordre des choses et au sens de l'histoire. Le médium religieux a pour objet de produire une subjectivation, c'est-à-dire un rapport du sujet avec lui-même. Le médium religieux est l'intermédiaire immédiat dans le rapport du sujet à lui-même comme aux autres. Ces rapports impliquent des productions, des consommations, des investissements, des sacrifices, des dettes, des jeux, des transferts... et surtout des transactions qui se justifient du fait d'être des répliques d'une transaction fondamentale.

Là-dedans par exemple, l'adoration de l'or s'explique dans les civilisations par le fait qu'il sert de substance intermédiaire avec les divinités. L'or : *parure* des rois et des dieux. C'est une matière à la fois malléable et inaltérable qui fait signe. L'or en pépites dans le sol reflète les étoiles dans les cieux. Les divinités telluriques font face aux divinités célestes. Et ce face-à-face en miroir esquisse une verticalité tragique du sens des valeurs et des destinées, avec au milieu, le plan du monde, comme médium des arbitrages des biens et des maux.

Bref, la transaction fondamentale est celle qui se joue entre le bien et le mal.

Dans la transaction interindividuelle chacun maximise sa finalité sous la contrainte de l'autre, une maximisation du dedans sous la contrainte du dehors. Ainsi en incitant et en contrôlant les prétentions des uns et des autres le sujet souverain réalise de son point de vue une « optimisation du bien ». Autrement dit, même en l'approchant par le religieux, l'intermédiation transactionnelle fondamentale, c'est la raison d'État elle-même qui la réalise. La raison d'État *est* le médium transactionnel. L'affaire est prise au sérieux, les forces se jettent de tout leur poids dans la balance. Car négocier les biens, c'est aussi négocier les maux.

C'est que, toutes les paires sémantiques ont leurs faces *marquées* et leurs revers obscurs, définis par opposition passive (bien/mal/, haut/bas, droite/gauche, sacré/profane, visible/invisible etc.[1]). Et c'est la raison d'État qui décide à chaque fois localement du sens de cette polarisation asymétrique des concepts en fonction de ce qui lui est protagoniste, sur un territoire et à un moment historique donné[2].

Les transactions sont toujours au bord de ça, leurs processus dénouent pour un instant le bien/le mal, l'individuel/le collectif, etc., et, pourtant elles se doivent de laisser ces polarisations en l'état à la conclusion. La transaction n'a pas vocation à être révolutionnaire, mais plutôt involutionnaire.

Pour conclure, la circulation monétaire – le paiement des dettes – participe à produire la perpétuation du social. La monnaie contribue à la cohésion de la communauté civique : la justice qu'elle déploie n'est pas simplement celle qui s'exprime pour l'acheteur dans un prix acceptable, en fait elle est surtout celle qui, sous ce phénomène de surface, reconduit et fortifie la réciprocité (*analogon*) dans la transaction, en consolidant chaque fois un peu plus la confiance dans l'instrument de mesure à l'œuvre dans les échanges.

La convention d'une unité de compte ne s'impose donc qu'à travers l'usage répété et satisfait d'un intermédiaire des échanges. La fonction d'intermédiaire des échanges est le déterminant premier de la valeur d'une unité monétaire (qui n'a de valeur de réserve que parce qu'elle a une valeur dans l'échange, quand bien même il s'agirait d'écritures dans des livres de comptes).

Là-dessus, au-delà du contrôle plus ou moins étendu sur les transactions, la définition et la maîtrise de la terraformation des domaines de transactions possibles sont déterminantes dans la formation et la stabilisation des communautés de valeurs aux fondements des usages monétaires.

Ainsi, la raison d'État du sujet souverain se manifeste d'abord dans le cadrage de l'ensemble des transactions possibles sur une définition adéquate à ses valeurs (*cf.* détermination des règles et usages des commerces, et intermédiation par l'administration étatique, où le parti, le syndicat, l'association de malfaiteurs, et la famille peuvent aussi venir faire problème…).

---

[1] Cela dit, qu'une notion soit systématiquement renvoyée à son contraire signifie que la pensée d'une époque en a fait le tour et l'a close.

[2] Par exemple : « La nuit est dangereuse »… Alors qu'objectivement le sommeil est paisible et c'est bien plutôt l'activité diurne qui comporte de nombreux risques. Cet énoncé exprime bien plutôt une problématique de sécurité publique par rapport à ce qui échappe à l'œil du pouvoir : la nuit favorise les activités irresponsables.

De sorte que la monnaie est un lien social fondamental mais ternaire, triadique. Parce que la monnaie entre deux sujets individuels, c'est de la reconnaissance de dette du souverain.

Et ce que la monnaie comme forme de dette a de spécifique, c'est que c'est un lien potentiellement substitutif, entre objets, et entre sujets. C'est en cela qu'il est libératoire. Ainsi, parce que « la dyade indéfinie est génératrice de la quantité » (*cf.* Aristote, *Métaphysique*), la monnaie introduit la substituabilité généralisée, et tout ce qui s'ensuit : fongibilité, circulation, accumulation, etc.

La monnaie transpose ainsi, dans l'ordre des relations, une propriété nouvelle : la liquidité. À partir de là, on peut commencer à comprendre que ce n'est pas la monnaie en elle-même qui produit cette confiance transactionnelle qui est si paradoxale comme nous l'avons vu, c'est plutôt, pour être plus précis, sa propriété de liquidité. Mais pour approcher adéquatement à la connaissance anthropologique de cette propriété de liquidité, il va falloir mettre les pieds dans la dimension religieuse.

CHAPITRE 2

2. RELIGION ET FONDATIONS DE SOUVERAINETÉ

« La pensée de l'homme et sa parole (feu radical et central) sont des armes tranchantes et des sucs corrosifs qui lui sont donnés pour briser et dissoudre toutes les substances infectées qui l'environnent. Lorsqu'il n'applique pas ces dons puissants à leur véritable destination, ils le corrodent et le détruisent, parce qu'ils ne peuvent rester sans activité. [...] même les paroles muettes prononcées tacitement dans le secret de notre être, peuvent se transformer en substance active [... car] le silence a aussi ses échos, et l'homme ne peut produire une pensée, une parole ou un acte que cela ne s'exprime sur l'éternel miroir où tout se grave et rien ne s'efface. »

Louis-Claude de Saint-Martin dit « Le Philosophe Inconnu » (1743-1803)

« Avez-vous du courage, ô mes frères ? Êtes-vous résolus ? Non pas du courage devant des témoins, mais du courage de solitaires, du courage d'aigles dont aucun dieu n'est plus spectateur ? »

Friedrich Nietzsche, *Ainsi Parlait Zarathoustra* (1885)

« En un mot comme en quatre,
tout le monde fait de la magie,
jusqu'à votre épicier du coin.
Il ne le sait pas toujours mais
il l'a su et ça lui reviendra. »

Antonin Artaud (1947)

La monnaie repose-t-elle sur un mythe nécessaire ? Autrement dit : son bon fonctionnement repose-t-il sur des savoirs occultés[1] ?

Une promesse est une chose qui mélange du temps et du langage... Une promesse de paiement – une reconnaissance de dette – implique à la fois, une mesure du temps, et une mémoire à travers le temps. Et puis cela implique aussi une volonté de graver cette reconnaissance en archive – éventuellement monumentale – pour signifier l'intensité d'une passion : à qui attribuer le crédit d'une victoire, une gratitude, ou un engagement à faire quelque chose, un compte à rendre, un rituel à observer, ou une responsabilité à assumer ? En tout cas, cette volonté de graver se manifeste en une écriture.

Bref, promesses et échéances impliquent une mesure du temps...

Le temps... le temps.

[1] D'où le problème épistémologique suivant, particulièrement redoutable pour les spécialistes : la théorie strictement scientifique de la monnaie repose-t-elle sur une promesse de vérité fallacieuse ?

On raconte trop souvent l'histoire des arts et sciences comme une progression de l'humanité. Mais ce n'est pas la simple curiosité qui a poussé les hommes à la mesure du temps, c'est bien plutôt les nécessités de l'exercice du pouvoir, c'est la raison d'État.

Car faire une mesure du temps, c'est dire une mesure des mouvements du ciel, une mesure des mouvements des choses en fonction de l'ordre des choses… La raison d'État la réclame ; et puis, un principe de transposition calendaire dans l'ici-bas avec aussi. Il s'agit de produire une cosmogonie qui implique des synchronisations de comportements : répétitions, tempos, saisonnalités, cycles, rythmes, périodes, rituels, intervalles…

Et puis il faut l'institution de garants de cette mesure et de cette transposition : une religion.

Archaïquement c'est une affaire de verticalité fatale du destin, du ciel et de la terre. L'oreille attentive collée au sol et les yeux scrutant les étoiles, le dormeur éveillé cherche à saisir les vibrations de l'immuable, et la lumière du fond obscur.

En fait, l'astronomie est une ancestrale capacité du souverain : choisir le bon moment. Et pour ça, pour être maître des horloges, il faut savoir lire le ciel.

Car gouverner, c'est prévoir. Ça a toujours à voir avec le divin. Car la prévision implique d'accéder à la stase, à la raison des choses. Et justement, le souverain veut accéder à la connaissance des déterminants de la raison d'État. *Il s'y emploie.*

À travers l'histoire des civilisations, depuis le royaume de Akkad, on voit toujours les rois étayer la religion, et la religion sacrer les rois. Le sceptre et l'encensoir…

Cela dit, si le sujet souverain a besoin d'un discours religieux pour accompagner son règne, c'est pour pouvoir faire refléter la réalité de son gouvernement à l'aune d'un souverain idéal, purement souverain.

Car enfin…

Seul ce qui se transforme
par influence miraculeuse
n'est dominé par rien.

Ainsi, le sujet souverain ne rend grâce qu'aux dieux. Cela satisfait la raison d'État. Il ne saurait célébrer ou blâmer nul autre que lui et les dieux. Il ne serait pas souverain sinon.

Seul le sujet souverain peut répondre du sens de l'histoire. Et l'histoire de cette réponse perpétuelle du sujet souverain à lui-même, c'est l'histoire de la raison d'État. C'est l'histoire des nécessités qui ont déterminé le gouvernement du sujet souverain par lui-même.

Cela dit, une religion organisée n'est pas forcément nécessaire. Un ensemble de disciplines institutionnalisées peuvent assurer ces fonctions.

Car en effet, dans l'Antiquité classique au milieu du premier millénaire avant notre ère, le mot religion ne désigne pas tant l'affirmation d'un lien intime de l'homme à la divinité comme intermédiaire des liens entre les individus (*religare*), mais plus simplement l'observation scrupuleuse des rites civils (*legere*).

Dans l'Antiquité classique, les pratiques philosophiques (« amoureuses de la sagesse ») sont très diversifiées…

Et ce n'est qu'au tournant des IVe et Ve siècles après Jésus Christ, avec l'institution de la religion d'État, l'identification de l'hérésie, et l'affirmation du christianisme comme *vera religio*[1] en opposition à l'ensemble disparate des croyances et cultes du Bas-Empire, c'est alors seulement que la conception de la religion entendue comme foi individuelle s'impose.

Dans ce cadre, la croyance résulte d'un choix d'adhésion de la volonté à une profession de foi (conversion). Alors, la confession de la foi de l'adepte (*credo*) est une condition sine qua non de l'appartenance à la communauté[2].

Jusque-là, même dans le judaïsme, la religion n'était entendue qu'au sens d'une observance traditionnelle et collective du rite et du culte sacrificiel aux dieux de la cité[3]…

---

[1] « Seule religion vraie », *cf.* saint Augustin.

[2] Pour comparaison, il n'existe rien de tel dans les chamanismes, les brahmanismes, les polythéismes, le taoïsme, le bouddhisme, ou l'hindouisme.

[3] Ce n'est qu'au XIIe siècle que la tradition kabbaliste du judaïsme monolâtre se constitue comme un dogme unifié doté d'articles de foi, c'est-à-dire un monothéisme à proprement parler. Cela se fait sur la base du *Mishné Torah* de Moïse Maïmonide – par ailleurs fin lecteur d'Aristote. C'est alors seulement par réflexion des dogmes du christianisme et de l'islam que le judaïsme s'institue à son tour comme dogmatisme théologique. Reste que depuis fort longtemps déjà, le judaïsme contient des courants gnostiques athées.

LES CIVILISATIONS BRAHMANIQUES DU BASSIN DE L'INDUS

« En créant toutes les choses, il est entré en tout. En entrant dans toutes les choses, il est devenu ce qui a une forme et ce qui est informe ; il est devenu ce qui peut être défini et ce qui ne peut être défini ; il est devenu ce qui a un appui et ce qui n'a pas d'appui ; il est devenu ce qui est grossier et ce qui est subtil. Il est devenu toute sorte de choses ; c'est pourquoi les sages l'appellent le réel. »
Upanishad Veda

Au milieu du IIIe millénaire avant notre ère, la première Civilisation de l'Oxus prend son essor autour de cités comme Gonur-Depe en Margiane et Sapalli-Depe en Bactriane. On est là au fin fond de l'Afghanistan il y a 4 500 ans. Ce sont à l'époque des territoires fertiles, ouverts sur les steppes d'Asie centrale au nord[1]. Le commerce de l'étain y est foisonnant.

Gonur Depe par exemple, est une cité forteresse carrée qui s'étend sur 28 hectares. Elle est dotée d'une enceinte de murailles en terre crue, flanquées de tours à chaque coin. Au centre : un palais et un temple, autel du feu. On y a retrouvé beaucoup de céramiques, d'artefacts de bronze et de sceaux. Cela dit, dans l'arrière-pays de l'Oxus, les multiples petits villages et hameaux ne comportent pas d'infrastructures militaires.

On ne sait pas grand-chose de cette culture pré-zoroastrienne[2]. Mais il semble que la société se structure autour d'une élite qui représente environ 20 % de la population. L'artisanat est développé, l'agriculture florissante, et la cité oriente le gros de son flux de commerce lointain vers le bassin mésopotamien à l'ouest où la civilisation sumérienne est déjà bien installée.

Et puis, au fil des siècles, l'influence de cette culture de l'Oxus semble s'être considérablement disséminée vers le bassin de l'Indus à l'est.

Plus à l'est encore donc, vers - 2500, la première civilisation de l'Indus prend son essor urbain[3]. La plus importante ville au nord-est du fleuve Indus est Harappa.

Harappa est la porte des montagnes de l'Hindou Kouch, le passage vers le bassin de l'Oxus et, à cette époque, elle est de loin la cité la plus influente culturellement sur toute la région. Le territoire couvert par la culture harappéenne dans les plaines fertiles des affluents de l'Indus dépasse l'étendue des royaumes mésopotamiens et Égyptiens.

---

[1] Où s'étendent, sur de vastes territoires sibériens, ce que les archéologues appellent les cultures nomades d'Andronovo. Ces peuples vivent en yourte, élèvent des chevaux, pratiquent l'inhumation des morts, fabriquent des poteries raffinées. Les hommes y portent des épées de bronze et les femmes des parures de bronze.

[2] Les résultats d'analyse du contenu des jarres du temple laissent les chercheurs perplexes : on y a retrouvé des graines de chanvre et des pollens d'éphédras (précurseurs d'amphétamines). Certains spécialistes pensent qu'il s'agit là des premières formes de soma.

[3] Appelée « civilisation Sarasvatî » dans le *Rig-Veda*.

Curieusement cette civilisation harappéenne a construit des cités en briques comme Harappa et Mohenjo-Daro, a utilisé des sceaux de céramique gravés de signes personnels dans les opérations de commerce, mais n'a laissé pourtant aucune trace monumentale, ni d'un pouvoir politique hiérarchique, ni d'aucun dispositif de ségrégation sociale, ni de système d'écriture déchiffrable. Pas de fermage, pas d'impôts, pas d'esclaves. Aucune trace d'oppression sociale.

Et pourtant ces cités s'étaient érigées par un urbanisme sophistiqué qui comportait des enceintes, des greniers, des fontaines et des puits sur chaque place ; et des systèmes de canalisations alimentaient en eau courante et en tout-à-l'égout des milliers de maisons. L'artisanat était très développé. Les ateliers de taille, de forge, de poterie, et les champs se trouvaient à la périphérie des villes. Éléphants, chevaux, bœufs, moutons, chèvres, chiens, singes, oiseaux, cochons, blé et orge ont été domestiqués.

Harappa comporte une sorte d'acropole en son centre (un plateau rocheux), mais on s'explique mal sa fonction. À Mohenjo-Daro comme dans la plupart des autres cités harappéennes par contre, l'édifice central était un vaste bassin de bain collectif pour les ablutions rituelles – probablement archéo-baptismales (« le grand bain »). Il y a présence de spiritualité mais, sorti de ces sortes de pyramides inversées[1], nulle trace de temple monumental. Nulle démonstration de force technique au service de l'exhibition de la puissance militaire.

Et pourtant, Mohenjo-Daro – où plus 40 000 habitants résidaient – était durant les périodes de crues des fleuves, une véritable Venise de l'Antiquité. C'était l'une des plus grandes cités du monde à son époque. Les systèmes de terrassements et de digues étaient monumentaux.

On y a retrouvé des bijoux en cornaline, en lapis-lazuli, en ivoire, en agate, en jaspe, en onyx, en perles, en coquillages, et aussi des jeux, des pions, des dés…

La civilisation harappéenne trouve ses origines probablement au-delà du VIe millénaire avant notre ère[2]. Et elle s'est étendue – à l'apogée de son urbanisation au IIIe millénaire – sur plus d'un million de kilomètres carrés pendant plus de 700 ans. Avec des cités aux tracés orthogonaux parfaitement orientés vers les points cardinaux, cette civilisation s'est développée sur des cités de briques standardisées (sur un ratio précis : 4/2/1), et sur un système de poids et mesures unifié (il semblerait que l'unité de poids fasse 87 grammes et l'unité de distance 1,7 centimètre). On a retrouvé plusieurs séries d'outils standardisés également, et des tas de séries de sceaux. Mais aucun sceau unique qui les recouvrirait tous.

On estime que la population harappéenne dans le bassin de l'Indus s'élevait à plus de 5 millions d'individus, ce qui est considérable pour l'époque.

---

[1] Que les Indiens, des milliers d'années plus tard appelleront des *baolis*.

[2] On y situe l'origine de l'agriculture aux environ de - 7000 sur le site urbain de Mehrgarh.

D'autant que l'extrême prospérité des habitants est manifeste ; c'était peut-être la civilisation la plus riche de son temps.

À Rakhigarhi – qui était la plus importante cité de cette civilisation – l'artisanat et le commerce étaient développés, la roue et la navigation côtière semblent parfaitement maîtrisées. On y travaille la forge du cuivre par les plus anciennes procédures connues de fonte à la cire perdue. La taille des pierres précieuses y atteint très tôt des sommets de raffinement.

La qualité des produits harappéens était renommée : on a retrouvé des bijoux harappéens loin de la vallée de l'Indus jusque sur les sites de nombreuses cités en Mésopotamie. Cela dit, à peine 5 % de Rakhigari a été fouillée par les archéologues à ce jour.

Cette civilisation s'est éteinte à partir de 1900 avant notre ère, *sans la moindre trace de violence, ni de pandémie.* C'est juste que les traits caractéristiques de cette civilisation ont disparu au milieu du IIe millénaire.

Apogée et disparition mystérieuse de la civilisation harappéenne dans le bassin de l'Indus… C'est une énigme… un mystère passionnant justement parce que, sans souverain qui prenne la forme d'un État sur la cité, pas d'œil du pouvoir, pas de nécessité d'écriture monumentale, pas de comptes à rendre à une hiérarchie qui archive, pas de récit de gloire mythologique d'un chef qu'il faille graver dans la pierre pour que tous s'en souviennent… Probablement, pas de patriarcat[1]… La souveraineté semble y être un pur bien commun.

Peut-être l'unité culturelle procédait-elle d'une sorte de fédération de marchands ? On a retrouvé beaucoup de sceaux sur les sites des cités harappéennes. Du coup, ils occupent une grande place dans l'imaginaire qu'on se fait de cette civilisation.

Manifestement, les sceaux, gravés la plupart du temps dans de la stéatite, se portaient en pendentif ou à la ceinture[2]. Cela dit, le système de sceaux qu'ils utilisaient pour identifier leurs transactions laisse penser qu'ils pouvaient changer de mains entre les membres d'une maison sans rivalité d'héritage et que, par conséquent, la correspondance entre un corps et la signature d'un sujet de droit, d'une famille, d'une maison de commerce, pouvait être bien plus fluctuante que dans les civilisations patriarcales du bassin mésopotamien[3].

Cette civilisation ne se posait probablement pas le problème de l'identité civile du sujet d'une manière aussi intense que dans les États mésopotamiens

---

[1] Les cités se gouvernaient vraisemblablement par des conseils municipaux. On ne sait comment la prise de parole s'y organisait. La socialité aux bains occupait sans doute une place importante.

[2] Le motif le plus souvent représenté est celui d'une sorte de licorne. Mais l'écriture harappéenne reste indéchiffrable.

[3] Cela dit, on a retrouvé les plus anciens sceaux d'argile sur des sites paléolithiques en Israël datés de - 29 000.

et ensuite méditerranéens. Les transactions suivent donc plus une logique du sceau qu'une logique de la signature.

Nul dispositif architectural panoptique d'inter-identification pour authentifier les transactions, comme ceux qu'inventent et diffusent les marchands assyriens (comme nous le verrons plus en détail par la suite) : une place publique circulaire où chacun, à sa place, est témoin des transactions de tous les autres (la civilisation hellénique y ajoutera la sophistication de l'amphithéâtre où, dans ce commerce des regards, tous sont finalement subjugués par celui qui occupe la place du point focal sur la scène, et qui peut d'un regard embrasser tous les rangs de l'assemblée)). Pour l'instant, il n'y a encore rien de tout ça. Dans la civilisation harappéenne, il y a juste, au beau milieu des places des centres urbains, ces espèces de piscines, ces grands bassins…

Les peuples heureux n'ont pas d'Histoire dit l'adage…

Là-dessus, ce n'est que plusieurs siècles après la disparition de la civilisation harappéenne que, venus des plateaux iraniens au nord des royaumes élamites au tournant du IIe millénaire avant notre ère, les Aryens (*ãrya*) s'installent dans le bassin de l'Indus, avec leur langue, le sanskrit, et leur religion : le védisme.

Dans le bassin de l'Indus, du XVe au Ve siècle avant notre ère, la civilisation védique s'identifie par un corpus homogène d'écrits de l'époque : les *Veda* (visions révélées), composés de strophes sanskrites à chanter par les *rishi* (sages porte-paroles originels, à l'écoute du rythme du cosmos)[1].

Le plus connu et le plus ancien de tous les *Veda* – le *Rig Veda* – est un recueil d'hymnes de louanges. On y trouve le récit d'une rivalité des dieux et des démons. Au départ dans le texte, on y lit que les dieux sacrifièrent le sacrifice lui-même par le sacrifice. L'hymne à Purusha y récite ainsi le sacrifice premier, le sacrifice fondateur : Purusha (le « géant primordial », « l'être ») est la première victime sacrificielle. Les morceaux de sa dépouille forment les *varnas* : les castes.

On trouve par ailleurs dans les *Brahmanas* (commentaires brahmaniques des *Veda*) l'histoire de Prajâpati, le dieu sacrifice, « seigneur des créatures ». Ce dieu pliait sous une nécessité embarrassante : il ne pouvait se rendre sexuellement actif sans se rendre coupable d'inceste puisqu'il était le père de toutes les créatures. Or, il en vint à faire l'amour avec l'Aurore, sa fille. Dès lors, tous les dieux se convièrent à son sacrifice. Et puis, par diverses péripéties surgit Rudra, le rugissant chasseur sauvage et maître du bétail, qui le mit à mort. Rudra est alors nommé *bhagahârin* (celui qui fait violence à la

---

[1] Deux ensembles de personnages conceptuels y sont objets de cultes : les *daeva* (Shiva, Vishnou…) et les *ahura* (Mithra, Varuna…). Le culte des *ahura* connaîtra un schisme à la rencontre du zoroastrisme aux alentours du Ier millénaire avant notre ère, entre le mithraïsme (culte à mystères) et le mazdéisme (monothéisme).

part de chacun) ; et on l'appelle désormais Shiva-Shankar. Mais enfin, tout de suite après, les enfants du dieu créateur Prajâpati lui pardonnèrent et décidèrent de le ressusciter.

La religion védique est un théisme aniconique : pas d'idole à vénérer ni d'image représentant le divin[1]. Les *mantras* y sont les paroles qui éveillent.

Cette croyance se fonde sur l'hypothèse anthropologique fondamentale selon laquelle l'homme est, de tous les animaux, le seul qui peut sacrifier. Autrement dit, l'homme, c'est l'animal qui sacrifie. Ainsi, la liturgie védique est centrée autour du rite sacrificiel.

C'est dans ce cadre que se déroulent les activités économiques dans la civilisation védique[2]. Les transactions y sont avant tout des actes rituels – en gardant à l'esprit qu'un rite est une geste, une composition cohérente d'actes symboliques. Ainsi, dans cette culture les richesses ont un symbolisme spécifique propre à chaque sphère d'activité, ce qui les fait rentrer dans un système codé de fongibilités partielles. Par exemple, nul, pas même le roi, ne possède la terre. Et les valeurs relatives des biens sont déterminées par le calibrage religieux des offrandes. Dans cette civilisation, la vache vivante est divisible, et fait office de proto-monnaie (ou de monnaie centrale de réserve comme on voudra). On a recours à elle notamment pour payer la réalisation des rites sacrificiels.

Au commencement du rite qui doit le conduire vers le divin, le sacrifiant (*yajamãna*) dit : « Maintenant je quitte la fausseté pour aller à la vérité ». Il fait un travail intense de mélodies et de rythmes, il devient un corps parole.

Le sacrifiant est le bénéficiaire du « fruit du sacrifice », il est initialement consacré par une pratique ascétique (*dîkshã*). Mais pour qu'il obtienne des dieux l'objet de son désir[3] sans pour autant se sacrifier lui-même, il doit être assisté d'officiants (*ritvij*) pour réaliser son offrande (*soma*[4]) en substitution.

Et pour le retour dans l'actuel à la fin du rituel, le sacrifiant ne dit pas qu'il quitte la vérité pour aller vers la fausseté, la formule est plus délicate et modeste : « Maintenant, je suis seulement ce que je suis. »

---

[1] Contrairement aux variations dérivées dans le bouddhisme et dans l'hindouisme – l'une avec sa religiosité de statues, et l'autre avec ses images peintes – qui prennent toutes deux leurs racines dans le brahmanisme védique à partir du Ve siècle avant notre ère, en y ajoutant une théorie du *karma* (« acte »), du *samsâra* (« réincarnation »), et du *nirvana* (« extinction »).

[2] Voir par exemple les travaux de Charles Malamoud.

[3] N.B. : le plus souvent c'est la prospérité. Or, comme ont pu le souligner certains anthropologues, le désir de prospérité est fatalement meurtrier. Et donc, là où le sacrifiant ne devrait trouver que la mort au bout de son sacrifice pour la satisfaction de son désir, l'officiant lui substituera la victime sacrificielle.

[4] On pense que c'était à l'origine une plante qui poussait sur les pentes de l'Himalaya, dont la sève écrasée fournit le breuvage sacrificiel procurant l'ivresse appropriée à la mystérieuse opération de déplacement d'objet que réalise l'activité sacrificielle. Il s'agit d'éveiller à un moment d'extra-lucidité (de « dominer les hymnes ») à un point où il apparaît que la violence contre le dieu soma est bien plus réelle et grave que la violence interdite contre le rival.

Finalement, le sacrifice est un acte libératoire. Cela dit, le rapport de causalité entre le travail sacrificiel et le fruit espéré reste un mystère de la foi.

Au cœur de cette liturgie, le brahmane est un officiant de sacrifice védique (du mot *brahman*, qui signifie selon les contextes et les intonations : « être de l'être », « mystère de la parole », « ce qui grandit »). Un brahmane peut être : ministre du culte, ministre d'un roi, artiste, savant, poète, yogi, ou simple ascète itinérant.

Bien que son prestige soit grand, le brahmane vit sans luxe, il est tenu de ne rien thésauriser pour son bénéfice à venir. Mais ce n'est pas pour autant que le brahmane vit de dons. Car le don oblige. Et ses obligations à lui sont d'un autre ordre[1].

Il est celui en qui on a confiance (*dakshinã*) pour être ramené à bon port comme en soi-même, à l'issue de l'acte rituel de sacrifice ; et on a confiance précisément parce qu'on s'est préalablement libéré de la dette que fera naître son service en lui payant des honoraires. Le paiement du prix de la *dakshinã* est un élément essentiel de la manifestation de la foi védique (*çraddhâ*, qui, apparenté à *kred* « croyance, nœud coulant », et au latin *credo* : « croyance », donnera le mot « crédit »). C'est ainsi que le sacrifiant se rachète à proprement parler. Car la parole fait de l'homme un être débiteur : c'est à elle qu'il lui doit son être, et non aux activités profanes qui n'ont pu avoir lieu justement que parce qu'il croit aux pouvoirs de la parole (en sanskri : *vak*, d'où sort « *vox* », la voix).

On a donc ici un service sacré qui commande toute une cascade de paiements et de travaux de fourniture (d'autant que l'offrande doit expressément être achetée). Car à la fin, le paiement monétaire du sacrifiant à l'officiant « termine le sacrifice. »

Et finalement sur ce modèle, plus largement dans la civilité, le paiement d'un service profane (*vetana*) est considéré comme une sorte de *dakshinã*. Parce que, dans la civilisation védique, ces prestations rituelles se donnent à voir comme le proto-type archaïque des relations marchandes monétaires.

Certes, derrière la livraison à autrui du produit de sa peine, il y a toujours l'espoir d'un retour, d'un revenu qui donne sens à l'existence. Or ça, le don qui appelle à la continuation de la relation, c'est très exactement le non monétaire, puisqu'une caractéristique essentielle de la monnaie est justement de neutraliser froidement cet espoir d'un retour à ce qu'on a donné. Le don tisse le lien, la monnaie le coupe. La monnaie est moyen d'extinction de la dette. La monnaie c'est la non-gratitude, la non-grâce par définition. Ça dit « non merci, rien de plus ». C'est le point de départ de l'autonomie individuelle au sein des grands ensembles étatiques urbains. C'est la lame avec laquelle les hommes qui vivent les uns sur les autres en ville se découpent cependant froidement entre eux des domaines de propriétés distincts, des individualités. Et alors par définition, « l'individu » c'est le sujet qui sait ne

[1] Il se doit d'être le « bouc émissaire des dieux. »

plus pouvoir compter que sur elle : la monnaie. L'individu c'est la forme de subjectivation liée à l'intermédiation monétaire des transactions.

Reste que si le sacrifice a besoin d'un officier, c'est que l'opération par soi-même peut être dangereuse. Le sacrifiant autonome qui se sort de son individualité pourrait être souillé de sa maladresse. Alors l'officiant prend sur lui de verser le sang, et le meurtrier devient par là même victime du sacrifiant. D'autant que le paiement du sacrifiant à l'officiant lui assure de rester dégagé de toute obligation ultérieure, et ainsi de pouvoir se couper du coupable[1].

Ensuite, l'officiant – qui est devenu une sorte de « bourreau sacré » victime du désir du sacrifiant –, en véritable technicien de la purification d'autrui, ne jouira pas pour autant de ce paiement, mais seulement des fruits de son ascèse brahmanique. Le brahmane se servira de ce revenu pour effacer à son tour la souillure en en faisant offrande sacrificielle à l'âme du monde (*atma*).

De là s'esquisse un système de maintien de l'ordre social dans lequel la monnaie émise par le souverain sert essentiellement à remercier ses bourreaux émissaires, pour se dégager de la souillure, qu'il fait porter sur autrui. Du coup, la monnaie, à force de circuler dans les règlements de comptes en cascade dans le royaume, finit comme offrande au temple et retourne entre les mains du roi magico-religieux.

Dans un tel système, l'unité monétaire est déterminée par la liste des offrandes qualifiées pour absolution par le temple : ce peut-être une fraction de vache vivante, une poignée de soma, une pièce de métal précieux, etc.

Autrement dit, pour la raison d'État dans ce système, la fonction sociale première du paiement monétaire, c'est de servir le paiement des gages de mercenaires dont le souverain souhaite ne pas avoir à répondre. Le paiement monétaire, c'est approprié pour des mercenaires immédiatement congédiables, ou immédiatement mobilisables, notamment pour une opération de maintien de l'ordre à l'intérieur du royaume dont on pourra se laver les mains ensuite. Pour le souverain, l'usage de la monnaie est d'abord lié à la machine de guerre.

Mais si le paiement monétaire sert à prendre distance avec la souillure du sale boulot (le travail du traître par exemple), c'est tout aussi bien réciproquement la résolution d'une interaction par le paiement monétaire qui marque étrangement n'importe quel travailleur d'une souillure… Même s'il n'y en a pas, y'a rien à faire, ça part pas. Car de ce point de vue, le paiement monétaire ne sert pas à obtenir un bien, mais à se libérer d'un mal en le reportant sur autrui. Bon, cela dit, cette nécessité n'est pas intrinsèque à la monnaie, mais à la culpabilité culpabilisée des hommes[2]. C'est que, dans cet

[1] Ce raisonnement védique se retrouve dans l'Évangile apocryphe de Judas : Judas (« le vendu », le coupable de service) est payé pour endosser la responsabilité du meurtre de la victime émissaire. Jésus sacrifie sa vie, Judas sacrifie son âme.

[2] Ce n'est pas la monnaie qui provoque le désenchantement du monde, mais elle en est le vecteur efficace. La chose initiale de cette culpabilité culpabilisée, c'est celle qui fait détourner les yeux de la victime émissaire lors de sa mise à mort rituelle. Volonté de ne pas savoir…

ordre des choses, la monnaie sert fondamentalement à transférer une culpabilité sur autrui tout en permettant de conjurer ce qui pourrait rester d'un désir de vengeance (« ça n'a rien de personnel, c'est le business »)[1].

Ainsi celui qui paye n'a pas envie de « retour ». Il veut sa séparation irréversible d'avec l'incertitude du dehors pour mieux rendre irréversible sa stabilité à lui au-dedans. Juste pour un temps. Le paiement clôt l'interaction. Juste pour un temps.

En bref, ce que nous apprend le retour sur la pratique proto typique du paiement monétaire dans la culture védique antique, c'est que le paiement monétaire ne sert pas à l'acquisition d'un bien par un sujet neutre et rationnel, mais bien plutôt, le paiement monétaire sert à se débarrasser d'un mal – ce mal étant en général la souillure du travail – pour un sujet de langage qui cherche à s'élever vers un pur immatériel.

[1] N.B. : la conjuration du désir de vengeance est un souci récurrent dans la culture védique.

DÉSIRS DE VIOLENCES, SACRIFICES ET SUBSTITUTIONS OCCULTES

« 'Faut un sacrifice, le monde ne vit que de sacrifices,
alors il faut tuer des gens pour apaiser les dieux. »
Jean Renoir[1]

Constat anthropologique étonnant quand on y pense : toutes les civilisations, toutes les cultures ont des pratiques rituelles sacrificielles. C'est une constante, à toutes les époques. Et systématiquement, ces pratiques sont liées à des savoirs occultes[2].

Normalisations et sacrifices

« Ce qui me surprend le plus chez l'homme occidental, c'est qu'il perd la santé pour gagner de l'argent, et il perd ensuite son argent pour récupérer la santé. À force de penser au futur, il ne vit pas au présent, et il ne vit donc ni le présent ni le futur. Il vit comme s'il ne devait jamais mourir, et il meurt comme s'il n'avait jamais vécu. »
Dalaï-Lama

« Ces excès de forces vives,
qui congestionnent localement les économies les plus misérables,
sont en effet les plus dangereux facteurs de ruine. »
Georges Bataille

On ne se rend probablement pas compte des activités sacrificielles dans les sociétés modernes libérales parce que, en économie, on présuppose presque toujours explicitement que la volonté d'appropriation est innée, et

[1] En commentaire de *La Règle du jeu* réalisé en 1939. Le cinéaste poursuit : « C'est un film de guerre, et pourtant pas une allusion à la guerre n'y est faite. Sous son apparence bénigne, cette histoire s'attaquait à la structure même de la société. [...] Je voulais faire un film agréable, mais qui soit en même temps une critique d'une société que je considérais comme résolument pourrie et que je continue à considérer comme résolument pourrie. » Le film fut un échec commercial cinglant à sa sortie. Quelques années plus tard, en 1951, Renoir poursuit : « Les Indes m'ont amené une certaine compréhension de la vie. Les Indes m'ont appris peut-être à être un peu plus patient dans la vie, peut-être à comprendre que chacun a ses raisons. »

[2] À la fin du XXe siècle, l'œuvre de l'anthropologue René Girard a beaucoup apporté à la compréhension des pratiques sacrificielles. Bien qu'éminemment reconnue au niveau académique, elle reste incroyablement ignorée du grand public dans son pays d'origine en France (personnellement, dans mes activités d'enseignement, je n'ai jamais rencontré aucun étudiant qui n'en ait entendu parler avant que je le fasse ; cette œuvre est encore aujourd'hui – sans doute plus qu'aucune autre – occultée).

implicitement que les agents respectent naturellement leurs contraintes budgétaires[1].

Bon, et si l'agent économique ne respecte pas sa contrainte budgétaire, alors on parle de « faillite » ; et après ? Après ?... Nul ne se questionne sur le coût de la pression sociale que cela implique. Nul ne se questionne sur ce que sacrifient psychologiquement les individus pour arriver à tenir leurs contraintes budgétaires (sans même parler du coût psychologique pour s'adapter aux injonctions de maximisation et de flexibilité...). Il ne s'agit pas ici de parler du travail lui-même, mais de la charge mentale de l'individu, qui fait ce qui est attendu de lui et qui assume ses responsabilités. Au niveau gouvernemental, ce non-mesurable est un sujet tabou (car il concerne la violence de la normalisation, la violence « légitime » du souverain sur ses assujettis). Autrement dit : non, contrairement à ce que présuppose la sociologie bien-pensante, tous les individus ne sont pas égaux devant la norme.

Pour clarification : une norme est un modèle de conduite idéale légitimé par des valeurs[2] auxquelles les individus d'un groupe se conforment de manière plus ou moins déviante. À la limite, la transgression entraîne la réprobation (en communauté) ou la sanction (en société).

Concrètement, les règles sociales de la civilité sont les manifestations des normes dans la socialité (par exemple : la ponctualité, la mode vestimentaire, etc.). On peut ensuite distinguer les normes issues de règles explicites extériorisées dans une société, s'imposant officiellement aux individus (juridiques, réglementaires, etc., par exemple : rouler à 50 km/h en ville), des normes issues de règles implicites intériorisées dans une communauté, apprises lors de la socialisation (les mœurs, les usages, etc. ; par exemple : la distance kinesthésique d'un interlocuteur, ou la longueur des jupes des femmes). Bref ça concerne tout ce à propos de quoi les gens peuvent dire que « c'est normal » ou « c'est pas normal ». Ça va de la taille « normale » d'un homme, à l'écart d'âge « normal » dans le couple, en passant par les goûts de classe « normaux », de sorte que dans la modernité, la norme est impliquée dans tout ce qui concerne les jugements de valeur en fait.

La norme (du latin *norma* : équerre) produit – ce que l'on appelle en sciences sociales – une contrainte statistique faible[3]. Dans cette conception,

---

[1] Dans la théorie économique standard, les agents économiques connaissent leurs désirs, et la valeur est une substance objectivable.

[2] Des « valeurs » sont des principes orientant les actions individuelles. On peut distinguer trois ordres de valeurs fondamentales : le vrai, le bien, le beau. Comme pour les couleurs, toutes les autres valeurs sont des composées de ces trois-là. Par exemple, on peut illustrer le propos avec « la générosité » qui est un mélange essentiellement du bien et du beau, ou avec « le travail » comme valeur sociale qui est un mélange du vrai et du bien.

[3] Par exemple : sur une trajectoire de passants dans l'espace, la ligne droite la plus rapide constitue une contrainte statistique faible (le comportement effectif de la population sera un nuage de trajectoires centré sur la droite), alors que le dispositif matériel d'un mur ou d'un

les évènements observés tombent comme des billes sur une planche à clous pour venir se ranger dans des cases types. Y'a des trajectoires plus probables que d'autres.

À l'observation, la normalité correspond à la fréquence maximale d'un comportement dans une population, le plus probable, l'attendu, le fonctionnel. On parle alors de comportement ordinaire, moyen, normal, pas coupable, mais non notable. Et à l'inverse, aux extrêmes, se trouvent les comportements « anormaux », les exceptionnels et les inacceptables.

Dans une population, la distribution des fréquences de comportements dans le cadre de la norme (ni plus, ni moins), exhibe des régularités plus ou moins strictes, des normes plus rigides ou plus souples, des modes plus intenses ou plus éparpillées, selon l'intensité du flux de jugements de valeur condamnant les anormaux à une marginalité pénible, et les incitant à rejoindre la fréquence normale dans leurs comportements. C'est de cette normalisation des comportements dont sont porteurs tous nos jugements de valeur, même les plus anodins (jusqu'à la sanction juridique de police qui vise à resserrer les bornes et élever la fréquence modale (ça va de la simple amende pour excès de vitesse jusqu'à la peine de mort pour meurtre)). La pression sociale à rejoindre la norme peut-être plus ou moins forte.

La plupart du temps, les individus anticipent l'embarras de la sanction, prennent les devants par rapport aux attentes perçues, et autocensurent leur comportement pour le faire paraître normal. Ils « s'ajustent » comme on dit. C'est le fruit de l'éducation… Après, c'est très variable dans les groupes humains, mais enfin le conformisme peut-être extrêmement strict sur certains points. Et à l'extrême, tout le monde adopte le comportement normal au centimètre près.

À partir de là peut s'installer en chacun la fréquentation du même. Les canaux de circulations s'homogénéisent. La norme institue (du latin *institutio* : installer, faire tenir debout).

---

couloir à longer produirait une contrainte statistique forte (le comportement de la population passante sera une stricte ligne droite suivant le couloir).

Figure 2 : Courbe représentant les densités de probabilité de la loi Normale d'espérance μ et de variance σ^2 [1]

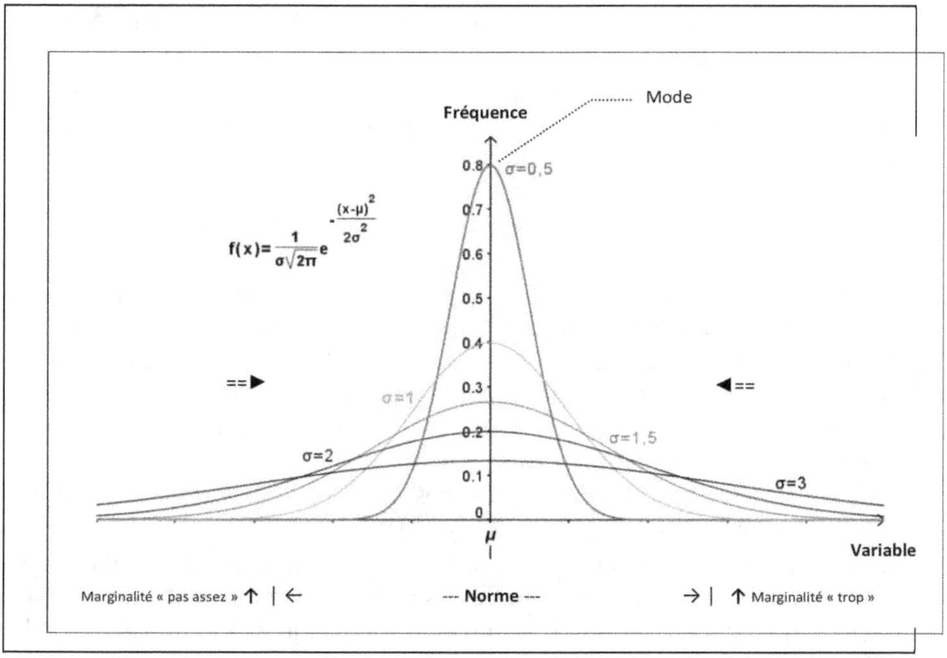

Toujours est-il que, quel que soit le régime d'intensité de normalisation ou le régime de valeurs, certains ont le chic pour être toujours en opportunité, en position de juger et de dénoncer, alors qu'en périphérie, d'autres se sentent tous les jours coupables d'avoir des gueules à être dénoncés, d'être tout le temps et sur tous les points, soit « trop » soit « pas assez ».

Par exemple certains ont été convaincus de ne pas s'accorder assez de valeur pour mériter de l'argent ; alors si d'aventure ils viennent à en gagner, ils le perdent tout de suite (« l'argent leur brûle les doigts »). D'un point de vue pragmatique, on dira des uns qu'ils sont rationnels et des autres qu'ils ne le sont pas. Seulement voilà, la rationalité d'être rationnel – les raisons de prendre le jeu social au sérieux – c'est pas donné à tout le monde.

Donc, non, tous les individus ne sont pas égaux devant la norme… Y'a des handicapés de la norme, et tout le monde s'en fout : qu'ils payent ! Voilà, c'est de ça dont le mot « harcèlement » est le nom. Sur le dos de certains, le processus punitif des dispositifs de normalisations n'arrête pas de se déclencher… Il y a des sacrifiés de la société… Et on préfère l'occulter (« La

[1] Rem. : L'aire encapsulée entre la courbe de Gauss et l'axe des abscisses est toujours égale à $\sqrt{\pi}$. Ce qui signifie que cette courbe est la projection isomorphe d'une sphère.

déviance, c'est un métier qui s'apprend » disait non sans ironie Howard Becker).

La norme, c'est la part massive de l'individu, c'est le corps lourd en soi. Ça fonctionne parfaitement depuis fort longtemps. On vit là-dedans. À partir de là, on peut se demander si c'est sans dehors… Certes, si on en a les moyens, on peut toujours se faire insulaire clandestin, dissident bienheureux de la norme. Mais pour la vie sociale hélas, depuis l'urbanisation du Néolithique (qui ouvre l'ère des sociétés de normes au-delà des liens tribaux communautaires), l'histoire a montré que la seule sortie possible de la société de normes – ce « gros animal » disait Nietzsche – c'est : Carnaval[1].

Dans le quotidien normal, du point de vue individuel, toute action individuelle consciente mobilise des moyens pour atteindre des fins. On veut quelque chose, et on fait ce qu'il faut pour l'avoir. Cela vaut a fortiori pour les actions relevant du schéma économique fondamental. Dans ce cadre, un comportement est efficace, c'est-à-dire rationnel, lorsqu'il alloue les moyens minimums afin d'obtenir une satisfaction maximale des fins[2]. Les moyens de l'action, c'est fondamentalement du temps, et les finalités de l'action peuvent être rangées en deux grandes catégories. Le temps est rare, et il peut être *consacré*, soit à la satisfaction immatérielle, immédiate et spirituelle du temps libre, soit à la satisfaction matérielle, résultant d'un temps de travail investi dans une production. Sachant que si on fait l'un, on ne fait pas l'autre. Ainsi, la rareté des moyens de satisfaire des fins alternatives définit très exactement le domaine d'objet rationnel de l'économie moderne : les choix possibles.

Le choix d'affecter son temps à une activité plutôt qu'à une autre, cela implique de faire des arbitrages, c'est-à-dire d'exercer son libre arbitre. Il faut faire usage de la raison, faire des mises en rapports (*ratio*) de moyens aux fins, dans des décisions, des renoncements où il faut « faire l'économie » de quelque chose, où il faut faire des *sacrifices*.

Le sacrifice est une transaction, avec soi-même, et avec les autres. Faire société c'est faire des sacrifices, faire des compromis, des renoncements qui donnent sens à l'identité collective. Et c'est exactement en ce sens que l'on peut dire que les passions, c'est ce qui conditionne les actions : on sacrifie à

---

[1] Dans les années 1840 apparaissent, avec la fin des sociétés agraires et l'intensification des urbanisations modernes, les premiers cirques itinérants (Barnum), et dans leur sillage : les « *freak shows* ». Au-delà des « *talent shows* » traditionnels (musique, danse, et jonglages par exemple), il s'agit de la naissance de « *norm shows* ». Reste que le déploiement des idées eugénistes au tournant du XXe siècle fera prendre à tout ça un tour très sérieux et mènera, d'une façon ou d'une autre, les anormalités vers des horizons tragiques d'exclusions dans les sociétés modernes. Porteuse des nécessités de la communion et de la production, la raison d'État moderne peut se montrer particulièrement cruelle avec les anormaux.

[2] Finalités mesurées dans la théorie économique standard par leur valeur d'utilité. On dira donc qu'il est rationnel d'employer son temps à des fins utiles.

ses passions. Or justement, les sujets individuels sont mus par une passion dévorante pour l'unité collective…

Faire des sacrifices c'est opérer des substitutions symboliques. Ainsi, la manifestation d'une activité cultuelle – d'un devoir immatériel et sans échéance (donc invisible) –, se fait par l'exhibition de ce à quoi on renonce pour elle. Tout culte réclame une consommation sans but matériel immédiat, pour la grâce : cérémonies, temples, dons, ornements, etc.

Les pratiques de dévotion se constatent donc dans les pratiques de consommation de biens et de services symboliques, ostensiblement inconfortables et inutiles, c'est-à-dire ostensiblement dédiés à la gloire de l'idole. Ainsi, le gaspillage rituel est essentiel à la manifestation visible de la croyance dans l'autorité de l'idole. Mieux : ça en est la preuve *vivante*. Il s'agit là de travail *dépensé* « en pure perte ». Ce désœuvrement, c'est du travail symbolique. De sorte que, du rituel, de la beauté du geste, l'acteur tire une satisfaction toute spirituelle, et lorsqu'elle est reconnue socialement, il peut même en tirer un honneur social. L'officiant satisfait une promesse (collective), un engagement commun, un certain devoir (aux contours pourtant flous).

Bien que systématiquement symbolique, le totem peut être idéel. Ainsi, obéir à des idéaux, des valeurs, des principes, des normes, ça se manifeste d'une manière ou d'une autre par des renoncements ou des sacrifices pour elles. Le sujet se met en devoir à l'égard d'une idée.

Et là-dessus, le rituel archétype de l'adhésion, c'est le serment *de jure*. On se trouve alors au fondement du juridique : le serment stabilise le sujet dans une identité. Le sujet individuel se retrouve alors à sacrifier beaucoup de choses pour pouvoir rester fidèle à lui-même… Mais enfin, cela satisfait la raison d'État.

Reste que tout cela pose une question essentielle pour l'esthétique de l'existence : sur quelle identité stabiliser la norme ?

Désirs mimétiques et rivalités

« Le regarder entraîne la cécité. Le connaître engendre la maladie.
Le vénérer entraîne la mort. Le craindre est sagesse.
A ne point lui résister est le salut. Il est le processus d'individuation. »
Carl Gustave Jung, *Les sept sermons aux morts* (1916)

« Je est un autre. »
Arthur Rimbaud

Ce à quoi on sacrifie est sacré, par définition. Or : « le sacrifice est le fruit du désir, et de son imitation… ». Énoncé girardien fascinant : il y a un rapport causal du désir au sacrifice… Mais l'énoncé est trop dense, il faut l'expliquer en détail pour pouvoir le comprendre.

Déjà, pour comprendre comment la subjectivité occidentale se génère socialement, on peut se poser la question concrètement : à quoi sacrifie-t-on son temps d'existence ? À quoi consacre-t-on sa vie ?

Le sujet individuel se définit intimement comme sujet de désir. Or le désir est une volonté involontaire, une force en soi plus forte que soi. Le désir traverse les formes.

Le désir, ce peut-être un désir du désir de l'autre. Mais cette notion de volonté d'être aimé ne nous dit rien de l'origine du désir[1]. Cette notion renvoie seulement à ce qui identifie le sujet : « dis-moi de qui tu veux être aimé et je te dirais qui tu es. »

Mais d'où vient cette force involontaire qui nous dépasse, et qui nous permet d'identifier notre singularité ? La pulsion sexuelle en tant que telle, si elle nous informe sur notre animalité, elle ne nous dit rien non plus de notre singularité.

Alors c'est non pas du côté du désir du désir de l'autre, mais du côté du désir *selon* l'autre que la solution peut être trouvée. À partir de là on peut effectivement voir que le désir est formateur de la subjectivité individuelle. C'est dans la relation à l'autre comme intermédiaire à l'objet du besoin que se construit le sujet. Parce que la subjectivité individuelle se forme selon l'Autre. Autrement dit, c'est l'obstacle qui est formateur du sujet de désir. C'est l'adversaire qui est formateur du sujet de désir[2]. Parce que le désir c'est ce qui arrive au besoin quand il est imité.

Tout ce qu'il est prêt à sacrifier, un homme peut l'avoir, vraiment le posséder en fait. Car à l'inverse, ce à quoi on ne peut pas renoncer nous possède.

Ainsi, l'histoire du pacte faustien est une réflexion sur la promesse de payer en guise d'avertissement pour la Modernité : vendre son âme, c'est dire qu'on ne croit pas en son existence. Seulement voilà, croire à l'existence d'un Diable, avec lequel on transactionnerait, implique de croire en la réalité de l'existence de l'âme qu'on s'apprête à vendre. La possibilité de cette transaction est donc paradoxalement incroyable[3]. Cette affaire est plus

---

[1] L'explication immédiate par l'ego est une impasse, car il est lui-même le produit du désir. Sans désir, pas d'ego.

[2] Satan est le nom de ce qui fomente le désordre, et en même temps de ce qui ramène l'ordre en faisant porter le tort sur la victime sacrificielle.

[3] Goethe travaille toute sa vie sur son *Faust*. Ça l'obsède : et si le Diable essayait de nous faire croire qu'il n'existe pas ? (Et si la banque essayait de nous faire croire qu'elle n'existe pas ?) Ce qui est fou dans cette histoire, c'est que le lecteur trouve crédible, sans même y penser, qu'un savant – éminent parmi ses congénères – puisse ainsi se faire avoir par le Diable. CQFD pour Goethe : c'est qu'alors, tout un chacun pourrait se faire avoir. Si ce n'est pas déjà fait… Alors, le seul salut pour l'homme moderne normal – qui croit au progrès technique – serait non seulement d'être athée, mais encore d'assumer une subjectivité parfaitement laïque (avec tous

concrète qu'elle n'en a l'air au premier coup d'œil. Car, coup de grâce : au-delà du symbolique, le diabolique lui, est dans le calcul des détails, dans le déni du gratuit.

L'hypothèse fondamentale du désir mimétique c'est justement que : ce que le sujet désire fondamentalement c'est de ressembler à un autrui, un autrui puissant, par ce qu'érigé en modèle puissant par la convention. Il fonctionne alors comme médium entre le sujet et les objets de désir du sujet. On désire ce que désire cet Autre : c'est un désir selon l'Autre. Ainsi, le désir selon l'autre est désir mimétique.

Il existe un instinct naturel d'imitation chez le sujet individuel. L'imitation est au fondement des processus d'apprentissage et de reproduction des comportements. L'identité des jumeaux, des frères, ou de l'autre dans le miroir, c'est le début de l'identification des sujets de désir vers un même objet. Être « le même », ou être collectivement « les mêmes », c'est être le même sujet de désir.

Le désir ne peut venir du seul sujet, il lui est communiqué par un modèle intime. C'est que, pour les métamorphoses de soi, l'individu a besoin d'un modèle d'identification de sa propre transformation.

Ainsi, un objet n'est jamais autant désiré que parce qu'il l'est par les autres. De prime abord se pose alors la question de l'origine des nouveaux objets de désir : du bruit émerge une saillance, de la rumeur émerge une croyance, une prophétie autoréalisatrice, un je-ne-sais-quoi et presque rien… (« Qu'est-ce que tu regardes ? – Non rien… »)

Dans tout voisinage, il existe des pôles d'intensités, des points fixes qui dominent leur bassin d'attraction. Et le sujet tourne obstinément son regard de ce côté, vers l'Autre magnétique, vers la souveraineté, et ce à quoi il sacrifie en faisant partie d'un groupe humain.

Car c'est le fait même d'imiter le comportement des autres qui, d'un même mouvement, intègre les sujets et valorise les objets. De ce point de vue, la valeur a une nature fondamentalement conventionnelle.

Car les acteurs luttent pour être au plus près de cet Autre modèle. Et à force d'être conformé, le médiateur fini par être intériorisé comme modèle intermédiaire du rapport de soi à soi. C'est ça qui importe.

Il n'y a pas d'imitation sans désir et pas de désir sans imitation. Dès lors, le problème c'est que l'imitation est à la fois source d'équivalence et d'identité, source d'indifférenciation, et en même temps source de conflit et de violence, source de rupture.

---

les doutes et toutes les prises de conscience que ça peut comporter) en maintenant fermement de croire que Dieu n'existe pas (parce que sinon, croyant qu'il n'existe pas alors qu'il existe, ou croyant qu'il existe alors qu'il n'existe pas, ça va chauffer…).

C'est ainsi que l'appétit sexuel animal est canalisé en désir sexuel proprement symbolique. Le désir freudien est un type de désir mimétique : désir du fils pour l'objet de désir du père : la mère. Et puis, face à l'interdit, il y a déplacement d'objet et formation du désir sexuel mature socialement fonctionnel. Les hommes développent un désir pour « les filles »[1] et les femmes pour « les garçons ».

Mais pour l'enfant, il n'y a pas que le désir des parents qui est formateur, comme désir selon l'autre. Il y a aussi le désir des autres enfants. Et d'ailleurs, le modèle de la rivalité enfantine est plus convaincant que le modèle de la rivalité parentale dans l'explication de la formation du sujet de désirs.

Certes, au préalable, l'empathie est une faculté nécessaire au fonctionnement des relations de confiance et de défiance. Ça suppose d'abord la formation d'un ego. Pour se mettre soi-même à la place d'autrui, il faut déjà être un soi. La projection sur l'autre (du plaisir ou de la douleur par exemple) réclame déjà une expérience à soi-même de ce qui est projeté sur autrui ; et cette construction première du sujet de désir se fait dans la petite enfance au sein de la famille. Le cadre freudien est fondamental.

Mais enfin, très tôt à l'école, il y a des camarades. Être camarade, c'est faire partie de la même classe, c'est désirer la même chose. Dès lors, pris à position équivalente dans le dispositif social, ça implique de la rivalité. La camaraderie ce n'est donc pas de l'amitié.

Car l'ami, c'est celui sur qui on peut compter, et celui à qui on peut tout dire, c'est celui avec qui se construisent des espaces relationnels qui peuvent résister aux nécessités de la violence mimétique (certes, des amitiés se construisent à l'école : dans la clandestinité de la classe).

Toujours est-il que lorsqu'un camarade décroche un prix, l'autre est déclassé. Redoublée de l'angoisse narcissique de la plus petite différence, l'angoisse de castration surgit à la conscience.

Dans ce cadre, le maintien d'un rapport favorable entre deux camarades implique paradoxalement la subordination du désir de l'un à celui de l'autre ; c'est ce qui s'appelle un rapport de domination. Après tout, le sujet peut toujours se satisfaire de vivre ses désirs par procuration des satisfactions de l'autre, en intériorisant un double, un rival intime, une ombre. Il accepte que ses désirs passent systématiquement après. Mais il se trouve alors périphérisé de lui-même, comme en orbite, en exil intime. Le soi se vit comme un autre, le sujet se voit d'un point de vue dominant mais qui n'est pas le sien. Les freudiens appellent ça la névrose. C'est normal. Le surmoi est ainsi violence de soi contre soi afin de montrer un moi « aimable » dans la civilité, un moi qui tient compte des autres.

[1] N.B. : qui dit « fille » dit « père »…

La fiction romantique de l'unité qui manque et la contagion mimétique de la violence

« Songez à ne pas passer votre vie à haïr et à avoir peur. »
Stendhal

« And when the broken hearted people living in the world agree
There will be an answer, let it be
For though they may be parted, there is still a chance that they will see
There will be an answer, let it be »
Paul Mac Cartney (1970)

Parmi les autres, il y a l'élu du cœur, « l'âme sœur ». Le sujet moderne aime à penser qu'il y a parmi les autres quelque part, une promesse d'unité rien qu'à soi, pour l'éternel.

Aux yeux du sujet, le désir romantique présuppose l'unicité absolue de l'objet de désir. La question que ça pose en creux, c'est de savoir pourquoi il y aurait valeur à faire l'éloge romantique du désir absolu… Car la vérité que l'on peut trouver dans le roman tient tout au contraire dans une capacité à révéler une vérité empirique non souhaitée par le point de vue individuel.

La littérature de fiction est en effet un lieu d'exposition subversif de lois triadiques précises, qui gouvernent les relations interpersonnelles, et qui menacent la cohésion sociale (dans la *Genèse*, le serpent est le modèle du désir d'Ève). On y découvre les histoires de jeux de substitutions et de faux-semblants avec les objets du désir.

Dans le fond, le thème fondamental du roman c'est : « La mort rôde au dehors, et au-dedans, dans le plus grand des secrets, deux amants s'aiment. » Les amants sont comme des criminels. Et dans le roman typique, à chaque fois, il y a deux amis, et lorsque l'un rencontre un objet désirable – une jeune fille – l'autre en tombe amoureux aussi, et ils deviennent ennemis, et c'est le drame. À croire que dès le départ, chacun s'était choisi en l'autre un surveillant de ses passions.

Tout aussi bien, les rivaux mimétiques peuvent être l'auteur et le lecteur ; et les œuvres sont édifiées comme des cathédrales… Ainsi, dans le romantisme moderne, par-delà la révélation christique, la Révolution française et le renouveau de l'hellénisme, se déploie un mouvement idéal de l'esprit, un mouvement subjectif, dans une bipolarité instable du moi par rapport à soi, entre exaltation et mélancolie. Ainsi va la fascination vertigineuse pour la figure du « génie » (Schiller, Goethe, Wagner, etc.), fascination dont les emportements traduisent en même temps une désespérance abyssale de la médiocrité dérisoire de soi[1].

[1] Ce que Dostoïevski, penseur du nihilisme, appelle « le point de vue esthétique ».

On comprend dès lors que les chefs-d'œuvre des auteurs modernes les plus imités sont souvent des romans du désir mimétique : Cervantes[1], Shakespeare[2], Balzac[3], Stendhal[4], Flaubert[5], Dostoïevski[6], Proust[7], Céline[8]…

Sans parler des opéras qui sont la plupart du temps les récits tragiques de la force des choses qui mène au lynchage ou au meurtre passionnel : Platée, Don Juan, Tosca, Cyrano, etc. Les artistes ne cessent de tendre un miroir à la foule. Et les spectateurs, une fois sortis de la salle, ne cessent de nier ce qu'ils y ont vu. La pièce était magnifique, la mise en scène superbe, du très beau travail, voilà le fric pour le chapeau, n'en parlons plus… Et pourtant, des fois ça déborde…

L'homme est l'animal qui évacue sa violence refoulée par les interdits et les nécessités sociales sur des victimes sacrificielles. Du coup, on peut comprendre par-là comment on peut être méchant avec quelqu'un pour être mieux gentil avec quelqu'un d'autre. Ou à l'inverse, par exemple on aime une personne par adversité pour une autre (ou des autres). On peut aimer une personne d'autant plus qu'on en déteste une autre, on aime quelqu'un pour en haïr un autre. Ce n'est pas tant la confusion des sentiments, c'est que la nature des sentiments est justement d'être confuse.

En fait, le commencement de la violence n'est pas « agression venue d'ailleurs », mais « rivalité entre deux ». Personne ne lance jamais la première

---

[1] Le *Qucichotte* souligne comme le modèle de l'autre imité est toujours une fiction. Le livre amène donc à s'interroger sur le rôle de la fiction dans le réel.

[2] « Être ou ne pas être ? Là est la question. »…

[3] « Aucune société n'est complète sans une victime. »

[4] Dans *Le Rouge et le noir* les triades de désirs mimétiques en faux-semblants sont explicites : Julien Sorel /Mme de Rênal/Mathilde de La Mole ; Julien Sorel/Mr. de Rênal/Valenod.

[5] *Madame Bovary* est une sorte de Don Quichotte des passions…

[6] *Le journal du souterrain* exhibe ce moment négatif de la violence refoulée et bouillonnante du sujet : cette part de l'expérience intime que les normes sociales prescrivent de laisser tues ; cette part indicible de l'expérience des bas-fonds de l'âme que le sujet individuel se doit de ne pas partager avec ses proches. Le sujet, brisé, exilé de lui-même, plutôt que de jouir de cette intimité perverse choisit de témoigner de son processus de formation.

[7] Rem. : la madeleine est une eucharistie.

[8] Dans *Guerre*, manuscrit retrouvé récemment, Céline, le « lynché de la société » explose en plein vol dès le début : « C'était toute la personne qu'on vous donne et qu'on a défendue, le passé incertain, atroce, déjà tout dur, qu'était ridicule dans ces moments, en train de se déglinguer et de courir après ses morceaux. Je la regardais moi la vie, presqu'en train de me torturer. Quand elle me fera l'agonie pour de bon, je lui cracherai dans la gueule comme ça. Elle est tout con à partir d'un certain moment, 'faut pas me bluffer, je la connais bien. Je l'ai vue. On se retrouvera. On a un compte ensemble. Je l'emmerde. » Céline s'y connaissait en saloperie ça ne fait aucun doute. Mais ce qui intéresse la littérature dans le cas Céline, c'est qu'il montre de manière scandaleuse ce qu'un écrivain doit sacrifier à l'esprit de son époque pour être lu – ça l'a beaucoup obsédé, d'être lu – et de ce que ça a comme conséquence sur la littérature elle-même, sur l'exploration des limites et des horizons du dire.

pierre[1]. Parce qu'à son origine jusqu'à son extinction, cette manifestation de la rivalité qu'est la violence relève justement de l'imitation du désir.

Fondamentalement, l'imitation d'appropriation n'est pas apprise, c'est un phénomène spontané du corps humain. Cependant, lorsqu'il est différé, il est au fondement du processus d'apprentissage lui-même[2]. Alors certes, l'imitation est source d'accord social dans les groupes humains qui font communauté (« qui se ressemble s'assemble »). Mais concernant la vie des groupes humains, l'imitation est également source de rivalités et de discorde. Et c'est tout l'objet de la violence spécifiquement sociale que de contenir les rivalités à l'intérieur du social ; mais des fois ça déborde.

À l'origine des catastrophes de déchaînement de violences mimétiques : les petites arrogances infantiles, les petites appropriations crapuleuses, les petits dérapages narcissiques... Oh, trois fois rien !... Ça illustre facilement la vie normale de l'occidental pour qui, naturellement tout lui est dû (« Vous savez qui je suis moi ? Je ne suis pas n'importe qui moi ! »). Et en creux, cette passion mimétique se manifeste dans la passion pour l'égalité ; dans les files d'attente : chacun surveille les autres relativement à soi avec une minutie tatillonne et méchante (on sous-estime l'importance des socialités des files d'attente, car l'air de rien y'en a partout dans l'activité économique, et elles ont différentes formes). Et évidemment, pour l'accès aux ressources : les innovations prometteuses sont suivies d'imitations, de contrefaçons, et de parasitages (« qui va à la chasse perd sa place », et « ôte-toi de là que je m'y mette ! »). De là, de tous ces petits jeux pusillanimes, les frustrations et les ressentiments commencent à s'accumuler dans la communauté...

Ça commence dès l'école « maternelle » : poussés par la peur, les enfants apprennent à se montrer méchants, par dissuasion. Par ce qu'ils constatent avec étonnement que, de la crèche au Lycée, les adultes laissent faire la loi du plus arrogant en cette matière, les autorités n'interviennent pas pour corriger ce genre d'injustices. C'est pour leur apprendre « à se faire respecter. » Cet appel à l'autonomie individuelle vient d'ailleurs ; il vient du sujet souverain libéral : « il faut qu'ils apprennent à se débrouiller seuls dans un monde *hostile.* » Hélas, cette croyance performative du « *hostile world* », c'est sur l'éducation des enfants qu'elle a le plus d'effets... Elle crée des effets normalisateurs et grégaires puissants chez eux ; cette indifférenciation

[1] Le *Lévitique* préconise la lapidation des délinquants et des adultères, mais à condition que les deux premiers témoins lancent les premières pierres.

[2] On repère un comportement dont le style nous plaît, et pour mieux nier de quel Autre dominant on le tient, et ainsi flatter notre ego d'en être le créateur, on ne l'imite pas tout de suite pas ici, mais plus tard et ailleurs. Imiter l'autre en sa présence implique la reconnaissance d'un rapport d'ascendance. Or, la logique de la reconnaissance des ascendances a ses nécessités sociales propres...

alimentera la sexualité narcissique, le recrutement du corps militaire, et le puritanisme familial[1]…

Le principe de la contagion de la violence mimétique tient en ce que la survenue de la lutte violente entre deux rivaux mimétiques pour un objet crée le spectacle de la puissance attractive de l'objet aux yeux de tous les autres : le totem-fétiche-trophée-récompense-c'est-le-ponpon.

Dans l'interaction, la violence est mimétique parce que la loi du talion[2] appelle la réponse. Et répondre à la violence, ce n'est jamais que l'imiter, la redoubler. La violence déchaînée des réciprocités de représailles qui montent aux extrêmes emporte les sujets dans une indifférenciation (faire violence à la violence, c'est succomber à la violence) ; ainsi le phénomène est symbolisé par le feu.

Toujours est-il qu'au niveau de la représentation, la métonymie fondamentale est posée : c'est parce qu'il est objet de luttes qu'un objet prend de la valeur, et non l'inverse. La mise en scène du déchaînement mimétique de la violence crée de toutes pièces le désir pour l'objet. Dans le spectacle agonistique, le combat pour la gloire ne rend pas le combat désirable, par contre il rend la gloire désirable. Il en fait une valeur qui, de toute évidence, mérite qu'on se batte pour elle.

Le désir mimétique produit ainsi, dans la violence, l'indifférenciation des sujets de désir. Les stichomythies s'enchaînent : toute parole devient coupable. La violence engloutit avec pertes et fracas tous les sens en elle, elle est le lieu du silence.

Cependant il y a un plaisir à se plonger dans l'indifférenciation. Il faut le dire, il y a un plaisir à l'appartenance, à la servitude volontaire, un plaisir à se laisser aller, à lâcher prise, à rejoindre la fréquence du rythme qui secoue la foule. La foule vibre en écho d'impulsions de rythmes naturels et de rythmes qui lui sont propres. Plaisir musical, dionysiaque, qui consiste à se laisser glisser vers la sensation d'harmonie avec son environnement direct : vibrer à l'unisson, sur le même accord (mais l'accord, lui, peut être majeur ou mineur…).

Mais à la fin donc, toujours est-il qu'il y a nécessité anthropologique de faire disparaître – ou du moins de neutraliser – l'imitation partout où elle peut devenir conflictuelle et destructrice de la cohésion du groupe. Et pour ça, les hiérarchies sociales stables se construisent et s'institutionnalisent par définition sur l'instrumentalisation des phénomènes mimétiques.

---

[1] « L'éducation est un complot fomenté par la famille » suggère Kafka…

[2] Du latin *talis*, « tel », « semblable ».

La polarisation de la violence mimétique sur le bouc émissaire et la conjuration de son retour par le rituel sacrificiel

« Au matin, je vis avec joie mon ennemi gisant sous l'arbre ».
William Blake

« La vérité d'un homme, c'est d'abord ce qu'il cache. »
André Malraux

« La musique encadre le silence, en son cœur. »
Sting (2023)

La rivalité mimétique peut devenir contagieuse dans une culture. Alors se produit un phénomène rituel de déchaînement de violence mimétique sur une victime sacrificielle afin de conjurer l'éclatement du groupe en ébullition.

Le problème politique, c'est que, unir un groupe autour du désir du même objet crée des rivalités. Par contre, unir un groupe autour de la haine du même objet crée des coopérations. Par conséquent, l'exercice du pouvoir au sein d'un groupe fait d'individus semblables réclame la désignation d'un objet de haine collective qui constitue un antagonisme en adversité duquel on peut organiser des coopérations.

Pour instrumentaliser le désir mimétique, on célèbre les vainqueurs d'une part, et d'autre part les perdants sont humiliés. Et toute humiliation sera vengée… mais pas sur la bonne personne. L'humiliation du vaincu est toujours vengée sur un innocent.

Les violences de classes s'exercent par définition aux frontières sur les outsiders, les borderlines et les marginaux. Surtout sur ceux qui refusent de jouer le jeu. Ainsi se construisent les identités collectives sur des mécanismes d'exclusion : « dis-moi qui tu exclues, je te dirais qui tu es. »

Ça peut déraper. L'indifférenciation de tous par l'identification au chef peut-être d'autant plus puissante que l'activité sacrificielle est intense. Sur cette base, un nationalisme messianique (qui promet la venue d'un « sauveur de nos intérêts ») peut venir chercher à canaliser les colères du peuple hors des déchaînements révolutionnaires vers des violences d'exclusion « utiles », c'est-à-dire perceptibles, saisissables, manipulables, instrumentalisables par le souverain.

Ainsi, à l'orée de la modernité, le XVIIIe siècle – siècle des Lumières, siècle libéral, siècle des jeux d'apparence et des machinations – est en même temps le siècle de la réflexion sur les conditions de possibilité sociales de l'élévation de la raison au-dessus de la confusion des sentiments. Il s'agit de trouver à fonder la souveraineté du sujet individuel citoyen d'une démocratie. Le problème qui en découle, c'est que le comportement mimétique est d'autant plus rationnel que l'incertitude est forte. Il faut donc s'attacher à diminuer l'incertitude sociale afin de rendre les comportements grégaires inutiles, afin de faire des comportements grégaires des comportements visiblement irrationnels. De la sorte, l'individu peut raisonner dans le vide comme un poisson dans l'eau.

À cet endroit, dans la culture hellénique de l'Antiquité s'était développée une conscience aiguë de la fonction fondamentale de l'architecture, par rapport à la place centrale des sites d'amphictyonie, conçus comme dispositifs de révélation de vérités qui permettent de résoudre les conflits. Les Grecs vont faire fonctionner ces cercles explicitement comme des arènes, c'est-à-dire comme des dispositifs agonistiques. Ce sont des lieux de révélations de vérités par l'épreuve du conflit mis en spectacle aux yeux de tous.

La scène de théâtre vient ainsi prendre une place importante dans la culture occidentale ; et l'hémicycle parlementaire prend une place centrale dans l'exercice du pouvoir politique en démocratie.

De même, le marché concurrentiel au tournant du XVIIIe siècle est en train de s'instituer comme dispositif panoptique de révélations de vérités de masse, par le contrôle décentralisé des transactions où chaque acheteur est surveillant des activités du vendeur.

Et puis avec l'industrialisation, la société du spectacle produit des modèles de rivaux mimétiques idéaux, des « étoiles ». C'est aussi vieux que les premiers sites d'amphictyonie. Ils sont portés aux nues de l'adoration sociale par le dispositif de la mise en scène mimétique, « montés » sur scène, afin d'être protégés des désirs violents que provoque la polarisation mimétique directe des spectateurs vers le modèle[1]. Dès lors, l'existence de ce dispositif panoptique médiatique de production de divertissement s'observe par la présence de la séparation qui coupe la scène lumineuse de la salle obscure ; c'est la séparation paradoxale de l'idole et du commun, qui se fait par le chancel (« *cancel* ») : la clôture du chœur.

De toute manière, il faut contenir les contagions de rivalités mimétiques au sein de l'organisation constituée. Surtout si elles se polarisent sur la faveur du sujet souverain de l'organisation.

Dès lors, les hiérarchies ont cette vertu fondamentale de contenir dans une certaine mesure les rivalités mimétiques. Parce que les hiérarchies reposent sur des droits différenciés, c'est-à-dire sur des interdits spécifiés et mis en ordre[2].

---

[1] Ainsi, « avoir du talent », c'est « être inimitable ». Mais il faut distinguer les pratiques égocentriques autonomes des pratiques égocentriques instituées. C'est que, y'a deux types d'activités égocentriques dans la vie : celles qu'ont fait parce que personne d'autre ne peut le faire (artiste), et celles qu'on fait justement parce que sinon de toute manière ce serait un autre qui le ferait (para-site).

[2] Sortis de la petite enfance, les rapports entre les parents et les enfants, lorsqu'ils sont bons, ne sont pas mimétiques. Ainsi, les enfants qui réussissent bien dans une société concurrentielle sont ceux qui peuvent se vanter de leurs réussites auprès de leurs parents.

Les interdits sont bien entendu structurant des rapports sociaux, mais ici c'est en ce sens qu'ils visent à prévenir les rivalités mimétiques. La propriété essentielle de la supériorité sociale est avant tout d'être une asymétrie. L'interdit totémique consiste ainsi à interdire la consommation du sacré que l'on produit (« On touche pas à la marchandise ! »). D'abord pour conjurer les rivalités internes des producteurs. Mais aussi pour résoudre le problème de savoir comment faire en sorte qu'on soit mieux servi par les autres que par soi-même. Pour ça, le produit hiérarchique, sacralisé, est lié à un interdit, ce qui pousse à la transaction exogame. Ça peut valoir pour tous les produits humains, pour les vierges comme pour les cadavres. Et ainsi s'institue une société hiérarchisée d'échanges transactionnels, non pas tellement sur une mystique du don/contre-don, mais sur un souci de conjurer les rivalités mimétiques.

Ces nécessités religieuses de l'exercice du pouvoir sont faites d'interdits relatifs structurant les hiérarchies sociales. Elles s'ancrent au niveau des pratiques cultuelles, et aux fondements des fonctionnements de la monnaie et de l'accumulation primitive du capital. En effet, une culture est définie par un système d'équivalences fondamentales, par un système de possibles substitutions dont le référentiel de réciprocité pure est : une victime pour une autre, le sang pour le sang, la peine pour la peine.

La culture est avant tout évitement de la violence, et pour ce faire, elle s'alimente de représentations symboliques riches de rivalités (*cf.* « le jugement de Salomon » par exemple, qui montre la possibilité, par le sacrifice de soi, de la métamorphose du sacrifice en justice souveraine).

Ainsi, comme le raconte Freud dans *Totem et tabou*, le meurtre fondateur du patriarche par la communauté des semblables amène à la production du mythe qui invente la culpabilité de la victime. Le mythe religieux se situe ainsi au fondement culturel d'une communauté de croyance parce qu'il touche à l'essentiel d'une vision du monde partagée : il repose sur le récit d'un meurtre tragique, cathartique, et finalement apaisant, le meurtre d'une victime expiatoire qui finit divinisée[1]. Divinisée par ce que la victime sacrificielle, le bouc émissaire[2] est celui qui rassemble tout le monde contre lui. Il crée de la cohésion sociale. Il est le sauveur…

Il y a une circularité causale dans cette affaire : le désir mimétique implique la ressemblance et l'indifférenciation ; alors au moment de la plus grande ressemblance, on commence par affirmer sa différence, le ressentiment, la compétition et la rivalité s'intensifient, la violence s'étend. La société rentre en ébullition, tout est contesté, les rites ne sont plus observés. Et ensuite le déchaînement de la violence mimétique reproduit de l'indifférenciation, c'est-

[1] Ainsi, dans la mythologie grecque, le temps (Chronos) est sacrifié à la puissance (Zeus).
[2] L'expression vient du livre du *Lévitique*.

à-dire de la repolarisation de l'aversion pour l'altérité sur le bouc émissaire (maléfique, et donc bénéfique lorsqu'il est anéanti).

En fait dans tous les groupes, il y a une tendance à s'unir contre une victime – une brebis galeuse – lorsque l'entente dans le groupe n'est pas bonne ; c'est-à-dire lorsqu'il y a déjà en cours beaucoup de rivalités et de hiérarchies contestées. Alors, dans la violence contre la victime émissaire chacun se soulage de sa rancune à l'égard des autres. C'est lui le *coupable*, celui qui peut être coupé du groupe et dont le meurtre sauve la communauté de sa violence intestine[1].

Ainsi s'enclenche le mécanisme victimaire. Le ressentiment et la pression sociale circulent et s'accumulent, et comme la foudre, ça cherche un point pour se décharger. Les jugements de valeur « dans le dos » exploitent les trous structuraux, on s'unit d'autant mieux que c'est contre quelqu'un ou quelque chose, car « les absents ont toujours tort ». Et comme le mécanisme des jeux de substitution victimaire fonctionne dans tous les sens, on peut aussi bien être gentil avec quelqu'un pour être méchant contre un autre, ou ce qui revient au même, être méchant avec quelqu'un pour être gentil avec un autre[2]. On y retrouve tous les ingrédients de la passion xénophobe dans les communautés. Ça se manifeste notamment dans la logique de l'exclusion des « parvenus » par les « établis ».

Le moment du passage à l'acte violent peut être le résultat d'une décision rationnelle de mobilisation de ressource ou le résultat d'une frustration relative lorsque la pression d'une contrainte se relâche. Mais si ces raisons expliquent ce qui détermine l'instant de survenue de l'acte violent, par contre elles n'en expliquent pas le mobile fondamental : pourquoi ça se résout de cette manière-là ?

La victime sacrificielle est par définition indéfinie. Dans les mythologies, son signe distinctif sera souvent une infirmité (dent, œil, oreille, boiteux, bossu, etc.). Pourtant ce signe ne faisait que mieux montrer l'appartenance au destin commun (être mortel) : destination fatale que nul ne veut voir ni croire.

Alors en réalité, le bouc émissaire est celui sur qui on impute ses propres échecs et ses propres angoisses. Et c'est là que commence la tragédie[3]. On invoque le report de la responsabilité sur un autre. Voilà : la substitution est le motif fondamental de l'activité sacrificielle. La violence est toujours un prétexte pour enterrer quelque chose.

---

[1] Le meurtre du bouc émissaire peut-être symbolique : la victime sacrificielle peut être l'objet de convergence de toutes les railleries et de tous les irrespects.

[2] Quelles folies destructrices les hommes n'accompliront-ils pas par amour, pour la patrie, pour leurs enfants, pour Dieu ?

[3] Du grec *tragos* : « bouc », et *ode* : « chant », d'où, littéralement, la tragédie c'est « le chant du bouc » ; la tragédie c'est lorsqu'à travers ses choix, l'individu accomplit néanmoins fatalement son destin.

Le lynchage, la ruée aveugle d'une foule hystérique contre une victime rouée de coups, c'est l'opération dionysiaque par excellence (*disparagmos*)[1]. C'est la fête. La victime est à proprement parler « mise en pièces ».

Toute fête est un rite sacrificiel. Au minimum : sacrifice de soi, de sa raison, au groupe (« se lâcher »). L'hôte se donne lui-même en objets à prendre, à voir, à entendre, à manger, et à boire ; il « donne » réception. Sa dépense procure la joie de tous.

Par exemple, la culture hispanique se révèle, dans ses fêtes, très liée à la conjuration de la violence mimétique. Pour les enfants : la *piñata* est une poupée représentant une bourrique qu'on lynche à grands coups de bâton pour lui ouvrir sa cage à fruits. Pour les amants : le *flamenco* est un spectacle rituel de la violence pulsée et répétée du désir (« ... et si je t'aime prends garde à toi ! »). Et pour le public : la *corrida* est le spectacle rituel, carnavalesque, du lynchage social de celui qui ne fait que suivre aveuglément les incitations.

Ainsi le sujet souverain se met en pièces pour contenir la violence mimétique et maintenir la cohésion sociale[2]. Du coup, le pouvoir souverain qui met en pièces le sujet souverain est l'objet fondamental du désir mimétique, bien que le pouvoir soit une relation.

Efficacité des rituels sacrificiels et occultation des substitutions

« Visita Interiora Terrae Rectificando Invenies Occultum Lapidem. »
[" Visite l'intérieur de la terre et par rectification tu trouveras la pierre cachée. "]
Devise Alchimique

« Nous avons découvert le bonheur, nous en savons le chemin, nous avons trouvé l'issue à travers des milliers d'années de labyrinthe. »
Friedrich Nietzsche, *L'Antéchrist* (1888)

Les corps retombent spontanément dans l'imitation indifférenciée ; et c'est là que les pratiques culturelles s'emploient continuellement à les arracher à cette gravité tragique. Interdictions, rites, et mythes, sont les institutions de la conjuration des violences mimétiques.

« Il faut défendre la société » : voilà la fonction essentielle de la justice des hommes. Donc, le processus rituel sacrificiel sera répété autant que nécessaire : déclaration unanime de culpabilité, exécution de la peine, réconciliation, co-mémoration mutique et divinisation des disparus.

---

[1] L'opium, le cannabis et l'ergot de seigle hallucinogène sont connus des Grecs érudits de l'Antiquité. Il n'est donc pas du tout exclu que certaines de ces substances aient été mélangées au vin des dionysies pour déchaîner les foules et provoquer des phénomènes collectifs spectaculaires.

[2] Dans la Modernité, la prison panoptique est le lieu du déchaînement de cette logique de la « mise en pièces ».

Les rites sont par définition répétitifs. Les adopter c'est une manière de dire qu'on appartient à une communauté de valeurs qui se reconnaît dans l'opération. Et c'est ainsi que la communauté se clôt de nouveau sur elle-même dans la méconnaissance de son processus sacrificiel fondateur.

La répétition du rituel sacrificiel permet à chaque fois de rajeunir la paix. Il faut dire, à chaque victimisation de mauvaise foi, au plus fort du déchaînement de la violence mimétique, l'idée que tout se vaut déferle, et la plainte inracontable de la victime émissaire se trouve toujours plus noyée (« tout le monde à ses raisons »). Cette loi du silence à propos du mécanisme sacrificiel, c'est le blabla[1] : sacrifice, masquage, enrobage, lustrage.

Quand l'humanité et la société sont en morceaux, la fabrication du monstre participe d'une recomposition de parties qui justement ne tiennent plus ensemble. C'est le bricolage du social. Et c'est auprès du représentant de celui-ci – le prêtre qui justifie son ministère par son rapport privilégié à l'au-delà – que les sujets exprimeront rituellement leur responsabilité pleine de gratitude, c'est-à-dire leur fidélité.

Du désordre civil de tous contre tous à la violence mimétique canalisée de tous contre un, en fait pour la raison d'État, il vaut mieux qu'un homme meure pour maintenir la paix entre tous : « Mieux vaut une injustice qu'un désordre[2]. » Et c'est justement là tout l'honneur sacré de la victime sacrificielle que de résoudre cette équation. Mais pour cela il faut que tous croient dans la culpabilité de l'altérité de cet autre, afin que chacun voie son voisin de communauté comme innocent. Or c'est justement la fonction des mythes que de fonder cette croyance salvatrice dans une communauté : les mythes sont des mensonges qui disent la vérité.

Et cela dit au passage, pour s'intégrer dans le groupe, le sujet individuel ferait mieux d'y croire ; car comme le soulignait déjà John Maynard Keynes, analyste de la persistance des comportements moutonniers au cœur financier des sociétés occidentales modernes : « Mieux vaut pour la réputation de l'investisseur échouer avec la convention que réussir contre elle. »

On a là un déterminant considérable du problème écologique actuel. Il y a pollution de l'environnement, mais nulle solution par une « prise de conscience » n'est à espérer. Car ce n'est pas tellement un phénomène inconscient, mais bien plutôt c'est un phénomène occulte, occulté ; c'est quelque chose que l'on préférerait ne pas voir. En ce cas, dans la tragédie des biens communs, la nature est le bouc émissaire (la « nature » est à la fois désirée et haïe).

---

[1] C'est un néologisme inventé par Louis Ferdinand Céline : « flatulences verbales » par lesquelles les vanités se pavanent pour recouvrir la putréfaction de la réalité sociale corrompue. D'où son attaque contre le « verbe » de la « communication », dont la « transparence » n'a jamais été qu'une illusion, un miroir aux alouettes.

[2] Adage formulé ironiquement par Goethe.

En fait, l'archétype du problème écologique, dès l'enfance, c'est l'élève très bruyant qui fout le bazar dans une classe déjà dissipée. Il pourrit l'environnement de tous et nuit à la diffusion des savoirs (« *Look Up !* »). En l'occurrence, le silence propice à l'élévation à la connaissance est ici lui-même le bouc émissaire (à la fois désiré et haï). Le mot d'ordre mimétique vers le désordre obscur est le plus fort. Et lorsqu'on demande au pollueur de baisser le ton, il rétorque « Ah c'est bon ! Y'a pas que moi ! »[1]. D'instinct, la grande gueule dénie d'être individuellement responsable de ses actes. La faute de l'autre est supposée excuser celle de l'un. C'est la force du groupe qui le conditionne (après tout, l'élève, c'est un mineur). Indifférenciation totale dans la violence généralisée.

Reste au demeurant qu'il y a déchaînement de la violence mimétique dans la production d'externalités négatives, ça file un mauvais coton. Et bientôt ce sera la ruée vers le boucan. Et dans ce groupe il y a les grandes gueules, alors pour le pédagogue, il faut les ramener à la responsabilité individuelle, il faut leur répondre : « Oui peut-être, mais d'abord il y a toi aussi ; et ce serait déjà ça de moins. » Mais enfin, toujours est-il que l'autorité de cette intervention de police dépend justement de moyens de police pour ancrer la convention normale dans un respect du bien commun (le silence). Et tout cela n'a rien à voir avec une prise de conscience individuelle raisonnable qui fonderait idéalement le comportement sur une décision rationnelle. On voit bien par-là même très concrètement que l'existence des biens communs est fondamentalement tragique.

Il y a, concernant les rituels sacrificiels, une nécessité d'inconscience, une nécessité d'ignorer ce que l'on sait pourtant, une nécessité d'occulter : une volonté de ne pas savoir persiste. Cela touche aux thèmes mystiques de l'occulte : l'interdit, l'initiation, le retournement, le double, le remplacement, la métamorphose…

De ce point de vue, la religion monothéiste juive introduit une nouveauté historique considérable par rapport à la connaissance anthropologique de l'homme par lui-même : le récit biblique expose explicitement le rôle de la victime, du mythe, et des rites dans la vie des hommes. Du coup, tenu pour être venu de l'au-delà, c'est le texte lui-même qui devient sacré.

Pour autant, tout ne peut être révélé, dans la religion du Livre, il y a un redoublement du péché originel sans fin. Adam et Ève sont chassés du paradis, certes. Mais ensuite, le fils aîné d'Ève, Caïn (le laboureur) tue Abel (le pasteur). Car, rongé par la jalousie, Caïn n'arrivait pas à supporter que, en

[1] Passons sur la stratégie rhétorique d'attaque du messager quand on n'aime pas le message, ce n'est pas le plus important ici. De même, l'exclusion du perturbateur de la salle réaliserait la parabole lacanienne du refoulement de l'inconscient. Il faut rester ensemble. Reste qu'en fait, dans l'école de la République, le respect du silence commun devrait être la première leçon, car son application est la condition de possibilité du déroulement de toutes les autres.

dépit de son sacrifice, le sacrifice d'Abel ait plus plu à Dieu. Et pourtant, dans son infinie sagesse le Très-Haut porta ensuite sur Caïn la marque, afin que tous le reconnaissent et que nul ne le tue, et qu'enfin Abel justement ne soit pas vengé. Il put ainsi aller fonder la première cité, où le sacrifice fut répété : le rituel mime la scène première afin de conjurer la crise (*catharsis*). Et manifestement, l'Homme n'arrive toujours pas à en finir avec cette histoire.

Le mécanisme sacrificiel n'est pas conscient, il n'est pas inconscient non plus, il est mé-conscient : occulte (ainsi, le satanisme, c'est la revanche du bouc). Du coup, le sacré est non pas un « au-delà lumineux » mais un « sombre ici-bas » : « Dormez, braves gens, toute société est fondée sur le meurtre[1]. »

Ainsi va le sacrifice de l'agneau pascal (*cf.* redoublement du sacrifice d'Isaac par Abraham). C'est un innocent notoire et pourtant sacrifié, afin de nous signifier comme pécheurs, et de manifester le monopole du jugement dans les mains du Seigneur (mystère).

Pour le sujet individuel, la foi est alors scepticisme de ses propres colères, et investissement (*credo*) dans une instance transcendantale du jugement à laquelle il s'en remet (« Le Seigneur »), afin de couper court à la loi du talion et d'ouvrir la possibilité de la grâce et du pardon, c'est-à-dire la possibilité de l'amour du prochain (au-delà d'*éros* et de *philia* : *agapè*).

Ainsi, dans la filiation, ayant compris le fondement anthropologique de l'abjection/mimétisme, la stratégie religieuse du rabbi Jeshua, lorsqu'il monte sur Jérusalem, est alors de se laisser appeler « fils de Dieu », afin de provoquer le sacrifice de l'innocent notoire, et de faire de la croix le signe, à la fois de la limite du politico-judiciaire immanent, et en même temps de la nécessité de la foi en un dieu transcendant (*credo*) : « Je ne suis pas venu en seigneur, mais en soutien, je suis votre frère en secret.[2] »

Aussi, du mythe d'Œdipe à celui de Jésus, il y a une différence majeure. Œdipe est notoirement coupable (régicide, parricide, et inceste, la totale !) mais il l'ignore. C'est une leçon typiquement hellénique sur la futilité de l'intention consciente prise dans les méandres de l'aléa, c'est encore une histoire de labyrinthe. Alors que Jésus, lui, est notoirement innocent ; mais face à Ponce Pilate le préfet de Jérusalem, il sait bien de quoi il est coupable (il a violenté les marchands du Temple, du coup les pharisiens veulent sa tête). Et comme son acte n'a rien à voir avec la Justice de Jupiter, il est remis à la Justice de Yahvé[3]. Mais enfin, ce préfet romain, ce délégué de la souveraineté romaine est là en poste pour oppresser la souveraineté juive, c'est l'esprit de

---

[1] *Cf. Matthieu* (10 : 34) : « Je ne suis pas venu apporter la paix, mais le glaive ». Et *Matthieu* (13 : 35) : « J'ouvrirai ma bouche en paraboles. Je révélerai des choses cachées depuis la fondation du monde. »

[2] *Cf. Nag Hammadi*, III.5.

[3] Si Jésus avait revendiqué son acte au nom de Rome, Ponce Pilate – en poste de 26 à 36 – l'aurait condamné pour insubordination car sa mission était, pour l'instant, de maintenir l'ordre public.

sa mission, or, comment oppresser au mieux le cœur de ce peuple d'Israël ? Est-ce attaquer le Temple, ou est-ce attaquer cet homme ? Après tout, cet affaiblissement de l'emprise des pharisiens sur la population aurait pu être vu d'un bon œil par Pilate… Ce rabbi dissident aurait pu lui être utile… Mais par un débordement pourtant peu convaincant a priori, là où Jésus aurait pu être amalgamé par les pharisiens comme agent de l'oppression romaine (il attaque le Temple et instille la division), c'est finalement les pharisiens qui seront désignés par les Apôtres comme étant de mèche avec les Romains. Cela implique un déplacement du lieu sacré de la manifestation du dieu d'Israël : du Temple vers le corps du Christ. Et avec du recul, l'opération prend sens. L'autel du Temple finira foudroyé.

Moralité, pour la raison d'État : si un subordonné accuse ses chefs de trahison, et qu'il le fait auprès de l'autorité corruptrice extérieure qui a forcé cette trahison des élites, alors il finira crucifié[1]. C'est là une nécessité de l'exercice du pouvoir[2].

Dans la rivalité entre Jésus et les pharisiens, il y a deux audiences dans cette affaire : Jérusalem impuissante, et Rome toute puissante. Dans les siècles qui suivent, Rome a pu s'imaginer être Jérusalem pour prendre le beau rôle dans cette histoire. Mais, ironie de l'histoire, comme de juste, cette conquête du Royaume des Cieux s'est accompagnée du déclin de sa puissance dans l'ici-bas.

En fait, le christianisme est impossible à vivre pour la raison d'État, pour la simple raison qu'il dit la vérité sur l'activité sacrificielle[3]. Après lui, l'inconscience mythologique du mécanisme sacrificiel est supposée prendre fin[4]. D'autant qu'il annonce que viendront des martyrs (« témoins ») qui accentueront la conscience de l'innocence de la victime sacrificielle.

Et, coup de génie dans la théorie de ce dieu d'amour : dans le monde violent des hommes, le divin non violent a pu révéler son existence, non par son absence, mais par sa disparition. Car pour que cette désertion, cette défection soit rendue visible, il aura fallu qu'il vienne d'abord au monde, pour qu'on attende ensuite son retour. Ainsi, le salut s'installe comme intériorité d'attente en lieu et place de la terre promise. Et cette nouvelle alliance propose

---

[1] C'est le gnostique Jean qui rapporte que Pilate fait poser le *titulus* parodique sur la croix infamante (pour ceux qui ne sont mêmes pas dignes d'être décapités) : *Iesus Nazarenus Rex Iudaerum* (« Jésus le Nazaréen, roi des Juifs »). C'est ce symbole scandaleux pourtant qui se donnera, autour de l'an mil, comme signe de ralliement des chrétiens dans l'Église (à peu près à la même époque d'ailleurs où se généralise l'utilisation du terme « prophète », du grec *prophétès* : « qui dit à l'avance »). Et ensuite, à partir du XIIe siècle, le Christ en croix – qui est d'abord glorieux –, apparaît douloureux.

[2] Tout lanceur d'alerte devrait méditer cette leçon. Auprès de quelle instance vient-il porter sa doléance ?

[3] Et comme de juste du coup, l'assujettissement monétaire s'éteint durant le très chrétien Moyen Âge occidental.

[4] *Cf. Luc* (23 : 34) : « Père, pardonne leur car ils ne savent pas ce qu'ils font. »

de remplacer l'union dans le mensonge et la violence par l'union dans la vérité et la paix. Belles promesses…

Bien entendu, pour la raison d'État, ce type d'unification n'est pas stable. Le pardon et la rédemption ne se sont jamais réellement imposés comme principe de régulation civile. La communion peut être périodique, mais ne peut pas être un état continu du temps quotidien qui est tissé de rivalités et de transactions civiles agonistiques (conflits d'intérêts).

Ce qui empêche les belles idées rationnelles et bien sages de s'appliquer dans la réalité, c'est le phénomène humain montré par le dilemme du prisonnier. Plus que tout, c'est de l'homme dont l'homme a peur. Alors on déclare la guerre pour éviter d'avoir à la subir. Tragédie de la prophétie autoréalisatrice : l'homme ne se fait pas confiance, il se déteste et se donne à lui-même ce qu'il croit mériter. Alors on retient du mieux qu'on peut nos pulsions de solutions radicales bonnes pour toujours et à jamais. Mais on voit bien en ce début de XXIe siècle que nous sommes à deux doigts de craquer en Occident. La réalité humaine n'est qu'un meilleur des mondes possibles, un maximum sous contrainte, au mieux un optimum.

Restons encore un peu sur ce point de la conflictualité civile par rapport au religieux ; point qui fera un nœud considérable dans les théories religieuses ultérieures. Pour tirer directement la perspective par-delà les guerres de religions : dans la théorie moderne de la machine de guerre, on part des conflits d'intérêts et des calculs de coûts par rapport aux espérances de gains. Clausewitz notamment, définit la guerre comme un duel dans lequel, par un acte violent, une partie cherche à imposer sa volonté à une autre. Le problème donc ici, c'est qu'on présuppose une violence rationnelle, la violence comme ressource, dans une compétition pour l'autorité. Or pour l'hypothèse mimétique, la violence est autonome, elle n'a pas besoin de présupposer des volontés, et encore moins des volontés individuelles. Mais elle peut toujours prendre la rationalité pour prétexte d'occurrence. Ça reste prétexte. Pour analyser positivement des rapports de force, il est donc préférable de présupposer des interindividuels et des interactions[1].

Le problème avec les interactions violentes dans la culture commune, c'est que le comportement stratégiquement dominant doit contenir des moments occultes, il consiste à dissuader et démoraliser l'adversaire par l'exhibition d'une irrationalité radicale (afficher l'absence totale de défense, et s'affirmer déterminé à la destruction mutuelle si nécessaire (« Je suis un fou moi ! Ne t'approche pas ! »)). La raison stratégique présuppose une folie : cela implique une mentalité apocalyptique (le jugement dernier est moment de révélation).

Dans cette mentalité apocalyptique (à la fin, il ne restera qu'Un), l'histoire révèle qu'il y a une sorte de potlatch des souverains les uns à l'égard des

[1] Cela apparaît particulièrement nettement concernant la pensée stratégique de la guerre nucléaire (*cf.* « dilemme du prisonnier »).

autres. On parle « d'équilibre de la terreur ». Y sont dépensés : de jeunes hommes tombés pour la patrie, des civils victimes collatérales, des kamikazes, des martyrs et autres sacrifices humains pour nécessités de guerre. Cette transaction suprême élève l'horreur des violences mimétiques au niveau des rivalités de grandeur des identités collectives, que représentent les hommes de pouvoirs lorsqu'ils cherchent à afficher leur puissance et crédibiliser leurs alliances en s'asseyant à la table des négociations internationales (« Et toi, donc, qu'est-ce que t'as déjà sacrifié *à la cause* ? »).

Pour conclure : dans les transactions civiles agonistiques, au niveau individuel, en fait la rareté est produite par la polarisation mimétique[1]. La rareté dépend de l'avidité[2]. Ensuite, la violence se propage par contagion (prise à partie). Cela dit, la violence n'est pas première, c'est plutôt le désir (de ressembler).

Et ensuite, cet incendie social qu'est la violence est anthropologiquement au fondement de la pratique sacrificielle, qui polarise et marque la fondation des communautés[3].

Et alors, après l'hystérie, il y a *catharsis* (purgation) : après la tempête du déchaînement de la rage colérique destructrice de la foule... l'épuisement, la douleur, la consolation (« ne me quitte pas... »)... Le sujet retrouve l'humilité de sa condition humaine, une certaine forme de sagesse... Dans un autre Finistère... L'image de la mère douloureuse de la victime sacrificielle vient à l'esprit : *Stabat Mater*. Les antagonistes polarisés observent leur réconciliation.

À partir de là, apaisé, lavé du mal de la haine de l'autre, le sujet peut rentrer dans l'absolu de la vérité, par le langage[4]. L'ordre sort ainsi du désordre[5]. Le sentiment de réconciliation est général. Et en outre, ce sentiment social de réconciliation prouve après coup la culpabilité de la victime émissaire puisque la destruction de l'ennemi a effectivement produit la réconciliation.

Le désir mimétique est calmé pour un temps...

Par la suite, le sacrifice d'une victime de substitution de la victime émissaire peut être ritualisé pour conjurer le retour de la violence intestine. À chaque fois qu'il y a un désastre, une famine, une sécheresse, une épidémie,

---

[1] *Cf.* « la tragédie des biens communs » vue plus haut.

[2] Marshall Sahlins par exemple, soulignait qu'il n'y avait pas de « rareté » à l'âge de pierre.

[3] Rem. : Cet énoncé est en rupture d'avec la sociologie républicaine des religions de Émile Durkheim, pour qui le religieux est *une* expression de la société, alors que pour René Girard, il en est le fondement nécessaire.

[4] On peut comprendre aussi par là à quel point l'activité baptismale est fondamentale dans la liturgie complexe des activités de conjuration du mal (d'ailleurs, c'est Jean-le-Baptiste qui appelle Jésus « l'agneau de Dieu »).

[5] Léviathan signifie « chaos primitif » en hébreu.

alors resurgit la nécessité de faire des sacrifices (*cf.* « *Akedah* » : le sacrifice par Abraham de son fils Isaac offert en holocauste sur l'autel[1]).

Le sacrifice humain est tenu pour être plus puissant que le sacrifice animal. Cela dit, la victime émissaire peut très bien être adoptée de l'extérieur : on laisse d'abord l'agneau entrer dans le groupe, gentiment, mais à destination de la fin sacrificielle (*cf.* rite du *pharmakos* à Athènes où des miséreux sont lapidés). Cela se détecte par le défaut d'intégration de l'individu dans le système interne de la rivalité mimétique : c'est celui qui marche parmi nous mais qui n'est pas des nôtres, parce qu'il ne désire pas les mêmes choses que nous (« il ne joue pas le jeu »)...

Enfin, le dépassement du sacrifice humain ne se fait pas en y renonçant, mais en opérant une substitution d'objet sacrificiel. Reste que, pour que l'occultation soit efficace, il faut que le choix d'objet de substitution exhibe une fidélité à la tradition symbolique qui identifie le groupe[2].

On sacrifie à la liquidité

« À quoi bon des poètes en temps de détresse ? » (1800)
« Il est proche et difficile à saisir, le dieu ! Mais là où croît le péril, croît aussi ce qui sauve. » (1803)
« Les poètes fondent ce qui demeure. » (1803)
« Vivre c'est défendre une forme. » (1804)
Friedrich Hölderlin

« La forme de la monnaie ne s'esquisse pas dans le ciel abstrait de la marchandise et de sa représentation, mais dans le jeu du sacrifice et de son simulacre. »
Michel Foucault

« Le langage est le simulacre où se donne la présence des choses. Seulement leur présence... Et s'il tente de s'avancer dans cette distance, alors qu'il est lui-même la distance, il est langage de fiction. »
Michel Foucault

Les sacrifices rituels s'inscrivent dans un ensemble de pratiques de dons de biens précieux que l'on fait dans un grand nombre de sociétés au cours de quatre occasions essentielles.

D'abord viennent les sacrifices faits aux « êtres surnaturels » (« grands esprits », morts anciens et proches disparus).

---

[1] Le lieu sera désigné par la suite comme étant le Mont du Temple à Jérusalem. Cela dit, l'infanticide était pratique courante chez les peuples sémites, comme chez les Romains d'ailleurs, mais pas chez les Juifs. Ainsi, encore au Ier siècle apr. J.C., Tacite qualifie d'excentrique la coutume des Juifs qui consiste à ne sacrifier aucun nourrisson.

[2] Par exemple, dans le christianisme, la substitution, il *faut* y croire. C'est ce qu'entraîne le rite eucharistique (*mistero della fede* : « mystère de la foi... »). Le sujet y met en jeu la possibilité même de sa subjectivité (*credo quia absurdum... certum est quia impossibile* : « J'y crois justement parce que c'est absurde... C'est certain, puisque c'est impossible »).

Le second paiement c'est les échanges cérémoniaux du type *kula* ou *potlatch*, dans lesquels les chefs rivalisent de prodigalité.

La troisième occasion est le *wergeld* (ou « prix du sang »), c'est-à-dire la compensation après un meurtre, versée au groupe de la victime (l'autre manière de réparer le meurtre étant de donner une fille à marier au groupe de la victime).

Et enfin le *bridewealth* (ou « paiement de la fiancée ») : souvent assimilé par erreur à un achat, il s'agit en fait de la compensation donnée au groupe d'origine de la fiancée (en général au frère de la mère de la mariée), c'est le « paiement » par excellence selon la plupart des anthropologues.

De là, on peut raisonnablement inférer en généralité que, d'une certaine manière, la fonction culturelle d'un système monétaire c'est précisément de contenir les éruptions de dettes déchaînées qui réclament à se solder sur-le-champ.

Cela dit, en tant que porteur de processus de substitutions considérables, l'argent, positivement, c'est un opérateur qui voile des choses…

Reste que dans tous les cas, le sacrifié ici c'est le sujet (qui fait « amende honorable »), qui est l'objet contre et autour duquel se réunit la communauté[1].

Mais alors, clarifions un point : en quel sens peut-on dire que l'on vouerait un culte à l'intermédiaire des échanges lui-même ? Ça parle d'adoration… mais enfin dans le cas de l'argent, personne ne songe sérieusement que l'argent soit un dieu. Et pourtant : « L'or, cette relique barbare » disait John Maynard Keynes…

Au-delà de la volonté de bien-être (du sujet individuel), il y a une volonté de puissance (du sujet souverain de la raison d'État). Il y a un *désir* d'argent (une volonté involontaire, plus forte que soi). Un principe de responsabilité vient se glisser par-là : on veut de l'argent pour pouvoir « voir venir », pour « avoir du répondant »… Alors certes ce désir est potentiellement insatiable, mais laissons ce problème de côté pour l'instant. Le point important ici c'est que, par-là même, la monnaie se fait opérateur de la raison d'État du souverain dans les sujets individuels[2].

La monnaie est ce qui est désiré par tous. Et tous sont animés par un désir d'argent. Derrière le désir de richesse, il y a un désir d'argent, un désir de capacité à obliger autrui. Les acteurs veulent du cash (entendez « cache »), de la trésorerie… Une capacité à se libérer à discrétion de toute dette ou obligation qui pourrait survenir et à laquelle il faudrait se plier (le souverain a par définition une aversion à cet état tributaire).

---

[1] Par exemple, en pratique ascétique, les *fakirs* (brahmanes soufis) sacrifient le corps.

[2] À ce stade, le cadre d'analyse conventionnaliste permet déjà de conclure que la monnaie est symbole de souveraineté – autonomie de droit et de fait – à laquelle aspirent les individus. Mais ça ne renseigne pas plus sur le fonctionnement symbolique/diabolique de ce symbole de souveraineté.

La monnaie a ainsi pour rôle social de polariser les passions dans une communauté. Tous sont polarisés vers la reconnaissance de dette du souverain.

De la sorte, la société moderne est une société de suppôts : tout le monde déteste les riches, mais tout le monde veut le devenir. Ainsi, ce culte occulte se déploie dans l'ambiance d'un fantasme généralisé de jouissance perverse comme signe de la richesse, un fantasme de corps aux pulsions détournées et exploités pour l'émotion d'un seul.

L'homme est animé de passions. Passions qui sont d'autant plus prédatrices à l'égard de son prochain que la contrainte de rareté est intense. Or, dans la vie animale, on n'a jamais vu deux chiens échanger leurs os, les chiens ne connaissent que la prédation et la soumission. Cependant, au-delà de la simple vie animale, l'existence de la communauté humaine implique d'y conjurer la contagion possible de la violence et de la peine (et notamment de la violence issue de cette peine, de cette dette originelle de l'homme à sa condition animale incarnée qu'est : la faim).

Alors, la monnaie, en permettant la polarisation des passions vers son acquisition et son accumulation, permet de couper court aux potentiels du cercle infernal de la vengeance. En rendant visible les flux de reconnaissance du ventre, la monnaie met de l'ordre dans les tensions intestines.

La monnaie permet de transubstituer la volonté de vengeance en volonté de revanche, dans la mesure où la polarisation des ressentiments et des espoirs de revanche se fait vers le totem monnaie. Les individus y sacrifient ce qu'ils ont de plus précieux : leur temps et leur peine.

Dans la philosophie des Lumières, ça fait penser à la parabole du jeune homme pauvre et ambitieux chez l'économiste Adam Smith : on y voit ainsi que le désir d'argent pousse les individus à s'efforcer de faire société, c'est-à-dire à s'efforcer de tenir leurs promesses intéressées. Parfait. Son mentor, le moraliste David Hume, qualifiait déjà ainsi la passion acquisitive canalisée vers la monnaie comme un *Artifice Non Arbitraire*. Le développement spontané de cet artifice étend la sympathie des individus pour leurs proches (liés par des liens de connexité), à l'ensemble de la société. C'est-à-dire qu'il étend la sympathie pour les proches, à la sympathie pour les similaires (par liens d'équivalences), et pour les ascendants/descendants (par liens de causalité)[1].

Bref, parce qu'elle est désirée par autrui, la monnaie sera désirée ; en tant qu'elle permet d'obtenir d'autrui ce que l'on désire. Le déchaînement de la violence mimétique est ainsi contenu par le rite sacrificiel pour la monnaie, rite dont le processus fonde l'ordre social. De sorte que, la peine du travail –

[1] Nous verrons par la suite que c'est par ces liens d'ascendances (qui sont entremêlés par définition avec un discours d'explication causale de l'origine du sujet individuel), mais aussi par ces liens de proximités, et par ces liens d'équivalences aussi que transite l'assujettissement monétaire : par la Lignée, par la Terre, et par le Nombre (*cf.* Chapitre 3).

sacrifice – se métamorphose en salut, en reconnaissance, en une promesse de plaisir, représentée par le revenu du travail.

Travailler afin de gagner de l'argent : c'est culturellement une polarisation mimétique des efforts et des violences sur un fétiche bouc émissaire (la monnaie), à la fois désiré et haï, et dont la reconnaissance de la valeur, à travers l'acte même du rite sacrificiel, forme l'identité commune des citoyens travailleurs. Dans une communauté travaillante, le sens des responsabilités met tous les travailleurs sur le même rang : équivalence généralisée, substitutions, nul n'est irremplaçable, indifférenciation. Comme dans une chaudière, la violence est à la fois incitée et contenue par le rite sacrificiel pour la monnaie.

Ainsi, dans un système libéral, la concurrence met en lumière les gagnants retenus à la postérité, et projette les perdants dans une obscure métamorphose ; là encore c'est une substitution d'objet vers lequel se dirige l'espoir de revanche. Les individus sont appelés à faire de leurs ressentiments des motifs pour l'effort : il faut être constructif et essayer de changer les choses plutôt que d'être en colère contre elles (fut un temps, c'était « changer le monde », aujourd'hui, c'est se changer soi-même pour devenir à son tour un « gagnant »). La jalousie se transforme en cupidité ; et la cupidité incite au travail. Et ainsi, repliées dans l'effort au travail, toutes les agressivités se rendent utiles aux autres. Tout rentre dans l'ordre.

Ainsi, les individus s'y reconnaissent les uns les autres, s'y aiment eux-mêmes (« *self-love* »[1]), s'y lient, s'y différencient, s'y affectent, s'y félicitent de leur sympathie. Les flux de reconnaissance de la communauté à chacun de ses membres se superposent alors *de facto* aux flux monétaires, formant un ordre social différencié, hiérarchisé, légitimé et stable, c'est-à-dire une harmonie[2].

Pour reprendre en bref, du point de vue mimétique, les acteurs économiques sont mus bien plus par des pulsions irrationnelles de domination que par une idéale rationalité instrumentale. L'usage de la rationalité instrumentale peut apparaître comme n'étant qu'un moyen pour dominer. Par exemple, il faut voir les choses en face : les agents économiques sont mus par un désir, non de produire, mais de faire de l'argent, c'est-à-dire par un désir mimétique selon l'autre lié à un désir mimétique du désir de l'autre (« Que dois-je apporter aux autres pour qu'ils s'endettent auprès de moi ? »). Et plus

---

[1] N.B. : à l'opposé de la vision smithienne fondatrice de l'économie comme science, chez Rousseau l'homme naît bon, et la société le rend mauvais en aiguisant son « amour-propre ». L'amour-propre c'est le mal pour Rousseau.

[2] Rem. : le système se boucle en ce que le travail pour l'acquisition de monnaie, crée des richesses, donc détruit de la dette, c'est-à-dire détruit de la monnaie. En somme, en quelque sorte, le volume de monnaie en circulation est une proportion de « justice en suspens » de résolution. Cela correspond avec l'hypothèse d'un lien social fondé sur la dette, c'est-à-dire sur le devoir, forme juridictionnelle de la nécessité.

on y croit, mieux ça marche : ceux qui croient que tout s'obtient avec de l'argent sont généralement prêts à n'importe quoi pour de l'argent (et comme ça renforce la puissance du souverain, l'artifice est « non arbitraire »).

Mais plus encore, derrière le désir d'argent, il y a un désir de liquidité qui implique une extension des domaines de substituabilités. Et c'est là que des occultations étranges commencent.

La liquidité est une sorte de fongibilité, c'est la capacité d'un actif d'être plus ou moins immédiatement (rapidement et sans coût) convertible en moyens de paiement, en moyen de libération de la dette. Un bien quelconque n'est pas liquide (qui accepterai aujourd'hui de se faire payer en baguettes de pain ?), et à l'opposé la dette du souverain est très liquide (tout le monde l'accepte en paiement parce que tout le monde l'accepte en paiement). La liquidité est une propriété de substituabilité émergente d'unités d'avoirs échangeables dans la globalité de leur caractère massif, molaire. Tout comme pour l'eau à l'origine de l'analogie, la propriété de liquidité n'a pas de sens pour une molécule prise individuellement, mais, à l'inverse, pris en masse, elle peut mener à la limite jusqu'à caractériser la profondeur d'un système d'échanges (profondeur obscure…). Ainsi, tous les actifs, des plus immobilisés, fixes et spécifiques, aux plus circulants et immatériels, tous les actifs peuvent être classés par degré croissant de liquidabilité. La monnaie étant l'actif purement liquide par définition.

Détenir ses avoirs sous forme liquide permet de s'adapter à la survenue d'évènements surprises, par contre, des actifs immobilisés prennent le risque de se prendre une vague de changements dépréciatifs en pleine face (détenir la valeur d'un million de dollars sous la forme d'une usine plutôt que sous la forme d'un stock de monnaie expose l'avoir à plus de risques, donc la détention d'avoirs sous forme liquide est la moins risquée par définition). De là, John Maynard Keynes avait défini dans les années 1930 chez les sujets individuels une préférence pour la liquidité comme une disposition psychologique à l'égard du temps, c'est-à-dire face à l'incertitude. C'est un aspect d'une préférence pour le présent mesuré par le montant des avoirs conservés sous forme de monnaie. Il s'agit d'une conservation d'un droit à consommer sous forme immédiatement mobilisable, autrement dit sous forme réversible. Ainsi, la préférence pour la liquidité, c'est ce qui explique la détention d'encaisses monétaires au-delà des besoins transactionnels.

Et on comprend tout de suite qu'en cas de forte incertitude, lorsque la rumeur de la crise se rapproche, la préférence pour la liquidité sera forte (et donc la demande de monnaie sera forte, on rentre les petits à l'abri). Et au contraire, quand l'incertitude est faible, les individus sont plus enclins à immobiliser leurs avoirs et prendre des risques dans la production pour augmenter leur rendement. Ça développe l'activité. Et a contrario, on comprend aussi par-là que les crises de liquidité sont au fond des crises de rivalités.

Dès lors la sphère monétaire n'est plus neutre par rapport à la sphère réelle de la production. Des chocs d'incertitude peuvent venir provoquer des vagues de liquidations paniquées qui peuvent impliquer de considérables dévalorisations de stocks. Des sommes extravagantes peuvent littéralement partir en fumée lors d'une crise financière. On comprend que la « sphère monétaire » peut, à travers des phénomènes spéculatifs de panique analogues aux déchaînements de violence mimétique, absorber de la valeur comme en faire apparaître *deus ex machina*.

Mais, de quelle dimension, de quel trou noir, apparaissent ou disparaissent ces réalités ? Ce qu'on peut dire en fait, c'est que cet espace – ce non-lieu déterminant de l'actuel – est virtuel, spéculatif. Car derrière les circulations de dettes, c'est du risque qui circule, s'échange et s'évalue sur les marchés monétaires et financiers. C'est dans la vaste noosphère des croyances que quelque chose bouillonne au cœur des équilibres financiers[1].

Parce qu'elle alimente le capital et met en action le travail, la monnaie informe, reflète et contient cette dimension hétérotopique d'incertitude, elle-même harmonisée d'une cartographie quadrillante de calculs stratégiques de risques. La monnaie est alors le symbole même d'un rapport du réel aux possibles, de l'actuel aux virtuels – rapport à la fois mesuré et passionnel.

Au-delà de l'exhibition spectaculaire de sa puissance militaire, dans la logique du sacrifice, la raison d'État du sujet souverain y apprend le principe du moindre mal. Mais pour le sujet souverain il ne suffit pas de se payer de mots. Pour fonder sa crédibilité, il y a des nécessités auxquelles il faut savoir sacrifier (et notamment il faut savoir sacrifier à la nécessité de sacrifier).

Pour cela, il s'agit d'exploiter une anomalie paradoxale mais possible du schéma économique fondamental : une peine est dépensée, mais en vain. Par exemple, un tas de pierres est assemblé mais il n'a aucune fonction productive a priori. C'est irrationnel. Comment cela est-il possible ? Est-ce cela le mal ? Est-il possible qu'une peine soit absolument vaine ? Elle prend sens forcément à un moment ou à un autre, non ? Pas sûr, ça reste en suspens…

C'est à partir de là que, pour le souverain se pose le problème du relien : la question de la grâce[2].

En effet, pour le producteur d'intermédiation, si on sacrifie des ressources, c'est pour la beauté du geste, pour se donner du crédit, du prestige. L'affaire a toute son importance pour le sujet souverain de la raison d'État. Il s'agit d'exploiter les illusions volontaires de la pensée causale : la dépense vaine, ostentatoire, sacrificielle. Par exemple : une pièce est jetée dans un puits, et puis on fait un vœu, ou encore, dans la culture hellénique il était d'usage de verser la première eau au sol en libation, en offrande aux dieux avant de la boire, etc.

---

[1] Étymologiquement, du vieux français *finer* : « payer, être quitte ».
[2] N.B. : le lien est avec l'extérieur, le relien se fait par l'intérieur.

Le don produit la charité. C'est ce que le mendiant fait en l'appelant. Ou encore, un cadeau symbolise l'amitié et la fait advenir. L'item marquera la mémoire du récipiendaire de la joie de l'instant. L'intensité de la valeur marchande investie par l'offreur signale l'intensité de sa volonté de participer à cet instant (cela dit, cette intention de créer un sentiment partagé peut n'avoir aucune valeur aux yeux du récipiendaire ou au contraire avoir beaucoup de valeur à ses yeux).

Bref, le souverain sacrifie ostensiblement à des valeurs (la gloire par exemple). Des valeurs érigées par là même en totems, et à partir desquels s'édifient des hiérarchies statutaires dans lesquelles s'inscrivent les sujets. Ils peuvent alors y investir leur temps d'activité, ce qui les amène à contribuer aux ressources du souverain afin d'obtenir de lui sa marque de reconnaissance (un Titre)[1].

Le rang des sujets qualifie alors la valeur de leur parole et la crédibilité de leur signature. Et finalement, la « qualité » de la signature de la promesse de l'émetteur fait la valeur de l'actif monétaire.

Cela révèle une vision selon laquelle la valeur des actes d'un sujet prouve la noblesse de son âme, et par extension de substitution, par assujettissement, la signature crédible de l'âme noble implique la valeur des actes qu'elle commande. Elle autorise.

Ainsi, pour la raison d'État il n'est pas nécessaire de fonder la souveraineté sur la violence physique. On peut potentiellement y substituer une violence symbolique. Mais enfin, encore faut-il sacrifier à la beauté de ce geste… De sorte que le sentiment de la dette se marque par l'inclinaison des corps.

---

[1] Le pouvoir d'une marque, c'est un pouvoir associatif ou dissociatif dans l'ordre du symbolique. Dans l'idéal, il s'agit de produire la confiance (rien n'est plus important pour une marque que d'entretenir la confiance).

FONDATIONS DE SOUVERAINETÉ

« Puis il les bénit en leur disant : “ Ayez des enfants, devenez nombreux, peuplez toute la terre et dominez-la ; soyez les maîtres des poissons dans la mer, des oiseaux dans le ciel et de tous les animaux qui se meuvent sur la terre. ” »
Genèse (1:28)

« Est souverain celui qui décide de la situation exceptionnelle. »
Carl Schmitt, *Théologie politique* (1922)

Un crédit, c’est une croyance avec échéance. Par contre, la foi, c’est une croyance sans conditions, et sans échéance.

Or, que les sujets aient foi en leur souverain, c’est ce que la raison d’État appelle. Car le pouvoir d’un souverain dépend considérablement de la fidélité de ses sujets. Il lui faut donc porter et reporter vers l’éternel la croyance en son pouvoir, par tous les moyens possibles à sa disposition. Et en fin de compte, à la foi en lui, le souverain répond par un octroi de crédit, qui s’accompagne d’une marque de reconnaissance.

Ce qui est essentiel à la fondation d’une souveraineté, c’est le contrôle des fonctions d’intermédiations.

Reste que ce phénomène ne repose pas forcément sur un monopole.

Alors, pour soutenir le crédit du souverain (en tant qu’autorité monétaire émettrice) ce que la raison d’État va attendre d’une monnaie, c’est qu’elle se lie avec sa machine de guerre et avec l’extension de la sphère marchande de ses lignes d’approvisionnement.

C’est que, le pouvoir d’achat d’une monnaie exprime le crédit de la parole de son autorité émettrice.

Le talent des marchands assyriens pour faire le cercle et le pont

« Ce monde n'est qu'un pont. Traverse-le mais n'y construis pas ta demeure. »
Hen. Apocryphes, 35

La généralisation de l'usage du bronze à partir du IVe millénaire avant notre ère – incomparablement plus solide que le cuivre pour la fabrication d'armes et d'outils – va impliquer l'extension des chaînes d'approvisionnement et des routes de commerce à travers les bassins égyptiens, mésopotamiens, et jusqu'à la vallée de l'Indus.

Au milieu du IIIe millénaire avant notre ère, la civilisation assyrienne apparaît, avec les fondations de la cité-État d'Ashur, bordant le fleuve Tigre au nord de la Mésopotamie. Autour du centre de la cité sont installés là des campements de tentes nomades qui recouvraient les plaines alentour à perte de vue. Ça grouille d'activités de partout. On imagine la nuit des multitudes de feux de camp illuminer la terre comme autant d'étoiles dans le ciel. Ashur est une sorte de grande cité circulaire comme on en trouvera beaucoup d'autres en Asie centrale, mais pour l'instant c'est encore une cité nomade dont l'urbanisme n'est pas planifié.

L'unité culturelle assyrienne ne repose pas sur une unité religieuse. On dénombre dans les premiers âges de la cité d'Ashur pas moins de 34 temples différents dédiés à des divinités de différents panthéons. La première civilisation assyrienne était cosmopolite et lettrée, s'adaptant – le plus souvent par la logique du tribut – à la présence fluctuante de puissants souverains voisins.

Le personnage fondamental de la première civilisation assyrienne c'est la figure du pasteur soldat, qui intègre le grand élevage pastoral nomade au service de la raison d'État du souverain dans un vaste système de circulations commerciales. En effet, les Assyriens mettent au point un ingénieux système de commandite bancaire familial de leurs caravanes.

Sur cette base, le développement des moyens de transport et les innovations logistiques permettent l'extension des marchés et le développement de la division du travail au sein de ces peuplades.

Les marchands assyriens d'Ashur, durant l'âge de bronze au tournant du IIe millénaire avant notre ère, se trouvaient à un nœud important, entre les cités hittites des plaines de l'Anatolie plus au nord, et les grandes cités des royaumes de Sumer et de l'Élam plus au sud (Babylone, Ur, Suse…).

Plus au nord, dans le Caucase prométhéen, berceau de la légende de la toison d'or, les mines d'or sont nombreuses[1]. Et des centaines de tablettes en

[1] La plus ancienne mine d'or du monde a été trouvée en Géorgie ; on estime qu'elle était exploitée déjà au IVe millénaire avant notre ère.

akkadien attestent de l'existence d'un réseau commercial de comptoirs assyriens étendu sur toute la zone.

Mais surtout, à l'ouest, les cités hittites étaient dénuées de mines d'étain, et leurs puissances militaires étaient donc plutôt faibles. Cela dit, elles accueillaient à bras ouverts les caravansérails assyriens en leur sein. Ces groupes de bâtiments s'élevaient sous forme d'enclaves circulaires : l'agencement de l'espace des alcôves marchandes prédispose des réciprocités entre les membres de sorte que, sur place, chaque marchand s'identifie aux yeux des autres, et toutes les transactions de chacun prennent pour témoin la présence des autres. Le cas échéant, le chef élu du comptoir (*karum*) exerçait ses arbitrages de litiges sous l'autorité du roi local (*rubaum*), selon le traité de commerce qui liait les deux familles. Il s'agit là d'un dispositif spatial de distribution des regards (un panoptique) qui résout, en lien avec l'institution familiale, le problème de l'authentification de l'identité dans les transactions. L'espace public comme lieu d'une visibilité croisée vient de naître, c'est le lieu d'un commerce des regards fait de surveillances réciproques qui font société.

Pour accéder à l'argent et à l'or des mines d'Anatolie à l'ouest donc, les Assyriens y apportaient de l'étain venu des riches mines de l'Élam situées à l'est du bassin mésopotamien. Étain qu'ils avaient payé avec leurs propres produits de laine de mouton, manufacturés au passage à Babylone.

Point important : les Élamites des plateaux iraniens sont ennemis des Akkadiens dont la culture est profondément enracinée dans le bassin mésopotamien. Les Assyriens font donc le pont entre toutes les civilisations de la région.

Pour la commande de toutes ces opérations de production, y compris pour celles du transport, l'unité métallique d'étain s'impose comme monnaie ; même si la mine d'argent sert de divisionnaire communément utilisé. Ainsi dans ce système, l'or et l'argent sont les contreparties numéraires de la ressource qui alimente la supériorité de la machine de guerre : l'étain nécessaire à la forge du bronze (aujourd'hui ce serait le pétrole). C'est de cette fongibilité spécifique d'avec les composantes de la machine de guerre que les métaux « précieux » tirent leur valeur d'échange.

L'unité du domaine transactionnel assyrien est assurée par l'uniformité de l'unité de mesure des poids communément utilisée au sein de cette culture marchande.

La plupart du temps, le lingot ou la pièce de métal précieux prend le nom de l'unité de mesure de poids qu'elle représente (par exemple : « une livre d'argent »). Et à l'usage, l'unité de poids prend le sens d'une unité de valeur en référence à laquelle on rapporte les autres substances, pour exprimer un prix.

Ainsi, le *talent* était une unité de poids qui a été introduite en Mésopotamie à la fin du IVe millénaire avant J.C. Ensuite elle a été normalisée à la fin du

IIe millénaire pendant la phase akkadienne-sumérienne. Elle est donc naturellement l'unité de mesure utilisée par les marchands assyriens. Le mot akkadien utilisé est *kakkaru*, qui vient de la racine sémitique *kkr* dénotant une pièce ronde, et signifiant « l'être circulaire ».

Le mot *talent* exhibe de nombreuses occurrences dans les textes antiques et notamment dans la Bible. Mais enfin, les Grecs, eux, dénoteront cette même unité par le mot *talenton*, qui signifie « étalon, échelle, balance, somme ».

Le *talent* fait approximativement le poids d'une bête. Et en subdivision, le *mina* (ou « mine ») en fait un soixantième (soit environ une livre, un demi-kilo). Et un shekel en fait lui-même à son tour un soixantième[1].

Cette unité de mesure a été d'abord utilisée par les Sumériens et les Babyloniens. Puis les Phéniciens la répandirent dans les échanges commerciaux à travers tout le bassin méditerranéen ; et elle fut donc utilisée également par les Grecs, les Hébreux et les Romains.

Le *talent* est l'unité de mesure la plus commune pour l'échange de métaux précieux entre souverains dans l'Antiquité. C'est notamment l'unité de mesure utilisée pour le paiement de tributs. Autrement dit, le *talent* était l'unité de mesure utilisée dans les négociations diplomatiques entre sujets souverains.

Évidemment, selon les lieux et les époques, la mesure n'est pas tout à fait exactement la même : 1 *talent* babylonien fait 30 kg, et 1 *talent* attique (grec) fait environ 26 kg d'argent. Cela fait 6 000 drachmes (et 1 mine = 50 statères = 100 drachmes). Le *talent* « attique » – dit aussi « *talent* du grenier » – correspondait à la valeur en or d'un bœuf, mais en cuivre (l'or valait 3 000 fois son poids en cuivre).

Un *talent* grenier d'argent valait 9 années de travail pour un homme, soit la rémunération mensuelle de l'équipage d'une trière. Et donc la drachme correspondait à la solde journalière du service militaire d'un mercenaire hellénique (et dans cet ordre de grandeurs, le chalque était la plus petite piécette grecque, elle était faite de cuivre).

Chez les Romains, le *talent* en général, cela correspond au poids du volume d'eau d'une amphore. Sachant que l'amphore quadrant fait environ vingt litres. Cela dit, l'unité romaine standard de capacité volumique est le *modius*, il fait à peu près 10 litres. Son divisionnaire de détail, le *sextarius*, fait un demi-litre. Pour le poids, la livre romaine (*libra*[2]) fait 324 grammes, divisible en 12 onces (de 27 grammes). Il y avait également la mine (*mina*) qui valait 16 onces, et le marc (*marca* : marque, limite, signe apposé sur le lingot de métal précieux) qui faisait une demi-livre[3]. Et puis, ce sera à partir de la

[1] N.B. : ce rapport se fonde sur l'arithmétique sexagésimale typiquement mésopotamienne. Cela est lié avec le calendrier qui mesure le temps. Car archaïquement, le shekel vaut une ration ouvrière journalière, la mine représente donc ce qu'il faut pour nourrir une cellule familiale élémentaire pendant un mois.

[2] Du grec *litra* (d'où sortira le français « litre ») : « poids du métal fondu ».

[3] À partir du XIIe siècle apr. J.C., *mark* dénote un poids de métal précieux de 8 onces.

République (au Ve siècle av. J.C.) que la livre deviendra une unité monétaire où 1 *talent* d'argent pèse 100 livres.

Chez les Hébreux, on utilise le *talent* babylonien, et la mine équivaut à cent deniers (le denier est une unité d'offrande au temple (idéalement en argent)). Ainsi, la reine de Saba versait 666 *talents* d'or par an, en reconnaissance au Roi Salomon (*Rois*, 10 : 14). Par ailleurs, le mot est aussi retrouvé dans l'Ancien Testament pour décrire le matériel investi dans l'Arche de l'Alliance (*Exode*, 38 : 27, « un *talent* par base »).

Bien plus tard, chez les chrétiens, le *talent* est utilisé dans le Nouveau Testament comme un poids pour la grêle qui est déversée du ciel à la fin des temps, et qui tombe sur l'humanité en guise de punition (*Apocalypse*, 16 : 21).

À partir de là apparaît l'utilisation du mot « *talent* » pour signifier « don ou compétence » en anglais et dans d'autres langues. Elle provient d'une interprétation faite à la fin du XIIIe siècle après J.C. de la fameuse parabole des talents qui suit l'épisode des marchands du Temple dans le Nouveau Testament (*cf. Matthieu*, 25)[1].

Après le Moyen Âge, certains érudits modernes de la Bible assimilèrent le *talent* à 100 livres (le *centenarium* romain), qualifiant ainsi le *talent* de quintal (en arabe : *quintâr*). Et ainsi est toujours en usage cette unité de mesure agricole du poids des céréales…

Pour compter, la plupart des civilisations mésopotamiennes depuis la civilisation sumérienne utilisent le système sexagésimal. Très utile pour mesurer les angles.

Le système sexagésimal se fonde non sur une mesure des doigts mais sur une mesure des phalanges (3 par doigt) ; et il est particulièrement commode pour la mesure du temps (la circularité se compte plus naturellement par multiple de 6).

Et puis, les Mésopotamiens intuitionnent que le nombre 60 est magique : divisé par deux, il donne le nombre de jours d'une lunaison, divisé par 5 il donne le nombre 12 – aimé des dieux – et qui correspond au nombre de lunaisons par année, et multiplié par 6 c'est le nombre de jours d'une année lunaire[2]. Bref, subjugués par ces coïncidences astrales, les Babyloniens comptent tout en base 60. De là par exemple, le découpage d'un cercle se fait en 360 degrés.

---

[1] Morale de cette histoire : celui qui reçoit les honneurs est celui qui a fait fructifier son talent.

[2] Comme instrument mathématique du système sexagésimal, la corde à treize nœuds, composée de douze intervalles égaux permettait des projections dans l'espace : par exemple, la corde peut former un triangle rectangle élémentaire dont les côtés font respectivement 3, 4, et 5 intervalles de longueur, un carré de côté 3, un hexagone de côté 2, ou un périmètre de cercle en 12 parties.

Mais en Mésopotamie aussi, le système décimal créé par les Akkadiens (et qui est d'ailleurs aussi très utilisé par les Élamites) se fonde, lui, sur une mesure seule et simple du corps (les 10 doigts)[1].

Ce système décimal de décompte qui nous est si familier, malgré son utilité, sa puissance et son élégance, n'a rien de naturel ; au sens où il n'est pas fondé sur l'idéalité mathématique de l'espace. Mais bien plutôt, il est fondé sur le corps humain. Il est fondé sur le corps humain pour finalement faire retour sur les logiques d'agencement des corps humains dans l'espace[2].

Pour manipuler les nombres en base 10, l'opération mentale élémentaire c'est que 10 unités font 1 unité d'ordre supérieur. La manipulation des nombres suggère une mise en hiérarchie des ordres de grandeurs, qui renvoie en analogie à la fois à des différences de qualités (100 en bronze = 10 en argent = 1 en or) et en même temps à un système d'équivalence (100 unités = 10 dizaines = 1 centaine). Ce qui signale à la fois l'homogénéité du domaine d'équivalences, et en même temps l'hétérogénéité de ses strates internes. La composition de ces deux propriétés implique que les ordres de grandeurs soient des ordres de puissance.

Le zéro est le point de base de la numération. L'antécédant de l'unité. Mais ce n'est pas de cette intuition qu'il est apparu ; mais plutôt d'un manque dans l'écriture cunéiforme sexagésimale concernant la possibilité d'écrire la présence d'une puissance vide entre deux ordres de puissance (en décimale, ce serait pour le nombre 101 par exemple). Le zéro sera d'abord symbolisé par un espace vide. Et puis les scribes babyloniens seront les premiers à lui attribuer un signe (double chevron incliné). Mais ce signe dénotant un « zéro positionnel » n'est encore qu'une ponctuation, il ne dénote pas à proprement parler « le vide », il n'est pas encore un chiffre qui représente un nombre. Pour ça, il faudra attendre les découvertes des mathématiciens indiens.

Pour les distances, la coudée de Nippur utilisée dans le bassin Mésopotamien est la plus ancienne unité de mesure de l'espace connue. Elle prévaudra dans les usages des bâtisseurs jusqu'à l'Antiquité hellénique.

---

[1] Pour comparaison anecdotique : sur le même genre d'intuition, les Mayas eux, utilisaient leurs doigts et doigts de pieds pour compter ; ils comptaient en base 20. Cela les a menés à mesurer le temps en cycles peu commodes : l'année faisait 13 semaines/mois (*tzolkin*) de 20 jours, soit 260 jours. Le calendrier liait ce cycle avec les cycles de Venus sur 584 jours. Ces nombres « magiques » imposés par les dieux esquissaient le cycle de l'année divine (*tunob*) sur 7 200 jours. Et le chiffre zéro y était dénoté par le symbole d'un coquillage.

[2] Cela dit, les problèmes mathématiques babyloniens pouvaient atteindre des sophistications considérables au-delà des simples problèmes de comptabilité. L'ingénierie aussi est impliquée, comme en atteste une petite tablette d'argile ronde de 8 cm de diamètre portant le nombre $\sqrt{2}$ comme résultat d'un problème géométrique de diagonale d'un carré : ce nombre représente le rapport constant du côté à la diagonale.

En bref, pour la mesure des choses, le sujet vivant, parlant, travaillant, l'homme, change de lunettes et prends son corps comme référentiel pour la mesure de toutes choses en rapport à lui, fut-ce lui-même[1].

Lors des transactions, les choses sont tantôt dénotées par des *calculi* sur des tables de comptoir, tantôt par des symboles sur des tablettes d'argile. Et éventuellement même, on pouvait se servir des *calculi* pour imprimer leurs signatures spécifiques sur l'argile fraîche. Les deux types d'opérations manuelles se composent et se superposent selon le type de regards auxquelles elles se donnent à voir. D'abord, cela se fait aux yeux des transactionneurs qui peuvent constater que la quantité d'unités de compte correspond à la quantité de biens dénotée par ces opérations.

Ainsi les écritures des équations mathématiques sont posées de part et d'autre d'un point d'égalité comme sur les deux côtés d'une balance.

Dans tous les cas, cela signale une nécessité de rendre des comptes, cela rend possible le fait que les sujets agissent *pour le compte* de quelqu'un d'autre. Les chaînes de commandement s'allongent. Au bout du compte, c'est l'œil du souverain qui vient veiller à ce que la transaction a été conforme à sa volonté.

Ainsi, sur la base d'un robuste système de compte qui perdurera pendant des millénaires, et aussi en s'appuyant sur un réseau commercial mercantiliste qui encourage l'accumulation des métaux précieux, les commerçants assyriens (de tous types de produits) vont développer leurs richesses et leurs institutions financières.

Très tôt, dans les civilisations mésopotamiennes autour du IIIe millénaire avant notre ère, l'existence des pratiques de crédits est attestée par de nombreux documents de l'Antiquité. Le prix de l'avance pouvait être variable : ça allait du dixième annuel jusqu'au triple de la somme prêtée. Le plus souvent, ces pratiques de crédits étaient plutôt centralisées entre les mains des prêtres et des officiers royaux.

Cependant, les tablettes d'archivages des crédits octroyés entre paires de marchands assyriens, de ville à ville, étaient datées et conservées dans des Hôtels de ville (*Bit-Alim*)[2].

Les échéances des crédits octroyés par les marchands assyriens ainsi que le calcul du prix de l'usure se comptaient, non en mensualités lunaires, mais en subdivisions annuelles du temps, en semaines administratives de 7 jours (*ramushtum*).

---

[1] Ironie du compte décimal : l'œil humain se meut au moyen de 6 muscles.

[2] Il semblerait que ce terme dénote à l'époque le sujet des droits de propriété, qui était ensuite divisé en ayants droit assujettis à cette maison. Exemple de notation : « Ali-Ahum a 2 mines d'argent sur Su-Belum, fils d'Agura, ce depuis la semaine Naram-Sin, et il paiera dans 30 semaines. »

Le calendrier assyrien comportait 12 mois et 52 semaines (pour la première fois, dans les systèmes de mesure du temps, la semaine n'est plus une subdivision du mois). Et au passage, avec l'intensification des activités de commerce, ce calendrier va progressivement s'imposer aux civilisations hittites de l'Anatolie.

Cela dit, dans les sociétés mésopotamiennes de ces époques, les tensions entre prêteurs et emprunteurs étaient sources de considérables problématiques sociales. Alors dans tel ou tel pays ou cité, le souverain pouvait décréter des tables rases plus ou moins anarchiques en espoir de résolution ; mais cela posait de nouveaux problèmes. Ainsi, à l'époque akkadienne, l'écriture de contrats de vente ou de reconnaissance de dette se développa pour parer à ce genre d'éventualités et assurer le maintien du lien de dette par-delà certains aléas[1]. Du fait de ces couvertures, des transports, des promesses et des investissements plus sûrs pouvaient alors être entrepris par les marchands aventuriers assyriens (*ummeanu*).

Dans toutes les cités assyriennes, les Hôtels de ville constituaient l'assemblée des grandes familles de marchands de la cité en une autorité assez armée pour faire respecter, à tous ses comptoirs, les règles de commerce édictées ainsi que les traités signés.

Les structures familiales posaient le patriarche à l'hôtel de la ville d'origine ; et les descendants se voyaient hiérarchiquement attribuer leurs charges et leurs postes plus ou moins éloignés et entreprenants dans le cadre de l'activité commerciale familiale.

Structures politiques oligarchiques, luttes internes pour prendre position de monopole sur tel ou tel secteur, népotisme fonctionnel, alliances conjugales rentières, tels sont les liens tissés et les flux institutionnels sur lesquels naviguent les marchands assyriens.

Des documents retrouvés mentionnent des identités et des statuts précis. Le bras droit qui dirige les opérations pour le compte du maître de maison (*tamkarum*) se voit attribuer le droit de transactionner (décider des produits, des lieux, des quantités, et des prix). Ensuite les employés des caravanes (*kassaru*) étaient liés aux familles. Ils étaient payés en unités monétaires pour mener des campagnes l'été, et laissés au repos pendant l'hiver. Au total, une caravane se composait en moyenne de 200 hommes et autant de mules portant chacune un talent d'étain et quelques autres marchandises. Les paquets pouvaient éventuellement être scellés. Le bénéfice communément attendu consistait à doubler la mise.

Pour la conduite des caravanes, l'authentification de l'identité se faisait le plus généralement par un système de tessère : une petite poterie est cassée en deux fragments confiés chacun à un émetteur et à un récepteur afin d'authentifier les messages entre eux. À une clé correspond une serrure. On

---

[1] Ce qui montre la présence d'une raison d'État spécifique et donc d'un sujet souverain spécifique à cette civilisation. C'est la naissance d'un pouvoir proprement oligarchique.

pouvait utiliser un fragment de céramique pour les plus humbles promesses. Pour les promesses commerciales, on utilisait des sceaux en pierre – qui pouvaient éventuellement être montés sur une bague chevalière pour signer des actes juridiques (anneau sigillaire). Il pouvait être montré directement, imprimé sur une tablette de glaise ou imprimé dans de la cire sur la surface d'un acte juridique pour en authentifier l'auteur. Le sceau gravé sur une pierre était par définition difficile à reproduire.

Selon les cités mésopotamiennes traversées, différentes taxes pouvaient réclamer d'être payées ou divers privilèges pouvaient être accordés. Or justement, pour les marchands, afin de stabiliser les occurrences d'évènements perturbants les flux, des routines tendent à s'installer, notamment dans le choix des routes. Et les centres urbains tendent à se développer par agglomération sur les points de passage et de croisement des axes de circulation terrestres, fluviaux et maritimes.

En faisant ainsi le pont avec les royaumes voisins, les cités assyriennes prospèrent et développent – sans faire la guerre – un réseau commercial dense et puissant.

Or justement, monnaie et pont sont analogues : ce sont des vecteurs de liens (de connexités et d'équivalences)[1].

Archéologiquement pour la raison d'État, le pont est une infrastructure d'intermédiation. En conséquence, le contrôle des ponts est un instrument de pouvoir. C'est-à-dire un instrument d'assujettissement à des finalités.

À l'usage, au-delà des rivalités familiales ou royales, cela éveille des considérations stratégiques sur la maîtrise des sensibilités territoriales, des frontières, des points de passage, des voies de communication…

À partir de là, l'identification d'un certain nombre de sites dans l'espace commence à se faire. Il s'agira le plus souvent de sites dotés de propriétés tactiques spécifiques telles que leur contrôle revêt une importance stratégique pour la délimitation des revendications territoriales du souverain. Sur cette base, l'édification d'un réseau de places fortes permet l'organisation du maillage du territoire.

Et comme nous avons vu précédemment que l'édification de murailles avait quelque chose à voir avec le développement de la division du travail – et que le développement de la division du travail générait un besoin de monnaie –, donc : qu'en est-il du pont ?

Sans détour, du point de vue économique le pont permet de produire une extension des marchés et donc il favorise le développement de la division du travail et le besoin de monnaie.

---

[1] D'ailleurs, toute l'œuvre de Georg Simmel sur la monnaie est traversée par la métaphore du pont et de la porte : le pont qui relie ce qui était séparé et la porte qui sépare un espace auparavant unifié.

Mais pour comprendre les potentiels effets politiques de son instrumentalisation, il faut revenir à la base.

Un couple d'embarcadères enjambant un cours d'eau forme un pont. Le pont est le point de passage d'une muraille naturelle.

Le pont est un relien, c'est en fait un lien privilégié entre deux points, un vecteur. Le pont produit des réaménagements de l'espace qui redistribue les densités.

Le pont est un raccourci. Il opère une séduction de tous les chemins alentour. Le pont est un passage incité, c'est-à-dire un « passage obligé », un lieu commun[1].

Le pont est un passage obligé, pour minimiser le coût de transport, c'est-à-dire le coût de transaction ; et du coup c'est un lieu d'octroi (de débit ou de crédit : « ça passe ou ça casse »). Ainsi, le pont c'est un lieu prédisposé au péage, à l'imposition d'une exclusivité, un accès conditionné, contrôlé. Le pont est une sorte de porte.

Un port est une sorte de pont aussi, tout comme un escalier est une sorte de pont. Le pont est l'archétype de la réalisation de l'homme de pouvoir ; c'est l'investissement d'infrastructure élémentaire, la porte par laquelle un pouvoir privé accède au pouvoir public et vice-versa[2].

Le pont à lui seul symbolise le lien[3]. Car les voies d'approvisionnement sont aussi bien des voies d'influence que des voies de dépendances[4].

L'exemple le plus illustre de ce propos, c'est Rome, vers laquelle tous les chemins mènent… Les Légions romaines aimaient à entretenir la réputation d'être inarrêtables : dans l'urgence, elles étaient capables de construire un pont au-dessus d'un fleuve en moins d'un mois. Et pour la consolidation, elles étaient également capables de construire des ponts en pierre de plus d'un kilomètre de long. De sorte que les ponts romains au-dessus du Rhône, du Rhin ou du Danube étaient connus à travers tout l'Empire comme des vecteurs de puissance et célébrés comme des chefs-d'œuvre du génie romain.

Et ce n'est pas tout. Une série de ponts entre des points forme un réseau. Or la multiplicité réticulaire fait apparaître des propriétés émergentes. Par leurs connexions en réseaux, des ensembles de points dans l'espace[5] prennent des propriétés structurelles qui affectent les relations qui les organisent :

---

[1] On peut sur cette analogie comprendre sur quoi repose la volonté de ne pas savoir, le fameux désir d'ignorance qui étonne et scandalise tellement de professeurs et de philosophes. C'est qu'ils présupposent le savoir comme un espace à la substance homogène et lisse, alors que dans les interstices entre les différents domaines du savoir, faits de barrières disciplinaires (sociales) et d'obstacles disciplinaires (inhibitions), se trouvent des ponts, que les spécialistes cognitivistes appellent des « relations d'accessibilité ».

[2] *Cf.* par exemple : « Ducran Lapoigne et Compagnie » chez André Franquin.

[3] *Cf.* par exemple : Robert James Waller, *Sur la route de Maddison* (1992).

[4] L'un des exemples historiques les plus emblématiques ce pourrait être le pont de Sterling. Il est la porte d'entrée de l'Écosse, et c'est précisément là qu'en 1297, les Écossais arrêtent les troupes anglaises d'Édouard Ier. Par ce pont, l'Écosse est restée souveraine.

[5] Dans le langage mathématique, on parle de « sommets » reliés par des « arêtes ».

densités, affinités, redondances, centralités, équivalences, noyaux, cœurs, intermédiaires, distributeurs, récepteurs, périphéries, etc.

C'est ainsi toute l'organisation d'un territoire qui peut être pilotée par le dispositif de ses ponts.

Par exemple, l'hégémonie impériale peut être véhiculée par l'installation d'un pont menant à une cité conquise... Certes la cité conquise ouvre ses relations de commerce avec toutes les autres villes de l'Empire. Mais, cette connexion d'un nouveau sommet au réseau, relié par une seule arrête périphérique sur un groupe de sommets déjà reliés et centralisés autour d'un noyau, cela assujettit ce point nouvellement intégré au regard de la centralité du cœur de réseau, qui devient l'intermédiaire de toutes ses relations avec les autres points du réseau. La capitale domine ses périphéries. Or justement, la tendance vers le monopole des fonctions d'intermédiations caractérise le pouvoir souverain de l'État.

Progressivement, ces propriétés sont l'objet d'explorations par la raison d'État du souverain, afin de mettre au point de nouvelles modalités de contrôles. On comprend aussi comment peut être organisé et contrôlé ce détournement du regard, cette capture des perspectives tournées vers la capitale, cet assujettissement du point de vue au point de vue de la capitale, lieu où réside le souverain.

Le développement de l'État ne se sépare guère d'un processus de capture des flux, et notamment des flux de populations et de marchandises. Il y a une domestication des trajets, des directions, des vitesses et des circulations. C'est que, le pouvoir politique de l'État est d'abord un pouvoir de police, c'est-à-dire un pouvoir de voirie. À cette fonction, l'ingénieur du souverain est un convertisseur. En effet, les forteresses, les murailles, les portes de cités, les ports, et les ponts, les octrois, les douanes, et les barrages qui s'y instituent, procèdent d'une régulation générale des masses et des puissances des flux de circulation et de migration des personnes, des bêtes, et des biens. Ainsi, la raison d'État règle toutes les vitesses pour les faire entrer dans un tableau de synchronisations.

De la sorte, l'assujettissement des flux leur confère une gravité. Et cette gravité dessine une pente, une inclinaison déterminante des manières d'exercer le pouvoir par le souverain. Car, même si, de manière générale, le pouvoir fonctionne surtout sur la base de la croyance des assujettis dans le caractère redoutable de la force armée du souverain, tout le problème reste d'étendre au maximum la portée et l'intensité de cette croyance.

Babylone et l'âge du fer

« Moi, roi d'Ashur et roi du monde, à l'ordre de mon dieu, et pour l'édification de mon propre palais, j'ai fait briser et extraire, à pics et à pioches, l'albâtre de la montagne, par les habitants des contrées ennemies faits prisonniers par moi, en vue de préparer les grands taureaux qui protégeront mon palais. »
Assurnasirpal II (roi d'Assyrie de 883 à 859 av. J.C.)[1]

« Kouch [fils de Cham] engendra aussi Nemrod, celui qui le premier fut puissant sur la terre. Il fut un puissant ravisseur devant l'Éternel ; c'est pourquoi l'on dit : « Tel que Nemrod, un puissant ravisseur devant l'Éternel ! » Le commencement de sa domination fut Babel ; puis Érec, Akkad et Kalné, dans le pays de Sennaar. De cette contrée il s'en alla en Assur, où il bâtit Ninive, Rehoboth et Calah ; puis Résen, entre Ninive et Calah, cette grande cité. »
Genèse, 10 : 8-12

Au tout début du IIe millénaire avant notre ère, certaines cités sumériennes sont déjà anciennes de plusieurs milliers d'années.

C'est alors que les Amorrites nomades venus du nord déferlent sur l'empire néo-sumérien déjà affaibli par ses conflits avec les Élamites, et militairement dépassé.

D'abord, les Amorrites reprennent les structures de l'Empire akkadien et installent leur centre de pouvoir sur le site de la cité circulaire de Mari, très en amont de l'Euphrate au nord. Sur place, ils construisent l'édifice d'un grand palais royal, d'une ampleur sans pareille jusque-là dans l'histoire de la Mésopotamie.

Deux siècles plus tard, plus au sud, les Amorrites font du petit village de Babylone leur capitale[2]. La ville était réputée pour ses textiles colorés au départ. Mais enfin elle va se développer, bien au-delà de tout ce qu'un homme aurait pu imaginer à l'époque, pour devenir mille ans plus tard le plus fabuleux centre du monde qu'on ait jamais vu.

C'est à partir de là donc que le règne du roi conquérant Hammurabi commence. De - 1792 à - 1750, la domination babylonienne sur toute la zone mésopotamienne centralise tous les faisceaux du pouvoir. Rapidement, Babylone devient un centre administratif majeur pour toutes les villes de la région : Kish, Sippar, Der, Nippur, Umma, Lagash, Isin, Uruk, Larsa, Ur, Eridu, et même jusqu'à Eshnunna à l'est et Ashur au nord. Et le royaume va encore s'étendre beaucoup plus.

Les entreprises assyriennes et leurs Hôtels de ville se trouvent refondues dans le système politique monarchique centré sur les plus vieilles familles babyloniennes. Et finalement, ce système contrôle efficacement toutes les cités du bassin mésopotamien dans le cadre de la loi du divin roi des rois.

À cette époque, les opérations bancaires des temples rouges étaient d'une telle ampleur que le souverain jugea nécessaire de les codifier. Le fameux

---

[1] Inscriptions monumentales retrouvées sur le site de Nimroud (*Kalkhu* en assyrien, *Calah* en hébreu).
[2] En akkadien : *Babalu*, « la porte des dieux ».

Code d'Hammurabi recueille 150 paragraphes de récits des sentences du roi-juge.

Sur la stèle monumentale de basalte noir, on peut d'abord lire : « Les dieux m'ayant appelé, c'est moi Hammurabi, le pasteur salutaire au pouvoir juste. J'ai tenu dans mes bras les gens de Sumer et d'Akkad. Je les ai constamment gouvernés dans la paix. Que chaque citoyen opprimé vienne devant ma stèle. Qu'il se la fasse lire pour y voir son cas éclairci. Si dans la suite des temps, un roi possède l'intelligence nécessaire pour garder son pays en ordre, qu'il observe ce que j'ai écrit sur cette stèle. »

D'abord, le Code d'Hammurabi exhibe la plus ancienne trace archéologique de la loi du talion. Par ailleurs, il laisse apparaître trois statuts possibles en son royaume : l'esclave, le *meskhin*, et l'homme libre (c'est-à-dire libre en droits définis par le souverain et en charge de la responsabilité de l'ordre social). Il détaille ainsi différents ordres de responsabilités.

Le Code régule la famille. Les mariages sont l'objet de contrats entre les familles, de sorte que les alliances puissent être contrôlées par l'œil du souverain. Les enfants apprennent auprès de leurs parents. Certains peuvent être confiés à des maîtres, comme disciples ou apprentis. Les enfants de l'aristocratie se voient attribuer des précepteurs pour les préparer à leurs charges.

Le Code régule également le crédit et le taux d'intérêt. Il reprend les normes bancaires sumériennes. Le prêt d'argent se rémunère au cinquième, alors que le prêt de céréales se rémunère au tiers. Pour payer ses dettes, un homme peut être amené à vendre ses enfants, prêter sa femme (pour 3 ans), vendre toute sa famille, ou à tomber lui-même en esclavage.

Aucun interdit religieux n'arrête la logique de la dette civile aux portes de la famille. La religion par contre, fait naître de nombreuses obligations rituelles. Et à cette époque encore dans le bassin mésopotamien, nulle part dans les textes on ne trouve mention d'une réflexion sur ce que c'est qu'une croyance. Par contre, la notion de preuve fait son apparition : « Si quelqu'un est accusé sans preuve, il sera livré au jugement du fleuve. S'il périt, sa maison reviendra à son accusateur. S'il s'en sort indemne, il prendra la maison de son accusateur qui sera puni de mort. »

En Babylonie, il était usuel de noter sur des stèles monumentales (*kudurru*) les chroniques des jugements du roi, ou les commémorations des donations royales afin d'en préserver l'acte. Au-delà des récits mythologiques des premiers empires, ici il y a retour sur terre du récit littéraire, gravé dans la pierre sur la place publique. Il y est fait mention de l'identité de témoins et de malédictions pour ceux qui ne respecteraient pas l'acte royal. D'ailleurs, les peuples des cités qui n'honoraient pas leurs engagements auprès du souverain étaient la plupart du temps militairement agressés et déportés.

Les cités babyloniennes sont centrées autour de leurs temples monumentaux : les *zigurat*, dédiées au culte de Marduk[1], le dieu tutélaire de Babylone. Et tout particulièrement, à côté de la *zigurat* de la capitale impériale s'élevait l'*Esagil*, « le temple au pinacle surélevé »[2]. La *zigurat* est un lieu de civilité où l'élite citoyenne vient communier, s'identifier, et se donner à voir. Pour y mener, une longue voie processionnelle traversait la ville de part en part jusqu'à la légendaire porte d'Ishtar.

En - 1595, la dynastie Amorite s'éteint. Les Hittites venus d'Anatolie à l'ouest saccagent la ville et emportent chez eux la statue monumentale de Marduk. À partir de là, de mystérieux mercenaires venus des montagnes de Zagros plus à l'est – les Kassites – en profitent pour ravir le trône. Dès lors, pour asseoir leur pouvoir au sein de la culture akkadienne, ils entreprennent d'aller chercher la statue de Marduk, s'en emparent par la force, et la rapportent à Babylone 24 ans plus tard.

À partir du XVIe siècle avant notre ère, la dynastie Kassite assied pour cinq siècles la domination de l'Empire babylonien sur la région. Des correspondances diplomatiques abondantes se développent entre les rois babyloniens, hittites, sémites, phéniciens, assyriens, élamites, mycéniens et égyptiens. En temps de paix, la logique du potlatch régule toute cette société internationale. Cette époque est l'apogée de l'ère du bronze.

Par ailleurs, du XVIIe au XIIe siècle av. J.C., la civilisation mycénienne s'étend sur la mer Égée.

Cela dit, cette fondation archéologique de la culture hellénique est surdéterminée par ses caractéristiques géographiques : la parcellisation des territoires insulaires ou escarpés ancre l'autonomie politique des cités, alors même que l'ouverture maritime multipolaire favorise l'unité culturelle. Espaces fragmentés, temps homogène, l'harmonisation se cherche.

Les peuples achéens maîtres du bronze commencent à former des pouvoirs locaux dans la région du Péloponnèse au tournant du XVIIe siècle avant notre ère : Mycènes, Thèbes[3], Tirynthe, Pylos… Les cités sont lourdement fortifiées et les sociétés sont très militarisées. Et à cette époque, le roi de Mycènes les domine toutes.

Dans cet ensemble, bordant la mer Égée au sud, l'ancestrale civilisation minoenne de Crète – où les femmes sont dominantes – est alors culturellement

---

[1] « Le Seigneur », en akkadien : *bēl*, en sémitique : *baal*, en grec : *belos* (i.e. : Zeus, lié au génitif *diòs* : « ciel lumineux du jour »).

[2] Plus tard, certains parleront de jardins suspendus.

[3] Dans la mythologie grecque, Cadmos, fils d'Agênor roi de Tyr, part à la recherche de sa sœur Europe. En chemin il rencontre l'Oracle de Delphes. Sur son indication, il s'adjoint des compagnons : les *spartoï* (« hommes semés »), et s'en va fonder Thèbes, qui sera – avec Sparte et Athènes – l'une des plus puissantes cités grecque. Satisfait, Zeus lui donna pour épouse Harmonie, fille d'Arès et d'Aphrodite.

rayonnante sur tout le bassin méditerranéen oriental. Mais elle est conquise par les Mycéniens en moins de deux siècles. Knossos est prise en - 1450.

Et puis, l'approvisionnement métallique est assuré par les abondantes ressources minières de « l'île du cuivre » : *Kypros* (Chypre). Tant et si bien que, du fait de cette abondance, à Chypre, le royaume d'*Alashiya* (littéralement « l'État ») est à cette époque au centre du plus important réseau commercial et diplomatique du monde occidental : reliant les royaumes syriens et phéniciens du Levant à l'est[1], l'Empire égyptien au sud, l'Empire hittite au nord, et la civilisation mycénienne à l'ouest. Là, tous types de marchandises et de courriers transitent par ce pont maritime.

L'écriture alphabétique mycénienne – forme archaïque du grec – prend ses marques à cette époque, tout comme le panthéon des divinités.

Évidemment, des tensions militaires apparaissent avec les cités hittites des rivages de l'Anatolie. Les villes d'Éphèse, de Millet, et de Troie (- 1200)[2] sont l'objet de nombreuses guerres au tournant du XIIIe siècle av. J.C. Pendant ce temps, plus au sud, Ramsès II inflige de sévères défaites à l'Empire hittite pour conserver sa domination sur les royaumes de Canaan. C'est une époque d'intenses militarisations et de constructions de murailles autour des cités.

Et puis tout à coup, plus au nord, au cœur de l'Empire hittite en Anatolie, Hattusha – la légendaire capitale de l'Empire – est soudainement consumée par les flammes jusqu'au sol. Inexplicablement, toutes les cités du Levant méditerranéen subissent le même sort, comme si les cités-États se tombaient les unes sur les autres comme des dominos, jusqu'à l'effondrement de la dynastie Kassite à Babylone.

Au XIIe siècle av. J.C., les temps changent. L'avènement soudain de l'âge du fer sonne comme un coup de tonnerre.

Contrairement à l'étain, les ressources en fer se trouvent un peu partout. Cependant, le fer réclame des technologies de forge bien plus sophistiquées car sa température de fonte est beaucoup plus élevée. Alors, ces techniques étaient connues de certains maîtres forgerons depuis des siècles. Mais c'était jusque-là un savoir rare, hermétique, secret, magique. Mais là, toujours est-il que, du fin fond des forêts, cette technologie se standardise et se répand un peu partout.

Dès lors, les technologies de navigation progressent et ouvrent le goût d'expéditions plus lointaines à travers la Méditerranée, vers le Couchant. Les outils agricoles se démocratisent, ça bouleverse quelquefois les rapports de

---

[1] Différentes cités royaumes coexistent sur les terres du Levant : Ougarit, Summur, Byblos, Tyr, Meggido, Lachish, Gaza…

[2] C'est donc de Mycènes que partent Agamemnon – roi de Mycènes – et son frère Ménélas – roi de Sparte – pour aller récupérer sa femme Hélène enlevée par Pâris, prince de Troie.

force autour de la terre ; ce qui provoque l'effondrement du pouvoir palatial urbain dans de nombreuses contrées, et le développement de pirateries.

L'apparition des outils, des armes et des armures en fer bouleverse les approvisionnements de puissance, les dépendances et les équilibres de pouvoirs. Au niveau de la machine de guerre, cela renforce la puissance des infanteries sur les chars. Mais surtout, cette technologie sonne le glas de l'âge des héros. Car le fer alimente la puissance du souverain d'une toute autre manière que l'étain. Pour le souverain, c'est la capacité d'organisation industrieuse de sa production qui devient le facteur décisif, et non plus le réseau d'approvisionnement marchand.

Au nord des Alpes, la civilisation proto celtique dite « d'Hallstatt »[1] prend son essor dans la filiation des civilisations mégalithiques de l'âge du bronze. À partir de là, des agglomérations villageoises celtes de quelques centaines d'habitants éventuellement cerclées de fortifications de terre crue, poussent comme des champignons à travers toute l'Europe occidentale ; et elles développent des liens de commerce avec les Phéniciens, et plus tard avec les comptoirs grecs.

Des multiplicités de chefferies et royaumes aux contours flous vivent là enchevêtrés les uns avec les autres pendant des siècles. C'est l'âge d'or des tombes ostentatoires des princesses celtiques ensevelies sous d'imposants tumulus[2].

Épées de fer ciselées, mors de chevaux, miroirs en bronze et parures d'or serties de pierres précieuses se multiplient : anneaux, bracelets, boucles, pendentifs, etc. Cette culture celtique à l'orfèvrerie raffinée se développera en parallèle de la culture hellénique et trouvera son âge d'or au VIe siècle av. J.C.

À cette époque des lames de hache à douille en bronze sont monnayées. Ce sont des simulacres d'outils, à usage exclusivement rituel qui, en tant que tels, servaient de signes de prestige pour les chefs de tribus. Chez ces peuples, les druides vagabonds (« ceux qui savent ») parlent avant les rois ; et manifestement, la guerre n'est pas tellement pour eux une affaire d'allégeance, d'obéissance et de discipline, c'est bien plus une question de désir, de colère et de morale. Peu importe qui quand ou comment lorsque le sang appelle. Pour autant il faut bien se garder de considérer ces sociétés comme sauvages : des centaines de monnaies métalliques celtes de toutes sortes seront en circulation en tous sens à travers les contrées celtes[3].

---

[1] Du nom du site de découverte originel basé en Autriche.

[2] Les sépultures féminines représentent près du quart des tombes aristocratiques réservées aux chefs guerriers les plus riches. Cette position fréquente de femmes à des niveaux hiérarchiques élevés est une des spécificités des civilisations celtes (qui étaient probablement souvent matrilinéaires).

[3] La plupart seront refondues dans le système monétaire de l'Empire romain. La civilisation Celte trouvera son déclin à partir de la conquête de la Gaule par Jules César. Ce qui forcera son

Bref, revenons à la grande rupture de l'âge du bronze. Au XIIe siècle av. J.C., les civilisations du bronze s'effondrent. Partout surviennent des destructions de cités telles que le monde n'en avait jamais connu. En Grèce, Mycènes, Thèbes, Pylos et Tirynthe sont incendiées.

Alors, pour ce qu'on en sait, les Doriens – monteurs de chevaux venus du nord – pulvérisent les Achéens qui, à leur tour vont se disperser et se réfugier sur tous les rivages possibles du Proche-Orient, où ils seront connus comme « peuples de la mer ».

En Égypte (la seule civilisation qui passe au travers de cette crise globale), Ramsès III résiste au déferlement des pillards ; mais le pays en sort exsangue. Circonstance déterminante : le climat mondial a dérivé durant tout le siècle vers des séries de sécheresses extrêmement sévères. Les greniers de Pharaon se vident peu à peu, et le régime fait face à des émeutes, des grèves, et des multiplications de pillages de tombes. L'éruption d'un volcan islandais serait semble-t-il en cause[1]…

Au tournant du millénaire avant notre ère donc, les civilisations de l'Occident traversent pour quelques siècles une sorte d'âge obscur. Mais c'est au-delà de cette nuit orageuse et sèche qu'à l'aurore, de nouvelles civilisations vont naître.

La Grèce traverse sa période de siècles obscurs (i.e. nomades). Les Phrygiens venus de Thrace s'installent en Anatolie ; l'Empire hittite se fragmente en une multitude de petits royaumes. Les civilisations araméennes étendent leur influence sur tout le bassin mésopotamien. Les cités phéniciennes de Tyr, Sidon et Byblos s'unissent. Les Pelesets (Philistins) s'installent en Palestine et les Hébreux s'établissent dans le pays de Canaan.

C'est au beau milieu de ce chaos, au tournant du XIIe siècle avant notre ère, que le grand roi guerrier Nabuchodonosor monte sur le trône de Babylone après la chute des dynasties kassites.

Pour asseoir son pouvoir, il fait construire un édifice stupéfiant au cœur de Babylone : « J'ai fait construire pour les dieux la très haute maison des fêtes, dont la tête rivalise avec le ciel. Je l'ai édifié en briques cuites et bitume, solide comme une montagne. »

Alors, dans la plus ancienne carte connue du monde, dans la plus archaïque représentation de la terre vue du ciel, Babylone est au centre du monde ; et au centre se trouve sa *zygurat* : la tour de Babel. Ce faisant, cette civilisation a

---

repli vers la Bretagne et l'Irlande, alors même que les cultures odinistes germaniques et scandinaves continueront leurs développements plus au nord.

[1] D'autres spécialistes pensent par ailleurs qu'une sorte de tempête sismique de séries de tremblements de terre aurait frappé tout le Proche-Orient le long d'une faille majeure. D'autres encore pensent que c'est un refroidissement de la surface des océans qui a provoqué ces décennies de sécheresse un peu partout. Bref, l'explication de ce choc climatique reste controversée.

laissé sur le monde l'une des plus archaïques marques de l'ambition hégémonique universaliste. Ce bâtiment faisait 3 fois soixante coudés de largeur, de longueur et de hauteur (soit environ 90 mètres), et se composait d'un total astronomique de 36 millions de briques[1].

À Babylone, sous Hammurabi déjà, la mesure calendaire du temps annuel et la mesure horaire du temps journalier étaient bien établies. Et à partir du règne de Nabonassar (- 747 à - 734) le problème d'inventaire cadastral des terres – qui implique le calcul des aires de surfaces carrées – pousse à la résolution géométrique des premières équations quadratiques contenant des variables au carré.

Par ailleurs on consigne les éphémérides astronomiques régulières de la plupart des astres. Ainsi, les Babyloniens sont les premiers à développer une astronomie avancée[2]. À partir de là, les configurations astronomiques vont être l'objet de personnifications plus sophistiquées. Les douze constellations du zodiaque sont délimitées. Pour cela les astronomes babyloniens identifient l'écliptique : une ligne fixe de circulation des étoiles autour du monde. Dans le bruit des choses, ces régularités de la course des étoiles, elles, elles font signe. Elles expriment une volonté des choses derrière les choses, une volonté divine. Et donc, à travers ce prisme, on voit tout le souci que peut avoir le souverain d'assurer la régularité des équivalences par-delà les changements. C'est le souci d'assurer la légalité, la justice de ses décisions. Cette manière de légitimer le pouvoir pourrait s'appeler « universalisme »…

Au VIIIe siècle av. J.C., le royaume d'Israël atteint son apogée sous le règne de Jéroboam II. La capitale Jérusalem compte alors environ 12 000 âmes. C'est à cette époque que sont entamées les premières écritures de la Bible[3].

Israël, c'était à l'époque un petit royaume vassal du roi néo-assyrien Sargon II (« le roi stable »), celui qui fit construire les premiers bâtiments de la fameuse bibliothèque de Ninive. Mais enfin, par ses tentatives d'autonomisation, ce petit royaume fini par s'attirer la colère de Sargon, qui le ravage et déporte sa population en - 722.

Au siècle suivant, la pression assyrienne est passée, et en Judée, le roi Josias lance l'appel à l'alliance avec *Yhwh* (« Il est l'être »). Il finance une considérable réforme religieuse autour de la restauration du Temple de Salomon, qui contient l'arche d'alliance en or, et les tables de la loi de Dieu

---

[1] Ironie du sort : les briques de la tour seront réutilisées par les successeurs d'Alexandre le Grand pour construire le théâtre grec de Babylone.

[2] Notamment à partir du VIIe siècle av. J.C.

[3] Texte qui relate les origines et le règne d'un roi très sage qui régnait sur les Juifs il y a 3 000 ans : le roi Salomon. Il était le fils du roi berger fondateur David. Sa fortune extraordinaire lui venait de mines légendaires.

dedans, au cœur du Saint des saints, sous la garde des chérubins. Une importante corporation de scribes complète l'écriture de la Bible[1].

Ce peuple a frôlé l'extinction par la déportation, et il a besoin de se graver une mémoire. Superposée à la question du sacrifice, la question religieuse du tabou et de l'interdit y prend alors une place centrale. L'interdiction morale du meurtre enracine une certaine quête de pureté spirituelle. Et puis, en décalage d'avec les personnages étatiques du roi et du prêtre, la figure du philosophe prophète nomade esquisse le rêve d'un mouvement par lequel la religion devient une machine de guerre subversive.

À cette époque, la civilisation assyrienne est bien plus belliciste. Les réseaux d'approvisionnements en fer sont assurés, et la production d'armes métalliques est standardisée. Des corps d'armée de masse sont levés, dépassant pour la première fois les 100 000 hommes. Et pour les contrôler, l'Empire néo-assyrien instaure un calendrier martial : l'automne aux récoltes, le printemps à la guerre.

Rapidement les armées assyriennes sont particulièrement réputées pour leur habilité inventive dans l'usage des armes incendiaires et pour leurs techniques de siège innovantes mettant en œuvre des engins.

Cela dit, ce n'est seulement qu'au VIIe siècle avant notre ère qu'une dynastie néo-assyrienne pourra s'asseoir sur le trône de Babylone. En - 689, pour venger la mort de son fils assassiné dans les rues de Babylone, Sennacherib ordonne le pillage de la ville qu'il tenait pourtant sous son contrôle, et il emporte la statue de Marduk à Ashur. Il sera à son tour assassiné par d'autres de ses fils.

Aux pieds de tous les édifices se multiplient les *Lamassu*, statues colossales de taureaux ailés androcéphales, figures protectrices qui gardent les portes des enceintes du pouvoir, palais et temples. Les rois ne se présentent plus comme incarnation des dieux, mais comme serviteurs des dieux. Cela dit, ils portent toujours le vieux titre du grand roi Sargon d'Akkad : roi de Kish, « roi de la totalité ».

Le règne d'Assurbanipal (« héritier d'Ashur », petit-fils de Sennacherib) marque l'apogée du règne de la civilisation assyrienne sur Babylone. Il monte sur le trône à partir de - 668, dans une période de chaos sanglant qui affaiblit considérablement la cité de Babylone (elle compte pourtant plus de 200 000 habitants à cette époque). Son règne est marqué par des guerres incessantes qui le mènent à détruire puis à faire reconstruire quelques-unes des plus grandes cités de l'époque : Babylone elle-même, Thèbes, Suse, et de nombreuses cités phéniciennes.

[1] Dans la Torah (Livre retranscrivant l'enseignement divin transmis à Moïse *par* le Mont Sinaï), le prêt à intérêt est interdit : « Si tu prêtes de l'argent à mon peuple, au pauvre qui est avec toi, tu ne seras pas envers lui comme un créancier, vous ne mettrez pas sur lui *une morsure.* » (*Livre de l'Exode*, 22 :24)

Les splendeurs monumentales des villes assyriennes ainsi que le mode de vie luxueux et débauché du « roi de l'Univers » deviennent légendaires. Cependant, le roi est également un fin lettré : en son temps, il est le plus grand collectionneur de livres qui ait jamais existé. Il fonde ainsi à Ninive – sa capitale – l'administration de la plus grande bibliothèque du monde antique[1].

Mais enfin, Assurbanipal meurt à Ninive en - 631, et sa succession ouvre une nouvelle période de chaos sanglant.

Quelques décennies plus tard, Nabuchodonosor II (- 605 à - 587) étend de nouveau l'Empire babylonien jusqu'en Judée, où il détruit le temple de Salomon (en - 587) et emporte une partie de la population en esclavage, car le petit royaume n'avait pas payé son tribut[2]. C'est durant cette période d'exil à Babylone que la diaspora juive termine la rédaction de ses textes sacrés[3]. Et c'est là que se précise la figure du Messie : le roi-sauveur[4].

Les échanges commerciaux sont prospères, l'Empire babylonien atteint son apogée avec l'extension de sa domination sur l'Égypte. Dès lors Babylone reconstruite retrouve toute sa splendeur. Des bibliothèques, des parcs botaniques et zoologiques de conservation sont construits un peu partout dans l'Empire.

Une puissante administration centralisée organise un réseau militaire recouvrant parfaitement tout le territoire de l'Empire assyrien[5]. Sur la base d'une aristocratie compacte de 200 familles appelées « les grands », la logique des tributs permettait de construire un pouvoir impérial féodal, fédéraliste, et multiethnique très stable.

Pourtant, après le règne de Nabuchodonosor II, le conflit de succession laisse le champ libre au déferlement de l'Empire perse Achéménide sur toute la région. En - 559, Cyrus II – prince du petit royaume de Perse – part à la conquête du plus vaste empire qu'ait connu le monde à cette époque. Son pouvoir s'étendra jusqu'aux rives du fleuve Indus au levant ; et au couchant,

---

[1] On y archive des tablettes de récits historiques et mythologiques, des tablettes de grammaire, de mathématiques, d'astronomie, de médecine, des traités divinatoires, des chants religieux, etc.

[2] De retour de captivité, les Juifs se remettront tout de suite au travail et le Temple sera reconstruit en - 515.

[3] La Bible hébraïque (Ancien Testament) comprend trois parties :

– La *Torah* (« l'instruction » de la Loi en cinq livres : Pentateuque) : Genèse ; Exode ; Lévitique ; Nombres ; Deutéronome.

– Les *Nevi'im* (paroles des prophètes) : Josué ; Livre des Juges ; Samuel 1 ; Samuel 2 ; Rois 1 ; Rois 2 ; Isaïe ; Jérémie ; Ézéchiel ; Osée ; Joël ; Amos ; Abdias /Obadia ; Jonas ; Michée ; Nahoum ; Habacuc ; Sophonie; Haggaï ; Zacharie ; Malachie.

– Les *Ketouvim* (écrits des hagiographes) : Psaumes ; Proverbes ; Job ; Cantique des cantiques ; Ruth ; Lamentations ; L'Ecclésiaste (ou le Qohélet) ; Esther ; Daniel ; Ezra ; Néhémie, Chroniques 1 ; Chroniques 2.

[4] En araméen : *Meshi'ha* « celui qui est sanctifié par l'onction divine », en grec : *christòs*.

[5] La quantité de tablettes comptables retrouvée sur les sites de cette époque est pléthorique (plus d'un demi-million).

l'Empire perse s'empare de l'Anatolie, de la Lydie, et conquiert l'Ionie hellénique en - 545.

Installé et conquis par la splendeur de Babylone, l'empereur perse la prend à son tour pour capitale en - 539.

Cyrus II – appelé désormais « le Grand » – instaure la religion zoroastrienne, et reprend la puissante administration impériale au service de sa dynastie. Il renvoie les Juifs en Judée[1]. Et pour se prémunir des complots séditieux, de nombreux contre-pouvoirs directement au service de l'empereur sont installés auprès des gouverneurs de chacune des satrapies de l'Empire.

À sa suite, Darius Ier (qui monte sur le trône de 521 à 486 av. J.C.)[2] conquiert l'Égypte et la Thrace. Son règne itinérant, allant de palais en palais à travers son empire, l'amène à construire, vers - 518, une seconde grande salle du trône à Takht-e Jamshid[3]. Elle se trouve au cœur des terres perses, ce qui fonde une nouvelle capitale de l'Empire : Persépolis.

Darius instaure par ailleurs un service postal sur une route royale traversant l'Empire d'est en ouest. Au bout de cette route royale, le commerce de la soie, des chevaux, et de l'argent avec les royaumes d'Extrême-Orient créé la « route de la soie » qui accroît considérablement la richesse de l'Empire.

Le souverain instaure également à l'intérieur de l'Empire le monnayage de l'or frappé à son effigie (« l'archer royal »), pour les paiements des tributs[4], ainsi que le monnayage de l'argent pour les dépenses militaires et administratives[5] ; et puis le monnayage du bronze est utilisé pour les échanges de marchandises à l'intérieur de l'Empire.

Pour le bon fonctionnement de l'administration, l'araméen devient la langue officielle dans l'Empire perse. Le culte d'Ahura Mazda[6] prend une place prépondérante ; et son dichotomisme monothéiste (lumière versus ténèbres) procure une référence au fonctionnement idéal de l'administration.

---

[1] Et il finance même la reconstruction du temple de Salomon. Car la religion zoroastrienne est tolérante avec les autres cultes. Et puis, en l'occurrence, la religion juive a manifestement été très inspirée par le zoroastrisme dont les textes sacrés (les *Avesta* dont les premières traces remontent à peu près au Xe siècle avant notre ère) se trouvent en abondance à cette époque dans les bibliothèques babyloniennes (par exemple, Dieu apparaît à Moïse sous la forme d'un « feu sacré »).

[2] Fils d'Hystaspès, satrape (gouverneur) de Bactriane.

[3] Qui signifie littéralement : « le trône de Jamshid » (« le jumeau de lumière », c'est un roi légendaire cité dans l'*Avesta*).

[4] On appelle ces pièces des « dariques ». Par ailleurs, les archives rapportent que les tributs étaient payés en talents, de sorte qu'on peut calculer qu'à chaque année de son règne l'empereur recevait de ses satrapies 9 tonnes d'or et 230 tonnes d'argent.

[5] L'usage de la monnaie frappée est massivement généralisé par la dynastie Achéménide pour le paiement des troupes dont on veut s'assurer la fidélité mais sans leur promettre de terres.

[6] « Le seigneur sage » ou plutôt « l'existence de la sagesse infinie » : divinité abstraite et unique du mazdéisme, religion issue du zoroastrisme, et dont le corpus de textes sacré est l'*Avesta*.

La justice – administration de l'administration – est absolument monarchique, liée directement au corps du roi : administrée par des procureurs du roi (« l'œil du roi ») assistés de leurs inspecteurs (« les oreilles du roi »).

L'Empire est prospère. Mais finalement, en - 490 lors de la bataille de Marathon, la civilisation grecque stoppe l'expansion perse, et fait son entrée dans l'histoire des grandes civilisations.

CHAPITRE 3

3. L'ACCRÉDITATION DES SUJETS PAR LE SOUVERAIN

« On ne peut être propriétaire d'un bien ou d'un service que si l'on est " propriétaire de soi-même ". »
Jean Cartelier (2018)

Par la fourniture de moyens de paiements à ses assujettis, le souverain accrédite leur autorité dans son royaume. Et par le contrôle de cette intermédiation culturelle, il exerce une hégémonie culturelle, sur eux, par eux, à travers eux. Ça transite essentiellement par le goût de ceux qui fournissent les moyens de paiement et commandent les activités. Or justement, le goût occidental va être profondément marqué par l'esthétique de la Grèce antique.

LES PORTES D'ACCÈS AUX MOYENS DE PAIEMENTS

« Le système des paiements est en surplomb des individus qui, en tant que sujets économiques, sont soumis aux règles monétaires. La notion de souveraineté, incarnée en économie par l'autorité monétaire, ne peut être expulsée de l'économie de marché. Elle y est omniprésente et figure parmi les postulats. »
Jean Cartelier (2019)

Dans une transaction monétaire, y'a celui qui donne de l'argent et celui qui le reçoit. Ce n'est pas qu'un simple échange sans reste. Car la transaction monétaire est un processus d'accréditation. L'offreur de monnaie accrédite. Le demandeur de monnaie valide l'accréditation par la conformité de son comportement aux attentes de l'offreur. Et la transaction est réalisée.

L'offreur de monnaie accrédite. Il prête, il achète, il paye. Il livre des moyens de paiement pour obtenir un ordre des choses dans le monde. L'offreur de monnaie attend, en échange de ses liquidités, une certaine mise en ordre des choses. Et l'air de rien, il y place ses valeurs structurant ses attentes. Mais ces attentes sont structurelles et le traversent, car elles le motivent à faire bien plus que de donner sa propre parole, elles le motivent à livrer un effet représentatif de la parole du souverain. Par là même, les offreurs de monnaie sont des figures du souverain : les attentes à satisfaire sont celles du souverain.

Au premier rang des offreurs de monnaie se trouve le banquier. Le banquier est un investisseur, mais un investisseur un peu particulier. Il s'investit dans la fourniture de puissance pour le souverain ; en l'occurrence, depuis l'âge du bronze, il s'investit dans la fourniture d'un stock de métal, afin de se porter au premier rang des fournisseurs de la machine de guerre du souverain.

Au second rang on trouve ceux qui ont un accès direct au crédit du souverain. Ses composantes sont des figures du souverain, des acteurs de la décision économique souveraine, des citoyens, des investisseurs, des consommateurs. Ils prennent ce que nous – modernes – appelons des libres décisions ; ce qui, en fait signifie qu'ils ont à en assumer la responsabilité.

Ces figures sont des rôles économiques auxquels les sujets individuels peuvent éventuellement accéder. Ils trouvent alors cette accréditation de leur rôle en se présentant dans un ordre conforme aux attentes du souverain, bien en rangs, devant les portes d'accès aux moyens de paiement. Ils se font par-là même demandeurs de monnaie.

Le demandeur de monnaie, lui, s'assujettit pour avoir accès aux moyens de paiement. En effet, pour valider leurs activités, leurs actions et leurs paroles,

les sujets individuels sont en recherche d'accréditation. C'est leur passion fixe. Et les flux monétaires rentrants vont satisfaire cette quête de validation sociale (« se sentir à sa place », « avoir sa part du gâteau »). Mais pour ça, il leur faut satisfaire les attentes des figures du souverain.

Pour être reconnu et accrédité par le souverain, pour accéder à l'autorité, à la fonction, à la charge, au poste, pour que le souverain fasse l'honneur de confier une mission, une délégation, une représentation, il faut satisfaire les attentes du souverain (ou plutôt satisfaire aux nécessités de la souveraineté, c'est-à-dire qu'il faut satisfaire la raison d'État). Cette satisfaction des attentes justifie et valide le processus d'accréditation.

Ainsi se réalise l'assujettissement monétaire. Pour ça, les sujets individuels doivent s'insérer et s'intégrer dans des réseaux de ruissellement des moyens de paiements. Ils doivent se présenter devant les portes d'accès aux moyens de paiements.

Les figures de la souveraineté monétaire : le citoyen, l'investisseur, et le consommateur

« La norme est celle de l'utopie marchande, qui est au cœur des représentations plus ou moins élaborées que les individus se font des économies dans lesquelles ils agissent. Si certains peuvent se comporter selon la norme – l'entrepreneur est libre de décider le niveau et l'orientation de son activité tout en se soumettant au verdict du marché –, d'autres, les salariés, n'ont pas cette capacité faute de l'accès [direct] aux moyens de paiement. [...]
C'est cet écart à la norme marchande qui définit l'exploitation inhérente au salariat. Faisant des salariés des moyens mis en œuvre pour le compte et sous la direction de l'entrepreneur. [...]
Que des individus – les salariés – apparaissent comme des coûts pour d'autres – les entrepreneurs et les investisseurs – est le trait spécifique de l'économie salariale par rapport à une économie de marché pure dans laquelle chacun est dans une situation symétrique vis-à-vis de tous les autres.
Là est l'origine de l'exploitation. »
Jean Cartelier (2018)

Question centrale : Comment le sujet individuel est-il, par la monnaie, assujettit ou au contraire affranchi (ce qui revient au même) ? Pourquoi y a-t-il autorité du créditeur et culpabilité du débiteur ?

L'activité d'une banque, ça peut être analysé de différentes manières. L'approche par les fonds prêtables la présente comme consistant à récolter les capacités de financement de l'épargne des riches, pour ensuite aller les prêter, moyennant un taux d'intérêt, aux agents qui ont un besoin de financement pour faire ce qu'ils ont à faire : les producteurs et les consommateurs. Mais alors on ne voit pas d'où viennent les moyens de paiement. Y'a un angle mort.

Fable de l'intermédiation financière : si les banques ne font que recevoir les dépôts des agents en capacité, pour les prêter aux agents en besoin, elles ne sont pas créatrices de monnaie, elles ne sont qu'intermédiaires financier : débiteur d'une part des épargnants fournisseurs de fonds, et d'autre part au service des emprunteurs qui les commissionnent. Dans ce cas, la banque devrait être un producteur d'intermédiation tout ce qu'il y a de plus humble, comme un simple courtier de détail. Or, nulle humilité dans l'activité bancaire, bien au contraire, la banque, c'est un centre de pouvoir. Voire, dans les constitutions oligarchiques de la souveraineté, c'est *le* centre de pouvoir suprême.

Autrement dit : quelque chose ne tourne pas rond dans cette mythologie affable de la serviabilité bien aimable que les banques aiment à présenter aux citoyens des démocraties libérales… Il y a un éléphant dans le couloir… On passe à côté de l'essentiel de ce qui justifie qu'elles concentrent tous les prestiges et les crédits à leur compte : leur capacité de création monétaire.

Car le crédit de l'agent financier bancaire produit la confiance sur la base de laquelle les agents non financiers peuvent effectuer leurs échanges et mener leurs projets. La « noblesse » de la signature du protecteur est centrale dans ce système (arrivé à maturité, on peut alors parler adéquatement de « seigneurs de la finance »). C'est toute une ostentation de la souveraineté qui va avec, « noblesse oblige ».

De toute manière, l'approche par les fonds prêtables n'explique pas d'où vient la monnaie, elle explique d'où viennent les banques[1]. Elle pose que les dépôts font les crédits.

Or concernant la création monétaire, ce sont les crédits qui font les dépôts. Au départ, le souverain fait une promesse de payer. Elle est enregistrée dans les livres de comptes au titre de qui de droit. Et elle s'affecte à créditer les ayants droit du souverain d'un pouvoir d'achat, d'un droit de prendre une partie du produit. Et ces stocks de produits – ou de pouvoir d'achat du produit – constituent des dépôts, des encaisses monétaires.

Pour ceux qui n'arriveraient pas à décrocher de l'intuition fausse que ce sont les dépôts qui font le crédit, il faut considérer que la monnaie marchandise (liée à ce fantasme du dépôt de base) recèle un petit paradoxe : si l'un des biens du système économique (comme les céréales ou le sel), est utilisé comme moyen d'échanges de tous les autres, reste qu'il ne peut pas être utilisé pour s'acheter lui-même. Par exemple, la morue ne peut être utilisée pour acheter de la morue (« pas touche à la marchandise »). Pour réaliser les échanges, la monnaie marchandise doit donc être acquise par un autre bien, plus universel qu'elle. Et ce bien plus universel que la monnaie marchandise, c'est toujours la parole du souverain, la reconnaissance du souverain, pour l'apport que l'on a fait à la crédibilité de sa puissance.

Cet apport s'est fondamentalement réalisé par un approvisionnement, un comportement, une activité, un travail. Et en contrepartie donc, le souverain émet sa reconnaissance sous forme d'un titre de créance qui va pouvoir

---

[1] Elle met en évidence l'existence de coûts de transactions inhérents à la médiation financière, ce qui crée une marge à l'intérieur des bornes de laquelle peut se développer un produit bancaire.

circuler comme moyen de paiement entre les agents qui en reconnaissent la valeur. Au souverain le pouvoir de seigneuriage (i.e. le pouvoir de « battre monnaie »).

Si on reprend à partir du schéma économique fondamental, trois acteurs sont en position de livrer de la monnaie ; autrement dit, de quelque situation ou position que l'on se trouve dans un système économique, c'est toujours de l'un de ces trois-là que vient l'argent :

– le consommateur qui achète un bien,
– l'investisseur qui achète un stock pour en faire un actif,
– le souverain créateur monétaire.

Reste que la dépense de ce dernier est étrange. Elle est première : des biens et services lui sont livrés et il émet la marque de reconnaissance de sa gratitude – sa reconnaissance de dette – qui va alors circuler parmi ses assujettis qui se disputent[1] la reconnaissance du souverain.

Celui de qui il s'agit d'obtenir la reconnaissance en dernière instance, c'est le sujet souverain, le souverain créateur monétaire.

Cela dit, en démocratie en principe c'est le citoyen le souverain créateur monétaire. Mais oui par-dessus le marché ! Le citoyen est le créateur monétaire, le « créateur de liquidité » ; il est celui qui dispose fondamentalement de la crédibilité suffisante pour être en position d'agent financier.

Mais, si dans une démocratie libérale tous les citoyens ont une part de souveraineté qu'ils expriment par le vote, tous les citoyens ne participent pas activement de la crédibilité du souverain. Tous les citoyens ne sont pas des élus ou des agents publics, et tous n'obtiennent pas du souverain une accréditation d'établissement bancaire qui ferait d'eux des agents financiers créateurs de monnaie. Cette république idéale où le citoyen aurait la main sur le crédit qu'il octroie sur son compte n'existe toujours pas : en réalité, en démocratie représentative, c'est de la dette de citoyen élu et ratifié par un établissement de crédit qui est créatrice de monnaie[2]. Reste qu'en dernier ressort c'est le citoyen qui paye le prix du pouvoir d'achat d'une monnaie. Cependant, il n'a pas la main là-dessus. L'investisseur technocrate a pris la main : « créditocratie ».

Bref, c'est donc auprès des agents financiers bancaires qu'ils vont tous amener leurs promesses de réalisations futures. Et sur cette base, la fonction de l'agent financier bancaire est d'aller chercher la valeur virtuelle, dans ce futur promis, pour la mettre au présent à disposition de l'agent non financier.

[1] Dans l'analyse de la dimension religieuse, nous avons vu précédemment pourquoi et comment les sujets individuels sacrifiaient à la liquidité pour se dépatouiller des rivalités intestines dans lesquelles ils sont pris.

[2] D'où la centralité dans le système (en France par exemple), des établissements agréés par la très puissante et discrète Commission des Établissements de Crédits (intégré depuis 2010 dans la Direction des autorisations au sein de l'ACPR).

D'une promesse de création de valeur future qui lui est faite en bonne et due forme, l'agent financier va « réaliser » au présent, rendre crédible cette valeur dans l'actuel, en créant pour ce faire les moyens monétaires à disposition. À une promesse faite d'une signature peu crédible d'agent individuel, l'agent financier va adosser en contrepartie sa propre promesse faite d'une signature crédible : la monnaie. Le montant prêté sera versé au crédit de l'agent qui s'est engagé auprès de l'agent financier.

Typiquement, il y a trois contreparties à la création monétaire : la contrepartie interne publique (la dette directe du souverain), la contrepartie interne privée (les crédits à l'économie), et la contrepartie externe (la balance des paiements du souverain à l'égard des autres souverains).

La contrepartie interne publique consiste, pour une banque, à émettre de la monnaie en l'adossant à la dette de l'État. Première figure du souverain émetteur de monnaie : le citoyen. Si l'État est directement le banquier émetteur monétaire, c'est une dette de l'État sur lui-même. Dans le cas de l'émission métallique de pièces, cela se fait par une composition immédiate : un délégué bancaire fournit le métal, et le souverain citoyen promet le pouvoir d'achat sur les produits de ses sujets citoyens par la marque de son effigie frappée sur la pièce.

Ensuite, la contrepartie interne privée consiste, pour une banque, à émettre de la monnaie en l'adossant aux promesses et aux dettes des acteurs consommateurs de biens finaux et de biens d'équipements. C'est-à-dire que la monnaie est émise en contrepartie des crédits à l'économie. Deuxième et troisième figures du souverain émetteur de monnaie : le consommateur et l'investisseur qui sont de gros demandeurs de crédits.

Enfin, la contrepartie externe consiste pour une banque à émettre de la monnaie en l'adossant à la dette d'entités extérieures à l'égard du souverain (l'évolution de la dette « extérieure » est mesurée par la balance des paiements)[1]. Cependant, cette contrepartie externe se compose d'entités hétérogènes, elle ne constitue donc pas une figure du souverain en soi mais bien plutôt un soutien (ou une contrainte) à la souveraineté du souverain. Des entités externes lui sont redevables, ou au contraire il est redevable à des entités externes à ses assujettis. Cela impacte donc la souveraineté de ses figures composantes internes.

Dans ce cadre, l'octroi de crédit à un individu se décide sur la base de trois critères :

– la qualité de la personne (cela concerne essentiellement le citoyen),

[1] Les réserves de change font partie de cette catégorie (ce sont des titres de dettes de banques centrales étrangères à l'égard des banques qui les détiennent).

– les quantités de collatéral engageable dont il dispose (cela concerne essentiellement le consommateur[1]),

– sa capacité de production (cela concerne essentiellement l'investisseur).

Bref, une fois les sujets accrédités, il y a donc trois types d'acteurs, trois figures du souverain qui disposent de la monnaie « fraîchement émise », en première main :

– le citoyen,

– le consommateur,

– l'investisseur.

Un système économique se compose ainsi de trois acteurs souverains, trois figures du souverain, trois statuts souverains : le citoyen est souverain, le consommateur est souverain, et l'investisseur est souverain[2].

À cette position, il est attendu du sujet individuel qu'il joue son rôle et qu'il exerce son libre arbitre ; qu'il réalise des arbitrages, sous sa responsabilité. En effet, le citoyen, l'investisseur, et le consommateur sont trois fournisseurs de moyens de libération de la dette, trois fournisseurs de liquidités, c'est-à-dire que ce sont des acheteurs, des preneurs de risques[3]. Ce sont les trois acteurs qui « prennent leurs responsabilités ». Et en tant qu'ils prennent des risques à leur compte, ce sont des constituants stabilisateurs, fournisseurs de crédibilité pour le souverain.

En retour, ces fournisseurs de crédit, par le pouvoir d'achat qui leur a été conféré, concentrent de *facto polis* entre leurs mains le pouvoir de commander l'orientation de la finalité du travail. En effet, par leurs choix d'affectation de la monnaie, ils valorisent des ressources et autorisent des activités.

Cela dit, la valorisation des activités (et notamment du travail comme activité de production) est subordonnée à la valorisation de l'objet du pourvoyeur monétaire : l'État du citoyen, le capital de l'investisseur, ou le bien-être direct du consommateur. Car en effet, l'octroi d'un crédit repose systématiquement sur un projet de valorisation d'une ressource.

Dans le système de compte monétaire, on comprend d'abord que ceux qui apportent leur collaboration à la valorisation remportent des crédits, et ceux qui consomment et bénéficient des fruits de ce travail voient leur crédit diminuer. Mais, est-ce là tout ? N'y a-t-il rien d'autre qui circule intrinsèquement dans une transaction monétaire ? C'est que, valoriser une ressource, c'est, par la valorisation d'une activité, en tirer de la liquidité et la

---

[1] Dans un régime aristocratique, la noblesse de la signature (qui signale une proximité au souverain) permet au consommateur d'émettre directement des écritures de reconnaissance de dettes.

[2] L'actionnaire par exemple : ainsi on parle de « souveraineté actionnariale ».

[3] Acheter une marchandise, c'est prendre le risque d'une mauvaise qualité de produit. Investir sur un bien d'équipement c'est prendre le risque de son inefficacité. Contribuer au bien commun c'est prendre le risque de ne pas en être bénéficiaire direct.

liquider. Ressource naturelle, humaine, informationnelle… dont la liquidation passe par : appropriation, estimation, quantification, assujettissement (des fins appropriées à celles de la tête), capitalisation, circulation, exploitation, rationalisation, standardisation… Les implications à comprendre si l'on veut y voir clair ne manquent pas.

Concernant la valorisation, ce qui distingue principalement les trois figures du souverain, c'est l'horizon temporel de leurs attentes en retour de leurs émissions monétaires. Par exemple, le citoyen émet la monnaie pour une cause éternelle[1]. L'investisseur émet la monnaie pour un retour, un revenu dans le long terme. Et le consommateur lui, émet la monnaie pour une satisfaction immédiate.

Voilà pourquoi ces trois figures du souverain émetteur de monnaie s'emboîtent les unes dans les autres comme des poupées russes. Il y a une filière d'approvisionnement circulaire : la première figure souveraine de l'agent financier c'est le citoyen. Il crée la monnaie en se faisant des promesses à lui-même comme créateur de monnaie crédible (autorité monétaire), ou formellement, en faisant des promesses de payer à une banque à laquelle est délégué le pouvoir souverain d'émettre la monnaie crédible. C'est-à-dire que cette banque est chargée de garantir la fiabilité de cette promesse de payer qui se met à circuler comme moyen de paiements. Cette monnaie est livrée d'abord à l'investisseur (acheteur de risques) en échange d'un prix de l'argent, un taux d'intérêt. Ensuite, l'investisseur achète du travail avec cet argent. Et enfin, le consommateur achète les produits du travail et rend par là même l'argent à l'investisseur, qui, avec, rembourse l'agent financier. La boucle monétaire est bouclée.

Reste qu'une prise s'y est insérée : du travail a été livré à l'investisseur.

Et sur ce, il y a lien d'autorité. Car il y a une hétérogénéité radicale entre ceux qui ont l'initiative des opérations économiques et ceux qui ne l'ont pas. Entre celui qui peut s'endetter pour acheter et commander, et celui qui doit d'abord travailler pour avoir droit à une part du produit. Il y a une sacrée différence entre l'établi qui dispose du crédit, et le parvenu en qui on n'a pas confiance de prime abord. Les pauvres travaillent pour avoir de l'argent. Les riches font travailler l'argent pour eux.

Les créanciers investisseurs conquièrent des biens (mine, terre, biens immobiliers, biens d'équipements, etc.) qui sont caractérisés par un flux de revenu par unité de temps (« *cash flow* »). Et l'effet de levier procuré par la proximité avec le souverain ou avec le secteur bancaire – la crédibilité

---

[1] Le rapport à cet égard entre les sujets individuels citoyens et le sujet souverain est réglé par l'intermédiation transactionnelle. Mais enfin, disons simplement ici que leurs plans de carrières sont liés au sien.

bancaire – permet d'accroître encore le capital engagé, et donc le flux de revenus qui permet de valider encore plus d'octrois de crédit bancaire[1].

Ainsi, un individu qui a plus de dettes que d'actifs est en théorie encore plus pauvre que le pauvre qui travaille. Reste que le crédit soutenu par le prestige des apparences maintient à *flow*. Eh oui… On n'ose pas croire à quel point le trafic d'influence est au cœur de cette affaire (la noblesse, c'est la maîtrise des apparences). Ainsi, nos « seigneurs de la finance » peuvent continuer à se générer un revenu, tant qu'ils ne font pas face à une crise de liquidité, tant qu'ils ne font pas défaut sur leur parole, sur le flux de liquidité qu'ils apportent à leur fournisseur de crédit.

Et cela dit, même en cas de défaut, y'a des moyens de garder la main… Séquestrer des sources de revenu c'est, à toutes époques de l'humanité, la caractéristique spécifique des classes dominantes. C'est sur cette base qu'elles construisent une crédibilité qui leur confère le pouvoir d'émettre leur propre dette pour financer leurs entreprises de conquêtes.

Ainsi, pour tous les marchands bourgeois qui se rêvent gentilshommes, et pour la petite noblesse qui ambitionne de s'élever, l'achat de charges et de rentes concédées par le souverain occupe toute l'affaire.

La dette publique a aussi ceci de commode qu'elle permet d'avoir accès à une part des récoltes fiscales comme source de revenu. L'État et son administration fiscale deviennent ainsi un bien d'équipement capital comme les autres[2].

Du coup, non seulement l'investisseur s'interpose entre la production de richesse et sa redistribution, mais en outre il prend son mot à dire sur la discipline qui doit présider à la production de ce revenu. Et le régime sera d'autant plus capitaliste que tout cela sera fait afin de satisfaire l'investisseur et obtenir de lui plus de crédit.

Reste qu'au niveau général, la discipline de travail vise alors à maximiser le revenu du bien de production. Or, pour satisfaire ce programme le cas échéant, ça tombe bien, l'État dispose de tous les moyens de coercition nécessaire pour imposer des valeurs, des principes, des agencements, des manières de faires, des rythmes d'activité. Le risque est minimisé.

La circulation monétaire dans le cadre juridique de la loi assure ainsi que les activités se réalisent au service du souverain. Dans le serment, le sujet citoyen jure fidélité à son souverain. Mais la fidélité au souverain, ce n'est encore pas assez pour la raison d'État. Elle doit se compléter de la fidélité du

---

[1] Dans la Modernité libérale, la religion capitaliste de la bourgeoisie veut que l'on s'endette avant de produire. Sceptre du commandement : c'est une vieille histoire de bâton, d'effet de levier et de ses conséquences fâcheuses… C'est fragile et c'est sur le fil, du coup, ça court de partout comme des dératés.

[2] Et si, par le trafic d'influence, on obtient des privilèges fiscaux qui provoquent une dette de l'État qu'on va s'empresser de venir financer avec nos « économies », alors c'est carrément d'une pierre deux coups. Ça revient à se faire payer pour sa contribution fiscale (ce qui montre bien qui est le chef ici).

sujet à soi-même pour être consolidée (à chaque parole correspond un corps responsable). Chacun a son lot, et joue son rôle sérieusement, jusqu'à la mort.

Ce réseau d'assujettissement a vocation à s'étendre, ruisseler de proche en proche pour étendre la portée du pouvoir du souverain. Pour la gloire, le déploiement de l'être du souverain.

Alors au fait, concernant cette histoire de ruissellement, c'est justement parce qu'elle n'a aucun fondement scientifique sérieux que nous allons nous saisir de cette « théorie du ruissellement », mais pour la retourner comme un gant[1]. On la prend au pied de la lettre et on suit très exactement les flux d'argent. En partant des émetteurs qui ont le pouvoir de les créer, jusqu'aux usagers finaux, qui doivent adopter des comportements clés pour pouvoir ouvrir les portes d'accès aux moyens de paiements.

Donc, pour commencer : l'investisseur banquier – « l'homme aux écus » – tire son pouvoir de sa situation de proximité au robinet d'émission monétaire. Il est toujours parmi les premiers dans les mains desquels les accroissements de masses monétaires tombent d'abord. Parce qu'il est un fournisseur de premier rang de la crédibilité de la puissance du souverain. Et c'est à partir de lui que ça « ruisselle » : effet Cantillon (une injection de monnaie dans l'économie exerce un effet progressif et différencié sur les prix au fur et à mesure que la monnaie se propage par les échanges en partant du point où elle a été injectée).

Première commande, premier problème à mettre en évidence : pour réaliser un chantier (ou une guerre), le plus souvent ce ne sont pas les ressources matérielles qui manquent, mais la crédibilité pour rassembler les hommes et commander la production de cette valeur. Le problème technique n'est jamais tellement matériel mais plutôt social. Le glaive ou le jeton, quel qu'en soit le métal, doit assurer la soupe et le gîte derrière.

Une maison ne semble faite que de briques, mais pour construire une maison, faut-il avant tout des briques ou faut-il de l'argent ? Parce que, si on n'a que des briques, ce n'est pas une maison, c'est qu'un tas de briques. Posons que la main-d'œuvre disponible ne manque pas, reste que la capacité à la mobiliser peut manquer. Et pourtant, paradoxalement, pour construire une maison, on peut comprendre qu'on puisse manquer de briques ou de main d'oeuvre, mais pas qu'on puisse manquer d'argent si on a les briques et la main d'oeuvre. Tout ce que l'on peut faire, on est supposé pouvoir se le payer, non ? Eh bien non : on peut avoir les briques, les travailleurs disponibles, mais le manque d'argent peut expressément commander la non-existence de la maison… chômage…

Quelque chose de l'ordre de la décision autorisée, crédible, transite avec l'argent… C'est tragique, mais les gens ont peur de se faire payer en monnaie

[1] Ruissellement vous dites ? Essayez-voir avec – pour exemple de richesse – un verre d'eau ; résultat : ruissellement du pipi.

de singe. Les gens veulent pouvoir « se le permettre » ; mais pour ça, ils attendent le feu vert d'une autorité extérieure.

Et puis, il faudra par ailleurs que le respect de la contrainte budgétaire saisisse les individus, qu'elle les accule à l'obéissance à ces signaux numériques monétaires. Cela réclame un dispositif de contrôle et de sanction (temples, banques, cours de justice, tribunaux, huissiers, police, organisation de travaux forcés, etc.).

De sorte que, dans tous les régimes, le plus souvent (notamment lorsqu'il s'agit de lever une armée) c'est plus généralement le problème des contraintes financières qu'il s'agit de faire surmonter. De proche en proche il s'agit de communiquer une capacité d'appel à la mobilisation des activités. Car réaliser le produit n'est pas le tout, il faut aussi assurer les chaînes d'approvisionnement de la force de travail engagée. L'arrière-pays doit ponctionner une partie de son produit pour alimenter le travail au front. Il faut donc dégager des excédents (si on veut tenir ses promesses). Le consentement à cela fait aussi partie intrinsèque du problème.

Dès lors ce sont des contraintes organisationnelles qu'il s'agit de surmonter, à l'aide de capacités organisationnelles puissantes et bien intentionnées. Car en effet : commandement intelligent et obéissance fiable sont des ressources rares pour le souverain. Or justement, un assujettissement bien disposé produit spontanément ces ressources rares pour le souverain.

Concernant ce « feu vert », le point important c'est que : la promesse de payer du souverain émetteur de monnaie est indéfinie. C'est une promesse sans échéance autre que la déchéance du souverain. Autrement dit, la périssabilité de la monnaie, justement, c'est pas marqué sur son front. Et justement cette indéfinition c'est ce qui permet à cette unité monétaire de circuler parmi les assujettis et de régler une quantité indéfinie de paiements.

Par exemple, soit une situation initiale dans une petite société villageoise où le forgeron doit 100 à l'aubergiste, qui lui-même doit 100 au brasseur qui lui-même doit finalement 100 au forgeron. Tous les acteurs sont liés les uns aux autres par des encours de dettes (ça les paralyse de plus en plus). Disons que le souverain vient à passer par là et s'arrête pour faire ferrer ses chevaux auprès du forgeron. Il lui glisse une pièce de 100 (frappée à son effigie), et s'en va se reposer. Imaginons pour corser l'histoire, que le forgeron sait qu'il a le temps de ferrer les chevaux et qu'il préfère aller payer ses dettes d'abord. Il va à l'auberge, donne la pièce de 100 à l'aubergiste, puis l'aubergiste la donne au brasseur, qui ensuite la donne au forgeron. Ce dernier retourne ferrer les chevaux ; cependant il trouve le seigneur qui doit repartir de toute urgence. Tant pis pour les fers, la transaction est annulée, il rend la pièce de 100 au souverain, qui repart. Rien n'a changé, la richesse n'a pas été créée. Pourtant, le système n'est pas resté en l'état à l'issue du passage du souverain : la simple circulation du moyen de paiement crédible a effacé toutes les dettes du système interne des assujettis dans le village. C'est ce que réalise un système d'échange local. Et ce service de règlement que les villageois n'étaient pas capables d'effectuer par eux-mêmes semble n'avoir rien coûté. Alors même que désormais les voilà prêts à se remettre en activité les uns pour les autres.

On voit bien qu'un lien d'autorité s'institue de facto polis par la circulation d'une reconnaissance de dette indéfinie. Y'a une affaire de foi là-dedans, car l'accréditation du sujet par le souverain dure aussi longtemps que l'assujetti s'assujettit au souverain et par là même cherche la reconnaissance du souverain.

La guerre du goût

« Selon qu'il vient de gens obscurs ou bien d'hommes en vue, un même mot n'a pas la même force. »
Euripide

« Le goût [...] est à la fois le poids, la balance et le peseur,
et malheur à tout vivant qui voudrait vivre sans dispute sur les goûts et les couleurs. »
Friedrich Nietzsche

« Ce qui circule à travers une forme en fait le prix,
Mais[1] *cette circulation doit se proposer l'accession au dévoilement significatif. »*
Philippe Sollers, *Logique de la fiction*

La tâche première du fournisseur de crédit consiste à entretenir la croyance dans sa capacité à fournir du crédit. La quête effrénée du prestige n'a donc rien à voir avec un simple « ego trip ». C'est plutôt que, archaïquement, les prêts prennent les personnes en gage, complètement. C'est la base du business bancaire de l'investisseur. L'art de convaincre et la science de l'économique sont ses deux mamelles.

La « qualité » de l'émetteur de la parole : voilà le problème central de respectabilité sociale que tous les sujets individuels vivent et éprouvent, à toutes époques. C'est l'arrière-plan de toutes les conversations, de toutes les déclarations, qu'elles soient raisonnables ou héroïques, publiques ou privées (et pourtant, sorti du poète, nul ne le dit en vérité).

Au cœur du problème social : comment faire en sorte qu'une partie soit disposée à attribuer du crédit à une autre ? Ce qu'on appelle l'ego n'est rien d'autre que ce souci social là, pour soi. Et tous les comportements peuvent être décryptés sous le point de vue de ce problème social. D'où l'idée socialement soutenue que ce souci social ne serait rien de moins qu'une nature humaine.

En fait, la structure pénale de toute société repose sur cette idée de dette à payer. Tous les sujets sont rangés dans les hiérarchies sociales le long de cet axe vertical : certains ont des droits gagnés au service du souverain, d'autres ont des dettes dont ils sont personnellement responsables. Et dans tous les cas,

[1] Souligné par Francis Ponge.

les sujets trouvent accréditation de leur personne essentiellement par la reconnaissance de dette du souverain à leur égard.

Dans ce système de justice, par association de la dette à la faute, la victime de sa propre faiblesse peut être ainsi désignée comme coupable. L'assujetti n'est alors plus qu'un « bon à rien »[1]. Ça pousse à la marge, ça pousse au crime. Et à la limite d'ailleurs, une condamnation à mort édicte une dette dont l'insolvabilité du condamné est l'objectif même du créancier (« Faites place nette ! Et qu'on en finisse ! »).

Mais ne perdons pas le fil, la question centrale ici est de comprendre ce qui fonde l'attribution de crédibilité à une parole. Ce qui fait qu'une parole a du poids ou qu'elle n'en a pas. Nonobstant qu'elle dise la vérité ou pas, la question est de savoir ce qui donne du poids à la parole d'un sujet.

C'est que, les assujettis au souverain ne se posent pas en premier la question de savoir si un énoncé est vrai (encore faudrait-il qu'ils aient confiance dans leur propre jugement), ils se posent bien plutôt la question de savoir s'il *doit être cru*. Ce n'est pas une problématique de vérité, c'est une problématique d'autorité[2].

Le modèle simple d'accréditation, c'est celui des diplomates qui sont équipés de lettres de créances du souverain afin d'authentifier la crédibilité de leur parole et de faire reconnaître leur ambassade auprès d'un autre souverain.

Donc, si nous reprenons notre hypothèse de travail ici comme point de départ : l'autorité d'une parole se fonde sur la proximité au souverain. Il apparaît que, pour trouver son objectivité, le jugement de valeur sur l'autorité de la parole d'un sujet se réduit en fait au jugement de fait sur la proximité du sujet de l'énonciation au souverain.

C'est que, cette proximité au souverain se manifeste par l'accès à des flux directs de ressources qui permettent des conditions d'existence autonomes. Conséquemment, cette proximité au souverain est, dans l'idéal, un indicateur du degré d'autonomie dont jouit un sujet, un indicateur de la maîtrise disciplinaire de soi par soi dont bénéficie le sujet en question ; cette autonomie

---

[1] Les psychosociologues parlent « d'effet de halo » : plus une personne a l'air riche, plus elle est présupposée vertueuse. Dans la pauvreté monétaire, la véritable culpabilité est d'être peu utile au souverain ; cette quantité négligeable peut dès lors être coupée, soustraite, éliminée sans dommages.

[2] On théorise encore très mal ces phénomènes (qui restent entre les mains des « artistes » du trafic d'influence) et ce n'est que très récemment que l'on se pose le problème d'épistémologie sociale qui consiste à se demander comment organiser rationnellement la société de sorte que l'autorité d'une parole soit fondée sur la fréquence de vérité de ses énoncés. Certes, les sociétés savantes modernes et les communautés scientifiques se sont construites sur cet idéal difficile à mettre au point. Elles fonctionnent tant bien que mal mais ne sont pas à l'abri de coups de forces, de biais, d'erreurs, et d'impostures, provoqués notamment par les logiques de financement de leurs activités. Bref, comme chacun sait, même nos sociétés démocratiques n'ont jamais atteint cet idéal ; si tant est qu'elles ne s'en soient jamais vraiment approché... Plus tard, nous reviendrons méticuleusement sur cette discussion dans le chapitre 10.

du sujet étant supposée être gage du caractère non prédéterminé de ses jugements. Leur autorité est donc tenue pour être de plus forte intensité.

Du coup, tout le problème d'autorité pour les assujettis est de savoir comment accéder à ces ressources qui fondent l'autorité, pour pouvoir se rapprocher de la position souveraine. Tout le souci c'est d'être *recommandable*.

Derrière tous les régimes politiques, c'est la timocratie permanente, c'est la lutte pour l'accréditation, la lutte pour l'autorité.

De nombreuses théories – notamment des sociologies des sciences – se sont penchées sur ces processus sociaux par lesquels les acteurs d'un champ luttent pour se mettre en position d'y être figure d'autorité, dominant le jeu en devenant producteur des règles du jeu.

Dans la sociologie wébérienne d'ailleurs[1], la position souveraine peut s'approcher par trois versants : par la richesse, le prestige social, et par le pouvoir politique ; sachant que chacune de ces dimensions de ressources sociales est transférable dans une autre. Et donc, chaque niveau d'accumulation dans une dimension de ressource confère une probabilité d'accès aux ressources en général. De sorte que la position souveraine – parce qu'elle est une probabilité certaine d'accéder à toutes les ressources disponibles – confère par-dessus le marché la maîtrise des probabilités d'accès aux ressources pour les autres individus. Le souverain, c'est le maître des « chances de vies » : à chacun son sort.

Toujours du point de vue sociologique, les pensées postmatérialistes ont pu souligner que derrière les luttes pour la propriété des moyens de production, il y avait des luttes pour les positions d'autorité. Dans les sociétés industrialisées, de telles luttes donnent lieu à l'émergence d'hyperclasses globales, composées d'élites mondialisées monopolisant intentionnellement pour soi toutes les ressources qui permettent de conférer de l'autorité. Cette autorité étant exercée pour s'approprier encore plus de ressources (dans cette logique, la recherche de vérité est subordonnée à la quête de puissance[2]).

Au niveau du souverain, il y a une guerre du goût, constitutive de la raison d'État. Car pour obtenir du créateur monétaire une accréditation, il faut satisfaire ses attentes. Pour ceux qui exercent des responsabilités, il faut savoir faire preuve d'un certain sens des gravités (*gravitas* chez les Romains). Et plus largement, ces attentes sont culturelles et concernent l'exhibition d'un certain

[1] Voir notamment à ce propos : Max WEBER, *Économie et Société,* (1922), trad. fr., Plon, Paris, 1971.

[2] Conséquemment, le savoir doit être au service du pouvoir pour trouver des financements. Et tout savoir au service du savoir seulement – ou au service de l'épanouissement du sujet – sera occulté, au mieux ignoré, noyé, ou au pire persécuté. Là encore, nous y reviendrons méticuleusement dans le chapitre 10.

nombre de signes de sérieux (fiabilité)[1]. Contrôle de conformité du profil : l'acteur se présente-t-il à sa place attendue dans l'espace des signes ?

De son côté, l'investisseur accrédité (qui peut dès lors sur cette base se positionner lui-même en accréditeur bancaire) va reproduire les attentes culturelles de son souverain pour conditionner sa réponse à des appels d'opportunités de levées de fonds. Ainsi, il solvabilise avec conscience telle ou telle demande. Dès lors, l'investisseur se fait appeler « décideur ».

Le souverain impose son goût, par les hommes de la cour, par les affinités entre hommes d'affaires, par les femmes du salon, par l'opinion des midinettes de chambres, par les lascars des rues, etc. Il y a un contrôle des liens entre les styles et les professions... Certains rétorqueront qu'il ne s'agit là que de jeux d'apparences et que l'habit ne fait pas le moine. Mais ce n'est pas vrai en matière de monnaie et dans le business en général ; le « *make believe* » de l'apparat est primordial, les apparences sont essentielles. Alors, attention à la faute de goût : le jugement se fait « au nez », et la fausse note se paye rubis sur l'ongle.

Donc, le trafic d'influences culturelles qui enveloppe la circulation monétaire n'est pas un détail négligeable d'un système économique, c'est bien au contraire en son cœur[2]. Ainsi se constituent des autorités culturelles. La guerre du goût est une guerre d'autorité.

En tant que consommateur, pour s'attirer une bonne estime de sa personne par autrui, les individus signalent leur statut économique, politique, et social – c'est-à-dire leur proximité à la souveraineté – par la mise en scène spectaculaire de leur richesse, de leur pouvoir, et de leur honneur, à travers une consommation ostentatoire de biens de luxe ou distinctifs (parures, bijoux, médailles, artefacts religieux, etc.) qui prouvent la supériorité sociale, et donne crédit au droit de commander et de recommander.

Le plus souvent l'inaccessibilité de ces biens tient à leur caractère exotique (il faut aller chercher l'or loin dans le sol). Le commerce international avec le lointain est donc, depuis la plus haute Antiquité, le moyen d'accès aux biens

---

[1] Au premier titre desquels on trouve souvent : les signes d'appartenance communautaire. Ils permettent d'identifier des domaines où peuvent s'installer des logiques de cooptations. Elles fonctionnent comme dispositifs de contrôle des comportements attendus.

[2] Du point de vue de la théorie économique standard, le marketing, le management, les relations publiques ne sont que des modules auxiliaires de la théorie néoclassique de l'équilibre général des marchés. Ce sont des disciplines opérationnelles, mais dérivées et périphériques du noyau de la théorie fondamentale standard. La monnaie et toutes ces activités culturelles « nominales » ne sont que des voiles qui éventuellement ne viennent qu'à postériori perturber l'équilibre « réel » des marchés, fondé sur la « valeur fondamentale » des marchandises mesurée en termes d'utilité. Et pourtant, l'anglicisation du français à la fin du XXe siècle par exemple n'est pas qu'une anecdote de l'évolution des mentalités francophones. C'est par ce genre de vecteurs que des choses prennent de la valeur, et que d'autres en perdent.

d'apparat, qui remplissent d'autant cette fonction qu'ils ne peuvent pas être trouvés « sur place »[1].

Le commanditaire d'une œuvre d'art ou d'une œuvre d'ingénierie est un patron. Il impose son goût à la production de l'artisan fournisseur. Patron : c'est le terme approprié. Car à l'origine, le mécénat fait partie du système de patronage, essentiel à la société civile de la Rome antique.

Le point important, c'est que tout comme la sculpture ostentatoire d'une fontaine impose le goût du mécène au public, le fournisseur de liquidités demande à sa contrepartie quelque chose de plus, qui n'apparaît pas dans les équations comptables des économistes : une qualité. Une apparence, en fait, une chose excessivement plus décisive que la substance utilité du bien ou service livré : savoir susciter la confiance, être fiable, « être pro », être celui *sur qui* on peut compter.

Et le problème se pose à l'inverse aussi : de qui la reconnaissance de dette semble inutile ? Sur quel type d'acteur trouve-t-on inutile de détenir des créances ? Voire : à qui rechigne-t-on à livrer de l'argent, et de qui n'aime-t-on pas accepter l'argent ?

Les signes et symboles de la fiabilité dépendent pour beaucoup des points de vue communautaires (le capitaine du navire est-il fiable aux yeux du banquier de tel ou tel comptoir ?). C'est une sacrée affaire d'avoir « la gueule de l'emploi » et la réputation qui va avec… C'est plus important qu'on ne veut bien le reconnaître. Dans la transaction, pour obtenir un accord fiable, il faut savoir se mettre en frais (« tenue correcte exigée »).

Par exemple, depuis le XVIe siècle en Europe, le costume sombre est la marque de l'homme d'affaires sérieux. Certes au XVIIe siècle Louis XIV portait des couleurs vives et des favoris bigarrés, mais au-delà de cette flamboyance du souverain monarchique et de sa cour à la suite, le port du costume sombre est approprié pour les hommes d'affaires sérieux depuis cette époque.

Cela dit, il va de soi qu'on ne peut pas prendre ici ce « sens du sérieux » au sérieux. C'est tout à fait relatif le « sérieux »… Affaire de situations ethnologiques : un jeune BCBG sera bien reçu dans un club du centre-ville et mal reçu par une bande de lascars en banlieue et vice-versa. Là, il y a une circulation symbolique clandestine qui est pourtant décisive dans l'expérience vécue des interactions marchandes urbaines.

C'est en effet sur ce genre de points que tous les racismes, les xénophobies, les machismes, les préférences communautaires viennent glisser leurs effets ségrégatifs et excluants (parce que les autres, « on ne peut pas compter sur eux », alors « c'est à la tête du client », etc.). Par qui, par quels statuts, ou

[1] Et plus tard, les « antiquités », venues d'un lointain passé inaccessible pourront également remplir cette fonction.

pour quelles finalités n'accepte-t-on pas d'être commandé ? Et qui est en positon d'imposer sa vision – quelles résistances trouvent à s'y faufiler ? À travers tout ça, ce qui se joue, c'est la question sociale[1]...

Par exemple, la question de l'étiquette : avant l'avènement de la société de consommation de masse et de ses offres marchandes « universalistes » de supermarché, si on remonte rien qu'au début du XXe siècle, dans les boutiques des commerçants, la plupart des marchandises ne sont pas « à vue ». L'accès à la marchandise passe par l'intermédiation du commerçant, qui pouvait très bien déclarer *ad hoc* la disponibilité de la marchandise, ou pas, et son prix. L'accès à la négociation se négocie dans ses termes.

Autre exemple : en 1900, les performances de premières automobiles à moteur étaient pitoyables par rapport aux calèches. Comment alors expliquer que cette technologie ait supplanté la robuste voiture à cheval ? Pourquoi ce projet industriel a-t-il suscité autant de confiance et d'adhésion ? (Dire que les gens aimaient ça, ça n'épuise pas l'explication : les gens aiment dormir, et c'est pas pour autant qu'on les a laissé dormir). En fait, ce fut parce que des banques ont vu dans ces produits d'ingénieurs des perspectives d'avenirs industriels qui allaient dans le sens de leurs intérêts. Le climat des affaires s'est ainsi orienté en faveur de cette innovation. Les investissements massifs ont afflué. Et rapidement la technologie a tenu ses promesses de vitesse. Mais enfin, de l'autre côté, a contrario, il fait peu de doutes que toute innovation allant à l'encontre des intérêts des établissements bancaires a été tendanciellement effacée de l'histoire[2].

Que les marchés soient idéalement de concurrence pure et parfaite ne change rien à l'affaire dans ces problématiques. On se situe là au niveau des enjeux des systèmes d'authentification de l'identité.

La tenue du registre d'identités – leur contrôle – est aux mains du souverain et constitue une connaissance primordiale de sa propre constitution sur un territoire. Cela dit, le souci de la fiabilité de ce registre d'état civil ne s'institue véritablement qu'au XVIe siècle avec l'éclosion du concept de raison d'État. Jusque-là, les sociétés civiles fonctionnent sur des dispositifs institutionnels plus ou moins ingénieux et des conventions plus ou moins formelles selon les civilisations et les époques.

La liste de ceux que l'œil du pouvoir reconnaît et identifie, c'est celle de ceux qui ont un statut fiable dans les transactions, et qui donc ont un accès privilégié aux marchés, c'est-à-dire aux domaines de mises en équivalences organisés par le souverain. Ce qui finalement procède du crédit qu'il leur accorde.

---

[1] « Dis-moi qui tu exclues, je te dirais qui tu es. »

[2] D'ailleurs : où en est-on vis-à-vis du bitcoin au moment où vous lisez ces lignes ? Cet actif est appelé à devenir une monnaie numérique de banque centrale. Et au début des années 2020, les mineurs de bitcoin forment une déjà oligarchie très attractive...

Cette crédibilité des paroles se diffuse au fil des filières d'approvisionnements marchandes et des chaînes de commandement militaires. Si le souverain forge correctement ses alliances, sa constitution devrait s'en trouver renforcée. On est là dans une problématique typique de la raison d'État antique : l'extension des filières d'approvisionnement fiables.

Par exemple, au Moyen Âge encore, dans le système économique médiéval salvifique, l'argent « bon », appartient à – et est géré par – des gens qu'on présuppose fiables (*probati* dans le latin médiéval) ; « l'homme aux écus » est toujours de ces gens culturellement reconnaissables qui font partis des experts reconnus, des professionnels de l'argent et de la finance (les *mercatores industrii et probati* médiévaux),

Cela dit, dans tout ce qui est dit ici sur le développement du commerce dans l'Antiquité et le Moyen Âge, il faut garder à l'esprit qu'alors, les marchés, les droits d'entrée dans les marchandages, ne sont pas libres de considérations politiques. Dans l'Antiquité, il n'y a pas de doctrine de concurrence équitable (donc, pas de marché au sens où l'entend l'économie moderne). Les négociations s'appuient plus sur des rapports de force factuels entre sujets juridiques que sur des cadres juridiques établis pour des sujets égaux en général.

C'est plutôt qu'il faut en quelque sorte à chaque fois reposer la question sociale : dis-moi de qui tu refuses d'assumer les risques, ou à l'inverse par qui tu n'acceptes pas d'être commandé, et je te dirais qui tu es. Et contrairement à ce qu'affirme la théorie standard, cette affaire d'entrepreneur « trop entreprenant », de « prix d'ami » ou de « mauvais client », n'est pas réductible à une analyse des structures concurrentielles des marchés.

Ce qui coince, c'est que cette théorie présuppose un sujet standard. Le sujet détermine la transaction mais la transaction ne change pas le sujet. Or on parle de se fournir en monnaie ici. Pour les sujets, les engagements en contrepartie peuvent impliquer de consentir de considérables pratiques d'ajustement de « savoir être », des changements de comportements et de points de vue.

Par là, il s'agit de satisfaire les attentes de l'acheteur pour qui, l'important, c'est de faire être dans le gabarit, de satisfaire le « cahier des charges », de « cocher les cases ». Et comme pour un concours de beauté, l'important n'est pas de choisir le meilleur, mais de choisir celui dont tout le monde pense qu'il serait le meilleur. Y'a des effets « boule de neige » et des avalanches de retournements de convention, comme pour des effets de mode dans les normes.

Du coup, certains acteurs, par la capacité offerte par leur taille ou leur envergure, en jouant sur l'effet de masse, se font ainsi une spécialité d'être des faiseurs de conventions. Ils instrumentalisent les logiques conventionnelles à leur propre avantage. Car bien qu'il ait la première main là-dessus, ce jeu n'est pas le monopole du souverain.

Ainsi les fournisseurs de liquidité instrumentalisent ces logiques conventionnelles de relations fiduciaires à leur propre avantage culturel. Les hégémonies culturelles s'étendent comme ça.

Cela produit des assujettissements à des souverainetés patriarcales, patronales, et bancaires. Ces assujettissements constituent des intégrations politiques au sens propre du terme : par l'usage de la monnaie du souverain (à court terme), par la prise en charge sur soi de la dette du souverain (à moyen terme), et par l'affiliation au souverain (à long terme).

Ce sont tout autant de modalités de l'assujettissement monétaire qui impliquent des structures de transferts de risques différentes, par : le prêt usuraire réglé sur le Nombre, par le gage de la Terre, et par le serment à la Maison.

C'est sur la base de ces trois logiques d'assujettissements que s'effectuent les circulations monétaires : les circulations porteuses d'intégrations politiques se font au travers de portes d'accès aux moyens de paiement.

Pour reprendre, d'abord, derrière ces portes, il y a trois figures du souverain, trois acheteurs, trois fournisseurs de monnaie, trois fournisseurs de liquidités :

– le citoyen qui achète du risque,
– le consommateur qui achète des biens et services,
– l'investisseur (banquier entrepreneur) qui achète du stock et du travail.

Les figures du souverain se définissent par leurs goûts, leurs attentes – attentes sélectives et chiffrées –, qui sont en quelque sorte des serrures (des « barrières de clôture ») sur les portes d'accès aux moyens de paiement.

Et de l'autre côté, face aux portes d'accès aux moyens de paiement, il y a trois vendeurs, trois demandeurs d'accès aux moyens de paiement :

– le domestique : vend de la stabilité,
– le fermier/artisan/commerçant : vend des biens et services,
– le salarié : vend du travail.

La domesticité, le commerce, et le salariat, ce sont trois modes d'assujettissement typiques, trois manières de gagner de l'argent : selon la logique de la Maison, selon la logique de la Terre, et selon la logique du Nombre.

La domesticité (incluant le service public), le commerce d'un stock, et le salariat mercenaire s'inscrivent dans des domaines d'équivalences qui se manifestent dans des institutions et des organisations spécifiques, des agencements de risques et d'incertitudes différents. Ils se définissent par leurs sphères d'obligations qui délimitent des ensembles de comportements clés, électifs de la reconnaissance du souverain. Autrement dit, à cette position, il est attendu du sujet individuel qu'il satisfasse ces attentes du souverain pour accéder au droit d'avoir une part du produit.

Logiques de l'assujettissement par la monnaie : la Lignée, la Terre, et le Nombre

« MÉNÉLAS : Holà, y a-t-il un portier dans cette maison ?
Qu'il sorte et se fasse mon intermédiaire, le messager de mes misères.
LA VIEILLE : Qui va là, à cette porte ? Veux-tu bien décamper d'ici,
au lieu de rester planté devant le portail de notre cour ? Ne va pas déranger les maîtres !
Sans quoi, c'est la mort qui t'attend, vu que tu es Grec, et que nous ne recevons pas ça chez nous !
MÉNÉLAS : Hé, tu pourrais aussi bien dire la même chose en d'autres termes, la vieille !
Je vais obéir, oui – mais permets-moi un mot.
LA VIEILLE : Va-t'en ! J'ai ma consigne, étranger : ne jamais laisser un Grec approcher de cette maison.
MÉNÉLAS : Hé ! Tu me bouscules ? Bas les mains ! Ne me chasse pas si brutalement !
LA VIEILLE : C'est ta faute : quand je parle, tu n'obéis pas. »
Euripide, *Hélène*

Paradoxalement, la porte d'accès la plus directe à la psyché, bien plus encore que la dimension du temps (qui est ce par quoi l'esprit s'affecte lui-même) c'est l'espace : ce par quoi l'esprit est affecté par autre chose… Les processus de subjectivation se font principalement par les agencements d'espaces.

Or les dynamiques d'ajustements des comportements dans l'espace sont particulièrement révélatrices du fonctionnement des dispositifs d'agencements des espaces dans leurs rapports aux identités individuelles, culturelles, et territoriales. Ainsi, les portes, les seuils, sont les lieux d'une intensité toute particulière. Parce que c'est dans leur passage que les lois du silence changent, d'un endroit à un autre.

Cela peut-être très variable, selon que les espaces soient sauvages, cultivés, urbanisés… et à l'extrême, s'il s'agit d'hétérotopies, qui sont justement les lieux « non-lieux », où le sujet se trouve absent, en vacance de lui-même, où le sujet à la fois « est ici et n'est pas là », dans les espaces liminaires par exemple : lieux de passage, toilettes, patios, cabines de transport, dans la chambre, les cimetières, ou encore partout où on est pendu au téléphone…

Et justement, au bord de l'hétérotopie, le seuil est le lieu d'une posture psychique complémentaire : la présence d'un œil qui anticipe et vérifie. On se rend compte de la situation avant de franchir le pas. Sur le seuil on s'arrête, on s'apprête, on se ressaisit. C'est par ce type d'opération mentale, au niveau de la projection du code attendu, que se fait l'assujettissement monétaire. Par la logique d'allégeance… le trafic d'influence… Pour tous ceux qu'en mangent…

Il y a trois portes d'accès aux moyens de paiement, trois manières d'assujettir les sujets individuels à la raison d'État du sujet souverain, c'est-à-dire qu'il y a trois manières d'enchaîner, de lier les transactions les unes avec les autres. Le souverain a trois manières d'assujettir les sujets individuels, trois manières de les affilier, trois manières de déterminer leur condition :

– par la Lignée,
– par la Terre,
– par le Nombre.

En effet, pour obtenir de l'argent, il y a trois portes d'accès aux moyens de paiement. Les portes d'accès aux moyens de paiement, ce sont les voies de ruissellement des moyens de paiement, les cours, les routes et les tuyaux par lesquels passent, non pas les ressources, mais les moyens de paiement, la monnaie, les droits sur le produit. Ce sont tout aussi bien les voies de ruissellement du flux d'influence du souverain, les passages obligés du crédit, les chemins fournisseurs de liquidités.

Ces chemins doivent être empruntés par ceux qui veulent se procurer de l'argent, c'est-à-dire ceux qui prétendent à un droit sur le produit. Ces acteurs acheteurs de liquidités, ce sont trois types d'acheteurs de stabilités (c'est-à-dire trois types de vendeurs de risques) ; ils sont fournisseurs d'incertitudes potentiellement résolues, de singularité du temps nié dans le produit standardisé du travail, qui viennent s'assujettir aux portes d'accès aux moyens de libération de la dette.

Ces portes sont des chemins d'accès au droit de commander le travail ou au droit de se libérer d'une obligation, qui sont en fait autant de modes d'assujettissement qui déterminent des conditions d'existence :
– la domesticité du souverain,
– la production marchande pour le compte du souverain,
– le salariat mercenaire du souverain.

D'abord, au premier titre, l'accès aux moyens de paiement se justifie par la filiation à une famille, l'appartenance à une Maison. Par la lignée, le domestique fonctionnaire est lié à un domaine qui s'identifie, non par une terre mais par une lignée, une dynastie, une Maison.

Le point commun entre du personnel de maison et des hauts fonctionnaires de l'État ? Le « Service »[1], servir.

Familiarités réglées, réservées, marques de respect, costumes, galons, mises en scène, larbinages, corvées, cuisines et dépendances, le domestique se reconnaît à son uniforme. La domesticité conditionne l'accès aux moyens de paiement par la participation à la mise en scène de la Maison. Dynaste, satrape, maire du palais, maître d'hôtel, maréchal des logis, major d'hommes, gouverneur, gouvernante, écuyer, adjoint, valet, boutelier, précepteur, page, palefrenier, laquais, etc., le personnel de maison doit être à son poste et jouer son rôle[2]. C'est pour ça qu'on le paie.

---

[1] Dénomination teintée de prestige aux yeux des agents de l'État, surtout lorsqu'il s'agit de « services secrets ».

[2] Il y a trois méthodes – trois chemins – de domestications :
– domestication par la table (chiens, chats, oiseaux, etc.),
– domestication pastorale (moutons, vaches, etc.),
– domestication directive (chevaux, mulets, chameaux, etc.).

Aucune recette n'est attendue de la livraison de liquidité qui lui est faite. Le produit de cette activité au sein de la Maison n'est pas porté sur le marché. La Lignée est une économie de production domestique. Ça représente aussi typiquement les flux monétaires intrafamiliaux.

Le féodalisme monarchique correspond particulièrement bien aux sociétés où prévalent les logiques de lignage. Le lignage des séries de générations construit des hiérarchies dans l'ordre de l'ancestralité, trace des frontières identitaires de clans, esquisse des domaines d'allégeances, des couloirs de principes coutumiers qui guident les actions autour de principes de loyautés.

Dans la maison les choses sont rangées. De sorte que les individus qui y appartiennent voient leur statut avant tout défini par leur rang, leur grade. La part du droit au produit y est déterminée par la position dans la hiérarchie, par le titre, le rang, le grade au sein de la Maison.

Le pouvoir hiérarchique se caractérise par un agencement spécifique des points de vue. D'un mot placé dans un rapport d'évaluation par un supérieur hiérarchique, un subordonné voit sa parole éteinte et son affiliation au souverain brisée. Ce simple potentiel suffit à organiser un commerce des regards tout à fait spécifique. La cour… Les points de vue sont rangés en emboîtement les uns dans les autres dans une pyramide de prévalence, selon leur plus ou moins grande proximité au sujet souverain. Cet arrangement établit une spatialité verticale de l'autorité[1].

La prévalence du jugement du supérieur hiérarchique sur le subordonné, la prévalence de la parole de l'un sur celle de l'autre du fait de la « position hiérarchique » (c'est-à-dire la proximité au souverain), c'est le noyau dur du problème domestique. Le « poids » d'une parole, c'est fonction de l'appartenance au clan, selon le rang… On a là une source considérable de corruptions. Mais enfin, ces choses varient considérablement d'une civilisation à l'autre[2].

Dans la hiérarchie des patriarches, la logique dynastique du pouvoir implique des stratégies matrimoniales ajustées sur les alliances politiques. Et cela implique aussi des reproductions familiales de valeurs assurées par des transmissions éducatives. Les femmes y occupent donc une place stratégique spécifique puisqu'elles peuvent transmettre le titre, le prestige de l'ascendance, les terres, les coutumes, et renverser les alliances politiques. La fille est dotée d'une fortune, afin d'être tenue pour être un bon parti, et d'attirer ainsi le prétendant le plus puissant, permettant l'alliance la plus prometteuse

---

[1] Histoire de ne décevoir personne, les militaires parlent de « chaîne » de commandement.

[2] Les libéraux croient trouver à cet endroit l'argument le plus fort en faveur de la coordination d'une société de commerçants par le marché. Mais, bon… Le capitalisme marchand salarial se compose en fait tout aussi bien avec les régimes de démocraties libérales qu'avec les régimes monarchiques dirigistes autocratiques, alors laissons ce débat qui n'a pas d'intérêt ici. Disons plus simplement que les structures anthropologiques de la famille déterminent le caractère plus ou moins autoritaire des hiérarchies dans la maison.

pour la lignée. Dans cette guerre de position qui s'étire au fil des générations, il s'agit de se rapprocher de la position souveraine…

Pour les personnes impliquées dans cette voie, les jugements de valeur évidents de leur point de vue c'est que : « L'important c'est la famille, tout le reste c'est des conneries. »

Du coup, le langage de piété filiale impliqué est clos dans la dimension tragique des énoncés (le problème de la fatalité du déjà écrit). La lignée a à faire avec le problème ontologique du destin.

Et concernant les inégalités sociales, la justification c'est que : « Le revenu dépend surtout de l'origine familiale. » Le problème de la succession y est donc toujours épineux (problèmes d'hérédité, de jubilé, d'innéité, d'atavisme, de dégénérescence, d'élection, etc.).

Et finalement cette prévalence de la thématique de la généalogie fait graviter ses énoncés structurant dans le domaine de l'énigme épistémologique de la vie (ça se reproduit à la fois pareil et différent à travers le temps et ça semble suivre une évolution).

En deuxième lieu, le commerçant artisan exploitant fermier est attaché à une terre, un site, une surface à exploiter. Il travaille un sillon, un domaine d'expertise, un produit, un objet dans lequel il investit son travail. Cette activité implique une sédentarisation, une immobilisation, un stock : le capital fixe (celui qui crée de la richesse parce qu'il ne change pas de main ; sur lequel s'articule le capital circulant qui crée de la richesse justement du fait de sa circulation).

Le travailleur de la terre se reconnaît à son outil. Et au droit qu'il a d'employer sa tête et son temps comme bon lui semble tant qu'il tient ses engagements annuels de fermage (remboursement de ses prêts/paiement de ses impôts). Ce qui le lie intimement à la technologie du calendrier, institué par le souverain.

L'homme penché sur l'araire en train de tracer un sillon dans la terre, c'est l'acte fondateur. L'acte qui prépare le semis et la germination, le projet qui définit l'investissement[1].

L'exploitant en vient souvent à se penser propriétaire souverain, surtout lorsqu'il s'embourgeoise (notamment parce qu'il peut occuper fréquemment la position d'investisseur)[2]. Mais : propriétaire oui, souverain non. Le roturier dépend toujours d'un fournisseur central : d'eau, de paix, de sécurité, de débouchés, de financements, d'équipements, de graines, etc.

---

[1] Chez les Romains, c'est aussi l'acte par lequel se trace le *pomerium*, la délimitation de l'urbain, la limite sacrée du domaine où l'on vit. Et de l'autre côté, c'est le domaine des morts. Le sol est ainsi marqué d'une empreinte humaine qui va lui donner son identité.

[2] Pour l'anecdote : sans surprise, la bourgeoisie hypersédentaire du XIXe siècle identifie sa peur des classes dangereuses de prolétaires à celle des nomades, et voit volontiers les capitales d'Europe comme des places hantées de nomades dangereux.

En fait, la terre définit des segmentarités tribales qui viennent redoubler les segmentarités claniques. Ce tissage produit le lien d'un peuple à une terre. La terre est alors la matière sur laquelle viennent s'inscrire les dynamiques des lignages, pour produire de l'ancestral.

Pour autant, la propriété privée de la terre est justement dès le départ un rapport déterritorialisé à la terre, changée en artefact marchand transférable : un stock. Le stock de capital, c'est une terre déterritorialisée, pour être machinée. C'est de là que la bourgeoisie se dote d'une richesse mobilière et qu'elle se distingue de l'aristocratie nobiliaire caractérisée par sa richesse immobilière. La bourgeoisie, c'est une aristocratie déterritorialisée (et la ville c'est un « vaisseau spatial »).

D'ailleurs, le profit est une sorte de rente, mais une rente teintée d'incertitudes. Parce que la circulation des flux s'y fait dans l'espace du commerce et le temps de l'investissement. En effet, pour faire du profit, c'est un autre espace qu'il s'agit de sillonner par l'outil, un espace fait d'incertitudes et d'horizons, un espace qu'on exploite par la tenue d'un cap dans un projet, un espace qu'on domine par la maîtrise technique du nombre, on y trace sa route sur la mer des évènements possibles. Un espace qui, sous la surface recèle des profondeurs stratégiques abyssales et des trésors d'ingéniosité, un espace battu par les vents capricieux et les courants dominants qui peuvent être changeants.

L'entreprise est un bateau (« une motte de beurre flottant dans un océan de lait » diraient certains). L'exploitant commerçant vendeur, entrepreneur, transporteur, colporteur, voyageur, caravanier, tous, ils sont capitaines, ils pilotent un outil de production sur un site. D'abord et avant tout, le capitaine, il gouverne son stock.

L'exploitation est une économie de production industrieuse et regardante. L'accès aux moyens de paiements s'y justifie par la livraison au marchandage d'un surplus capté par une meute qui sillonne un territoire. Et lorsqu'il accepte un moyen de paiement, le commerçant vendeur ne manque pas d'évaluer à chaque fois le crédit de l'acheteur… (ou pas : « La maison n'accepte plus les chèques »).

Dérivé dans ce cadre, la mafia, ce n'est pas la famille définie par sa lignée, c'est la famille définie par son territoire (ligues, corporations, guildes, ordres, syndicats, etc.)[1]. Une mafia, pour bien fonctionner, doit se rendre visible et en même temps intouchable. Car en ce cas, l'unité de l'entité fait peur aux rivaux, c'est une ressource dans les négociations, et en même temps, l'occultation des instances dirigeantes assure paradoxalement l'autonomie et la pérennité de l'organisation au sein du domaine du souverain (y'a une irresponsabilité là-dedans). Une mafia se définit par ses territoires et ses

[1] Dans la Modernité libérale, les « familles de capitaux » font apparaître la représentation de leurs intérêts de manière intégrée au sein de l'État, par des lobbies.

objets. Une socialité de table s'y développe entre les exploitants. Ils y règlent leurs comptes. C'est le monde de l'entremise.

Pour les personnes impliquées dans cette voie, les jugements de valeur évidents de leur point de vue c'est que : « L'important c'est la terre, tout le reste c'est des conneries. »

Son langage de stocks, de circulations et de surplus trouve sa clôture dans la dimension épique des énoncés (le problème des déplacements de frontières).

Et concernant les inégalités sociales : « Le revenu dépend surtout du pays dans lequel on est né. »

La terre/le stock implique le problème pragmatique du milieu. Et le problème de la marque du territoire y est toujours impérieux. Ainsi, cette prévalence de la thématique archéologique fait graviter ses énoncés structurants dans le domaine de l'énigme épistémologique du travail (activité par laquelle les hommes produisent leurs conditions d'existence et se confrontent à leur finitude).

Enfin, troisièmement, par le nombre, le salarié soldat mercenaire est attaché à une arithmétique, un ensemble d'opérations de compositions et de substitutions visant un résultat technique.

Le salarié soldat se reconnaît à son nombre, il est toujours enrôlé en masse. Comme le nombre il est pris dans un espace imaginaire d'équivalences et de substitutions.

Le nombre est le moyen de son contrôle et la finalité de son action. Il est enveloppé dans le nombre, affecté pour être intégré dans une unité, et jugé par le nombre qui permet de mesurer son efficacité.

Gouverner les hommes par le nombre rend plus simple de les saisir en masses : il est plus facile de faire sauter un régiment de parachutistes qu'un seul homme, plus facile de commander un équipage qu'un unique compagnon. Et par-dessus le marché, la normalisation des masses d'individus permet leur gouvernement libéral (c'est-à-dire par moyens libératoires).

Contrairement au conscrit qui est lié par l'appartenance à une Maison, le soldat mercenaire n'est pas assujetti au souverain par la terre ou par la lignée, mais par la logique du contrat. Un accord conventionnel de volontés mesurées, par lequel chaque partie se reconnaît une obligation à l'égard de l'autre : parole donnée, rendue, et juste mesure. Sachant qu'un contrat conclu a pour aboutissement attendu de se solder. Pour l'assujetti, l'accès aux moyens de paiements – la solde, la paie – se justifie par la production d'un résultat attendu.

Le salarié est étymologiquement celui qui est payé en sel. Le sel est une métaphore d'une terre déterritorialisée, d'un territoire sans attaches dans lequel circule le manœuvre journalier, la bonne à tout faire, le vagabond précaire, le chômeur fiévreux, en somme le salarié citoyen (le « citoyen thermostat »)... Ensuite, ces types peuvent être composés, par exemple : le soldat salarié, s'il n'est pas un vétéran mercenaire, voyageur et commerçant, c'est souvent un salarié domestiqué pour la garde. Par ailleurs, le paysan salarié c'est, selon la taille de l'exploitation, un paysan domestique (intégré à la famille) ou un ouvrier agricole (journalier, saisonnier). Bref, l'usage gouvernemental du nombre permet une société liquide (au sens de Zigmunt Bauman) et une économie monétaire de production.

Étymologiquement, le nombre vient de la racine indo-européenne *nem* (nourrir), d'où sort le grec *némo* (nourrir son avoir, cultiver), et *numeus* (pasteur). Puis vient ensuite le latin *numerus* (et tous ses sens dérivés : nombre, ordre, valeur, classe, mesure, partie d'un tout…) qui peut aussi signifier cadence lorsqu'il traduit le grec *rythmòs*, d'où le terme « arithmétique » regroupant l'ensemble des opérations sur les nombres. *Arithmos* : « nombre » (sans différence de cadence, chaque élément à la même cadence). De cette racine sort également le grec *nomòs* (division, partage, département), *nemein* (distribuer), et *nomos* (le rapport des parts, la coutume, la loi)[1]. C'est de là que sort *numisma*[2], monnaie, numération, dénombrement, numérique, numérisation, etc.

Pour les personnes impliquées dans cette voie, les jugements de valeur évidents de leur point de vue c'est que : « L'important c'est l'argent/la loi, tout le reste c'est des conneries ».

Et concernant les inégalités sociales : « Le revenu dépend surtout de la satisfaction des commandes du souverain (l'efficacité) ».

Ainsi, le langage du nombre trouve sa clôture dans la dimension lyrique des énoncés (le problème des harmoniques).

Le nombre implique le problème épistémologique de l'équilibre. Ainsi la prévalence de la Systémique – de l'Algèbre algorithmique – dans ses formalisations fait graviter ses énoncés structurants dans le domaine de l'énigme épistémologique du langage[3].

Le nombre est le mode d'assujettissement qui correspond idéalement avec la circulation monétaire. Le nombre articule le virtuel et l'actuel, mais sur une substance autre que l'ancestral ou le stock ; car en fait cette articulation se fait à proprement parler sur la base d'un rien, d'un vide, précisément sur la base

---

[1] Il y a autour des homophones étranges, mais de racines différentes, par exemple : *nomen* (le nom). La racine est hétérogène également du latin *numen* (signe de la tête, volonté agissante : « *Numen inest* » déclarait Ovide lors que, l'espace d'un instant significatif, il reconnaissait la présence magique du divin).

[2] En grec, le mot *numisma* vient de « *o nomos* » (la loi) selon Aristote.

[3] L'assujettissement par le nombre implique le privilège réflexif d'un métalangage qui se replie sur lui-même… Le langage du langage, concrètement, c'est le concret : les espèces sonnantes et trébuchantes (là, ça en bouche un coin). De sorte qu'au fil du temps, le monétaire circule sur la base enchevêtrée de tous les modes d'assujettissement, jusqu'à ce qu'il n'y ait plus que celui qui lui est spécifique : le Nombre (« Plèbe en haut, plèbe en bas » dirait Nietzsche).

d'un espace lisse de substitutions en abstraction du réel. Le nombre, c'est ce qui se gouverne par la théorie. D'où sa puissance révolutionnaire.

À l'origine, le principe d'organisation numérique est nomade (par exemple, ce sont les Hyksos, nomades conquérants, qui apportent ce principe en Égypte). Mais ce qui permet au sujet souverain de se constituer des armées de soldats, c'est l'appropriation de ce principe d'organisation numérique par sa raison d'État. De la sorte, le souverain peut l'appliquer à son peuple afin de se constituer une machine de guerre (ex. *Le livre des Nombres*).

L'armée déterritorialise ses hommes en soldats, en unités, compagnies, divisions, par dizaines, centaines, milliers, millions, myriades. Les nombres changent en fonction de différentes compositions et stratégies, mais ils restent le principe constitutif d'un corps d'armée opérationnel.

Les lignages, les tribus, et les territoires peuvent être soumis à la logique du nombre. La recomposition numérique permet ainsi un double déplacement. D'abord cela permet de faire prévaloir de nouveaux principes d'organisation. Ensuite, au-delà du prélèvement rationnel d'un corps d'armée, des hommes peuvent être extraits de chaque lignage ou de chaque territoire pour constituer un corps numérique spécial, une compagnie du souverain (en anglais : « *trust* ») : garde personnelle, forgerons, scribes, stratèges, état-major, fonctionnaires d'États, commissaires, logisticiens, comptables, préfets, diplomates, agents, espions, etc.[1]

Et si le souverain prend une forme monarchique, le nombre est re-assujetti à la logique de la lignée et du territoire, dans une Maison du roi, capitale d'un domaine royal. Alors, concernant les serviteurs de la maison royale, des tas de logiques de dénombrement différentes peuvent apparaître à l'observation historique : constitutions d'aristocraties de cours déracinées, prises d'otages, stratégies d'absorption de lignages, de tribus ou de territoires privilégiés, déportations systématiques des fonctionnaires royaux, alliances maritales complexes, introduction dans l'intimité du souverain d'individus étrangers, exotiques, intouchables, de corps d'esclaves militaires d'élite attachés à la domesticité directe du sujet souverain, etc.

Au fil du temps de l'institutionnalisation, ce cercle de proximité prend le plus souvent la forme d'une caste de pairs et de serviteurs de la maison royale qui apparaît alors visiblement comme un appareil d'État, un corps constitué. L'une des fonctions fondamentales de ce corps constitué est de « faire rempart » à l'accès au souverain. Ça le stabilise en première instance (notamment concernant les luttes de succession entre les pairs de la famille royale).

Dans tous les cas, c'est en s'appuyant sur ce cercle de proximité que le souverain se constitue une capacité gouvernementale. Un clan personnel (à ce qui le favorise, le souverain est bien disposé). C'est là que se trouvent les

[1] Exemple ésotérique : les Lévites de Moïse, corps du Nombre chargés de la surveillance spéciale de l'arche de l'Alliance.

ressources de stabilisation d'un régime politique, notamment en termes de continuité du pouvoir.

La formation de ce corps numérisé – fondamental à la constitution de la raison d'État du sujet souverain – éveille les premières nécessités problématiques qui limitent le pouvoir du « chef » : tensions artérielles et luttes intestines à l'intérieur de ce corps pour la maîtrise des appareils d'État. L'organisme a besoin d'un savant équilibre pour persévérer dans son être…

Le cercle de proximité du souverain se donne en général comme modèle légal de la constitution de maisons assujetties à la sienne, au croisement des logiques d'alliances et de filiations. Ce cercle est fait d'équivalences substitutives, de rivalités, de hiérarchies, de rangs et de prétentions. Au centre, à la cime : le trône, lieu où réside le point de vue du souverain.

Une certaine géométrie du pouvoir déploie spontanément sa matrice à partir de l'introduction de l'assujettissement par le nombre.

À partir de là, on peut traiter des hommes non plus seulement comme des enfants qu'on élève ou des troupeaux qu'on fait paître, mais comme des quantités, des masses, des numéros ou des statistiques, comme des arbres qu'on taille, et des figures géométriques qu'on modèle. C'est alors la marque de l'existence d'un État rationalisant, où les logiques de la lignée et du territoire se retrouvent subsumées sous la logique du nombre.

Et puis c'est sur cette base que le nombre pourra devenir chiffre, porteur de secrets constituant autant « d'esprits de corps ». La maîtrise du chiffre peut alors élever le souverain à la conscience de la raison d'État. Certaines combinaisons sont solubles et gouvernables, d'autres pas.

Finalement, le Nombre a permis d'étendre considérablement la portée du pouvoir des souverains. Mais enfin, il est le mode d'assujettissement qui est apparu le plus tardivement dans l'histoire des sociétés humaines. Il résulte du fait que la monnaie a produit progressivement à travers l'histoire une subjectivité nouvelle par l'usage de son intermédiation transactionnelle : la subjectivité rationnelle.

L'HÉGÉMONIE CULTURELLE GRECQUE

« La véritable pensée de l'Histoire n'apparaîtra qu'aux peu nombreux. »
Martin Heidegger

Par un usage extensif de la circulation monétaire à l'âge du fer, la suprématie commerciale de la Grèce antique va lui permettre de construire une véritable hégémonie culturelle, qui trouve son apogée au milieu du premier millénaire avant notre ère.

Les cités grecques ont alors dominé l'Antiquité occidentale pendant des siècles, et elles vont marquer l'histoire si fort que cela va poser les bases de la définition même de la culture occidentale.

À travers toute la Méditerranée, les banquiers changeurs des cités comptoirs grecques étaient maîtres en matière d'intermédiation monétaire et financière. Ils changeaient toutes les monnaies dans la leur. Parce que, les cités grecques de l'Antiquité étaient ouvertes, c'étaient des lieux de *conversion.* Ainsi le commerce grec dans l'Antiquité a été la clé de voûte de l'hellénisation du bassin méditerranéen[1].

La domination est une affaire de style, et pour le coup, ce qui demeure encore aujourd'hui dans la culture occidentale, c'est l'hégémonie culturelle du classicisme hellénique.

Dans cette culture, la *paideia* est la forme du sujet attendue chez un bon citoyen grec. Ce corpus de connaissances attendues, manifestées dans un *ethos* de comportement, se construit par l'instruction et l'expérience des difficultés de la vertu.

Par la suite, il faut le souligner, dans la Rome antique hellénisée, la connaissance de la bonne pratique des civilités romaines était la clé qui ouvrait toutes les portes. Tout comme dans les récits homériques (et les pièces de Shakespeare), la qualité de l'expression linguistique d'un personnage venait refléter idéalement son statut social. Le système censitaire romain venait refléter de manière urbaine ce principe esthétique. Pour les autres, on pensait habituellement qu'il fallait se méfier, parce que « on ne sait jamais d'où ils peuvent sortir. »

Cela dit, dans leur rapport aux étrangers, ce sont les Romains qui utilisèrent jusqu'à la banalité le terme d'origine grec « barbare » pour désigner un non

---

[1] L'organisation typique des portes d'accès aux moyens de paiement dans la cité grecque c'était :
– le fonctionnaire (au service de l'archonte),
– le producteur (fermier artisan commerçant),
– le guerrier (hoplite mercenaire).

citoyen non romanisé (*barbaricum*), et originaire des terres de Germanie tant qu'à faire[1]. Et c'est par là qu'en opposition, ils définirent le terme *humanitas*.

Et puis, ces deux civilisations de l'Antiquité hellénique fondatrices de la culture occidentale avaient des systèmes d'assujettissements monétaires différents, respectivement en liens avec leurs façons différentes d'occuper des territoires. Les Grecs ont développé un système d'assujettissement monétaire exogène, la monnaie servait à la circulation extérieure, la civilisation était plus marchande que militaire. Alors que les Romains ont développé un système d'assujettissement monétaire endogène, la monnaie servait l'ordre intérieur, la civilisation était plus militaire que marchande.

Les banquiers grecs

> *« C'est une règle générale de la nature humaine que les gens méprisent ceux qui les traitent bien et regardent vers ceux qui ne leur font pas de concessions. »*
> Thucydide

> *« Être sage dans la prospérité, c'est savoir marcher sur la glace. »*
> Socrate

Dans son *Histoire*, Hérodote situe l'origine de la monnaie vers la fin du VIIe siècle avant notre ère, à partir des règnes de Cygès et de Crésus[2], en Lydie[3]. Ils frappaient des pièces d'électrum (alliage d'or et argent)[4]. Les métaux précieux étaient extraits des sables du Pactole à l'aide de peaux de moutons. En coulant dessus, l'eau y laissait des paillettes d'or. D'où les légendes mythologiques de la toison d'or, et celle du roi phrygien Midas (qui s'était lavé dans le fleuve Pactole de sa malédiction de transformer en or tout ce qu'il touche).

L'histoire bancaire occidentale commence toujours par ces récits sur lesquels s'appuyaient Xénophon, puis Platon et Aristote.

Dans la pensée de ces philosophes, la monnaie est considérée en théorie comme un bien commun. Ce bien commun est un signe politique (*nomisma politikon*) qui n'a pas pour seule fonction d'acquitter le prix des choses mais, à travers cela, de faire circuler la justice et la concorde dans toute la cité. Ce

---

[1] Le « barbare » est bruyant, malodorant, poilu, enduit de beurre et buveur de bière. L'exact inverse d'un citoyen romain qui se rase, se couvre d'huile d'olive, et boit du vin.

[2] Rois légendaires : le premier (Cygès), pour son anneau d'invisibilité, le second (Crésus), pour sa richesse phénoménale. Hérodote rapporte par ailleurs que Crésus fit à l'Apollon delphien des offrandes en quantités astronomiques : une statue en or d'Artémis (sœur d'Apollon), des briques d'or signées, et des coulées d'argent « de forme arrondie ».

[3] Royaume situé en Asie Mineure (actuelle Turquie) entre l'Ionie bordant la mer Égée à l'ouest et la Phrygie à l'est.

[4] Les premières pièces en électrum ressemblaient à des petites boules de métal coulé, frappées du sceau du roi.

faisant, la monnaie porte aussi avec elle le risque de l'injustice qui, sous la forme du prix démesuré, peut nuire à la concorde et à la réciprocité des citoyens.

C'est ainsi que la Grèce antique des petits commerçants se représentait l'origine de la monnaie.

Et c'est effectivement à partir de là que l'on passe des pratiques de pesée archaïque du métal (telles qu'elles se pratiquaient en Mésopotamie), à la coulée de lingots et la frappe de pièces au marteau pour le commerce.

Cela dit, les historiens modernes s'accordent sur le fait que les Lydiens ne se servaient pas tant des pièces de monnaie pour leur commerce, mais plutôt pour payer leurs mercenaires à la guerre, sans avoir à leur promettre de terres (*misthos* : salaire, rémunération[1]).

En effet, traditionnellement les métaux précieux étaient frappés en médailles pour reconnaissance de services rendus à la guerre[2].

En fait, les premières émissions de monnaie frappée pour le commerce en Grèce semblent pouvoir être attribuées au roi Pheidon d'Argos[3] au VIIe siècle avant notre ère. C'est un tyran[4] réformateur des poids et mesures ; il entend instaurer un nouvel étalon : l'étalon dit « éginétique ». Les premières pièces de monnaie font ainsi leur apparition dans l'île d'Égine vers la fin du VIIe siècle avant notre ère. Elles sont anépigraphes, c'est-à-dire sans légende. Et elles se sont répandues massivement au-delà de leur île d'origine, et au-delà du monde grec lui-même. Elles reçurent le nom d'oboles, car elles remplaçaient dans les échanges les *obeloï* de fer, qui étaient des « broches » de fer[5]. Regroupées par paquets de six, ces broches constituaient alors une drachme[6].

---

[1] Sous Périclès à Athènes, le *misthos* était l'indemnité journalière d'un citoyen pour service public.

[2] La « solde » payée aux mercenaires grecs est un reste dû aux hommes à l'issue d'une action militaire (en outre des butins). Pour faire honneur à l'engagement qu'ils ont tenu et, éventuellement les en libérer. La monnaie ainsi n'est pas forcément l'instrument intermédiaire de transaction, elle peut être tout simplement comme dans le langage commun, un reste (« la monnaie de sa pièce »). La pièce d'or ou d'argent peut être un signe visible, une trace tangible du crédit restant, de la reconnaissance dont bénéficie l'apporteur de biens auprès du souverain. La monnaie est alors un instrument de compensation, de libération, un viatique qui sert à solder une transaction pour conclure une rencontre, de sorte que chacun s'en retourne en paix (le récit aussi joue ce rôle chez les hommes grecs ; après qu'il s'en soit retourné, c'est ce qui « reste » d'un homme).

[3] Cité du Péloponnèse dont le nom vient de la racine *arg-* qui signifie « brillant » et dont dérive le mot *argyros* : « argent ».

[4] Il exerce le pouvoir sur la base de son seul savoir.

[5] Qui pouvaient servir d'offrandes ; on en a retrouvé dans le temple de Héra à Argos. Par ailleurs, l'*obolos* était le nom de la pièce d'argent que l'on plaçait sous la langue des défunts pour leur permettre de s'acquitter à Charon du passage de l'Achéron, le fleuve du chagrin. Par extension l'obole devient l'unité de poids d'un sixième de drachme.

[6] Mot qui désigne ce que peut contenir une main fermée, une « main pleine » : une poignée de six *obeloï*.

Au VIe siècle av. J.C., dans le bassin égéen, le foisonnement des centaines de cités-comptoirs grecques (*polis*) frappant chacune leur monnaie, y fit apparaître et proliférer l'activité de change qui se développe ensuite bien au-delà dans tout le bassin méditerranéen.

Un siècle plus tard, le changeur devient à proprement parler banquier (*trapezitès*). Il installe sa table-comptoir (*trapeza*) sur l'*agora* – le marché public –, effectue des opérations de change, et peut éventuellement s'instaurer garant payeur entre un créancier et un débiteur. Si le volume de transaction sur la place est important, éventuellement, un expert vérificateur officiant publiquement (*documastes*) assure que les pièces sont bien « sonnantes et trébuchantes ». Et c'est autour de ces tables que gravitaient négociants, armateurs, capitaines de navires, propriétaires de mines, etc.

Les banquiers utilisaient des abaques (littéralement « tables à poussières » sur lesquels on pouvait tracer des nombres au doigt ou au stylet dans des colonnes graduées pour le système décimal).

Des pratiques bancaires et assurantielles sophistiquées viennent soutenir le développement du commerce grec. Le prêt maritime (*nautika* : « prêt à la grosse aventure ») permet à un naucière propriétaire d'un navire marchand – ou à un négociant au long cours (*emporos*) – de faire supporter à un tiers l'exposition de la cargaison aux risques du voyage. En cas de naufrage, le prêteur perd sa mise. Mais si la cargaison arrive à bon port, le banquier prend sa part dans le bénéfice commercial que génère la cargaison : un cinquième du montant principal avancé.

Les frais de change et les taux d'intérêt sont conséquents. Mais la probité des banquiers corinthiens et athéniens était légendaire. En effet, les banquiers grecs instaurent une tradition remarquable : par souci de continuité de la crédibilité de l'établissement bancaire, les maîtres de maison confiaient leur succession à leurs meilleurs collaborateurs plutôt qu'à leur descendance familiale. La compétence primait la naissance[1].

Les livres de comptes (*codex*) étaient tenus sur des peaux de chèvre, et le compte de chaque client s'observait sur une double page, celle de gauche pour le crédit, et celle de droite pour le débit.

Pour un prêt en général, l'intérêt (*tokos* : « fruit, enfant ») est calculé par rapport à la mesure du temps, sur une base journalière ou mensuelle. Les contrats écrits d'octroi de crédit (*syngraphé*) étaient la plupart du temps conservés en dépôts dans les maisons de banque. Ils spécifiaient précisément l'identité des acteurs de la transaction ainsi que la mesure du temps qui définit

[1] Ainsi, à Athènes, un esclave métèque (probablement d'origine phénicienne) du nom de Pasion devient le plus puissant banquier grec au début du IVe siècle av. J.C., après avoir été affranchi par ses maîtres trapézistes Antisthénès et Archestratos, qui tous deux louaient la confiance qu'il suscitait par son honnêteté, et à qui il rachètera finalement leurs établissements bancaires sur leurs vieux jours.

les échéances. Le document devait pouvoir être produit aux yeux de l'autorité de justice de la cité, seule capable d'ordonner des saisies en cas de litige. Cette prévalence de la preuve écrite impliquait que sa destruction à l'issue de la transaction soit solennelle et en présence de témoins, pour marquer l'extinction des obligations.

Le statut de l'activité bancaire (du germain *bacum* : table, comptoir) est variable : de la banque privée, à la banque d'État, en passant par la délégation de régie publique (en effet les trapézistes se chargeaient volontiers de percevoir les impôts). Cela dit, dans la Grèce antique, sorti du petit commerce maritime privé, les grandes masses en mouvement sont de l'ordre de l'État : lorsque sont armées des flottes commerciales ou militaires, c'est la cité comptoir tout entière qui est investie dans le projet. Ainsi les Grecs distinguaient nettement le petit commerce (*kapèlos*) du grand commerce (*emporos*).

L'activité bancaire est installée au cœur de la société grecque. Le Parthénon à Athènes, le temple d'Apollon à Delphes, le temple d'Héra à Samos étaient à la fois des lieux de pèlerinages, des lieux de prières, et des établissements bancaires. Dans les temples ouverts sur l'est, derrière l'autel principal du sanctuaire (*naos*) où réside la statue de la divinité, et éventuellement derrière la *cella* (« caché ») ornée de fresques, de pierres et de métaux précieux, l'opisthodome, le vestibule postérieur était le lieu de dépôt des trésors de la cité (*adyton* : « lieu inaccessible »). Seuls les prêtres y avaient accès.

Le rendement attractif de ces activités bancaires entre les multiples cités-comptoirs a produit l'essor de fortunes aristocratiques considérables dans le monde grec (celle de Thémistocle par exemple).

Cependant, la gestion de ce genre de risques réclame des spécialisations de courtage qui accumulent de l'expérience, et le développement de connaissances fines sur l'environnement et la logique des choses.

Ainsi, en produisant de manière décentralisée une standardisation forte de leur système de compte et de mesure du temps, le réseau des cités grecques fait émerger aux alentours du Ve siècle av. J.C. une véritable explosion de clarté dans la civilisation occidentale.

Dans cette civilisation navale, l'agriculture n'occupe plus la place prépondérante dans le système économique. Pour la cité comptoir grecque, la fiabilité des approvisionnements assure son opulence et justifie le ruissellement de ses ressources vers les productions culturelles qui attisent son attrait commercial, la renommée de sa marque, et le renforcement de son crédit. La prospérité grecque repose sur un commerce intensif et une économie de la connaissance incitée par les rivalités entre cités.

L'époque antique classique

« Rien de trop. »
Solon

Les premières lois écrites de la cité d'Athènes ont été produites par Dracon en 621 av. J.C. : les lois draconiennes ont été gravées dans la pierre[1]. Ensuite, pour dépasser les lois austères imposées par Dracon, à Athènes, les réformes de Solon instituent pour la première fois la démocratie en - 584. Et par ailleurs, les réformes de Solon instaurent le principe de liberté de fixation des taux d'intérêt[2]. Puis, cherchant à affaiblir les phratries (les unions de clans), Clisthène pérennise la démocratie en - 508.

S'inspirant des Jeux olympiques[3], le tyran Pisistrate crée les concours panathénaïques en - 566, au premier mois du calendrier athénien : l'*hécatombeion* (« sacrifice de cent bœufs ») qui marque le solstice d'été[4].

Les premières philosophies de la nature voient le jour aux alentours de cette époque : Anaximandre (- 610 à - 546, disciple de Thalès), Pythagore (- 580 à - 495), Héraclite (- 576 à - 480), Parménide (- 540 à - 450), Anaxagore (- 500 à - 428). C'est à cette époque que *L'Illiade* et *L'Odysée* – jusque-là colportés oralement par des poètes aèdes – sont transposés par écrit.

Au même moment, la Perse s'étend en Asie Mineure et prend, une à une, les cités d'Anatolie ionienne bordant la mer Égée. Ainsi, la création en - 478 de la Ligue panhellénique de Délos autour d'Athènes a pour objectif premier de maintenir l'Empire perse hors des rives de la mer Égée.

La Ligue de Délos se forme autour d'Athènes parce que la ville d'Athènes était la plus puissante du monde grec à l'époque. Déjà au VIIe siècle avant notre ère, la cité grecque d'Athènes et son écoumène comptait plus de 200 000 habitants, alors que la plupart des cités du bassin méditerranéen ne dépassent guère les 10 000.

Cela dit, cette confédération n'est pas franchement fraternelle. Au sein de la Ligue de Délos, les sécessionnistes aux intérêts d'Athènes s'exposent à se voir militairement écrasés, et dégradés du statut d'alliés à celui de tributaire. Ainsi, en - 447, Athènes impose ses mesures, poids, et monnaies à tous les membres de la Ligue. Et alors, la plupart des tributs (*phoros*) doivent être payés en argent. Près de 300 cités sont assujetties.

---

[1] Dans ce Code, qui certes distingue le volontaire de l'involontaire, les métayers qui ne paient pas leurs dettes sont réduits à l'esclavage, et le moindre vol était puni de mort.

[2] La norme à cette époque était au dixième annuel. Solon instaure par ailleurs sur la prostitution (*pornaï* : qualificatif d'une femme qui se vend) une taxe spécifique (*pornikon*) pour mettre de l'ordre dans cette activité.

[3] Les premiers concours panhelléniques apparaissent au début du VIIIe siècle avant notre ère.

[4] Hécate est la déesse de la lune noire et des carrefours.

La prospérité des lignes d'approvisionnement d'Athènes permet la construction du Parthénon sur l'Acropole en l'honneur de la déesse tutélaire de la capitale : Athéna[1].

La culture hellénique Classique prend son essor : Philosophie (Zénon, Protagoras, Gorgias, Socrate, Démocrite, Platon, Xénophon), Tragédie (Eschyle, Sophocle, Euripide), Comédie (Aristophane), médecine (Hippocrate), sculpture (Phidias, Praxitèle).

À partir du VIe siècle av. J.C., au niveau des arts plastiques, une nouvelle façon de faire voir la beauté divine – a priori invisible – s'était développée à travers un traditionnel procès métaphorique de personnification : la sculpture. Il s'agit dès lors pour l'artiste de traduire cet invisible dans des apparences sensibles[2].

Par ailleurs, au niveau des arts vivants, la culture grecque invente la mise en scène théâtrale du spectacle des nécessités implacables des destinées humaines : la tragédie. Dans l'amphithéâtre, sur la scène ce n'est plus un poète qui déclame l'histoire des héros, ce sont des acteurs qui montrent un vécu, qui suscitent des émotions en reproduisant dans l'actuel des évènements écrits d'avance.

Dans ce cadre, Aristophane met en scène l'*agôn* (« la vérité sortant de l'épreuve de la confrontation ») prise dans le *komos* (la procession carnavalesque dionysiaque), et ce faisant, il invente la comédie, qui vise à emporter toute l'assistance dans l'ivresse dionysiaque de la réjouissance débridée.

Au siècle de Périclès, le théâtre a beaucoup de succès. Mais évidemment, la portée politique de ces activités poétiques ne tardera pas à faire débat dans la cité.

En 431 av. J.C., Athènes possède la flotte la plus puissance de Méditerranée avec 300 trières opérationnelles. Cependant, l'impérialisme de la Ligue de Délos amène la fière Sparte à déclarer la guerre à Athènes sa rivale. Et finalement, à l'issue des guerres du Péloponnèse (- 431 à - 404), le siècle de l'âge d'or de la démocratie athénienne s'éteint. La victoire est spartiate[3].

Alors que la peste ravage la capitale, Périclès (qui sera emporté par l'épidémie) prononce l'oraison funèbre qui commémore à ses concitoyens les

---

[1] C'est donc en quelque sorte la « banque centrale » de la Ligue de Délos. Son édification a mobilisé 20 000 tonnes de blocs de marbre assemblés au millimètre près, pour un coût total de 400 talents d'argent (soit l'équivalent du coût de construction de 400 trières).

[2] Par exemple lorsque Praxitèle sculpte à Olympie *Le grand Hermès portant Dionysos enfant*, l'œuvre représente l'arrivée du dieu messager au mont Nysa, lieu mythologique où résident les nymphes hyades de la pluie qui élèveront l'enfant dieu (*dio-nysos*). C'est là que Dionysos fit la découverte du vin enthéogène qui altère la conscience.

[3] Les Spartiates ne faisaient pas dans le détail : archaïquement ils frappaient une monnaie en fer.

valeurs perdues de l'autonomie (la démagogie est l'art de guider le peuple)[1]. Il y avait eu d'abord la victoire légendaire sur l'Empire perse de Darius Ier, à Marathon en - 490. Puis il y avait eu la reprise des fabuleuses mines d'argent du Laurion en - 482, situées à peine à quelques kilomètres de l'Acropole. Ces mines d'argent avaient, depuis la naissance de la cité, assuré la puissance de son commerce (30 000 esclaves y sont employés lorsque l'exploitation tourne à plein régime)[2]. Et puis il y avait eu l'abandon douloureux de la capitale aux saccages des Perses – repli stratégique. Et enfin il y eut la victoire décisive de Thémistocle sur Xerxès Ier lors de la bataille navale de Salamine en - 480. Et les ambitions Perses avaient été définitivement écrasées lors de la bataille de Platées en - 479.

Durant toutes ces batailles, l'unité militaire de la phalange athénienne s'était montrée d'une redoutable efficacité. La formation hoplitique en rangs serrés était composée de citoyens jeunes et vieux, pères et fils, amis (voir amants), pris dans la mêlée, combattant dos à dos, prêts à sacrifier véritablement leurs vies l'un pour l'autre. Point de clientélisme chez les Grecs, ces sentiments-là se forgeaient plutôt en tête à tête dans des pactes intimes qui ne se marchandaient pas.

Et de cette gloire légendaire tirée des victorieuses guerres médiques, l'hégémonie commerciale des cités-comptoirs athéniennes s'était étendue sur toute la mer Égée au Ve siècle av. J.C. Et au-delà, c'était tout le commerce grec qui s'était ensuite déployé sur toute la Méditerranée.

Et puis la phalange hoplitique acclimate les hommes à l'égalité des conditions dans la vie civile. À la guerre comme à la ville, c'est une unité de citoyens qui se met en ordre. Ainsi, au siècle de Périclès, la démocratie s'était consolidée progressivement à Athènes. Alors même que la civilisation grecque reste une civilisation guerrière. En effet, pour les Grecs, les situations conflictuelles – agonistiques – sont propices à révéler la vérité de l'état de fait concernant la supériorité d'une position sur une autre. Ainsi, dans les rivalités de la vie civile entre hommes, la joute orale dans un site d'amphictionie à la vue de tous s'impose comme épreuve agonistique de révélation de la vérité quant à la supériorité d'un discours sur un autre[3]. Les modalités d'accès à la

---

[1] Thucydide rapporte le discours de l'homme d'État athénien : « Le bienfaiteur est un ami plus sûr : il veut, par sa bienveillance envers son obligé, perpétuer la dette de reconnaissance ainsi créée. Celui qui est redevable, lui, a plus de mollesse : il sait que sa générosité, au lieu de lui valoir de la reconnaissance, acquittera seulement une dette. Et, seuls, nous aidons franchement autrui, en suivant moins un calcul d'intérêt que la confiance propre à la liberté. En résumé, j'ose le dire : notre cité, dans son ensemble, est pour la Grèce une vivante leçon. » *Cf.* Thucydide, *II*, 40, 4-5 et 41, 1. Athènes affirme par là même jouir d'un certain prestige (*kharis*) auprès de ses alliés, en tant qu'elle protège la liberté face à la tyrannie.

[2] Privés de cette ressource par l'occupation spartiate (alliée aux Perses), les Athéniens émirent une monnaie en bronze, sans grand succès. Ce sera bien plus tard Alexandre le Grand qui en généralisera l'usage dans un système trimétallique fonctionnel : cuivre/bronze, argent, or.

[3] Lorsque des rivalités ne pouvaient se départager clairement par les paroles et les votes des citoyens, les Grecs pouvaient utiliser le tirage au sort pour désigner leurs dirigeants (*archontes*

parole publique peuvent être significativement différentes d'une cité à l'autre, mais enfin, ainsi se décide la *politeïa* dans une cité.

Au Ve siècle av. J.C., dans la culture hellénique, quelque chose se déplace dans les conceptions du pouvoir et de la justice. La république était en germe, et là, elle éclôt, elle est florissante.

Avant l'âge hellénique classique, au VIIe siècle av. J.C., tyrannie et monnaie étaient déjà deux problématiques fondamentales dans la pensée politique grecque.

Dikaion concerne la formulation de contestations d'hommes par des hommes (dans des conflits de legs par exemple)[1]. Ces discours concernent la justice du prêté et du rendu. Leur efficacité dépend des moments propices (*kairos*), des corps des hommes, et des positions des astres. C'est une justice qui repose sur l'entente, sur l'accord.

Mais à partir de l'époque d'Hésiode au VIIe siècle av. J.C., la culture hellénique à l'âge du fer aspire à une justice qui s'articule sur un savoir des calendriers, une pratique de la mesure, et une distribution de l'autorité politique.

Ainsi, au VIIe siècle av. J.C., comme à Athènes ou à Sparte, Corinthe était agitée de luttes entre, d'une part les aristocraties des vieilles lignées de marchands (*oi ploutoi*), et d'autre part le nombre (*oi poloi*).

C'est là qu'un certain Cypsélos – qui était archonte de Corinthe –, se fait élire à la tête des armées (polémarque), et s'empare du pouvoir. Ensuite, il met fin à l'oligarchie, en confisquant les terres des plus riches pour les redistribuer aux plus pauvres.

Hélas, cela ne résolvait pas les dettes de ces derniers à l'égard des premiers, qui étaient devenus d'autant plus avides qu'il leur fallait restaurer leur patrimoine.

Reste que le tyran est celui qui exerce le pouvoir au nom d'un savoir hermétique dont lui seul a la clé. Pour Cypsélos donc, sa vision du *dèmos* (« le peuple ») lui inspire alors la création d'un impôt sur le dixième du revenu des plus riches. Et cet impôt fut collecté par les pièces qu'il mit lui-même en circulation par la fonte des objets précieux qu'il avait confisqué pour emplir le temple de Zeus[2]. De cette façon, les prélèvements effectués financèrent des constructions d'infrastructures, des versements d'avances aux artisans, et des distributions aux paysans appauvris. La cité prospéra et finalement, c'est ainsi

(civil) ou *strategos* (militaire)). Et c'est à partir de ces calculs de tirages au sort, que les théorisations des calculs de probabilités vont pouvoir commencer. C'est le calcul d'une nouvelle dimension, qui a ses logiques propres : la dimension des possibles (Aristote notamment ouvrira cette problématique).

[1] *Dikè*, c'est l'ordalie, la leçon de vérité donnée par les dieux, tranchante, implacable, tragique.

[2] En fait, secrètement Cypsélos avait promis à Zeus de lui rendre fortune s'il l'aidait dans sa conquête du pouvoir.

que s'implanta pour la première fois volontairement le circuit par lequel se reversait aux plus riches l'impôt qui leur avait été prélevé.

L'impôt grec repose sur le concept de *leitourgia* (liturgie) : le service public. Dans la démocratie athénienne, les plus riches sont les plus responsables des dépenses publiques (par exemple pour l'organisation des festivités religieuses, des banquets, des sacrifices, pour la construction et l'entretien des infrastructures comme les temples, le gymnasium, etc.). Le prélèvement n'est pas forcé, car c'est bien plutôt la contribution publique volontaire au bien de tous qui donne accès en contrepartie au prestige et aux honneurs (*kharis*). Par ailleurs, on pouvait aussi prélever des taxes sur les esclaves, les troupeaux, le vin, les céréales, le foin, etc. À l'inverse, celui qui faisait défaut à la promesse de contribution qu'il avait faite était frappé de disgrâce (cela était très sensible durant les périodes de guerres[1]). Des rivalités vertueuses s'instauraient ainsi par ce système fiscal.

Pour administrer tout ça dans une cité de la Grèce antique, le dème (*dèmos*) est l'unité administrative de base, sa population forme une assemblée (*ekklesia*), une communauté politique qui se réunit sur la place publique, l'*agora*. Elle peut ainsi exercer des pouvoirs de police, de tenue des registres d'état civil, de gestion de ses finances publiques, d'enregistrement du cadastre, et d'organisation des cultes. Le démarque élu est ainsi un archonte en charge du gouvernement par la volonté exprimée du peuple. Il est éventuellement assisté d'un conseil (*boulè*).

Bref, chez les Grecs, il y a émergence de nouveaux traits de la souveraineté : le souverain c'est celui qui *mesure* les choses et les droits.

Cosmos, logos, nomos

« ADRASTE (à Thésée): Tu me diras peut-être: "Pourquoi n'as-tu pas songé au Péloponnèse, au lieu de choisir Athènes pour la charger de cette tâche ?" Soit, il est juste que je m'en explique. Sparte a un cœur de pierre, sa conduite n'est que fourberie ; et les autres puissances sont chétives et sans force. Ta cité est la seule qui pourrait assumer la tâche dont il s'agit. Elle ne détourne pas les yeux de ce qui mérite pitié ; et elle est sous la houlette, en ta personne, d'un jeune et digne prince. C'est faute de cette grâce qu'ont péri bien des États : il leur manquait un chef. […]
THÉSÉE : Soit, je le ferai. J'irai chercher les morts :
j'essaierai d'obtenir main-levée à l'amiable ; sinon ce sera par la force des armes,
et les dieux ne me refuseront pas leur aveu.
Mais je tiens à ce que tous les citoyens (d'Athènes) m'approuvent.
Ils approuveront puisque telle est ma volonté ; mais en leur donnant voix au chapitre
je m'attirerai mieux les sympathies du peuple. Car c'est lui que j'ai institué seul souverain de
cet État auquel j'ai donné la liberté et un droit de vote égal pour tous. »

Euripide, *Les Suppliantes*

---

[1] Les prétendants aux fonctions publiques électives étaient l'objet d'un examen public quant à la probité de leur comportement citoyen (*dokimasie*).

La justice par la mesure : durant des siècles dans le monde hellénique, ce principe se traduit concrètement à travers tous les comptoirs grecs par l'usage dans les transactions d'une petite balance à levier : le statère. Cette balance ingénieuse est encore utilisée sur les marchés méditerranéens de nos jours ; elle met en rapport le poids de la marchandise d'une part à un étalon de mesure de poids d'autre part. Et ce référent à l'époque de la Grèce antique, ce n'était pas le poids étalon d'un kilo (qui est une invention de la Révolution française) mais le multiple du poids d'une pièce d'argent. Ce multiple est plus ou moins grand selon la valeur relative communément admise de la substance à peser (bois, pierre, viande, vin, etc.), car les Grecs savaient bien qu'à poids égal, toutes les substances n'ont pas la même valeur. Ce multiple se traduit sur la balance par la distance du gradient sur le levier (le « fléau »), en contrepoids d'une pièce d'argent standard, qui finira par prendre le nom de l'instrument : le statère (*statêr* : « balance », « prix d'une chose »)[1].

Le statère s'institue à l'usage comme un étalon de mesure général des poids des choses dans leur rapport à la valeur. Ainsi toutes les substances sont mises en rapport dans un vaste domaine transactionnel de substitutions possibles, un domaine fait de jugements de valeur rationalisables.

1 statère correspondait à ce qu'il fallait pour vivre dans une cité grecque à l'époque antique classique. Un bon repas en ville coûte 1 obole, et un hébergement frugal se trouve pour 2 oboles. Cela dit, un esclave vaut au minimum 70 drachmes, et une maison 3 000 drachmes.

La drachme athénienne est de loin la monnaie la plus répandue dans le monde antique (la « tétradrachme » (4 drachmes) était le statère athénien, elle faisait 4,32 g d'argent, soit un centième de mine attique). Le puissant réseau des comptoirs et des changeurs grecs l'impose comme monnaie standard du commerce méditerranéen. Frappée du profil d'Athéna sur l'obverse et de l'effigie de la chouette de Minerve sur le revers[2], elle était réputée pour la netteté de sa frappe et la perfection irréprochable de sa mesure, exempte de toute adultération. Cette réputation monétaire impeccable participa grandement à la puissance commerciale grecque. C'est ainsi que la démocratie athénienne s'est donnée comme un modèle universel ouvert sur l'extérieur.

L'époque de la Grèce antique, ce n'est pas l'acte de naissance de la monnaie, c'est l'acte de naissance de l'usage massif de la monnaie métallique manuelle : les pièces de monnaie. C'est que, l'usage populaire de la monnaie métallique manuelle, ça fait du souci de la mesure un bien commun. C'est l'instrument qui va de pair avec le développement du marché et de la

[1] 1 statère d'argent pouvait valoir entre 2 et 4 drachmes d'argent, 1 statère d'or entre 20 et 28.
[2] Sur leurs pièces, les Grecs affichent leur mythologie, leurs dieux (et leurs attributs symboliques).

rationalisation décentralisée des activités quantifiées. Le problème de l'objectivité des représentations s'intensifie (*phantasia kataleptike*).

Cela dit, la rationalisation des activités individuelles des hommes libres repose sur une normalisation culturelle tout à fait habituelle. Après tout, qu'une norme soit rationnelle, il n'en reste pas moins qu'elle fonctionne comme une norme. Le processus reste culturel.

Mais, dans l'exercice du pouvoir, quelque chose s'est abstrait, quelque chose se soustrait aux pratiques, monte en abstraction. Alors, pour y voir clair, dernier point d'introduction de l'enjeu : c'est chez Aristote (notamment dans *L'éthique à Nicomaque*) qu'on trouve cette idée que la monnaie n'est qu'un instrument des échanges. Ce point de vue instrumental sur une monnaie soi-disant neutre vise à dépolitiser la monnaie en faisant abstraction de la présence du sujet souverain à sa fondation.

En présentant sa monnaie – son unité de mesure de la valeur – comme un objet de nature, politiquement neutre, et doté de sa logique propre, la civilisation grecque invente un mode de domination politique tout à fait nouveau, culturellement ouvert, tolérant, libéral.

C'est sous le sceau d'une certaine occultation que s'est impulsée l'extension de l'hégémonie culturelle des banquiers grecs : le système métrique est une composante essentielle de la raison d'État, adjacente à la machine de guerre. Par là, les Grecs inventent Le Politique. Le *kratos* (pouvoir de commandement) est déposé au centre de l'*agora* (place publique).

Chez Platon, dans les *Lois*, l'*agora* est une place de marché comme lieu de révélations de vérités commerciales (*emporos*) sur l'abondance ou la rareté des approvisionnements. Mais dans *La République*, l'*agora* c'est aussi un lieu de révélations de vérités politiques sur les états de rapports de force en place dans la cité (*agôn*). La place de marché est un lieu de justice : un lieu de mesure et de démesure. L'*agora* est le lieu premier de manifestation publique des intermédiations produites par les transactions économiques, politiques, et culturelles. Et en tout état de cause, la volonté de vérité qui circule à travers les transactions participe de l'entretien de la *philia* qui maintient l'unité de la cité. La monnaie émise par la cité contient symboliquement cette concorde.

Ensuite, Aristote met en perspective les régimes politiques par rapport à un critère de corruption[1]. Sa pensée vient parachever une longue tradition de réflexion hellénique sur l'art de gouverner les hommes.

Le caractère tragique de cette problématique de la corruption du régime politique de la cité vient de ce que les sujets n'ont la plupart du temps qu'une très faible capacité autonome d'évaluation de la fiabilité des choses. Ils s'en tiennent à l'habitude et aux conventions. Somme toute, on sait très peu de

---

[1] Déstructuration des relations fonctionnelles d'un système : de la monarchie à la tyrannie, de l'aristocratie à l'oligarchie, et de la république à la démocratie.

choses vraiment de soi-même. La plupart du temps, on s'assujettit au point de vue d'une autorité ; d'où le surgissement continuel de puissantes logiques mimétiques potentiellement catastrophiques. Les Grecs en étaient bien conscients. Et c'est pour contrôler ces catastrophes politiques de la démesure (*hubris*) qu'une intense réflexion se fait sur les régimes politiques qui conditionnent les relations de pouvoir, les capacités de connaissance, et les possibilités de subjectivation, les possibilités de constitution des sujets de droits acceptables dans la cité. Car la puissance de la cité dépend d'un conditionnement bien mesuré de ses sujets.

Voilà pourquoi, chargée de tout un ensemble d'enjeux politiques majeurs concernant la prise de parole dans la cité, la rhétorique occupe une place importante dans la culture grecque – qui est ancestralement une culture poétique orale.

Cela permet de comprendre aussi pourquoi les pensées de Socrate, Platon et Aristote constituent la colonne vertébrale de la philosophie politique naissante. En effet dans cet axe, c'est toute une conception de la vérité qui bascule avec la philosophie platonicienne. La vérité grecque (avant Platon et Aristote) est *alètheia* : ce qui ne s'oublie pas. La vérité du coup d'éclat politique est le signe le plus puissant qui soit[1]. Alors que la vérité « latine » (à partir d'Aristote) est *veritas* : propriété d'un discours qui est conforme aux états de fait. Reste que dans tous les cas, dans un rapport de force, seule importe la vérité de la force victorieuse dans les faits.

Mais enfin, ce qui est important concernant la conception grecque de la vérité, c'est de fonder ses opinions non sur les choses impermanentes qui ne font que passer, mais sur ce qui est immuable (ou du moins cyclique et infiniment récurrent). Alors, concernant ces choses, notamment celles qui viennent, qui passent, et qui reviennent, ces deux conceptions de la vérité peuvent coïncider. La dernière conception reste une modalité de la première. L'énoncé d'une loi de la nature des choses, conforme aux faits observés, tend à rester à la postérité et n'est pas oublié, tant qu'il n'est pas réfuté par l'observation de faits contraires.

La mémoire (*mnémosyné*) est mère des muses (*mousaï*) qui inspirent les hommes. Ainsi, par ce souci de la mémoire des choses vraies, progressivement, les sagesses se fixent et s'institutionnalisent. À l'époque hellénique classique, les écrits se multiplient, se stockent en bibliothèques, circulent, et donnent lieu à des reprises de réflexions, des critiques, et des débats publics.

Dans la pensée grecque de l'ordre social, on distingue archaïquement d'une part le *polis* de la cité, et d'autre part le *némò*[2]: la distribution des quantités nomades sur les territoires alentour. Du coup, la raison d'État grecque est la

---

[1] *Kléos*, la gloire, est la voix anonyme qui porte les nouvelles, passant d'une bouche à l'autre.

[2] L'origine étymologique du terme est pastorale : « faire paître ».

première à se formuler à elle-même explicitement l'idée que pour organiser les collectifs, il y a trois modalités :

– l'organisation lignagère,
– l'organisation territoriale,
– l'organisation numérique.

L'organisation lignagère projette archaïquement l'opération mentale de la causalité des antécédents aux succédants. Elle fonde traditionnellement la légitimité des pouvoirs monarchiques.

Le principe d'organisation territorial consiste à englober les tissages des lignages et des territoires dans un espace astronomique. Parce que l'astronomie, c'est l'art de « conduire les astres ».

De là, les Grecs sont les premiers à déplacer cet englobage d'un espace astronomique vers une pure étendue mathématique. Ainsi, la loi de la cité grecque – le *nomos* – est d'abord numérique, arithmétique. Alors que le *logos* grec – fondamentalement conçu comme « raison du monde » (« parole, relation, raison qui découle de l'usage du langage ») – est d'abord accessible par une géo-métrie (« mesure de la terre »).

L'État archaïque mésopotamien enveloppait un espace fait de points notables et d'espaces vides, de sommets lumineux, denses et clairs, et de profondeurs obscures, désertiques et inconnues. La cité grecque, elle, se développe comme centre urbain immanent d'une étendue homogène géométrisable, faite de parties divisibles aux relations modulables (*écoumène*).

Dans la pensée grecque il y a une subordination du *nomos* au *logos*, une subordination du nombre à un espace homogène et idéal comme celui du tableau ; il y a un assujettissement des lignages et des territoires à la puissance métrique de la raison d'État.

Ce n'est pas que le nombre devient nombrant par lui-même, comme par le mouvement historique immanent d'un esprit objectif. C'est plutôt que, pour l'activité gouvernementale du sujet souverain, il y a un élément arithmétique dans lequel le nombre sert à maîtriser des matières quelconques (matières premières, matières secondes manufacturées, populations vivantes…), à en contrôler les stocks et les flux, les variations et les mouvements, les extensions et les intentions, en encadrant les actions et en suscitant les passions. Mais toujours de la même manière : en les assujettissant au cadre spatio-temporel de l'État, en territorialisant le nombre dans les grandeurs métriques propres au sujet souverain.

En effet, le problème du calcul – ou de l'arithmétique – gouvernemental apparaît avec le traitement des grandes quantités, et des grandes variétés de matières, dans leurs mises en rapports, et dans leurs distributions dans l'espace. Le nombre n'est pas seulement moyen de compter et de mesurer des objets, c'est un moyen pour les dé-placer. L'unité arithmétique de base est une unité d'agencement[1]. De sorte que tout agencement a une dimension logistique dans sa constitution même, et une dimension stratégique dans ses effets.

C'est en cela que la conception culturelle de l'espace et de l'univers est une pièce centrale de la raison d'État d'un sujet souverain. Car l'indépendance du nombre par rapport à l'espace ne vient pas d'une sorte de « puissance d'abstraction » dont il serait lui-même intrinsèquement porteur, mais de la nature possible d'un espace homogène et lisse dans lequel le nombre lui-même pourrait se déplacer. Dans la société pastorale grecque, c'est le nombre lui-même qu'on envoie paître.

Ainsi, par opposition à la géométrie de l'espace immeuble, le nombre peut se faire meuble dans l'espace et, dégagé des dimensions métriques et des déterminations géométriques, il peut même devenir réflexion rythmique pure.

Cela dit, pour la mesure du temps durant la période classique, chaque cité a son système de datation, son propre calendrier, ses propres lois. Les archontes de chaque cité en sont les conservateurs. Même si progressivement, les chroniqueurs grecs (Ératosthène par exemple) initient une homogénéisation en utilisant pour référence la périodicité olympique (les plus anciennes traces des premiers jeux Olympiques remontent à - 776). Et puis, au demeurant la conception culturelle du temps est homogène : *Aiôn* (le temps) se tient dans la roue du zodiaque sous laquelle repose la Terre qui suit ses saisons.

L'astronomie babylonienne de pointe a eu une influence considérable sur la cosmologie grecque. On la reconnaît notamment à l'importance du nombre 12, chez des philosophes présocratiques tels que Thalès de Milet[2]. Or Thalès joue un rôle important dans la transmission en Occident des mathématiques mésopotamiennes. Il s'était déjà formé dans sa jeunesse auprès de géomètres égyptiens dans la cité-comptoir égyptienne de Naucratis, avant de s'établir en Ionie à Milet, un comptoir grec d'Asie mineure bordant la mer Égée. Là, le mathématicien a accès à une vaste bibliothèque. Et il ose tenter de penser rationnellement les explications des phénomènes naturels du ciel. Autrement dit, à ses yeux les étoiles ne sont plus des signes reflétant les intentions divines, mais seulement des points en rapport à d'autres.

L'astro-nomie devient recherche du *nomos* du *cosmos* par le *logos* : on est aux premiers pas de la recherche des lois de l'univers par la raison. On essaye de comprendre les répétions, les régularités, les cycles, la place de l'homme dedans, et leurs liens intrinsèques. Cela permet de faire des prédictions – des divinations – fondées sur la raison des choses.

---

[1] Ex. : 1 homme/1 bœuf/1 terre, ou : 1 homme/1 cheval/1 arc.
[2] Qui aurait réussi à prévoir une éclipse de soleil en - 585.

C'est un basculement épistémologique[1] : le changement de regard sur l'objet implique un changement de conception du sujet, parce qu'il est contenu dans l'objet. Autrement dit, avec le changement du point de vue sur l'Univers, c'est la place de l'homme dans l'Univers qui change, et c'est la conception du sujet de connaissance qui bascule ; les conditions de possibilité de la pensée changent, ce qui se traduit par un déplacement des impensés. Alors, l'usage de la raison et le problème de l'institution de ses conditions de possibilité pratiques dans la vie quotidienne de la cité se placent au centre des préoccupations politiques grecques.

Dans sa recherche de la vérité des choses, cette culture va faire naître le concept de nature (*phusis*) (chez Parménide dans son poème *De la Nature* par exemple) : entité universelle distincte du caprice des dieux, qui détermine les propriétés essentielles des choses, leurs actualités comme leurs potentiels[2]. Dès lors, le *logos* est le discours vrai sur la nature des choses : le discours sur la nature des choses conforme à la nature des choses.

La « Nature » devient une entité source de vérités et un objet d'enquête. Du coup la volonté de puissance du souverain va, dans cette culture prométhéenne, promouvoir le développement des techniques (*technè*) : l'ajustement des moyens à des finalités préétablies (par l'étude des nécessités naturelles).

On enquête, on examine, on classe, on archive ; par exemple, on observe les étranges propriétés de l'ambre (*elektron*), et du métal qu'on récolte près de la ville grecque de Magnésie (magnétite), et puis on émet l'hypothèse que la foudre est produite par le choc du vent sur les nuages…

À la fin du VIe siècle av. J.C., Parménide d'Élée est le premier à affirmer que la terre est sphérique, en y identifiant des zones glacées aux pôles, une zone torride au niveau de l'équateur, et deux zones tempérées habitables.

Fait important pour l'évolution des connaissances au début du Ve siècle av. J.C. : l'expansion Perse en Asie Mineure provoque le reflux des habitants grecs des rivages Ioniens (de la Turquie) vers le centre du monde grec. Cette nouvelle densité marque l'apogée de l'époque classique. Ainsi par exemple, le célèbre médecin Hippocrate (- 460 à - 377) quitte l'île de Cos proche de l'Anatolie pour aller s'installer en Thessalie[3].

---

[1] Les basculements épistémologiques qui déplacent les impensés et ouvrent de nouvelles possibilités de savoirs peuvent ouvrir la possibilité d'une reconfiguration de la constitution du sujet souverain. Et en retour les reconfigurations des constitutions du sujet souverain peuvent s'accompagner de glissements voire de basculements épistémologiques.

[2] Par exemple, chez Aristote, le gland a pour propriété essentielle d'être un chêne en puissance.

[3] À cette époque, la théorie médicale tient essentiellement dans la théorie des humeurs : la bile jaune est colérique, la rouge est sanguine, la noire est mélancolique, et la blanche est flegmatique. Ainsi, Hippocrate est l'initiateur de la pratique de la saignée. Anecdote : pour le soin dentaire, il recommandait de faire des bains de bouche à l'urine.

À Athènes au Ve siècle av. J.C., Anaxagore étudie la rondeur de la terre, la possibilité des planètes, la constance de la matière, et spécule sur le concept d'infini. Démocrite (- 460 à - 370) complète cette philosophie matérialiste de la nature en théorisant l'atome et les principes de mouvements inhérents à la matière (*parenklisis*). Méton d'Athènes calcule la durée d'une année à 365 jours et 6 heures.

Tout cela s'inscrit dans un mouvement général où les Grecs apportent à la mesure du temps une quête de précision : l'usage de la clepsydre (« valeur d'eau ») par exemple, permet la mesure des minutes[1]. C'est que, le temps social réclame de la précision quand il s'agit de mesurer le temps d'une action précise : le temps de parole sur l'*agora* par exemple.

Sur l'*agora* d'Athènes est ainsi érigée une horloge monumentale pour les citoyens, qui mesure l'heure exacte du jour. C'est un instrument de pouvoir par l'ostentation de l'excellence de la précision technique (ce temps d'une précision légendaire soutient la crédibilité de la cité modèle pour tous les comptoirs qui dépendent d'elle).

C'est l'époque d'un formidable développement des sciences et des techniques. Ce produit culturel est financé par la dépense ostentatoire des marchands et banquiers grecs, dans le cadre de l'organisation politique de la cité-comptoir hellénique, car il vient en retour soutenir l'extension du commerce et la production de surplus. Bon investissement...

Pour la navigation, l'usage de l'astrolabe (« preneur d'astres ») se répand : merveille d'horlogerie mécanique qui montre les positions synchroniques des étoiles. Et, chef-d'œuvre parmi les machines antiques : la machine dite « d'Anticythère »[2] est mise au point. C'est une horloge astronomique portable, tout à fait extraordinaire, composée de plus de 300 pièces d'engrenages qui mettent en jeu des mouvements différentiels complexes ; elle témoigne des raffinements artisanaux inouïs dont étaient capables certains orfèvres et maîtres forgerons grecs.

Par ailleurs à Milet, au début du Ve siècle av. J.C., Hécatée compile toutes les connaissances géographiques et produit la première carte du monde du point de vue grec.

Non loin, sur l'île de Samos, réside Pythagore, qui fut grand voyageur dans sa jeunesse, et qui part sur ses vieux jours vers la cité de Crotone dans le sud de l'Italie pour y fonder dans son école une éblouissante philosophie mathématique de l'Univers : « Tout est nombre »[3]. Dans ce cadre, au-delà de

[1] Cela dit, la plus ancienne clepsydre a été retrouvée en Égypte au temple de Karnak, elle daterait du XIVe siècle av. J.C. Sur ce même principe ont été fabriqués des sabliers.

[2] Coulée lors d'un naufrage qui eut lieu au Ier siècle av. J.C.

[3] Cela dit, ni Thalès ni Pythagore n'ont laissé de traces écrites directes. Tout ce que l'on sait de ces mathématiciens, on le tient de leurs disciples. D'Hippase par exemple (le maître d'Héraclite), qui fait la découverte de l'incommensurabilité du nombre irrationnel $\sqrt{2}$ en travaillant le triangle rectangle ayant l'unité pour côté.

ses travaux sur les propriétés des triangles rectangles, Pythagore fait aussi la découverte des séries harmoniques[1].

Cette façon de faire des mathématiques invente la démonstration par preuve analytique générale. La théorie s'abstrait des problèmes concrets.

Les mathématiques grecques franchissent le seuil d'axiomatisation : un ensemble de règles opératoires générales s'appliquent sur des prémices données pour en déduire des résultats spécifiques. Ces résultats s'inscrivent dans un domaine de résultats possibles qui permet d'identifier des solutions générales correspondant à des problèmes généraux, définis par des ensembles finis de prémices données quelconques. C'est la naissance des théorèmes.

La méthode déductive se fonde sur une conception théorique abstraite de l'unité, d'où l'on tire un ensemble de nécessités qui constituent l'axiomatique déductive : une logique. De là, des théorèmes permettent d'engendrer encore plus de théorèmes, et c'est tout un ensemble compact de connaissances qui se déploie.

Du ciel des idées à l'ici-bas géométrique, une verticalité essentielle organise l'univers : le *logos*.

Et puis surtout, la logique grecque forge en son cœur le concept de preuve qui permet de trancher par l'observation empirique, le vrai du faux, et, par des jugements de vérité, de conclure sur la validité d'un énoncé. Par exemple, étant donné un résultat observé : « le pont s'est effondré », considérant des prémisses données : « tels et tels matériaux ont été utilisés », on peut en déduire si la série d'opérations techniques de construction est valide ou pas (i.e. : conforme aux nécessités logiques de la nature des choses). Et finalement, on peut en tirer des inférences pour améliorer l'efficacité des techniques.

Les écoles de philosophie

« Dans le ciel savoir se regarder, et sur terre se souvenir. »
Pindare

« Un dieu grec n'est jamais un dieu qui commande, mais un dieu qui montre, qui indique. […] La présence des dieux toutefois demeure autre que celle des hommes. En tant que [regard qui donne à voir le visage de l'être], les dieux sont ceux qui regardent vers l'intérieur, dans l'éclaircie de ce qui vient en présence – qui concerne à leur manière les mortels et dont ils s'approchent – le laissant reposer devant son état de chose présente et le gardant sous leur attention. »
Martin Heidegger, « Alètheia », *Parménide* (1942-1943)

Chez les Grecs, les régulations des processus mentaux menés par les individus ne se séparaient guère de réflexions sur les conditions pratiques de

[1] Ainsi, il recommandait la pratique de la musique comme remède aux pulsions sexuelles importunes.

leurs productions. Car la qualité de la pensée dépend d'une discipline, d'une ascèse, c'est-à-dire de conditions pratiques.

Bien que la *doxa* grecque aimait à penser une coïncidence a priori de l'instinct et de la vertu, les réflexions sont ouvertes sur les modes de vie, c'est-à-dire sur les régulations des pratiques corporelles quotidiennes. Tout cela participait d'un gouvernement de soi des citoyens par eux-mêmes. Et cette logique du gouvernement de soi s'inscrivait dans une réflexion politique plus large sur la vie des hommes dans la cité et sur la place de la cité des hommes dans l'univers. Dans la cité grecque, la diversité des philosophies et des pratiques de soi s'articule avec la rationalisation politique des activités.

Ainsi, les Grecs ont le souci de donner une dimension esthétique à leur existence. À partir de là se déploie dans la culture grecque pour les citoyens autonomes, toute une dimension de problématiques liées aux pratiques de soi, aux conditionnements souhaitables de soi-même. Une attention toute particulière est donc portée à tous les régimes de pratiques qui conditionnent la pensée : la pratique des arts, les activités corporelles, la diététique, la sexualité, l'examen de conscience, les pratiques discursives, et la politique. Et tout cela se fait en lien avec les activités cultuelles propres à chaque cité. Dans le monde grec, la variété des pratiques théorisées était vaste.

Comment une telle liberté de subjectivation était-elle possible ? Cette licence des subjectivations relève-t-elle d'un fonctionnement spécifique du religieux dans la culture hellénique ? Comment les Grecs croyaient-ils en leurs dieux ? Et quelle place pouvait avoir l'athéisme ?

D'abord, dans la mythologie grecque, les dieux olympiens n'ont pas créé le monde (*cosmos*), ils font partie du monde ; c'est juste qu'ils sont immortels et font société entre eux. Mais ils sont partout, par conséquent, il n'y a pas de séparation du sacré et du profane dans le monde grec. Ici-bas, les dieux ne révèlent rien, ils aiment juste à voir leur présence être reconnue dans le monde, et en réponse, ils indiquent, ils font signe…

La prêtrise n'a donc pas de fonction intrinsèquement prophétique et ne comporte pas de monopole d'intermédiation, c'est juste une magistrature civile.

En fait, ce qu'on a du mal à comprendre du point de vue moderne, c'est que dans le monde hellénique, les dieux n'ont pas un statut ontologique homogène. Certains ont un statut animiste (l'ouragan, la mer, etc.), d'autres sont directement liés à la raison d'État et ont un statut bancaire (Zeus, Athéna, Déméter). D'autres encore incarnent des instances sociales (Héra, Arès), ou des émotions (Éros), ou des valeurs (Apollon), ou même encore des mystères occultes auxquels il faut être initié : la connaissance de Dionysos passe par l'expérience…

Dans tous les cas, ce panthéisme se pense comme culte de la nature. Culte de la nature des choses avec lesquelles il faut entrer en harmonie pour atteindre une vie bonne (*métanoïa*).

Qui on est ne se définit donc pas par une « âme » (qui serait une sorte de caractère personnel naturel), mais se définit par des actes, qui expriment une vision et un souffle. Les sujets citoyens les plus respectés dans la culture grecque sont donc, en actes, les meilleurs (*aristoï*), les hommes beaux et bons (*kaloikagathoï*).

Cela dit, dans la société patriarcale grecque, les femmes sont considérées comme étant un support de relations de filiations, de plaisirs, et d'alliances. Mais il n'est pas usuel qu'elles prennent place à table aux côtés des hommes (*symposion*). Ainsi, le mariage est un acte d'alliance entre deux hommes par l'intermédiation d'une femme. C'est le schéma culturel hellénique dominant. Les femmes sont tenues généralement à l'écart des affaires et cantonnées à la maison (*domos/oïkos*). Certaines néanmoins pratiquent la philosophie (et d'ailleurs, des concours panhelléniques féminins avaient quelquefois lieu).

Reste que dans tous les cas, la culture hellénique porte en haute estime la conception du sujet individuel ; le fait d'être vivant est divin. Achille « aux pieds agiles » et Ulysse « aux mille ruses » sont ainsi l'incarnation de toutes les vertus idéales de l'homme grec. Chez Homère, les vivants sont des héros, des demi-dieux, ils ont une vision ; alors que de l'autre côté, les morts sont des carcasses aveugles déchirées par les chiens ou des esprits sans force[1].

Une fois les besoins vitaux satisfaits dans la dignité, les Grecs inventent la *skholé*, le temps libre consacré à s'améliorer soi-même. C'est un temps soustrait aux nécessités et devoirs des affaires pour être consacré à la culture de l'être en soi. Ce n'est pas forcément un temps de plaisir, c'est un temps d'ascèse, un temps d'ouverture. C'est un temps accordé à la vie de la conscience, fondamentalement désintéressé. C'est un temps accordé au temps. Cela permet de mieux donner sens à l'existence et de fonder une plus forte capacité à exercer son jugement sur les choses.

Au niveau des pratiques de soi qui permettent l'accès à la raison dans la conduite de soi-même, les pratiques sont très diversifiées et sont discutées, alors que différentes écoles de philosophie se développent et proposent différentes manières par lesquelles les individus peuvent conditionner leur quotidien citoyen : la plupart pratiquent le gymnase et suivent les enseignements rhétoriques des sophistes.

Héraclite pratiquait la méditation sous les portiques et les péristyles de l'immense temple d'Artémis à Éphèse.

Par ailleurs à Athènes, il y a un certain Socrate qui lui, « sait qu'il ne sait pas » ; il pratique, par le dialogue[2] la maïeutique (« accouchement de l'esprit »). Il faisait naître un désir de savoir chez ses interlocuteurs. Mais hélas, victime sacrificielle de la mauvaise foi qui régnait dans sa cité en son

[1] Dans l'*Illiade*, la leçon donnée par l'histoire du cheval de Troie, c'est que, ce qui perd Priam – le souverain de Troie – c'est sa superstition aveugle.

[2] *Dialogos* : « raison en deux temps ».

temps, il est condamné à mort en - 399. Et d'ailleurs, comme de juste ses derniers mots forgèrent la problématique du rapport mystérieux de la sagesse à la dette : « Criton, nous devons un coq à Asclépios[1]. Payez la dette, ne l'oubliez pas[2] ! »

Fait important pour comprendre cette affaire : les sophistes faisaient commerce de leurs enseignements de rhétorique, alors que le péripatéticien Socrate ne se faisait pas payer ses interlocuteurs pour ses enseignements (au grand désespoir de sa femme Xanthippe). Donc, la reconnaissance de cette grâce qu'il fait à la cité, de ce service public qu'il lui apporte, sera justement au cœur des débats lors de son procès[3]. Et malheureusement, le philosophe va se heurter à la mauvaise foi de ses concitoyens du fait de la possibilité du déni de cette dette spirituelle non mesurable.

À cette époque, les revenus des philosophes sont déterminés en cohérence avec leurs doctrines. Le rapport à l'argent n'est pas du tout considéré comme une chose neutre. Le plus souvent, les revenus proviennent d'une fortune personnelle, ou de gages versés pour les enseignements. Cependant, la vente du savoir est considérée par beaucoup d'écoles comme immorale. Alors certains pratiquent la contribution de leurs disciples les plus riches (Criton pour Socrate par exemple) ou la mendicité publique (l'obole). Reste qu'en fait, la vente d'œuvres et le patronage par des commanditaires puissants, (notamment des banquiers) cultivant le prestige de leur cité, était néanmoins la situation la plus fréquente. Mais encore fallait-il convaincre ces bienfaiteurs du bien-fondé de la doctrine philosophique proposée[4]. Et puis enfin, la position de précepteur de princes ou de conseiller du souverain était la position idéale, bien qu'elle puisse se révéler risquée (Platon, Aristote).

Plus précisément, sur ce problème du rapport à l'argent, on sait notamment comme Diogène le cynique choisit de montrer la valeur de ce qui est vraiment important dans l'existence, en abandonnant toutes ses richesses matérielles pour aller vivre dans un tonneau[5]. Ce philosophe était étonnant. Il buvait à

[1] N.B. : dieu de la médecine à qui on sacrifie lors d'une guérison.

[2] Comment, alors qu'on lui prend la vie, Socrate peut-il se sentir victorieusement en dette à l'égard de quoi que ce soit ?... Pourquoi une telle gratitude ? Qu'est-ce qui est guéri ?... Un certain Jésus de Nazareth – par ailleurs surnommé « le grec » par les prêtres juifs – reprendra d'une certaine manière l'énoncé quelques siècles plus tard lorsque, aux portes de la mort sur la croix, il déclare son fameux « Tout est accompli. » (*Jean*, 19 : 30)

[3] Le procès est un dispositif où le dialogue n'est pas une fin en soi mais vise à convaincre un tiers spectateur (l'assemblée des citoyens qui jugent) et dans lequel la rhétorique est particulièrement appropriée. Mais Socrate ne pratique pas cet art des belles paroles qui plaisent aux auditeurs afin d'emporter leur conviction. La dialectique socratique réclame en effet une bonne volonté commune dans la quête de la vérité. Du coup, la dialectique socratique s'inscrit de manière particulière dans les pratiques agonistiques traditionnelles grecques dans lesquelles la vérité s'établit par la victoire dans la confrontation.

[4] Ce qu'Épictète – fils d'esclave sous la Rome antique – parvient à faire avec son maître qui finit par l'affranchir. Bien plus tard, l'empereur Hadrien le prendra sous sa protection

[5] *Paracharatein to numisma* : « change la valeur de la monnaie », c'est la réponse que fit l'Oracle de Delphes à Diogène de Sinope qui lui avait demandé quoi faire de sa vie maintenant

même les flaques d'eau (on l'appelait « le chien ») ; mais où qu'il aille, au gymnase ou sur l'*agora*, il apparaissait toujours pimpant de santé. Sa parole était crue, directe, et ses traits d'esprit – le plus souvent d'une ironie mordante – étaient très drôles. La démonstration de la vérité par le scandale est alors au fondement de la philosophie cynique.

À noter : le fondateur du stoïcisme grec, Zénon de Kition, fut disciple du cynique Crates de Thèbes. Le stoïcisme partage donc au cynisme sa volonté d'élévation de l'éthique personnelle dans des conditions matérielles difficiles. Reste que les cyniques eux, choisissent en la matière de ne rien concéder pragmatiquement de la cohérence à la fiabilité : pas de compromissions.

Reste qu'autour de l'époque classique, la diversité des philosophies devient efflorescente. Chacune de ces philosophies propose un conditionnement de soi-même afin que le sujet libre se donne à lui-même ses lois de comportement dans le cadre des lois de la cité, selon que l'on veuille trouver le bien vivre, vivre une vie de gloire ou une vie bonne, une vie belle ou une vie vraie, une vie tranquille ou une vie de plaisirs, une vie utile ou très singulière…

En bref, à la suite de Socrate qui fonde la volonté de savoir philosophique, il y a l'idéalisme de son disciple Platon, qui s'enseigne à l'académie[1]. Et puis, le cynisme prôné par Diogène de Sinope – dit « le chien » (*kynòs*) – a fait beaucoup d'adeptes ; ainsi que le matérialisme sensualiste qu'Épicure enseigne au jardin. Et puis il y a aussi le scepticisme de Pyrrhon (*skeptikos* : « qui examine ») qui vise la tranquillité de l'âme ; et le stoïcisme de l'école du portique qui poursuit une patiente réflexion sur la figure déchue du « serviteur tragique », et dont beaucoup de sages romains seront les studieux continuateurs. Les écoles de philosophie et les pratiques de soi qui vont avec sont variées.

En fait il n'y a pas de pratique de soi neutre. Il n'y a pas d'espace vide en la matière, il n'y a que des impensés. Or dans l'Antiquité hellénique, ça pense beaucoup les conditions de la pensée, comme le montre non seulement la diversité des pratiques ascétiques dans l'Antiquité[2], mais aussi la diversité des régimes de vies, la diversité des économies psychiques, la variété des systèmes de sacrifices symboliques, et cette extraordinaire efflorescence de civilisations, cet archipel d'univers, cette liberté de penser, cette licence de l'être, quelle richesse !

---

qu'il avait renoncé à suivre naturellement les traces de son père qui était un riche banquier. Face à cela, ne sachant trop comment interpréter les paroles sibyllines de l'Oracle, finalement, par sarcasme, le philosophe en vint à proposer de remplacer la monnaie par des osselets (la loi de la valeur par le jeu).

[1] Qui s'inscrit dans la droite tradition de la philosophie pythagoricienne ; en effet sur le fronton de l'Académie était noté : « Que nul n'entre ici qui ne soit géomètre ».

[2] L'ascèse est un ensemble de codages qui encadre l'usage des plaisirs.

Dans la culture occidentale ultérieure, la tradition chrétienne qui s'impose à partir du IVe siècle apr. J.C. ne retiendra de tout ça que le danger dionysiaque. Il en sortira une radicale fermeture de la variété des pratiques ascétiques, au profit d'une standardisation sourcilleuse des conditions pratiques d'existence, conforme aux liturgies canoniques prônées par l'Église.

Mais enfin, les Romains en leur temps auront aussi leurs crises conservatrices. Par exemple, Caton l'ancien était connu pour son anti-hellénisme. Et en 173 av. J.C., accusés de rendre la jeunesse indifférente aux choses de la vie réelle, les philosophes épicuriens avaient été chassés de Rome.

En fait, Platon, Aristote, et la philosophie stoïcienne forment, déjà dans la Rome antique, le noyau dur de la pensée « responsable »[1]. Les autres écoles sont poussées à la marge.

Cela dit, dans la pensée de Platon, la dette joue un rôle d'opérateur de médiation politique entre l'essence du sujet d'une part et la Cité d'autre part ; c'est une philosophie responsable, mais critique. D'une part dans le Livre VIII de *La République* il analyse le processus de financiarisation des sociétés oligarchiques à travers la généralisation du prêt à intérêt, qui joue ensuite un rôle central dans la dégénérescence de la *politeia*, c'est-à-dire de la constitutionnalité des régimes politiques. Et pour autant d'autre part, dans les *Lois*, Platon discute de l'aporie politique à laquelle mènerait l'abolition générale de toutes les dettes dans une société.

À la suite, dans *La Constitution d'Athènes*, Aristote discute de la même manière des abolitions de dettes (*seisachteia*) pratiquées par Solon en son temps, comme le marqueur paradoxal à la fois d'une démocratie de « juste milieu » et d'un régime de tyrannie.

Les royaumes grecs de l'Indus

« Le visage inondé de lumière du jeune dieu perse nous est resté incompréhensible. »
Sigmund Freud [à propos de Mithra]

Au IVe siècle av. J.C., l'aventure de conquête impériale d'Alexandre de Macédoine mène la philosophie d'Aristote au-delà des plateaux d'Iran jusqu'au bassin de l'Indus. Alexandre atteint l'Hindou Kouch en 325 av. J.C.

[1] Par ailleurs, à la fin du IIe siècle apr. J.C., en complément critique de l'académisme grec, la philosophie strictement sceptique (pyrrhonienne) du médecin Sextus Empiricus refuse les dogmatismes et fonde à cette époque une méthode empirique pour la science médicale. Dans cette méthode, en attente des résultats de l'examen empirique, le sujet de connaissance doit suspendre son jugement (*épochè*), ce qui permet la tranquillité de l'âme (*ataraxia*). Cette méthode « scientifique » contient un critère d'action suffisant pour en tirer des leçons pratiques sur les manières de mener sa propre vie (pragmatisme).

Ce conquérant de légendes était un sacré banquier : il n'estimait pas de forteresse imprenable quand un mulet chargé d'or pouvait y monter[1]. Et au passage, en s'enfonçant dans l'Empire perse au-delà de Babylone et de Persépolis, de nombreuses bibliothèques sont incendiées et de nombreuses cités sont rebaptisées du nom de l'empereur.

Et finalement, au bout du monde connu aux confins de l'Orient, en Bactriane et en Sogdiane, Alexandre retrouve d'ancestrales colonies grecques[2] ; et il trouve également la philosophie zoroastrienne. Cela dit, en revanche il rencontre une farouche résistance militaire. Alors, pour s'y installer, il fonde Alexandrie de l'Oxus en 328 av. J.C.[3].

Plutarque rapporte que c'est là qu'il tue l'un de ses vieux amis, le général Clitus. Lors d'une assemblée de ses 12 principaux généraux qui lui faisaient la cour, Clitus avait défié l'empereur d'une citation d'Euripide : « Hélas ! Quel gouvernement pervers les Grecs ont introduit[4] ! »

Des fouilles récentes à Ulug Dépé ont identifié les sources du zoroastrisme dans la civilisation de l'Oxus. Là, au nord du bassin de l'Indus, c'est arrivé aux alentours de 1500 av. J.C.

La civilisation de l'Oxus avait trouvé son âge d'or à partir du XXIIIe siècle avant notre ère. De grands centres urbains – dont certains sont extraordinairement escarpés, étaient dotés d'infrastructures prodigieuses, de palais, de temples, de murailles en briques (mais nulle trace d'écriture à cette époque).

La civilisation s'était effondrée au XVIIIe siècle avant notre ère, et quelques siècles plus tard, vers - 1200 une nouvelle culture dite « *sine sepulchro* » s'était répandue : on laisse les cadavres aux vautours dans les fossés. Cette pratique curieuse semble pouvoir être attribuée à l'essor de la religion zoroastrienne primitive. C'est que, radicalement, dans cette religion monolâtre originelle qui voue un culte à la lumière, on ne pratique pas l'inhumation des morts, afin de ne pas souiller la terre. Et on ne pratique pas non plus l'incinération, pour ne pas souiller le feu.

Dans cette croyance, au-delà du pont de Chinvat (le séparateur), les défunts sont jugés, avant d'être accueillis auprès du dieu de lumière dans la maison

---

[1] Et de l'or, pris aux trésors perses, il va en ramener beaucoup, beaucoup… C'est un choc de culture considérable dans un monde grec qui connaît très peu la circulation de l'or, et qui a su construire sa puissance sur le monnayage de l'argent. On estime l'injection à plus de 300 tonnes. En outre, il est le premier grand souverain à faire frapper son portrait de profil en effigie sur ses pièces, ce qui introduit la pratique dans le monde hellénique.

[2] La plupart sont issus de communautés grecques d'Égypte ou d'Anatolie qui avaient été absorbés par l'Empire perse au VIe siècle av. J.C., et déportées par le roi. Cela dit, il semblerait que certains Grecs étaient là depuis encore plus longtemps.

[3] Retrouvée sur le site d'Ait-Khanum dans l'actuel Afghanistan.

[4] La réplique d'Alexandre ne s'est pas fait attendre : « Scélérat ! Espères-tu avoir longtemps sujet de te réjouir des propos que tu tiens ?! »

des chants. Les corps des morts, eux, sont destinés à un puit de silence (*dakhmâ*)[1].

Zarathoustra aurait donc vécu dans la vallée de l'Oxus aux environs du XVe siècle av. J.C. Dans sa jeunesse, il a été initié très tôt aux pratiques sacrées des hymnes védiques, de sorte que sa connaissance parfaite du *Rig Veda* devint vite légendaire. La légende raconte ensuite que le roi Wishtaspa de Bactriane (« celui qui connaît les chevaux ») a pris sous sa protection le brahmane Zarathoustra (« celui qui sacrifie aux astres »), pour lui permettre de créer l'ordre des *magas* (l'assemblée des mages[2]).

Cela dit, au temps d'Alexandre, certains philosophes grecs pensent que Zoroastre aurait vécu 6000 ans avant Platon[3]. D'autres disent que son protecteur fut Hystaspès – le père grec de Darius Ier – qui suivit son enseignement par un parcours initiatique (mais alors, c'est plus du tout la même époque).

Toujours est-il que les textes sacrés du zoroastrisme – l'*Avesta* (« l'éloge ») – portent en leur cœur les *Gathas* (hymnes du brahmane prophète Zarathoustra)[4]. Ces textes préconisent à chacun de se détourner du sacrifice de sang et de l'idolâtrie de la pierre pour aller plutôt observer dans les temples du feu les pratiques liturgiques du sacrifice avestique (*yasna*).

Dans cette doctrine, les hommes[5] sont composés d'un corps, d'une âme (*manah*), d'un esprit (*daena*), et sont dotés d'une capacité d'arbitrage entre le bien et le mal. Leur destination est de clore la perfection du cosmos (*haurvatat*) par la rectitude de pensée (*humata*), de parole (*huxta*), par la culture des champs, et la procréation d'enfants. Bonnes pensées, bonnes paroles, bonnes actions. Et si d'aventure il y a transgression du bien par l'homme juste (*asharam*), alors elle ne peut être réparée que par l'aveu (*paititat*) auprès d'un ministre du culte (*athravan*) formé à la direction de conscience par le grand prêtre : « l'invocateur » (*zoatar*)[6].

L'historien Strabon rapporte qu'à son arrivée en Bactriane, Alexandre, pour sa part, est révulsé de voir des os humains disputés par des chiens dans

---

[1] Par la suite les zoroastriens s'emploieront à construire réellement ces puits de silence sous forme de tours nécropoles sur les toits desquels on abandonne les corps au soleil jusqu'à blanchiment des os (« funérailles célestes »).

[2] Les prêtres zoroastriens sont donc ceux qu'on appelle des « mages », d'où : les « rois mages ».

[3] On trouve trace de la pensée zoroastrienne chez des philosophes grecs de l'époque classique, mais ça reste assez flou.

[4] L'ensemble des textes sacrés du zoroastrisme était recueilli dans une bibliothèque de 21 tomes. Hélas, une bonne partie des textes de l'Avesta a disparu dans l'incendie de la grande bibliothèque de Persépolis par Alexandre en - 330.

[5] Et les femmes, qui sont leur égal (le principe est explicitement mentionné dans les *Gathas* qui, par ailleurs rejettent également l'esclavage et prônent le respect des animaux).

[6] Le zoroastrisme proscrit la pratique de l'usure, car elle incite les emprunteurs à souiller leur parole par le mensonge.

les fossés. Par conséquent, il fait rétablir la crémation et l'inhumation des morts[1]. Ensuite, à travers les montagnes de l'Hindou Kouch, Alexandre crée quatre nouvelles satrapies[2], et y fait venir des colons macédoniens.

Les Grecs se plaisent sur ces terres sèches mais luxuriantes. La garde personnelle de l'empereur (*pezhetairoï* : « ceux qui marchent auprès du roi »), composée de 3 000 hoplites macédoniens d'élite aux boucliers d'argent, se révèle particulièrement adaptée pour les missions commandos de guérillas nécessaires dans ce genre de contrées escarpées.

Plus à l'est encore, Alexandre passe une année et demie dans le bassin de l'Indus. Le bouddhisme y est largement pratiqué et institué. Et c'est à partir de là que des missionnaires bouddhistes grecs reviendront vers la Méditerranée porter la parole de bouddha[3]. On sait par exemple qu'une petite communauté bouddhiste s'est établie à Alexandrie d'Égypte[4].

Après la mort d'Alexandre, les rois Séleucides grecs de Bactriane – héritiers d'Alexandre – seront bouddhistes la plupart du temps. Enfin... cette histoire n'a pas été si simple : sur ces terres orientales, l'Empire séleucide fut d'abord en guerre contre le premier grand empire de l'histoire indienne.

En effet, des berges du Gange, l'Empire maurya naissant avait gagné le bassin de l'Indus, et dans les monts de l'Hindou Kouch, les armées de Chandragupta firent face à celles de Séleucos Ier en - 305[5]. Et, à la fin de la

---

[1] Le Zoroastrisme est la religion principale de l'Empire perse depuis la montée de la dynastie Achéménide sur le trône de Babylone au milieu du VIe siècle av. J.C. L'Empire parthes se place ensuite dans cette filiation culturelle, du milieu du IIIe siècle av. J.C. au milieu du IIIe siècle apr. J.C. Et plus tard, le zoroastrisme deviendra, sous la forme du culte d'Ahura Mazda, la religion d'État de l'Empire perse sous la dynastie des Sassanides, qui faisait face à l'Empire romain en voie de christianisation, de 224 apr. J.C. jusqu'à l'instauration du Califat musulman en 651. C'est alors à ce moment que les Parsis, continuateurs de la religion zoroastre originelle, emportent avec eux le « feu sacré » dans leur exode de retour vers l'Hindou Kouch. Cela dit, pour les Parsis, Zoroastre a vécu en Perse au VIIe siècle av. J.C., peu avant la fondation de l'Empire perse par Cyrus le grand.

[2] Division administrative de l'Empire perse.

[3] Qui signifie littéralement « éveillé » puisqu'il est l'adjectif verbal de la racine *budh* : « se éveiller ». Les textes du bouddhisme *mahayana* (« le grand véhicule ») attribuent le titre de bouddha à Siddhartha Gautama, prince brahmane des Sakyas au Népal, qui était issu d'une caste de guerriers administrateurs, et qui aurait vécu au nord de l'Inde au Ve siècle avant J.C. Après 50 années de méditations, il aurait trouvé l'éveil absolu, et se serait éteint paisiblement à l'âge de 80 ans.

[4] On les appelait « les thérapeutes ». Ils vouaient leur vie à la *théôria* (contemplation). Et au Ve siècle apr. J.C. – au moment de la disparition de la secte – de nombreux auteurs envisagent qu'il s'agissait là de précurseurs des sectes esséniennes qui furent le berceau du christianisme.

[5] La magnificence de l'Empire maurya impressionnait tous ceux qui avaient pu en témoigner. Les murs de Pataliputra – la légendaire capitale de l'Empire maurya – faisaient, dit-on, six fois la taille de ceux d'Alexandrie à la même époque. Cela dit, récemment – au début du XXe siècle –, on a retrouvé un « Traité de l'intérêt » (*Arthashâstra*) écrit par un ministre brahmane de Chandragupta, un certain Chânakya dit Kautilya (« le malhonnête »). Ces conseils

bataille titanesque qui se prolongea durant deux années, Chandragupta et Séleucos conclurent la paix. L'un offrant ses plus beaux 500 éléphants de guerre blancs au couchant, et l'autre offrant sa fille en mariage au levant.

Ensuite, l'hériter de Chandragupta – l'empereur Ashoka – se convertit au bouddhisme en - 260. Et dès lors il décide d'envoyer de nombreux missionnaires bouddhistes aller convertir les Grecs. On appelle ainsi *Yavanas*[1] les Grecs bouddhistes de l'Empire séleucide.

Cela dit, avec l'indépendance de la Bactriane grecque obtenue en - 250, lorsque survient la mort d'Ashoka le Grand en - 230, les rois grecs bactriens entreprennent de reconquérir la totalité du bassin de l'Indus à partir de - 190. Et une fois la chose faite, les civilisations grecque et indienne s'y mélangèrent pendant plus d'un siècle.

Ce petit royaume grec à la capitale citadelle aux murailles blanches jouera un rôle déterminant dans les rivalités religieuses qui agitaient le brahmanisme sur le continent indien à cette époque : au milieu du IIe siècle av. J.C., le roi indo-grec Ménandre Ier est ainsi le saint patron – dernier rempart protecteur – des moines bouddhistes persécutés par le roi brahmane Pushyamitra, héritier de l'Empire maurya.

Dans ce royaume indo-grec légendaire, un art greco-bouddhique fascinant se développe à Gandhâra. On y trouve les premières statues « humaines » de Bouddha, vêtu de l'himation[2] ; et le style des colonnes dites « corinthiennes » y apparaît[3]. La civilisation est prospère. Les monnaies frappées par Ménandre portent la mention « roi sauveur » *(basileos soteros menandrou)*, et sur certaines pièces figure la roue du *dharma* (loi éternelle), en compagnie du symbole grec de la victoire : *niké*. Chez ses successeurs, certaines pièces représentent le souverain faisant avec la main droite la *mudrâ*, symbole de l'enseignement du *dharma* (« sceau, signe » dont la fonction est d'apposer un cachet sur la parole ou l'acte afin de lui conférer une autorité spirituelle et une efficacité magique).

Le royaume grec en Inde survivra jusqu'au tout début du Ier siècle après Jésus Christ : il disparaît aux alentours des années 10 à 30 sous le coup des invasions Parthes. Mais à ce moment-là, le bouddhisme a déjà repris de la vigueur, il est « sauvé ». Et la culture greco-bouddhique continuera encore à rayonner pendant quelques siècles ; contribuant ainsi à l'essor du bouddhisme mahayana.

Un groupe de philosophes et de savants (dont le sceptique Pyrrhon, le cynique Onésicrite, et l'historien Mégasthène) avait accompagné Alexandre

---

de gouvernement adressés au souverain (*svâmî*) lui recommandent de placer l'*artha* (la mise en œuvre des moyens assurant la puissance) en primauté sur les observances du *dharma*.

[1] Les « Ioniens ».

[2] Vêtement typique de la culture hellénique, que les Romains appelleront *pallium*.

[3] Des bouddhas entre les volutes ! D'autres y placeront des conques.

jusqu'au bassin de l'Indus. Ils discutaient avec leurs homologues locaux, des *guru samnyâsin* (« guides spirituels renonçant ») qu'ils appelaient « les philosophes nus ». Ils les catégorisaient comme gymnosophistes (on trouve mention de ce terme déjà chez certains présocratiques), mais enfin, leurs pratiques laissent les Grecs un peu confus. Notamment, on rapporte que l'un d'eux – nommé Calanos –, se serait jeté dans un bûcher en sacrifice sous les yeux d'Alexandre pour faire démonstration de sa doctrine de détachement… Nonobstant, Mégasthène distingue déjà dans les cultures védiques les brahmanes et les shramanes (moines mendiants des cultes jaïnistes et bouddhistes). Et on retrouvera cette partition chez Strabon.

Pourtant, manifestement, la plupart des érudits occidentaux contemporains n'y voient pas clair dans les civilisations indiennes ; elles sont très largement ignorées[1]. Certains témoignent des liens d'avec ceux qu'on appelle en philosophie les gymnosophistes. Ce sont en effet des disciples de brahmanes *sadhou* (« saint homme ») qui vont par les chemins presque nus, et qui soutiennent que l'accès à la vérité par-delà l'illusion passe par des pratiques corporelles ascétiques rigoureuses : récitations de mantras[2], rituels magas, contrôle du souffle, abstinence sexuelle, vœux de silence, méditations, mortifications, etc. Mais personne dans la culture hellénique classique ne parle de brahmanes avant qu'Alexandre le Grand ne rejoigne les rivages du bassin de l'Indus.

Et pourtant, le péripatéticien Socrate pratiquait le brahmanisme deux siècles auparavant, ça ne fait aucun doute. Mais tout se passe comme si quelque chose avait été oublié quant aux origines brahmaniques de ces pratiques de recherche de sagesse. Certes, pour la recherche de vérité, Socrate ne pratique pas tellement la méditation mais plutôt le dialogue. Cela semble n'avoir a priori rien à voir avec Bouddha. Et pourtant, ses activités sont typiquement brahmaniques, sacrifice (de soi) y compris.

Comme par un effet miroir historiographique, il semblerait que la représentation que le platonisme se fait des pratiques brahmaniques soit plutôt représentative de l'opinion aristocratique grecque de son temps (pour exemple, même si Plutarque au début du IIe siècle décrit bien les cultures védiques dans sa *Vie d'Alexandre*, par contre, dans la tradition platonicienne, le très érudit saint Jérôme au IVe siècle pensait encore que Bouddha était le

---

[1] Hérodote – qui est né sur les rives ioniennes dans l'Empire perse avant de voyager aux côtés de Périclès – rapporte que Darius Ier, avant la bataille de Marathon, fait se rencontrer une délégation de Grecs et une délégation d'Indiens. Les Indiens sont horrifiés du fait que les Grecs mettent le feu à la dépouille de leurs parents, et d'autre part les Grecs sont horrifiés du fait que les Indiens qui se présentent a priori comme végétariens puissent manger en signe de respect la dépouille de leurs parents. L'empereur perse faisait face au problème d'unifier les pratiques culturelles des peuples de son empire. Toujours est-il que les Grecs savaient que l'essentiel de la richesse de l'empereur perse lui venait des tributs payés par les satrapies les plus orientales de son empire. Les royaumes d'Inde étaient perçus comme des terres légendaires pleines de merveilles fantastiques.

[2] Par exemple, le mantra de la compassion : « *Om mani padme hum* ».

chef de file d'une secte gymnosophiste grecque dans le Péloponnèse). On constate plutôt un mélange d'amusement, et de déni de la part des gens « sérieux ». Les académiques grecs considèrent ces gymnosophistes un peu comme les poètes : ce sont des sortes de menteurs illusionnistes charmants de qui on attend qu'ils se tiennent à l'écart des affaires politiques car ce serait dangereux pour la cité.

Reste qu'en toute cohérence, nombre des traits de sagesses stoïciens les plus profonds viennent indubitablement du bouddhisme[1].

Autre illustration, chez Platon : la fameuse allégorie de la caverne[2] amenant la distinction des apparences nominales d'avec les essences réelles, et dont l'écriture lui a été inspirée par un rituel orphique à mystère, auquel il a été initié durant l'un de ses voyages en Sicile. L'initié, tel Orphée, descendait dans les ténèbres avant de retrouver la lumière du jour (catabase/anabase). Le culte organisait ainsi des séances d'apparitions visant à briser les métempsychoses établies[3], afin de préparer les sujets vivants au voyage libre dans le monde des morts.

Mais enfin, Aristote rompt avec ces « mythes pythagoriciens » de la métempsychose, en affirmant l'unité indivisible de l'esprit et du corps liés comme la forme et la matière. La pratique gouvernementale par les images est par là même réhabilitée. C'est une implication invisible qui aura des conséquences ultérieures considérables.

L'Égypte ptolémaïque

« La véritable école du commandement est la culture générale.
Au fond des victoires d'Alexandre, on retrouve toujours Aristote. »
Charles de Gaulle

En Égypte, à partir du Ve siècle av. J.C., au temps de l'essor du commerce méditerranéen et des occupations perses puis grecques, les pièces d'argent avaient fait leur entrée. Notamment parce que les mercenaires grecs sont

---

[1] Ils doivent probablement quelque chose au *Milindapanha* (traité qui relate les entretiens du roi Ménandre Ier avec le sage éveillé Nagasena). Il faut noter également par ailleurs l'existence dans le monde romain de quelques philosophes voyageurs formés aux sagesses brahmaniques sur les rives du bassin de l'Indus (Le médecin pythagoricien Apollonios de Tyane au Ier siècle apr. J.C. par exemple. Bien après sa mort, l'empereur Hadrien tentera de réunir les écrits de ce philosophe brahmane).

[2] *Cf. La République*, Livre VII.

[3] C'est une conception pythagoricienne de l'extase liée aux doctrines palingénésiques égyptiennes et bouddhistes (réincarnation). Elle implique des déplacements des âmes et des reproductions à travers les corps dont elles prennent possession (éventuellement par parties : par l'*epithumia* (appétit) / par le *thumos* (volonté) / par le *logistikon* (raison)).

habituellement payés en argent comptant. Alors, l'Égypte avait eu soif de métaux précieux. Hérodote rapporte que, déjà au Ve siècle av. J.C., le pharaon Nékao II avait envoyé une expédition de marchands phéniciens faire la première circumnavigation de l'Afrique, en partant du canal des pharaons vers la mer Rouge, et en revenant 3 ans plus tard par le cap de Gibraltar. Le tour de l'Afrique avait été fait. Mais aucune source nouvelle de métaux précieux n'avait été découverte. Reste qu'à cette époque, des pièces d'or avaient été frappées pour le compte de l'empereur perse, elles s'appelaient « *nb nfr* » (or-cheval).

Bien plus tard, Ptolémée Ier – héritier égyptien d'Alexandre le Grand – institutionnalise le monnayage royal en Égypte. À l'époque des dynasties ptolémaïques (du IVe au Ier siècle av. J.C.), non seulement la perception du tribut fiscal ne se fait plus du tout en nature mais exclusivement en espèces[1], mais en outre, ce qui impressionnait les banquiers et les archontes qui administraient les comptes publics des comptoirs grecs alentour, c'était l'usage du chèque (ordre de paiement endossable) par les banquiers égyptiens, dans le cadre d'un système centralisé autour d'une banque royale, elle-même subdivisée en centaines de bureaux déconcentrés à travers tout le royaume (*logeutéria*), en lien avec l'ensemble des administrations étatiques[2]. Les papyrus qui circulaient portant décrets et ordres royaux se terminaient par la formule grecque : *ginesthô*, « qu'il en soit ainsi ».

Cela dit, nonobstant ce maillage administratif serré, l'Égypte ptolémaïque était effroyablement violente. Du coup, malgré la puissante et ancestrale accumulation de capital imaginaire dans la monumentalité gouvernementale de l'autorité égyptienne, autour de Pharaon se déployait une pléthorique bureaucratie administrative où rien que les activités de mise en application de la loi pouvaient employer jusqu'à 3 % de la population (d'à peu près 4 millions d'individus). Il faut dire, à cette époque en Égypte, la société était sévèrement structurée par une hiérarchie raciale. L'élite grecque y est fortement endogame (les mariages entre frères et sœurs dans la famille royale deviennent la norme pendant des siècles, et l'inceste n'est pas du tout un interdit structurant dans cette société). Pour autant, « être de culture hellénique » dans l'Égypte ptolémaïque, ça dénote un statut légal de citoyenneté éventuellement ouvert aux élites indigènes lettrées.

Dans l'Égypte des dynasties ptolémaïques, une organisation gouvernementale hiérarchique typiquement hellénique fonctionnait sur la base d'un corps d'armée, non pas citoyen, mais parfaitement professionnel. Parmi les membres de la cour royale, certains sont désignés par le roi pour assumer

---

[1] Le paiement s'effectuait contre reçu. Par exemple on a retrouvé nombre de certificats de sacrifices attestant que telle famille – ou tel village – s'était bien acquittée de ses obligations cultuelles ou de ses obligations annuelles de fermage sous forme de prélèvement sur le produit.

[2] Ainsi, tout laisse à penser que Cléopâtre VII, dernière reine d'Égypte, était une banquière de haut vol.

le commandement de ministères. Le *strategos* est en charge du commandement militaire. Les postes centraux des garnisons sont commandés par des officiers généraux (*archiphylakitai*). Et les cités sont surveillées par des commissaires de police (*phylakitai*). Des officiers d'arrestation (souvent autochtones) assument l'autorité judiciaire déléguée, qui vise la recherche des auteurs des violations de la loi, des témoins, et des complices[1]. Les missions de répression des crimes et de lutte contre la corruption des lois sont diverses : garde (des palais, des tours de guets, des ports, des marchés, des champs, etc.), patrouilles pour la sécurisation des approvisionnements des grands chantiers, lutte contre le banditisme, recherche des fugitifs, recouvrement des créances, prélèvement des taxes, règlement des litiges, supervision des corporations artisanales, des exploitations minières et forestières, enregistrement du cadastre, etc. L'administration ptolémaïque était très tatillonne[2].

Alexandre avait fondé Alexandrie d'Égypte en 331 av. J.C. C'était une ville cosmopolite, peuplée d'Égyptiens, de Grecs, de Perses, d'Arméniens, de Juifs, de Nubiens... Tournée vers la mer, cette capitale était faite pour intégrer l'Égypte dans le monde grec. Au temps de la venue d'Alexandre, une communauté savante y développait déjà des savoirs de pointe. Ératosthène de Cyrène y avait poussé l'expertise dans l'art de manier le gnomon jusqu'à calculer la circonférence de la Terre (40 000 kilomètres).

Après la mort de l'empereur Alexandre, Ptolémée Ier fait ériger à Alexandrie le grand phare[3] et la grande bibliothèque, afin de faire de la cité un pôle de commerce et de sciences pour tout le monde méditerranéen. À son apogée, la cité comptait plus d'un million d'habitants. C'était le centre cosmopolite et rayonnant du monde hellénique.

La bibliothèque d'Alexandrie était la première du monde hellénique, elle hébergeait plus de 700 000 manuscrits à cette époque. Elle se composait de deux bâtiments. D'abord une première partie du fonds était au *Serapeum* – sanctuaire consacré au dieu Sérapis près de la nécropole –, et puis, l'autre partie des archives se trouvait au *Museion* en face du phare bordant le port, au sein du quartier royal. C'était le sanctuaire consacré aux muses, divinités des arts : il comprenait le centre de recherches et d'enseignements[4]. On y pratique les méthodes de l'Académie platonicienne et du Lycée aristotélicien. Le mathématicien Euclide (- 330 à - 270) quitte donc Cyrène pour s'y installer. Il

---

[1] Par la force si nécessaire ; mais bien entendu, la procédure judiciaire ne comporte pas encore véritablement de « doctrine de la preuve » cohérente.

[2] Mais ce n'est pas pour autant qu'elle est efficace : ce qui permet de maintenir l'ordre en vérité depuis le IIe siècle av. J.C. c'est le patronage militaire romain.

[3] Qui mesurait plus de 330 pieds (100 m) de haut.

[4] Jules César met le feu au *Museion* par accident lors d'une bataille en - 48. Ensuite, le *Serapeum* est saccagé par les chrétiens en 391. Et le fonds sera définitivement détruit lors des invasions musulmanes au VIIe siècle.

y pose les éléments analytiques fondateurs de la géométrie théorique[1]. Aristarque de Samos (- 310 à - 230) étudie et y enseigne l'hypothèse astronomique héliocentrique. Ctésibios y travaille sur toute sorte de machines ingénieuses : il y fabrique des horloges clepsydres aux précisions inégalées et des traités de mécanique révolutionnaires.

À Syracuse[2], un certain Archimède (- 287 à - 212) s'intéresse de près à tous ces travaux menés à Alexandrie. Lui de son côté a déterminé le nombre π avec une précision d'un nouvel ordre[3]. À cette époque, nul ne sait mieux que lui calculer la surface d'un disque ou d'un volume dérivé, comme celui d'une sphère, d'un cylindre ou d'un cône quelconque. Par ailleurs, il réalise des prouesses d'ingénierie en développant des théories telles que celles de l'hydrostatique ou encore des bras de leviers.

À Syracuse, la dynastie Antigonide règne. La production céréalière de la Sicile est importante. Et pour la logistique de tout ça, nombre de techniques de levages étaient bricolées depuis fort longtemps en pratique. Ainsi, lorsque Archimède doit faire la démonstration du bénéfice réalisé par l'utilisation de palans dans le déplacement de charges lourdes, devant le roi tyran de Syracuse qui vient de s'allier à Rome (contre Carthage, à son corps défendant), en fait, les poulies et les cordages sont déjà d'un emploi courant dans les travaux portuaires. L'exploit n'est pas artisanal. Par contre, Archimède en produit une connaissance théorique fixée dans l'archive, puis reproductible et ajustable selon les données de la situation. Il inscrit son ingénierie dans la tradition d'Aristote qui avait posé les bases d'une véritable théorie mécanique (*mèkané*). Il jette les bases de l'industrialisation de la puissance du souverain. C'est de ça dont Archimède fait démonstration.

Par ailleurs, Vitruve nous rapporte qu'Archimède a découvert le principe de poussée qui porte son nom en recherchant – à la demande du roi Hieron II – une technique pour déterminer le titre d'or ou d'argent que contient un objet. Pour faire office de pierre de touche, c'est au bord d'une bassine qu'il découvre que la masse volumique de l'or est plus élevée que celle de l'argent (*eureka* !). La mise au point de ce procédé de discrimination précise des métaux vient en quelque sorte couronner la séculaire quête de fiabilité des banquiers grecs.

Et puis Archimède théorise en général le raisonnement fondamental de la balance et de l'effet de levier, à travers la formulation du barycentre comme centre de gravité : « Tout corps pesant a un centre de gravité bien défini en

---

[1] *Les Éléments* d'Euclide rassemble tout le génie mathématique grec, c'est le livre le plus publié au monde après la Bible et le livre rouge de Mao. Le nombre d'or (1,6180339…) y exprime une proportion longueur/largeur aux propriétés fractales (lorsque a + b est à a ce que a est à b).

[2] C'est le seul comptoir grec de la Sicile, et pourtant le plus important centre grec à l'ouest de la Méditerranée.

[3] Nombre qui exprime la relation constante mais indéfinie d'un diamètre au périmètre de son cercle.

lequel tout le poids du corps peut être considéré comme concentré. » C'est le principe même du statère qui se trouve ainsi théorisé…

Sous l'Empire romain, la science grecque continue de progresser. Au Ier siècle apr. J.C. Héron d'Alexandrie, décrit le fonctionnement des machines pneumatiques à vapeur. Elles servent pour animer quelques automates dans des temples, mais ça reste anecdotique. Et c'est à cette époque crépusculaire de la bibliothèque d'Alexandrie que Hermès Trismégiste – héritier des sagesses d'Imhotep et père fondateur de l'Alchimie – écrit le *Corpus Hermeticum*[1].

Quelque chose s'épuise. Bien que des conditions spécifiques aient permis à des savoirs rationnels d'être portés par l'hégémonie culturelle hellénique, pour autant, l'académisme n'atteint pas son idéal. Il n'existe pas de réseaux de publications scientifiques qui permettraient vérification, mémorisation, et accumulation des connaissances. Ce bond en avant dans la connaissance rationnelle du réel et l'archivage des textes théoriques ne permet pas pour autant de lancer une dynamique de progrès technique au long cours dans l'histoire. Par exemple, les travaux d'Archimède ne seront redécouverts en Occident – à Constantinople et Tolède – qu'au XIIIe siècle apr. J.C.

La mémoire se perd. Au temps d'Aristote par exemple, on considère déjà la vie de Thalès de Millet comme une légende. Autre exemple : aux alentours du IIe siècle apr. J.C. (on ne sait pas trop précisément), apparaît *Arithmetica*, un traité de la science des nombres recueillant toutes les méthodes de résolution d'équations à variables inconnues. Cette œuvre mathématique majeure de l'Antiquité, écrite par Diophante – dont on ne sait pas grand-chose – va « disparaître » et ne sera retrouvée qu'un millénaire plus tard dans des bibliothèques byzantines après la prise de Constantinople en 1453.

Au IVe siècle apr. J.C., Hypatie dirige l'école néoplatonicienne d'Alexandrie. Elle enseigne la mystique rationnelle de l'unité, développée par Plotin, ainsi que l'hypothèse astronomique héliocentrique. C'était une grande dame de la science, respectée par tous les savants de son temps. Elle finira lynché par une foule de chrétiens zélés.

Déjà, le « mécénat scientifique » des banquiers grecs – dont les démonstrations techniques visaient à inspirer un sentiment de fiabilité et un climat de confiance – n'avait pas été une pratique intégrée comme telle par les élites romaines qui étaient plus strictement inspirées par la logique jupitérienne de la force pour générer de la crédibilité.

---

[1] Le texte a été retrouvé dans des jarres enfouies dans le désert de la haute Égypte, à Nag Hammadi, par deux paysans égyptiens, en 1945. On y a retrouvé également, entre autres, l'Apocalypse de Jacques et l'Évangile apocryphe de Thomas (« Que celui qui a la puissance, qu'il puisse renoncer. »).

Et pourtant, Rome aimait à se penser dans ses fondations comme un comptoir grec. La culture grecque imprègne déjà le sud de la péninsule italienne du temps de l'âge d'or athénien. Et très tôt, à l'époque de l'essor des royaumes romains, les esclaves tuteurs grecs étaient déjà très prisés des élites romaines. De sorte que la culture hellénique atteint son apogée d'hégémonie sur le bassin méditerranéen au IIIe siècle av. J.C. Cela coïncide avec l'époque où les bacchanales étaient le plus en vogue à Rome. L'impact de la mythologie grecque sur les croyances latines se syncrétise et s'institutionnalise à cette époque[1]. Mais enfin, contrairement à Zeus, Jupiter est peu connu pour ses frasques sexuelles… C'est tout un rapport sensualiste au corps qui se perd au passage.

[1] Exception notable dans la transposition des panthéons : seul Apollon reste identique à lui-même (il semble qu'un temple d'Apollon existe à Rome depuis le VIe siècle av. J.C.).

CHAPITRE 4

4. LE CRÉDIT DU SOUVERAIN ET LA SOCIÉTÉ CIVILE

« Flectere si nequeo superos, Acheronta movebo. »
["Si je ne peux fléchir les dieux par le haut, alors je déplacerai la frontière des enfers."]
Virgile, *Énéide, VII-312*

Pour faire circuler sa parole comme moyen de paiement parmi ses assujettis, le souverain doit en assurer la crédibilité. Pour cela il doit alimenter la puissance de sa machine de guerre.

Et sur la base de la paix produite par cette machine de guerre peut se développer une société civile, comme lieu de circulation des paroles et des moyens de paiement parmi les assujettis du souverain.

LE CRÉDIT DU SOUVERAIN

« ORESTE : Ah ! que c'est admirable ! La valeur généreuse n'obéit à aucune loi précise,
car les mortels sont faits d'éléments emmêlés.
Le fils d'un noble père peut être un pur néant, et j'ai vu des enfants vertueux naître d'hommes pervers.
J'ai trouvé de l'intelligence dans l'esprit de gens opulents, et de la grandeur d'âme dans le corps d'un pauvre. Mais alors, quel signe choisir pour distinguer les bons et les mauvais ?
La richesse serait un bien mauvais critère. Le dénuement ? Mais la pauvreté comporte une tare,
car le besoin pour l'homme est l'école du mal. Faut-il partir de la valeur guerrière ?
Mais qui, dans la mêlée, oserait se porter garant qu'un homme est courageux ?
Mieux vaut accepter ces confusions sans y chercher de règle.
L'homme que voilà n'a pas rang élevé parmi les Argiens. Il ne peut se targuer d'une origine illustre.
Pourtant, sorti du peuple, il révèle une âme d'élite.
Que ceux qui se laissent égarer, tout imbus de préjugés creux,
aient le bon sens de fréquenter les hommes, pour juger la noblesse à la mesure de la conduite.
Des hommes semblables à notre hôte gouvernent bien leurs villes, leurs maisons.
Tandis que des masses de chair aux cerveaux vides sont bonnes tout juste à orner les places publiques. »
Euripide, *Électre*

Comment approvisionner la puissance – ou du moins la crédibilité de la puissance – du sujet souverain ? La civilisation romaine va faire face à ce problème, intensément… et avec entêtement… ce qui va progressivement structurer toute sa constitution.

La force d'un souverain est initialement armée par sa machine de guerre. Partant, la puissance d'un souverain se manifeste d'abord dans sa capacité de projection de forces sur l'extérieur afin d'imposer sa volonté. Et à l'intérieur, l'exercice du pouvoir se réalise fondamentalement par un commandement.

La citoyenneté romaine et la machine de guerre

« Nous sommes ingouvernables.
Le seul maître qui nous soit propice,
C'est l'éclair, qui tantôt nous illumine,
Et tantôt nous pourfend. »
René Char

La République romaine est fondée aux alentours de 500 avant J.C. Et ce n'est que très progressivement qu'elle étend son hégémonie sur le Latium dans la péninsule italienne. Cela dit, il semblerait qu'à cette époque, Rome ait bénéficié d'un optimum climatique. La population s'accroît facilement dans les siècles qui suivent.

Bien que le monde méditerranéen soit hellénistique à l'époque des trois derniers siècles « avant notre ère », l'extension de l'hégémonie militaire de Rome sur tout le bassin méditerranéen ne laissera pas aux marchands grecs l'opportunité de développer leur système civil multiforme en lien avec une démocratie fédéraliste de cités.

L'univers Rome absorbe toutes les forces et impose un système esclavagiste de gestion de la main-d'œuvre, non plus seulement domestique mais carrément industriel.

On sait comme la standardisation des procédures logistiques participe du développement industriel des activités. Notamment : la standardisation des contenants pour le transport est un vecteur essentiel de l'essor des relations commerciales à longue distance. D'autant que les débouchés nouveaux qui s'ouvrent justifient les industrialisations des productions à plus grande échelle. Ainsi, tout comme au XXe siècle le container maritime de 40 pieds permet après la Seconde Guerre mondiale l'essor de la mondialisation des échanges de marchandises et la délocalisation des sites de production, dans l'Antiquité, l'amphore standardisée par les Romains sur le modèle de la jarre cananéenne est produite à des centaines de millions d'exemplaires à partir du IIIe siècle av. J.C., et cela va permettre l'essor de réseaux d'approvisionnements massifs et robustes dans tout le monde romain[1].

Dans les faits, les Romains empruntèrent aux comptoirs grecs leurs instruments de commerce : le statère[2], la pièce de monnaie, et le crédit commercial (*latissimo sensu*).

Dans les racines culturelles romaines, le commerce étrusque se faisait généralement au poids de bronze. L'*aes signatum* (bronze contresigné) est un lingot moulé à l'effigie d'un bœuf valant son équivalent en tête de bétail : « *pecus* ».

Mais dans la culture romaine au début du IIIe siècle av. J.C. apparaît là-dessus la figure du changeur-banquier (*argentarius* : celui qui connaît l'argent)[3].

Reste qu'assez rapidement l'État romain impose le cours légal exclusif de sa monnaie bimétallique : d'abord l'as de bronze ou de cuivre (*aes grave (« bronze lourd »)*, frappé du portrait de Janus), puis le denier d'argent et sa pièce divisionnaire, le sesterce d'argent ou de bronze (frappés sur l'avers côté face du portrait du souverain, et au revers d'une allégorie célébrant une récente victoire militaire).

Le change dans la République romaine : 1 denier = 4 sesterces = 10 as. Et 100 as valaient 1 tête de bétail, un « *pecus* ». Et ensuite, sous l'Empire, à partir de la réforme d'Auguste, des pièces d'or seront frappées sur la base d'une autre échelle de change : 1 aureus = 25 deniers = 100 sesterces = 400 as.

---

[1] N.B. : l'amphore romaine est à usage unique, elle n'est manifestement pas faite pour être lavée et réutilisée.

[2] I.e. : *stadera*, qu'on appelle encore aujourd'hui « balance romaine ».

[3] Le plus souvent il s'agit de trapézistes grecs.

Dans la civilisation romaine, bien que le denier comme unité de compte corresponde parfaitement au système de calcul décimal[1], les comptes étatiques officiels persistent pourtant à se faire en sesterces[2]. Reste que la plupart des transactions conséquentes entre citoyens se faisaient en deniers d'argent.

Le puissant commerce d'argent se pratiquait sous l'autorité de l'État, au sein duquel un système comptable fiable est implémenté. Alors, le contrôle de l'activité bancaire d'une multiplicité de cités-comptoirs se consolide progressivement, en lien avec l'unification fiscale, et la centralisation de la dépense publique. L'État romain repose sur une ingénierie monétaire sophistiquée, monopolisée entre les mains d'une aristocratie étatique terrienne centrée sur la capitale.

À Rome, les marchés et les foires majeures se tenaient régulièrement (« *nundinae* » : au 9e jour d'un cycle agricole, autrement dit, « au jour des nones de chaque mois »). Et les principales activités politiques publiques de la cité se tenaient lors de ces rassemblements : la brigue, le clientélisme, le patronage, etc.

Dès les premières guerres puniques contre la civilisation phénicienne de Carthage (de 264 à 146 av. J.C.), la puissance continentale romaine doit lever une énorme flotte de guerre pour pouvoir faire face à la domination maritime carthaginoise. Une dette « publique » apparaît, et les activités budgétaires sont prises en main par des sociétés de publicains qui prennent à leurs charges, comme en fermage, la levée des impôts pour le compte de l'État (*ad speciem respublicae*).

Il faut dire, au milieu du IIIe siècle av. J.C., Rome est en mauvaise posture. Carthage domine toute l'Afrique du nord, l'Hispanie, la Corse et la Sardaigne. Et la rivalité commerciale avec Carthage avait déjà acculé la monnaie romaine balbutiante à de nombreuses dévaluations. Les temps étaient difficiles, comme à l'époque où Rome avait été ravagée par les troupes celtes en – 390[3]. Le souvenir restait traumatique. En face, le puissant comptoir phénicien, lui, avait connu son âge d'or au IVe siècle avant notre ère : Alexandre avait régné sur les rives Est de la Méditerranée, et Carthage sur les rives Ouest.

Alors, au IIIe siècle av. J.C., déjà vieille de plus de deux siècles, la République romaine s'impose une discipline de fer. Et c'est à la fin du IIIe siècle av. J.C., au plus fort des guerres puniques, que des pans entiers du domaine de la République sont vendus. Les riches familles de patriciens versent des sommes colossales aux fonds publics[4]. Et de nombreuses terres de

---

[1] De la racine latine *deni* : « dix par dix », *denarius* : « qui contient dix ».

[2] Remplaçant pour ce faire l'as libral (lingot de bronze d'une livre) à partir du IIe siècle av. J.C.

[3] Les guerriers celtes étaient féroces, ils portaient des colliers – idéalement en or – appelés torques, qu'ils considéraient comme signes d'élection à l'éternité.

[4] Et en - 215, le tribun de la plèbe Caius Oppius fait voter par le Sénat les lois somptuaires (*sumptuariae leges*) interdisant aux femmes de l'aristocratie de porter des bijoux en or et de la pourpre de Tyr, afin de limiter les dépenses excessives (*sumptus*).

petits paysans endettés sont saisies (toute la région du Latium traverse une crise de l'endettement aux alentours de 193-192 av. J.C.). La culture romaine s'impose un puritanisme inédit (*cf.* le scandale des bacchanales en 186 av. J.C.[1]).

En conséquence de cette austérité, les inégalités sociales entre débiteurs et créanciers s'accroissent, cependant que le denier d'argent romain commence à être massivement émis pour circuler un peu partout dans le bassin méditerranéen.

Les guerres puniques prennent fin en - 146 avec l'anéantissement de la capitale fondée par les Phéniciens. Ainsi, Carthage, la rivale commerciale – ou plus précisément la rivale monétaire – fut écrasée de manière légendaire : sa terre fut maudite (*sacer*) et du sel fut versé sur les ruines de la ville rasée[2].

Cette histoire guerrière, furieuse et enragée, constitue une leçon fondatrice pour l'essor de Rome. En effet, cette rivalité d'avec la puissance métallique du grand Hamilcar donna lieu à l'épopée tragique du très fameux Hannibal Barca – son fils. Cette histoire, initiée en - 218, propulse l'affaire au niveau mythologique dans la culture romaine.

Au début, Hamilcar avait perdu l'enjeu premier du conflit au profit des romains : la Sicile était la clé d'accès aux ressources minières de Sardaigne. Et elle était désormais romaine. En revanche, les Phéniciens tenaient à revers l'Ibérie avec ses fabuleuses mines de métaux précieux dont ils se servirent pour payer leurs mercenaires et lever une nouvelle armée, équipée d'éléphants.

Sur cette base, Hannibal avait pu tenter sa conquête de Rome par le nord en traversant les Alpes ; et il s'en était fallu de peu qu'il réussisse son entreprise : après la victoire de Cannae, il est aux portes de Rome en - 211.

Pour les romains, il fallait réparer le traumatisme de la défaite sanglante de Cannae qui, en - 216, avait décimé la jeunesse militaire romaine, et avait scellé le sort de Rome en lui soustrayant les approvisionnements venus d'une région comportant d'importants greniers à blé. Rome doit répliquer ou périr.

Son territoire s'étendait à cette époque sur toute l'Italie, et s'étirait sur la côte gauloise jusqu'à Barcino (Barcelone), la Corse, la Sardaigne, et la Sicile, île stratégique au carrefour des routes maritimes. Mais l'empire avait été percé.

Les Romains avaient un sens aigu des lignes d'approvisionnements. Leurs stratégies de prédilections consistaient donc à briser celles de leurs adversaires. Par conséquent, en accord avec les souhaits du censeur Caton l'ancien, Scipion débarque en Ibérie et reprend Gadir (Cadix) en 206 av. J.C.

---

[1] Les purges ordonnées par le Sénat font quand même plus de 4 000 morts.

[2] Pour l'anecdote, Keynes avait notoirement qualifié le traité de Versailles de « paix carthaginoise ».

Pendant ce temps, manquant de renforts pour pouvoir marcher sur la capitale romaine, et en défaut de soutien du Conseil aristocratique de Carthage, Hannibal tente de soulever les régions romaines sous son contrôle dans le Sud, contre la capitale. Il prend son temps dans les stations balnéaires aux alentours de Rome, en Campanie. Erreur stratégique. Il est défait par Scipion « l'Africain » allié aux troupes des tribus numides lors de la bataille de Zama aux portes de Carthage en - 202.

À la merci des Légions romaines appuyées de nombreuses unités mercenaires, dans un premier temps, Carthage est démilitarisée et assujettie à Rome. Puis quelques décennies plus tard, alors que la prospère Carthage s'est redressée et qu'elle propose à Rome de régler ses dettes de guerre en avance, elle sera complètement anéantie en - 146. Et la mémoire phénicienne sera progressivement rayée des systèmes d'archives (« malheur aux vaincus »).

L'ancestralité de la culture phénicienne alimente aussi probablement dans le fond tout l'intérêt de cette histoire légendaire pour l'Histoire de Rome. Car les Phéniciens avaient depuis des siècles la réputation d'être d'ingénieux marchands navigateurs à la culture raffinée. Ils adoraient une archaïque divinité sémite : Baâl, dieu de la foudre (« le seigneur supérieur »)[1]. Et l'écriture phénicienne avait composé le tout premier alphabet[2], dont s'était largement inspirée l'écriture grecque.

Dans leurs origines archaïques, les cités phéniciennes – à l'instar des cités grecques – ne formaient pas un royaume unifié. Pour autant, à la faveur des troubles qui avaient accompagné l'effondrement chaotique de l'âge du bronze autour du XIIe siècle avant notre ère, le pays de Canaan s'était trouvé libéré de la domination égyptienne (qui s'exerçait sévèrement depuis le XVIe siècle av. J.C.). Cela avait permis l'essor de la civilisation phénicienne sur la base d'un commerce florissant de teinture[3]. Un commerce maritime de longue portée avait alors pris son envol. D'autant que le bois de cèdre phénicien était le meilleur pour la construction navale, et que les phéniciens excellaient dans cet art. Par ailleurs les artisans phéniciens étaient les premiers à fondre du sable pour en faire du verre ; et surtout, le pourpre de Tyr était tellement renommé qu'il valait son poids en argent.

Des comptoirs phéniciens avaient fleuri dans tout le bassin méditerranéen. Au point que la monarchie au pouvoir à Tyr – la cité mère – se trouve à prendre la maîtrise des fabuleuses mines d'argent du sud de l'Hispanie dans la région de Cadix (Gadir). Alors, la monnaie punique avait circulé partout ; même –

---

[1] D'où le nom théophore d'Hannibaâl Barca qui signifie littéralement : « foudre de celui qui a la faveur de Baâl ».

[2] Par le jeu des recombinaisons que permet un alphabet, la création des mots, des récits, et des fictions va pouvoir fuser en tous sens.

[3] Les historiens pensent aujourd'hui que c'est en provenance de la culture raffinée des Minoens que les Phéniciens avaient appris les secrets de la culture du murex, petit mollusque dont on tire la prestigieuse teinture pourpre.

dira Hérodote plus tard – jusqu'au-delà des piliers d'Hercule, jusqu'à une île nordique lointaine qu'il appelle Cassiterides (« l'île d'étain » : Britannia). D'autres villes phéniciennes, comme Biblos ou Sidon gagnèrent également en puissance. Et alors que le réseau commercial phénicien de cités comptoirs cosmopolites s'étendait sur toute la Méditerranée, il restait relié par une culture commune, et chaque colonie conservait un rapport privilégié avec sa cité mère en Phénicie – par le versement d'un tribut la plupart du temps.

C'est avec cette puissance monétaire que, à la suite de beaucoup d'autres comptoirs, Carthage (« cité neuve ») avait été fondée aux alentours de 800 avant J.C. Sa position centrale dans le commerce méditerranéen lui avait donné rapidement une importance majeure[1].

Ensuite, au VIe siècle av. J.C., le déferlement de l'Empire assyrien sur la Phénicie avait affaibli les cités mères du berceau de la civilisation phénicienne, ce qui avait renforcé encore la centralité de Carthage dans sa civilisation : elle se trouvait élevée au statut de capitale du monde phénicien. Ses approvisionnements en minerais de guerre étant assurés en Sardaigne, la flotte militaire carthaginoise s'érigeait alors comme protectrice des comptoirs commerciaux phéniciens contre les incursions de pirates et les potentielles offensives grecques.

Et d'ailleurs, l'expansionnisme commercial athénien se fit sur le même modèle que celui de Carthage (notamment dans le cadre de la Ligue de Délos au Ve siècle av. J.C.). Mais en ces temps-là, Rome n'était encore qu'une petite bourgade étrusque parmi d'autres au sein de la Ligue latine…

Alors donc, en rasant Carthage, l'aristocratie romaine s'est forgé un empire : en s'appropriant les terres, les ressources, les approvisionnements, les comptoirs commerciaux des Carthaginois, et en réduisant en esclavage, dans des domaines agricoles industrialisés (les *latifundia*), absolument toutes leurs familles et leurs descendants, tout en éradiquant les souvenirs de leurs cultures d'origines.

C'est à cette époque de la destruction de Carthage, après la prise de Gadir, que Scipion fonde Italica, une villégiature de pouvoir surplombant l'arrière-pays d'Hispalis (Séville). Et c'est là, dans cette région de la bétique riche en mines d'argent, que va s'ancrer l'origine d'une puissance monétaire métallique si colossale que trois siècles plus tard, elle donnera naissance à l'âge d'or de l'Empire romain, sous la première lignée d'empereurs issue d'une noblesse non pas romaine mais provinciale : l'empereur Trajan d'abord (*optimus princeps* : « meilleur des empereurs romains »[2]) puis son héritier,

[1] La confédération maritime de Carthage était gouvernée par un système bicéphale (composé d'un Sénat et d'une assemblée populaire), à la fois oligarchique et démocratique. Cela en fait aux yeux de certains historiens la première république de l'histoire.
[2] Contraction de : *Imperator Caesar Divi Nervae Filius Nerva Traianus Optimus Augustus Germanicus Dacicus Parthicus.*

« l'empereur-banquier » qu'on connaîtra sous le nom d'Hadrien. Ensuite leur succéderont des « empereurs sages » tels que Antonin le pieu et Marc Aurèle.

Bref, à partir du IIe siècle av. J.C. donc, la souveraineté romaine monte en puissance.

Dans cette logique, la citoyenneté romaine impliquait le paiement en nature d'un impôt tout à fait fondamental déjà dans la culture hellénique : satisfaire aux obligations de service militaire à l'égard du souverain, par soi et par ses fils, pour contribuer à l'ordre et à la gloire de la cité.

On « lève » une armée comme on « lève » un impôt. La dette de vie est érigée en institution militaire étatique. Et pour récolter ce prélèvement en nature, à Rome le drapeau rouge était hissé sur le Capitole indiquant que la conscription annuelle (*dilectus*) venait d'ouvrir pour 30 jours.

Alors, pour le sujet romain, il fallait être enrôlé pour apparaître aux yeux du souverain. Faire partie de la Légion romaine (du verbe *legere* « lever », « mettre à part », « trier »), être légionnaire (*legionarius*), c'était la preuve de vérité décisive du statut de citoyenneté aux yeux du souverain, à partir de laquelle on peut juger, en actes, de la valeur d'un individu[1].

Au demeurant, c'était dans les cités grecques que s'était déjà initié à proprement parler le contrôle militaire de la citoyenneté : les noms des conscrits étaient soigneusement retranscrits dans les rouleaux d'état civil de chaque cité-comptoir. Ils étaient utilisés pour mener les rituels politiques et les activités gouvernementales. On pouvait également sur cette base lever des impôts par capitation (par tête au travail, ou par arpent de terre : *capitatio plebeia*, *capitatio terrana*).

L'administration romaine, pour sa part, décernait normalement aux conscrits, à l'issue de leur service militaire, leur *diploma civitas* : une quittance militaire gravée sur une plaque de bronze. Cet artefact frappé des sceaux de l'autorité militaire faisait véritablement office de carte d'identité pour les hommes, et servait communément au porteur à authentifier son statut tout au long de sa vie. Et puis, en principe, un non citoyen auxiliaire de la Légion romaine (*peregrini*) se voyait lui aussi octroyé le *diploma civitas* justificatif de la citoyenneté, mais seulement après 25 années de service.

Et enfin, le résident libre qui n'était ni citoyen ni volontaire, lui, devait s'acquitter du *tributum*. Cela dit, cette taxe sera abolie en - 167, car les trésors ramenés des conquêtes triomphales en Macédoine sont d'une telle ampleur que le trésor romain ne réclame plus cette ressource. Les États tributaires y pourvoient.

Reste que verser son sang pour Rome, par acte de volonté, comme vainqueur, ou même comme vaincu (du moment que ce dernier reconnaît son

---

[1] Épreuve prolongée par l'une des prérogatives fondamentales du *pater familias* : juger son fils prêt, aux alentours de ses 17 ans, à quitter la toge prétexte pour revêtir la toge virile (*toga virilis*).

statut), cela suffit à ouvrir la citoyenneté romaine[1]. Ainsi s'étend l'empire romain. Au départ, au temps des guerres puniques au IIIe siècle av. J.C., le corps civique mobilisable représentait à peu près 300 000 hommes ; deux siècles plus tard, c'est trois fois plus.

La clé du succès de la colonisation romaine et de l'extension de son système d'assujettissement tient dans le caractère ouvert de la citoyenneté romaine. Avant, dans la plupart des cités grecques, l'identité citoyenne était conditionnée par l'institution familiale, base ancestrale des systèmes d'authentification d'identité : un citoyen était le fils reconnu de deux parents issus de la cité hellénique. C'était très fermé, c'était un problème. Par exemple, à Sparte, la clôture du système d'identité citoyenne spartiate est bien connue pour avoir causé son déclin[2]. Au contraire, le génie du système fiscal censitaire romain a consisté à adopter un système d'identification familial ouvert, similaire à celui des Phéniciens (la filiation d'un seul des deux parents suffit à justifier l'appartenance identitaire).

Et puis, ce système d'identification, les Romains l'ont séparé du simple enjeu généalogique[3], pour le connecter en fait directement aux enjeux de la machine de guerre. Ainsi les réformes de la citoyenneté romaine au fil de l'histoire romaine ne sont pas tellement liées aux évolutions des règles de la filiation familiale[4], elles sont bien plutôt intrinsèquement liées aux réformes des corps militaires.

Les réformes militaires accompagnent l'essor de la machine de guerre citoyenne de la République romaine. Dans ce cadre, les réformes militaires introduites par l'imperator Gaius Marius dans la République de la fin du IIe siècle av. J.C. – marquée par la multiplication des tensions politiques entre *optimates* et *populares* – vont infléchir le régime politique vers un équilibre des pouvoirs à la fois plus populaire et plus centralisé.

Jusque-là, chaque citoyen légionnaire enrôlé devait justifier d'une propriété d'au moins 3 500 sesterces, et pourvoir par lui-même à son équipement de guerre. Les plus pauvres, moins bien équipés, rejoignaient les unités d'infanterie légère (*velites*). Le « citoyen-fermier » quittait ses occupations à l'appel du roi ou du Sénat pour la guerre ; juste pour le temps de la campagne, puis il rentrait chez lui. Les unités militaires étaient organisées sur le modèle de la phalange hoplitique grecque.

---

[1] Ainsi les Bataves du nord de l'Europe ne payaient ni tribut ni taxes mais se faisaient recenser en offrant leurs fils à la conscription.

[2] N.B. : la pierre tombale d'un homme frappée de l'épitaphe : « mort à la guerre » permettait d'ancrer dans l'honneur une lignée sur la terre spartiate.

[3] Notamment lié au fonctionnement héréditaire de l'institution domaniale familiale-commerciale (*villa* et *latifundium*).

[4] Certains diront plus tard que c'est justement le flou sur les règles d'héritage qui provoqueront un trop-plein de rivalités qui mènera au déclin de l'Empire. Mais ça semble peu convaincant.

Mais les besoins militaires s'accroissent, les frontières se sont étendues sur toute la Méditerranée, et à partir de - 133, des hordes germaniques commencent à déferler du Nord. Alors Gaius Marius permet aux *capite censi* de rejoindre les Légions de Rome : « ceux que l'on compte par la tête ». Tous les plébéiens sans terre de Rome (*proletarii*[1]) peuvent intégrer le bras armé du souverain : la Légion.

Une autorité[2] pourvoit l'équipement métallique, et la recrue se voit offrir des opportunités de campagne, de carrière, et d'élévation de statut social.

La solde journalière d'un légionnaire était de 3 as. La solde annuelle d'un officier était de 300 deniers d'argent par an ; et pour un centurion vétéran commandant de Légion c'était 600 deniers d'argent. La conscription prenait 16 années de service.

Cela a permis de créer les premiers corps d'armée permanents de l'histoire romaine. Et comme cette permanence de corps constitué autorise la conservation et la reproduction de l'expertise militaire des vétérans (*praemia militiae*), c'est une innovation stratégique décisive pour la raison d'État[3].

À partir des réformes de Gaius Marius donc, l'organisation des unités est refondue. L'aigle (*aquila*) – attribut de Jupiter – devient l'étendard standard utilisé pour le commandement et le contrôle dans l'espace, à la bataille, au mouvement, ou au casernement. L'unité tactique élémentaire est changée : la manipule (120 hommes) est remplacée par la cohorte de 6 centuries (600 hommes). Chaque unité est composée de 20 % de non combattants pour le support tactique ou logistique (esclaves serviteurs, fourrageurs, cuisiniers, ingénieurs, etc.). Et environ 600 bêtes de trait y sont au travail. Dans chaque cohorte, chaque centurion est aux commandes de 10 sous-unités : le *contubernium* dirigé par le *decanus*[4].

Bref, au total une Légion se compose de 10 cohortes, ce qui représente un bloc de 6 000 hommes. C'est une unité compacte et cohérente d'infanterie lourde qui fonctionne en rangs serrés.

La Légion, c'est une masse d'hommes mobiles qui correspond à l'effectif d'une petite cité. Ça consomme de grandes quantités : en farine (5 tonnes par jour), en eau, en huile, en olives, en vin, en vinaigre, en sel, etc. Il faut donc prévoir la logistique dans les provinces traversées jusqu'au front. D'autant qu'une armée conséquente rassemble en moyenne 4 Légions.

Lever une armée demande donc des ressources considérables. Sans compter que la volonté de lever une armée fait face à deux difficultés

---

[1] Littéralement : « celui qui n'a d'honneur que par sa descendance. »

[2] Ce peut être le Sénat, un consul, une faction de sénateurs, ou un patricien fortuné.

[3] Auguste, en 6 apr. J.C., créé une caisse de pension pour les vétérans (*aerarium militare*) afin de s'assurer qu'ils ne se laissent pas recruter pour mener des coups d'État. La pension annuelle était de 12 000 sesterces pour un légionnaire.

[4] Pour assurer l'esprit de corps et l'observation de la discipline par chacun, les 10 hommes sont considérés le plus souvent comme solidairement responsables des manquements éventuels de chacun.

principales. D'une part cette volonté doit s'accorder avec une régulation institutionnelle variable selon les époques[1]. Et d'autre part il faut surmonter une contrainte majeure constante quelle que soit l'époque antique : les hommes, les animaux, le cuir, le bois et les vivres sont relativement abondants, mais par contre, les outils en fer sont relativement rares. Dans les classes populaires, ils se lèguent de père en fils comme marque d'une dignité statutaire (« ce n'est pas le fils qui hérite de l'outil, c'est l'outil qui hérite du fils »). Ainsi, dans l'Antiquité, le moindre clou dans une construction en bois se donne à voir comme la marque de l'intégration du bien dans un système de puissance étatique fonctionnelle qui réemploie ses surplus agricoles dans une consolidation industrielle de biens de production, qui serviront à leur tour à produire d'autres biens. La présence du métal, c'est la présence de l'État.

Dans l'aristocratie romaine, pour un domaine ou pour une famille (*gens*), avoir le pouvoir de disposer d'une armée, ça implique avant tout de disposer d'une rente ou directement d'une source d'approvisionnement métallique, puis d'un stock d'équipements métalliques nécessaires pour mettre en action une cohorte d'hommes : les pièces d'argent et de bronze pour les assujettir à un commandement, et les armes et armures en fer pour équiper leur puissance. Et l'autorité symbolique de Rome vient finalement ficeler l'ensemble.

Grosso modo, en moyenne à cette époque, 1 kg d'or (équivalant à 15 kg d'argent) paye le salaire annuel de 15 légionnaires, ou 45 mercenaires. De sorte que, en somme, pour lever une Légion à soi, le chiffre est rond, il apparaît avec récurrence dans les archives, il fallait disposer d'au moins un million de sesterces.

La solde annuelle (*stipendium*) était le plus souvent payée en pièces d'argent. Et à l'occasion de chaque évènement marquant l'histoire de l'État, des primes exceptionnelles étaient versées (*donativum*)[2].

Frappés en médailles, les soldes en pièces d'or et d'argent portaient en effigie le portrait du commanditaire. Ainsi, en cas de changement à la tête du pouvoir, il convenait de se débarrasser des pièces représentatives d'une allégeance obsolète, et éventuellement embarrassante, en les versant en impôts ; car la « largesse publique » fermait les yeux sur l'effigie des fonds versés par un citoyen, pour mieux refondre ce métal et le remettre en circulation sous la signature du nouveau souverain.

Cela dit, le pouvoir de commander conféré par la pièce de métal varie selon les règnes : la solde annuelle d'un légionnaire est de 900 sesterces sous Auguste (en - 27), 1 200 sous Domitien (en 81), 2 400 sous Septime Sévère (en 193), 3 600 sous Caracalla (en 211), 7 200 sous Maximin (en 235).

[1] Il faut obtenir un mandat du Sénat par exemple, ou encore, il faut faire avec le fait que sous la République, à Rome chaque Consul pouvait choisir, au nom de l'État, les hommes de son armée sur le Champ de Mars, jusqu'à se constituer deux Légions pour son propre compte.

[2] Par exemple : victoire militaire, élection, couronnement, naissance, succession, alliance, mariage, etc. Les primes pouvaient représenter jusqu'à dix fois la solde annuelle.

L'équipement métallique du légionnaire évolue avec le temps aussi, mais il est globalement uniformisé : le glaive (*gladium*), le javelot (*pilum*), et la fronde (*funda*)[1] sont ses armes principales. Il est protégé par son armure (*lorica*) et son bouclier (*scutum*). Et sous l'Empire, plutôt que d'avoir une longue traîne de chariots de cohorte, chaque légionnaire doit porter lui-même son « barda » (l'air de rien, c'est une innovation tactique majeure).

Les qualités attendues d'une recrue dans la Légion étaient d'être citoyen parlant et usant des manières romaines, de préférence rural et à l'œil vif. Ensuite la réputation familiale et le niveau d'alphabétisation déterminaient le grade (par exemple, avec la détérioration de la qualité culturelle des recrues dans l'époque impériale tardive, la simple capacité de lecture pouvait propulser directement l'impétrant romain au grade de centurion).

Pour instruire une recrue de l'entraînement de base d'un légionnaire, cela prenait 4 mois. Ensuite, il fallait se tenir à cette discipline enseignée. Car en cas de couardise d'une unité sur le champ de bataille, on procédait à sa décimation (exécution d'un homme sur dix).

Aux côtés des unités d'infanterie se tenaient des unités équestres. Alors justement, l'honneur des chevaliers de l'ordre équestre – qui se reconnaissaient à leur toge pourpre (*angusticlave*) et à l'anneau d'or qu'ils portaient au doigt (la chevalière qui sert de sceau : le *sigillum*) – leur venait de ce qu'ils devançaient l'appel en se présentant tout équipés, monture comprise, à l'administration militaire sur le Champ de Mars à Rome. Le chevalier, c'est celui qui rejoint la raison d'État sans qu'on lui ait demandé, c'est le partisan de l'État tout armé de pied en cap, le citoyen idéal.

Fils de familles patriciennes ou plébéiennes fortunées, les chevaliers étaient, après les sénateurs (de *senex* : « les anciens »), les citoyens au *cursus honorum* le plus élevé. Ils renonçaient par principe aux magistratures non militaires. Et pourtant, au fil du temps leur noblesse et leur crédit seront mis au service de l'État : on leur confie d'abord la charge des tribunaux populaires, et ensuite, sous l'Empire, Auguste en fait un corps de fonctionnaires d'élite pour la supervision des services administratifs.

Au début du Ier siècle av. J.C., la République est déclinante. En - 86, face aux troubles civils le régime avait déjà été acculé à l'annulation quasi totale des dettes résultant des prêts d'argent : *tabulae novae* (établissement de nouveaux registres financiers). Pour régler les problèmes d'endettements privés qui se multiplient, des techniques financières sophistiquées sont déployées : rééchelonnement des échéances, ventes contrôlées d'éléments de patrimoine des débiteurs, et prêts sans usure pour réinjecter de la liquidité afin de contrecarrer les pressions déflationnistes causées par les liquidations forcées.

---

[1] Les balles de fronde, appelées « glands » par les légionnaires du fait de leurs formes oblongues, étaient en plomb.

Dans ce contexte, Marcus Crassus – sénateur immensément riche[1] – se fait élire Consul en - 70. Dès lors, avec Pompée « le Grand »[2], ils exercent un pouvoir populiste, en formant l'avant-garde des *populares* au Sénat. Ils font face aux critiques sceptiques de Caton qui représente les *optimates*. Mais enfin, les *populares* trouvent le support du jeune Gaius Iulius Caesar récemment rentré d'exil[3]…

À cette époque, des opportunités inédites de recrutements militaires s'ouvrent pour les généraux en campagne. Car au fil des réformes, l'ouverture de la citoyenneté finit par s'étendre sur l'ensemble des individus libres habitant les terres sous le contrôle de Rome : en - 49 la citoyenneté romaine concerne tous les habitants de la péninsule jusqu'à ceux de la Gaule cisalpine.

Le général de la Légion était responsable de la gloire de son corps d'armée et du paiement de la solde en monnaie et en terres. La loyauté des soldats allait donc naturellement à cette autorité qui l'avait enrôlé, et à laquelle elle se trouvait affiliée, et ce, bien plus qu'au Sénat composé de patriciens ou à « l'État ». Cette loyauté, mêlée dans le civil au système traditionnel du patronage clientéliste, va bouleverser les équilibres des rapports de force politiques à Rome.

Le pouvoir va progressivement glisser vers les mains du général victorieux, « l'*imperator* » : de Marius, à Sylla, vers Pompée, et jusqu'à César. Cela dit, cette dérive populiste militariste dans le jeu des rivalités oligarchiques ne se fait pas sans violences politiques et guerres civiles entre factions. À la recherche de la stabilité (*status quo*), la République romaine entre alors dans le temps des dictateurs.

À son arrivée au pouvoir en - 27, Auguste prend le contrôle de 60 Légions impériales (soit 360 000 hommes). Et il va initier une série de réformes militaires. D'abord, les unités d'auxiliaires (*auxilia*) – qui étaient composées de mercenaires non citoyens – sont intégrées dans les Légions de l'armée impériale régulière. Et comme chacune a développé sa tradition d'esprit de corps sur sa propre histoire, alors l'empereur crée des cohortes de vétérans d'élite qu'il place sous le commandement direct du centurion vétéran de chaque Légion (*primus pilus*). Ce dernier est commandant en chef sur le champ de bataille. Il est assisté d'un second (*optio*) qui le remplace s'il tombe au combat, et son estafette de référence (*signifer*) est le porteur de l'aigle

[1] Certains pensent qu'il fut l'homme le plus riche de l'histoire romaine. Son ascension s'est faite sur la spéculation immobilière et la répression des révoltes d'esclaves.

[2] Le plus prestigieux des commandants militaires de son temps ; qui a conquis – au nom de Rome dans l'est méditerranéen – plus de territoires que n'importe qui d'autre dans l'histoire romaine à ce moment-là.

[3] *Caesar*, étymologiquement : « celui qui taille ».

(*aquilifer*)[1]. Par ailleurs, lorsqu'il était élevé à l'ordre équestre, le *primus pilus* prenait le titre de préfet (*praefectus*).

Aux côtés du préfet, un légat (*legatus legionis*) est nommé au commandement civil de chaque Légion (c'est en général un jeune sénateur au *cursus honorum* prometteur). C'est que, installé dans une région non encore romanisée, le camp de la Légion (*castellum*) est un centre de pouvoir et un centre de commerce. Alors, bien entendu, le légat s'occupait d'abord du recrutement. Les fonctionnaires chargés de réaliser la conscription étaient ainsi appelés *legati ad dilectum* (ou : *inquisitores*). Mais enfin, selon la mission confiée à la Légion, le légat pouvait également se trouver nommé gouverneur d'une province (*legatus Augusti pro praetore*). Ainsi, en choisissant soigneusement ses légats, l'empereur se constitue un réseau de pouvoir administratif consolidé : la Ligue prétorienne.

Pour seconder le légat dans la Légion, il y avait aussi le tribun militaire (*tribunus laticlavius*). À cette fonction était nommé un fils de famille noble tout juste sorti de sa toge prétexte, pour qu'il y fasse ses premières armes. Sous son commandement, le préfet de camp (*praefectus castrorum*) est un légionnaire officier d'expérience qui a en charge la logistique et l'ingénierie de la Légion. Pour le jeune homme, une fois rentré à Rome et grandi au rang de sénateur, le *cursus honorum* pouvait se continuer vers les fonctions de tribun de la plèbe, ou questeur (comptable public), et peut-être même préteur pour être nommé légat à son tour.

Et puis enfin, dans l'état-major d'une Légion (*officium*), le centurion commandant de la garde (*tesserarius*) était le maître des portes du camp, le garde du corps des personnalités qui y siégeait, et le centre de liaison des unités d'exploration et de reconnaissance du territoire (*precursatores* et *exploratores*) ainsi que des unités de messagerie et d'espionnage des cités alentour (*speculatores*). Les missions vont du portage des messages à l'identification des ressources et des résistances d'un territoire. Sous l'Empire, ce type d'unités, créées originellement à l'issue des guerres puniques, pouvaient être réunies dans une centurie de légionnaires vétérans formant un commando d'élite pour une projection de force furtive (sabotage, assassinat, extraction, etc.). Parmi eux, les agents personnels de l'empereur pouvaient trouver base à leur circulation discrète[2]. L'empereur se construit ainsi un réseau centralisé de renseignement militaire. Il représente environ 1 % du corps militaire.

---

[1] Lorsque, de toutes les estafettes, celle en charge de porter le portrait de l'empereur mettait l'emblème à bas, c'était signe de révolte des hommes. Le commandement du légat était contesté.

[2] Pour les messages internes au service de renseignement, Jules César avait introduit l'usage du chiffrement. En l'occurrence le « code César » consistait en un chiffrement par décalage des lettres de l'alphabet grec (peu parlé par les non-érudits).

En 70 apr. J.C., Rome contrôle l'intégralité des territoires qui bordent la Méditerranée (« *mare nostrum* »). Et aux environ de 140, l'Empire romain atteint son apogée, il s'étend, au nord, des terres d'Écosse (Caledonia[1]) aux rivages du Danube, et au sud, du détroit de Gibraltar jusqu'aux sources du Nil, et plus à l'est encore jusqu'aux confins de la Mésopotamie.

En 212 apr. J.C., l'édit de Caracalla reconnaît universellement la citoyenneté romaine à tous les habitants libres de l'Empire (le *populus*). Le corps civique mobilisable est alors potentiellement de plusieurs millions d'hommes.

C'est d'ailleurs à peu près à cette époque que cesse la conscription impériale censitaire (*dilectus*) dans la péninsule italienne, pour ne plus se faire que dans les provinces. Les généraux considèrent en effet que les recrues latines urbaines sont trop fluets au regard des besoins militaires. Et de l'autre côté de toute façon, la jeunesse plébéienne urbaine considérait que – la citoyenneté étant universelle – les opportunités offertes par la carrière militaire ne valaient plus la peine de l'engagement de deux décennies de service. Alors, pour maintenir l'attrait de la carrière militaire, la solde des officiers est doublée. Ça représentait déjà le quart de la dépense militaire ; sachant qu'à cette époque, la dépense militaire pèse plus des deux tiers du budget de l'État impérial. C'est l'un des facteurs qui provoque l'inflation galopante durant tout le IIIe siècle romain. On s'approche du crépuscule de Rome.

C'est dans ce cadre de la crise du IIIe siècle que l'empereur Dioclétien lance une nouvelle série de réformes militaires pour restaurer les forces de l'Empire romain. Le casernement des Légions est centralisé à Mediolanum (Milan) pour faciliter la projection dans tout l'Empire. La taille de chaque Légion est allégée à 1000 hommes. L'usage de la cotte de mailles se généralise (*lorica hamata*). Au vicaire (*vicarii*) est attribué le commandement civil. Le centurion vétéran commandant militaire de la Légion est appelé *dux* (duc) : celui qui garde les frontières (*limes*). Les troupes d'élite sont affectées à la garde des palais (*legio palatina*). Et de nombreuses fortifications sont renforcées. Le déploiement est défensif.

On cherche à optimiser les déploiements militaires par l'articulation de deux corps d'armées distincts. Les casernes militaires les plus établies dans les cités et citadelles (*limitanei*) doivent fournir le soutien logistique des Légions mobiles (*comitatenses*). Et lorsque le commandement civil est assuré par une Légion mobile, le centurion commandant est appelé *comes*, le comte (du latin *comitatus* : « cortège qui accompagne » (l'empereur), car cette position s'obtenait par la proximité à l'empereur).

[1] L'Irlande est appelée : Hibernia.

L'Empire romain

« Un grand guerrier tu dis ? Mais personne par la guerre ne devient grand ! »
Maître Yoda (*Star Wars*)

Jules César conquiert la Gaule[1] avec moins de 50 000 hommes, il avait en tête une solide stratégie de *divide et impera* (« diviser pour mieux régner »). Et après 7 années de guerre durant lesquelles le général romain décime les populations autochtones par villages entiers pour faire de la place, le chef gaulois Vercingétorix dépose les armes à l'issue de la défaite d'Alésia en 54 av. J.C.[2].

Fort de cette gloire, le 11 janvier – 49, Jules César franchit le Rubicon, et avec ses Légions il marche sur Rome… C'est la guerre civile[3].

En - 46 il est déclaré dictateur de Rome par le Sénat[4]. En - 45 il triomphe à Rome ; à l'occasion de quoi Vercingétorix est exécuté publiquement.

Et le 11 mars - 44 Jules César est assassiné en plein jour dans la Curie par une conspiration de sénateurs. Son petit-neveu Octave va alors se lever pour accomplir sa vengeance et prendre le pouvoir.

En - 31, alors qu'il embarque pour la campagne d'Actium afin d'en finir avec Marc Antoine et Cléopâtre, le jeune Octave laisse Rome derrière lui. Il sera bientôt couronné « Empereur Auguste », mais pour l'instant : à qui confier l'administration de la capitale ? À l'époque de Jules César, une nouvelle génération de jeunes chevaliers montait en puissance, les factions bouillonnaient de toutes parts. Cependant parmi eux, il en était un pas comme les autres. C'était un vieil ami au caractère doux et excentrique : Caius Cilnius Maecenas (dit « Mécène »). Le jeune homme est issu d'une famille princière étrusque très ancienne ; et il a été élevé en Grèce pour parfaire son éducation, ce qui a fait de lui un homme de paix raffiné et vigilant, particulièrement habile pour mener les conciliations entre partis opposés. Octave laisse donc Rome entre les mains de Mécène.

Mécène, qui avait déjà hérité d'une fortune considérable, va alors s'employer à saisir tous les biens des opposants d'Auguste pour s'enrichir plus encore. En échange, il laissera sa femme, Terentia – la plus belle femme de Rome à l'époque disait-on – s'égarer dans les bras de l'empereur. Et pourtant, elle lui reviendra, plus amoureuse encore ; Mécène n'est pas un homme

---

[1] L'étymologie de ce nom – qui désigne « un brave » – résulte en fait d'un syncrétisme ironique des romains, entre l'ancien celte *gal* « fureur guerrière » et le latin *gallus* « poulet ».

[2] Les Gaulois sont des peuples Celtes de culture dite « de la Tène », qui a succédé à la culture dite « de Hallstatt » à partir du Ve siècle avant notre ère. Depuis cette époque qui fut marquée par l'introduction du commerce avec les comptoirs grecs, les différentes tribus gauloises frappaient leurs propres monnaies.

[3] *Alea jacta est* : « le sort en est jeté » dit César franchissant le Rubicon.

[4] La Constitution de la République n'est pas formellement abolie. Le Sénat de Rome existera par ailleurs jusqu'en 603 apr. J.C.

comme les autres. Il se révèle fidèle à son caractère : il refuse la position de sénateur alors que le censeur l'y autorisait. Il considère que son prestige personnel et sa proximité à l'empereur lui suffisent pour exercer l'influence qu'il souhaite depuis son magnifique palais sur l'Esquilin à Rome.

L'empereur n'y voit pas ombrage. Car Mécène consacre toute sa fortune à promouvoir les arts et les lettres. C'est un esprit libre qui cultive l'amitié, le dédain des honneurs, le goût des banquets, la musique et les arts. Il se fait patron de tous les poètes vivant en son temps à Rome. Et il devient en effet très influent sous le règne d'Auguste. Ainsi, Horace et Virgile s'attacheront à rendre un hommage appuyé à leur ami protecteur afin qu'il touche de son vivant à la postérité ; car ses bienfaits dispensés aux poètes ne pouvaient rester sans réponse des muses. Pari réussi : par l'antonomase, le nom de Mécène personnifie dès lors à travers les siècles le bras protecteur du souverain sur les arts. Il inspirera à travers l'histoire un rapport bienveillant des élites aux artistes…

Jules César fut *imperator* (« général victorieux porté au triomphe »). Mais, c'est seulement à sa suite Octave qui fut véritablement le premier empereur de Rome. D'abord il fut nommé Auguste (le magnifique, « celui dont la parole est sacrée ») en - 27 par le Sénat après la bataille d'Actium. Et comme le titre de roi (*rex*) est péjoratif sous la République, ce dernier prend humblement ensuite le titre officiel de *princeps* : « le premier des citoyens »[1], puis : « *princeps senatus* ». Reste que Auguste est le premier détenteur de l'*imperium majus*, la magistrature ultime.

Dans l'Antiquité romaine, l'*imperium* (le « commandement », du latin *mandare* : « charger, confier ») désigne le pouvoir suprême du souverain. C'est un pouvoir militaire et un pouvoir civil : celui de plier le réel au *jurisdictio*, le jugement de droit (*jus*). En découle la sacro-sainte loi romaine (*lex romana*). Dans les temps ancestraux des royautés tyranniques étrusques[2], ce pouvoir était aussi lié au droit d'auspices, à la capacité d'interpréter les signes exprimant la volonté des dieux.

L'*imperium* confère le pouvoir d'investir d'un pouvoir (*translatio imperii*). Sous la République (du Ve siècle au Ier siècle av. J.C.), le consul, le dictateur, le commandant en chef des armées (*praetor*) ou le gouverneur d'une province (*proconsul*), tous détiennent l'*imperium*, mais pas le censeur. Par contre le censeur de Rome[3], détient un *regimem morum* (capacité à juger du bien et du mal) : c'est sa parole qui désigne finalement les citoyens au titre de sénateur (*lectio senatus*), il est celui dont le jugement de valeur élève à la dignité

---

[1] Dont le modèle romain se réfère à l'histoire d'un personnage légendaire : Lucius Quinctius Cincinnatus. C'était un général au Ve siècle av. J.C., consacré dictateur à deux reprises par la République, et qui rendit finalement le pouvoir au Sénat pour retourner labourer paisiblement ses champs. De là sort le titre de : « prince ».

[2] Du VIIIe au Ve siècle av. J.C.

[3] Qui est un duo d'élus au *cursus honorum* exemplaire: un patricien et un plébéien.

d'entrer au Sénat ou non. Cette position d'autorité pourtant « sans pouvoir » est donc éminemment importante. Évidemment, sous le régime impérial, c'est l'empereur qui exerce par lui-même la fonction de censure. Et pour assumer toutes les fonctions administratives, il nomme tout un ensemble de curateurs (*curatores*) chargés, par délégation, de fonctions d'administration dans un domaine précis (curateur des eaux, des temples, des bibliothèques, etc.).

Échaudé par la destinée tragique de César son glorieux aïeul, Auguste forge la position de l'empereur en défiance à l'égard des pouvoirs patriciens. La garde prétorienne de l'empereur se compose de mercenaires germaniques exclusivement loyaux envers l'empereur, et les procurateurs gouverneurs des provinces sont nommés directement par l'empereur et n'exercent le pouvoir qu'en son nom. L'empereur s'adjoignait également un *procurator numenae* chargé de la gestion de l'atelier monétaire impérial à Rome (à cette fonction sera plus tard attribuée également la charge d'organisation des jeux (*ludi gladiatorii*)).

À partir de l'époque impériale sous le règne d'Auguste, on distingue nettement deux types de fonds publics : l'*aerarium* géré par le Sénat, et le *fiscus* (« panier ») entre les mains de l'empereur. Mais avec l'extension progressive des pouvoirs de l'empereur, le premier est peu à peu assimilé au second.

Sous la République, les questeurs de l'*aerarium* se chargeaient de l'exécution des dépenses publiques pour le compte des consuls. Par contre, sous l'Empire, la charge de la gestion concrète du *ficus* est confiée à un personnage au statut étrange : le *rationalis summarum* (trésorier administrateur des Finances publiques), qui est traditionnellement une sorte d'eunuque social, un homme dont la probité se fonde sur le fait qu'il est affranchi des classes sociales romaines et des enjeux de pouvoir entre patriciens. C'est lui qui, pour le compte de l'autorité suprême, a en charge l'administration des mines et des ateliers monétaires. Il dispose d'un réseau de correspondants dans les provinces où se développent les fonctions de différentes classes de *rationales*.

D'ailleurs, une fois la position souveraine acquise, la première chose qu'Auguste fit, ce fut d'aller conquérir lui-même l'Ibérie, pour prendre possession des légendaires et intarissables mines d'or de Las Medulas dans le nord-ouest de la péninsule. Ses ingénieurs rentrèrent dans le tas : des aqueducs furent expressément construits pour venir déverser des rivières entières afin de ruiner les flancs des montagnes, où plus de 20 000 hommes pouvaient extraire jusqu'à 20 000 livres d'or par an (soit environ 6 tonnes).

D'autre part, l'Égypte est sous l'administration romaine personnelle d'Auguste depuis la mort de Cléopâtre[1].

---

[1] À partir d'Auguste, l'Égypte devient la propriété personnelle de l'empereur.

À Alexandrie, le préfet qui gouverne au nom de l'empereur faisait prélever par les postes portuaires égyptiens un droit de douane d'un quart de la valeur sur les cargaisons minutieusement tracées et contrôlées (cargaisons de céréales, d'or, de cuir, d'ivoire, de pierres précieuses…). D'ailleurs, la majeure partie des 400 000 tonnes de blé consommées annuellement par Rome à cette époque provenait d'Égypte ; de sorte que le revenu du poste des douanes d'Alexandrie était tel qu'il finançait à lui seul plus du tiers des frais d'entretien de l'armée impériale tout entière.

À Arsine – port égyptien ouvert à l'est sur la mer Rouge – Auguste fait établir un vaste caravansérail pour accueillir les marchands venus d'Orient par la mer Érythrée (océan Indien). Ce commerce lointain a besoin d'être facilité car à cette époque, l'importation des milliers de tonnes de soies et d'épices venues d'Inde coûte à l'Empire plus de 100 millions de sesterces en or par an[1].

Au passage, l'empereur prend le monopole sur le commerce du papyrus sur toute la Méditerranée. C'est une grosse affaire, car dieu sait que les Romains aimaient lire. Rome était une société lettrée, dotée de livres bon marché, de tracts abondants, et d'un taux d'alphabétisation élevé, même chez les esclaves ; il y avait de nombreuses bibliothèques dans tous les centres urbains.

Bref, en Égypte, le point de circulation est stratégique, et donc pour limiter la corruption des services, l'empereur instaure une rotation plus rapide des effectifs sur les sites.

Dans l'Empire romain circule le sesterce et surtout le denier d'argent. C'est sur cette base qu'Auguste lance sa réforme monétaire en 19 av. J.C. en créant le denier d'or (*aureus*[2]). À cette époque pourtant, le monnayage direct de l'or, valeur de réserve ostentatoire, est nettement vu comme un signal de détresse du souverain[3]. Mais Jules César avait ouvert la marche en 49 av. J.C. : prétextant la République en danger, il avait fait main basse sur la réserve d'or du Trésor public de Rome, et avait commencé la frappe des pièces d'or dans les ateliers itinérants qui suivaient ses Légions en Gaule.

Bref, à l'époque impériale, le monnayage du bronze est abandonné, sesterces et as sont frappés en simple cuivre. Deux siècles de stabilité monétaire s'ensuivront.

En 9 après J.C., les Légions romaines sont stoppées sur le Rhin par le vaillant chef germanique Hermann. C'est un véritable désastre militaire pour les Légions romaines qui sont mises en déroute. Les frontières de l'Empire

---

[1] Ainsi, les archéologues ont retrouvé de massives quantités de monnaie romaine en Inde.

[2] 1 *aureus* = 25 deniers d'argent.

[3] Probablement en écho de l'épisode légendaire de la fonte des statues des Victoires par les Athéniens alors que les Spartiates les prenaient à la gorge durant la guerre du Péloponnèse.

viennent de trouver leurs bordures continentales naturelles au nord, pour plusieurs siècles. Cela dit, plus au nord encore, en 43, les armées de l'empereur Claude enjambent la mer et conquièrent le sud de la Britannie.

18 juillet 64 : le feu prend à Rome et ravage les deux tiers de la cité. Pourtant, l'eau ne manquait pas à Rome. Néron venait tout juste d'avoir fait construire un immense complexe thermal pour la plèbe sur le Champ de Mars, non loin de l'arsenal fluvial (*navalia*). La cité était alors alimentée en eau par 11 aqueducs tout de même, fournissant au total 200 litres d'eau par jour pour chaque habitant... Mais les cohortes urbaines de police (*vigiles urbani* : « les yeux de la ville ») ne parviennent pas à contenir l'incendie[1]. 10 000 *insulae* sont détruites, et plus de 200 000 habitants sont sans abris (la ville fait à cette époque 1 million d'habitants).

La capitale impériale s'enfièvre. Et selon l'historiographie chrétienne basée sur les écrits de Tacite et Suétone, Néron – empereur depuis 54 – indique les Juifs zélotes nazoréens à la vindicte plébéienne.

Le terme « chrétiens » (*christiani*) était apparu pour la première fois dans les archives à la fin du règne de Caligula, pour désigner des Juifs messianistes partisans d'un agitateur insurgé, un certain Jésus Christ. À Rome, la secte regroupe alors quelque 3 000 adeptes, qui pratiquent un culte à mystères, et l'inhumation des morts plutôt que la crémation habituelle dans la culture hellénique.

Quelques mois plus tard, en 66, les Juifs zélotes se soulèvent en Galilée. Les esséniens gnostiques restent en retrait[2], mais tous les autres, les saducéens et les pharisiens rejoignent les zélotes dans la révolte. La répression s'envenime dans toute la Judée.

Pendant ce temps, Néron fait reconstruire l'hippodrome – le *Circus Maximus* – tout en pierre : il peut désormais accueillir 200 000 personnes. Et il s'approprie une grande partie de la colline palatine pour y établir son gigantesque palais impérial.

---

[1] Auguste avait pourtant créé en 6 apr. J.C. une taxe d'un vingt-cinquième sur la vente des esclaves pour financer le renforcement des effectifs des vigiles urbains, pour les porter à plus de 7 000 hommes dans la capitale. Il les avait réorganisés en véritables cohortes de soldats habillés en civils sous le commandement d'un tribun militaire entretenant des rapports administratifs avec les tribuns de la plèbe. Dans les unités, on trouve aussi des pompiers (*aquarii* et *sifonarii*), des médecins (*medici*), des infirmiers, des prêtres (*victimarius*). Leurs postes de veilles (*excubitoria*) quadrillent le territoire et se centralisent à la caserne du Champ de Mars (*statio primae cohortis vigilum*), dans laquelle se trouve, au commandement, le bureau du préfet (*praefectum vigilum urbi*) qui dispose d'un droit de perquisition absolu dans toute la cité.

[2] Ce sont des sectes juives vivant en communautés plutôt fermées dont les pratiques liturgiques monachiques érudites s'inspirent des pratiques brahmaniques. Un certain Jésus de Nazareth a très probablement grandi dans l'une de ces communautés avant d'aller accomplir son destin à Jérusalem. C'est provenant d'une telle communauté, non loin de Jéricho, à Qumrân que furent retrouvés les fameux manuscrits de la mer morte en 1947, les plus anciennes traces écrites des textes bibliques, datant du IIIe siècle av. J.C.

À cette époque, Sénèque le précepteur stoïque de Néron, accroît considérablement sa fortune en négociant des délégations de service public pour le compte de l'empereur et en pratiquant le prêt à usure pour son propre compte. Les affaires vont bon train. Alors Néron fait édifier à l'entrée de son palais un immense colosse de bronze de plus de 30 mètres de haut idéalisant son image[1].

Tout cela est habilement financé par l'émission d'*aurei* à la teneur réduite en or (et au cours légal maintenu à 25 deniers d'argent). Le règne aurait pu continuer ainsi… mais Néron est suicidé en 68. Sa succession marque alors la banqueroute de la dynastie Julio-Claudienne ; elle ouvre la chaotique « année des quatre empereurs ».

À l'issue de cette année de chaos politique, le pouvoir est repris en main par Vespasien en 69. En effet, même si Galba est maître de l'Hispanie et de ses fabuleuses mines d'argent, et même s'il est proclamé empereur par les patriciens de Rome, en face, le général Vespasien, lui, fut le conquérant victorieux de la Britannie, et il est également à ce moment-là maître de la Judée. Et puis en plus, Vespasien est également proclamé empereur par ses légionnaires. Alors finalement, Galba est assassiné par ses gardes prétoriens.

D'origine bien plus modeste que son rival, « le muletier » Vespasien sera néanmoins porté en triomphe lors de son entrée à Rome. Signe qu'à cette époque l'argent n'a pas encore dépassé la domination militaire dans le ciel du souverain Jupiter. Au sens propre du terme, les Romains adoraient le droit du plus fort.

En 70 à Jérusalem, le Temple s'effondre pour la seconde fois : c'est que, en répression des révoltes, les Légions romaines menées par le général Titus pour le compte de son père Vespasien ravagent la cité et font 1 million de morts. Le trésor du Temple est pillé.

À son retour à Rome, Vespasien est empereur incontesté. Et pour parfaire l'idée d'une gouvernementalité évergétique impériale spectaculaire – idée qu'il reprend à l'empereur artiste Néron[2] – il fait construire, en lieu et place du palais impérial de son prédécesseur, le plus fabuleux amphithéâtre de l'Antiquité : le Colisée (*amphitheatrum Flavium*).

---

[1] Après sa mort, les empereurs ultérieurs lui changeront la tête à plusieurs reprises. C'est ce colosse qui donnera son nom populaire au « Colisée » qui sera construit juste à côté de lui.

[2] Néron était un esthète soucieux de la mise en scène spectaculaire de son pouvoir. Il faut dire, son prédécesseur et mentor – l'empereur Claudius – souffrait d'un faible charisme sur ses contemporains : il était bègue, et certains historiens rapportent des épisodes de risée collective. Sa nièce et épouse Agrippine le fera taire en usant des talents de son empoisonneuse, la célèbre Locuste. Claude avait pourtant absorbé dans l'Empire de nombreux États clients, conquit la Britannie et accru la puissance de l'organisation administrative impériale… Mais enfin, quand son fils Britannicus meurt subitement en 55, on murmure dans les rues de Rome qu'il a été écarté du pouvoir par Agrippine, la mère de Néron… Situation matrilinéaire tragique… Néron finira par tuer sa mère et prendra Locuste à son service.

La construction du Colisée est achevée en 80 sous le règne de Titus. Près de 80 000 personnes pouvaient y prendre place, soit un douzième de la population romaine. Les combats d'esclaves gladiateurs – apparus aux alentours de - 250 – y trouvent leur âge d'or. Cela dit, la gladiature au Ier siècle apr. J.C. est largement professionnalisée. Mais enfin, toujours est-il que dans ce panoptique gigantesque, la foule y révèle un goût profond pour le spectacle de la mise à mort[1].

À cette époque, Flavius Joseph est l'historien attaché à Vespasien, qui l'a ramené de Galilée (c'est de lui qu'on tient la réalité historique de Jésus dans la chronologie romaine). À ce moment, on reprend les rumeurs patriciennes à propos d'un Néron fou, et les Juifs sont innocentés d'avoir mis le feu à Rome. Oh, ce n'était pas tant par souci de vérité, mais plutôt pour renforcer les fondations du pouvoir du nouvel empereur (qui était *imperator* de la Judée d'où venaient ces chrétiens). Pour la dynastie flavienne que fonde Vespasien, il ne s'agit rien de moins que d'enterrer sous le narratif de la décadence la dynastie impériale Julio-claudienne des héritiers d'Auguste (Tibère, Caligula, Claude, Néron). Un pouvoir plus pragmatique s'installe[2]. Mais enfin, la contrepartie, c'est que la graine nazoréenne vient de prendre racine à Rome. Ce qui va permettre la pérennité de sa centralité culturelle, religieuse et politique pour les siècles à venir…

En 79, l'éruption du Vésuve fige la cité de Pompéi pour l'éternité. Les habitants avaient pourtant été prévenus par un premier tremblement de terre destructeur en 62, puis encore un autre en 70. Et en fait, la chance pour la civilisation romaine, c'est que ce fut la seule éruption volcanique de son époque.

Au IIe siècle de notre ère, l'Empire romain vit son âge d'or. Nerva est un empereur élu par le Sénat. Et Trajan est son homme fort, il est l'*imperator* qui a la main sur les Légions.

Natif d'Italica Trajan prend sous son aile un jeune homme qui vient lui aussi d'Italica, et ce, afin de représenter les intérêts des factions hispaniques au Sénat : un certain Publius Aelius Hadrianus.

Hadrien est né en 76 d'un père sénateur de la *gens* Aelia. C'était une famille originellement plébéienne de Rome, qui s'était établie vers le début du IIIe siècle av. J.C. dans les Abruzzes à Picenum (*colonia Aelia Hadria*) alors qu'un de ses patriarches était élu au rang suprême de consul sous la République.

---

[1] Dans l'esprit des Romains, le personnage subversif du gladiateur est lié à une histoire toujours vive : en - 73, 200 gladiateurs d'un *ludus* de Capoue s'étaient révoltés sous le commandement d'un certain Spartacus. La ville de Rome comptait à cette époque environ 300 000 esclaves. Et quelques mois plus tard, une armée de 70 000 insurgés tentait de quitter l'Italie, en vain : la plupart des meneurs de cette insurrection d'esclaves finirent crucifiés.

[2] À son fils Titus qui lui reprochait de commercer l'urine des latrines publiques aux tanneurs, Vespasien aurait rétorqué : « *pecunia non olet* » (« L'argent n'a pas d'odeur mon fils ! »).

Et puis, à la suite de la prise de la Bétique hispanique par Scipion l'Africain et la fondation d'Italica en - 206, les terres de la région sont distribuées aux officiers vétérans. C'est ainsi que la famille Aelia y apporte ses affaires florissantes. Son père y rencontre sa mère : la mère d'Hadrien est d'origine punique, elle vient d'une famille de la région installée à Gadir.

Déjà sous Auguste, la ville d'Italica frappait monnaie. Si bien que les deniers de la *gens* Aelia se répandaient partout dans le monde romain ; ils se reconnaitront bientôt au H frappé en leur coin.

L'enfance studieuse d'Hadrien à Rome le prépare à une carrière sénatoriale. Mais son père meurt alors qu'il n'a pas encore quitté la toge prétexte, le laissant seul héritier d'une fortune colossale. C'est alors que son grand-oncle Trajan, sans enfants, va l'adopter. La femme de Trajan joue un rôle important dans cette alliance, elle a une affection fidèle pour le garçon.

Hadrien brille auprès de ses professeurs et aux charges qu'on lui confie ; et lorsqu'il revêt la toge virile au moment de sa 15e année, pour parfaire son éducation à l'autonomie, tel Ulysse, on le renvoie à Italica revendiquer son héritage et gérer son domaine.

On l'imagine aisément dans le soleil frais du matin, jeune adolescent, déjà immensément riche, beau, athlétique, héritier d'une des plus prestigieuses familles de Rome, dévalant sur son char d'entraînement les collines de Bétique aux oliviers verdoyants, soulevant dans son sillage un nuage de poussière ocre. Une cohorte joyeuse d'amis et de camarades cravache à sa suite.

Cependant, cette phase de frivolités ne dure pas pour Hadrien. Trajan vient l'arracher à sa jeunesse dorée pour l'emmener livrer bataille aux frontières du Danube. Sa première charge notable au *cursus honorum* est celle de tribun militaire. Et à ce poste, il va exceller à trouver le respect des hommes. Les années passent, et les nécessités militaires le mènent sur tous les fronts de l'Empire jusqu'aux confins de la Britannie.

À la mort de Nerva en 98, Trajan et Hadrien sont sur le front germanique du Rhin. Et donc, soudainement, l'accès de Trajan au trône impérial propulse alors le jeune Hadrien au statut de prince héritier. Tout est déjà en place, et plus rien ne presse, car c'est déjà à partir de cette position très en vue, donnant à sa signature une crédibilité considérable, qu'Hadrien va amasser une fortune gigantesque.

Virtuose des techniques comptables de son temps, il se fait élire questeur du Sénat, puis tribun de la plèbe. Cependant, Trajan lui fait la faveur de le rappeler à ses obligations militaires en le nommant *comes augusti*. Il le renvoie à la guerre afin d'affermir sa connexion avec les réseaux militaires, seule garantie d'accès fiable au pouvoir souverain.

Par la position de légat, il exerce l'*imperium* avant l'âge de 30 ans, en étant nommé gouverneur de certaines provinces de Dacie (dans l'actuelle

Hongrie)[1]. Et il est élu consul en 108. En 112 il voyage à Athènes, où il rencontre Épictète et se fait élire archonte. Il renforce ses liens avec les banquiers changeurs grecs (*trapezites*), et se fait initier aux cultes à mystères d'Éleusis[2].

Il parcourt ensuite toute la Mésopotamie pour aller rejoindre Trajan afin de l'assister dans ses opérations de maintien de l'ordre sur les royaumes arméniens, parthes, et juifs. Les saccages récoltent d'énormes quantités d'or.

Cela dit, bien que victorieux, l'*optimus princeps* n'en reviendra pas vivant. Trajan s'éteint sur le chemin du retour vers Rome en 117.

Hadrien – alors stationné à Antiochia – est proclamé *imperator* par ses troupes. Dès lors, la lutte pour la succession s'engage avec quelques généraux rivaux. Mais bon, Hadrien fait frapper et distribuer immédiatement aux troupes des masses colossales de pièces d'or et d'argent en bonus, portant son portrait en face et la célébration de son adoption par Trajan au revers. Et toute contestation est ainsi déjà balayée lorsqu'il revêt la toge pourpre de l'empereur quelques mois plus tard. D'autant qu'il déclare une table rase des dettes (*tabulae novae*), ce qui provoque la jubilation de la plèbe. Sans attendre, le Sénat l'accueille triomphalement à Rome en lui conférant le titre de « *pater patria* » (père de la patrie).

Dans les années qui suivent, des troubles soulèvent quasiment toutes les périphéries de l'Empire – qui a atteint sa taille historique maximale. Cela réclame de lever et d'entretenir de vastes armées permanentes pour maintenir l'ordre civil. La fortune colossale d'Hadrien va pourvoir à tout ça. Il déclare une table rase de tous les arriérés fiscaux des provinces endettées. Tout le monde y croit.

Mais désormais, tout projet de conquête ou de maintien de la domination militaire sur un territoire est passé au crible de l'analyse des coûts et des bénéfices économiques. Par exemple, il abandonne ainsi la Mésopotamie lointaine aux souverains parthes, mauvais clients de Rome. Et au Nord, il renonce aux territoires de la Caledonia (Écosse) faibles en ressources. Pour marquer la clôture, il fait construire le fameux mur éponyme de 80 miles de long aux frontières britanniques de l'Empire (*vallum aelium*).

L'appareil d'État fait également l'objet d'une intense rationalisation économique. Hadrien s'appuie sur le corps des officiers d'approvisionnements (*frumentari*) comme corps impérial d'inspection administrative, qui contient son réseau personnel de renseignements et ses services secrets. À son secrétariat, Hadrien s'attache les services de Suétone (*Caius Suetonius Tranquillus*).

[1] Les rois de Dacie sont réputés être assis sur des trésors de plusieurs centaines de tonnes d'or.

[2] Liés à Déméter, déesse de la terre et de la fertilité, sœur de Zeus mais qui ne fait pas partie du panthéon olympien. On lui attribue un fils, demi-dieu : Ploutos (littéralement, « produit abondant du sol, richesse »). L'un de ses épithètes est *amphictyonis*, patronne des conseils amphictyoniques.

À cette époque, l'empereur Hadrien se fait construire un extraordinaire palais résidentiel à Italica près de Hispalis (Séville) en la province de Bétique (*Hispania Baetica*).

On est tout au bout de la carte des postes relais impériaux romains (*cursus publicus*[1]). La capitale de cette province est la cité de Cordoba (Cordoue), berceau de familles prestigieuses comme celle des Annaei dont fut issu Sénèque. Là, avec la Lusitanie, c'est une région dans laquelle les Romains ont considérablement industrialisé, à grande échelle, la production de l'olive pour tout l'Empire.

Mais surtout, l'empereur Hadrien y possédait dans la région une énorme mine d'argent, à la source du fleuve Bétis. On l'appelait « la montagne d'argent » (*mons argentarius*). Depuis des décennies, plus de 40 000 hommes asservis triment là, de jour comme de nuit, pour extraire l'équivalent de 25 000 drachmes d'argent par jour[2]. Hadrien avait concédé l'exploitation de cette mine par « *publicani* » à une exploitation privée (concession de service public), mais en fait il la gardait sous la main. Et sous l'autorité de l'empereur lui-même, cet atelier va sortir sous son règne 9 millions de deniers d'argents par an, qui vont circuler jusqu'aux confins de l'Empire.

Ce qui semble le plus étrange, c'est que, de cette région de l'Empire, des convois entiers de bateaux chargés d'huile et de pièces d'argents déjà frappées confluent d'abord vers Rome ; et là, ce sont ensuite ces mêmes pièces qui servent (entre autres dépenses publiques) à payer ces denrées à l'empereur lui-même (on imagine qu'il se payait à bon prix).

Hadrien se fait également construire une villa extraordinaire près de Rome à Tivoli, toute faite de pierres et d'eau fraîche. L'ensemble palatial est si vaste et si majestueux que les spécialistes s'accordent à dire que c'était une sorte de Versailles de la Rome Antique, un centre de gouvernement assez vaste pour y accueillir tous les sénateurs. La Villa Hadriana s'étendait sur 121 hectares, elle comptait plus de 1 000 pièces. Et son domaine alentour était deux fois plus grand que la ville de Pompéi. Son théâtre « maritime » y était une île artificielle entourée de fontaines et de colonnades circulaires de marbres disposées sur un diamètre de 43 mètres. Le grand bassin aménagé dans une vallée artificielle, appelée « Canope », faisait 119 mètres de long et ouvrait sur une grande salle à banquets et des gradins en amphithéâtre.

Hadrien était un empereur cosmopolite et voyageur, féru de culture grecque. Cela se voyait.

---

[1] *Cf.* « table de Peutinger ».

[2] L'activité de fonte était d'une telle ampleur qu'elle produisit une pollution atmosphérique au plomb retrouvée jusque dans les glaces de l'Arctique. Il faut dire, là encore l'ingénierie romaine détournait intégralement des rivières pour ruiner des flancs entiers de montagnes afin d'en extraire les métaux précieux.

De retour d'Athènes, il fait construire à Rome l'*Athénaéum*, une université destinée à l'enseignement des arts et sciences de la culture hellénique. Et il ordonne de faire achever sur l'Acropole d'Athènes l'*Olympiéion*, le colossal temple de Zeus olympien, merveille de l'ordre corinthien. Ses colonnes sont presque deux fois plus grandes que celles du Parthénon.

En 125, il fait reconstruire le Panthéon de Rome, mais cette fois, coiffé d'un dôme d'une magnificence sans précédent dans l'histoire[1]. Derrière le fronton orienté vers le nord, surmontant le portique du *pronaos* à colonnes et son *podium*, l'espace s'ouvre sur une *cella* circulaire gigantesque : elle fait plus de 43 mètres de diamètre. Dans la rotonde, sous la coupole, la fraîche pénombre de l'espace immense est éclairée par l'unique rayon de lumière monumental tombant du ciel par l'ouverture de l'orifice central (l'*oculus* fait près de 9 mètres de diamètre[2]). Ce temple conçu comme un cadran solaire sert de tribunal impérial pour rendre justice. L'empereur y met en scène la divinité de ses arbitrages. En liant ainsi à la présence solaire, la figure spatiale circulaire – symbole hellénique de perfection – l'empereur intensifie la symbolique de la centralisation du pouvoir impérial.

Cela dit, au centre de tout ça, Hadrien se faisait reconnaître précisément par la frugalité de son habit. On raconte qu'il ne portait jamais d'or en parure sur lui-même.

Ensuite, pour renforcer encore son pouvoir, Hadrien fit construire en 135 sur le palais impérial de Néron (*Domus Aurea*) entre le Forum et le Colisée, le Temple de Vénus, pour « y faire résider la fortune de Rome ». Ce temple classique – mais sans *podium* – est de loin le plus grand de Rome.

Vénus est l'épouse de Vulcain le dieu des forges, et mère du troyen Énée fondateur mythologique du Latium. Elle est la déesse de la beauté et de la séduction. Elle est donneuse de victoires : le nom Vénus vient du latin *vincire* : « vaincre, lier, enchaîner » et de *uenerari* « effort pour capter l'attention, charmer ». Ses attributs sont le miroir (*speculum*), la chevelure (*calua*), la ceinture (*cestus*)[3], la colombe, et la pomme.

Bref, par l'argent, Hadrien développe à une échelle massive un consentement à son commandement, un « pouvoir doux » que l'histoire de l'humanité n'avait en fait jamais connu auparavant.

Cela dit, lorsqu'à son passage à Jérusalem, l'empereur rebaptise la cité, *Aelia Capitolina*, les juifs et les chrétiens s'insurgent. Et la révolte messianique de Bar Kokhba est massive. Mais il l'écrase en faisant converger de tout l'Empire 13 de ses meilleures Légions. Jérusalem est de nouveau rasée

---

[1] Au VIe siècle apr. J.C., la Basilique Sainte-Sophie à Constantinople sera construite sur le même modèle, tout comme le *Duomo* à Florence d'ailleurs, et ce modèle servira aussi pour la construction du Capitole de Washington.

[2] À l'intérieur de l'édifice, en dessous, au centre, d'invisibles petits trous percés dans le marbre du sol évacuent l'eau de pluie.

[3] La ceinture divine de Vénus renferme les grâces, les sourires engageants, les soupirs persuasifs, les silences expressifs, et l'éloquence des yeux.

en 135. Et puis pour enfoncer le clou, Hadrien fait proclamer un édit interdisant aux Juifs de résider de manière permanente à Jérusalem. Cela va propager un exode d'urbains et une spiritualisation de sectes judéo-chrétiennes dans toutes les provinces alentour[1]...

À sa mort en 138, Hadrien a 61 ans. Son mausolée s'élève sur le site qui est aujourd'hui le château Saint-Ange à Rome.

Rompant avec les complots de courtisans, il laisse l'Empire aux mains d'un jeune homme pour lequel il a une grande admiration, un certain Marc Aurèle. Et pour assurer la transition, il adopte avant de mourir Antonin le Pieux comme successeur, à condition que ce dernier adopte le génial garçon. Ainsi, à la suite d'Hadrien, une dynastie d'empereurs sages va perpétuer la stabilité de l'Empire jusqu'à la fin du IIe siècle apr. J.C.

Hadrien a été divinisé peu de temps après sa mort, son temple particulier a été édifié en 145 par Antonin le Pieux en place de la Bourse de Rome, au bord du Champ de Mars. C'est un bâtiment monumental imposant : un temple périptère classique similaire au Parthénon, couvert de marbres et entouré de colonnades corinthiennes de plus de 15 mètres de haut. De nombreux empereurs par la suite viendront y accoler leur arc de triomphe.

Au IIe siècle, à Alexandrie, la communauté savante réunie depuis des siècles autour de la grande bibliothèque vit ses dernières heures de gloire sous le patronage des empereurs sages qui leur sont favorables. Le savant grec Claude Ptolémée produit la première mappemonde, c'est-à-dire la première représentation concrète du monde connu. Et il l'accompagne d'une carte du ciel géocentrique qui restera la référence jusqu'à Copernic. Il s'appuie sur les connaissances connues et ses observations. C'est l'air de rien la première représentation rationnelle de l'Univers. C'est un nouveau type de discours sur l'Univers, non mythologique et quand même sérieux. Et quoi qu'on en dise aujourd'hui, au point de vue des souverains qui furent instruits de cette vision, le modèle mathématique de Ptolémée (composé de nombreux épicycles) fonctionne : il permet des prévisions efficaces des positions des astres à court terme comme à long terme.

À l'aube du règne de Marc Aurèle, l'Empire romain atteint son apogée historique. À l'échelle de la planète, un être humain sur cinq vit dans l'Empire romain, qui compte plus de 50 millions d'habitants. Rome en son cœur compte 1 million d'habitants.

Hélas, ironie de l'histoire : le stoïcisme de Marc Aurèle – « l'empereur philosophe » – va alors trouver une épreuve à sa mesure : la peste dite antonine. En 166, les Légions victorieuses de l'insurrection Parthes au Proche-Orient ramènent une épidémie de variole à Rome. Les gens sont

[1] Rem. : pour les élites romaines, une *religio licita* (religion légitime) se différencie d'une *superstitio* par sa consistance et son ancestralité.

foudroyés par maisons entières. De toute évidence, la pestilence provient des charniers de cadavres, mais la théorie de la *mal aria* (« mauvais air ») explique mal la maladie et ses logiques de propagations. Et l'épidémie ravage pendant des années l'Empire, jusqu'en Britannie.

La collection des taxes et la production monétaire s'effondrent dès 167. Bien que les archives administratives soient perdues, l'*Historia Augusta* et les rapports du célèbre médecin Galien témoignent de la catastrophe humaine ainsi que du sursaut biopolitique de l'appareil d'État décimé, qui met en place des quadrillages serrés des espaces urbains, et développe des techniques de quarantaine, de crémation, et des techniques médicales plus avancées. Une rationalité médicale se déploie. Galien entend raisonner « sur ses deux jambes » : par la théorie (*logos*) et l'expérience (*empeiria*).

Les activités funéraires sont prises en charge par l'État, et le calendrier est aménagé pour limiter les propagations et en même temps pour intensifier les sacrifices aux dieux. Mais enfin finalement on estime à peu près que, sur les 70 millions d'habitants que comptait l'Empire à ce moment-là, la mortalité a été d'un sur cinq, soit environ 14 millions de morts[1].

Mais cela se fait à la longue : bien que la crise pandémique la plus sévère frappe Rome à la fin des années 160, les vagues épidémiques se succèdent à travers l'Empire pendant près de 30 ans. Le commerce maritime est sévèrement impacté. Les mines d'or et d'argent d'Ibérie ne fonctionnent plus.

L'Empire commence à manquer d'hommes et de métaux précieux. L'empereur Caracalla promulgue en 212 son fameux édit attribuant la citoyenneté romaine à tout homme libre de l'Empire. Et en 215, il met fin à la frappe du denier d'argent. Car pour faire face aux dépenses croissantes de l'Empire et payer les légionnaires, il entend désormais utiliser l'antoninianus, auquel il attribue à l'émission une valeur double de celui du denier d'argent, cependant que la teneur en argent de cette pièce de bronze est en fait très réduite.

Au début, ça marche. Et sur cette base l'empereur fait construire de magnifiques nouveaux thermes sur 11 hectares à Rome en 216.

Mais cette politique de l'hygiène a une efficacité illusoire. Les thermes romains seront le vecteur d'épidémies de fièvres hémorragiques au milieu du IIIe siècle, d'autant que les incursions barbares à travers les frontières se multiplient.

En 241, le jeune futur empereur Aurélien est tribun militaire de la VIe Légion en garnison dans la ville de Mayance, la capitale de la frontière du Rhin. Son biographe fait mention, pour la première fois dans l'Histoire, d'une intrépide tribu appelée « Francs », qui passe le Rhin à Cologne pour se

[1] A la suite de Marc Aurèle, son fils Commode – « l'empereur gladiateur » – verra son règne sombrer dans la paranoïa.

répandre sur la Gaule. La Légion va au contact, les pulvérise et rapporte parmi eux 700 morts et 300 blessés.

L'anarchie militaire du IIIe siècle apr. J.C. mène l'État impérial dans une crise profonde, avec ses séries d'empereurs usurpateurs[1] : il verra la multiplication des ateliers de frappe monétaire dans tous les recoins de l'Empire. Ce qui montre une dépréciation considérable du pouvoir impérial centralisé.

Ainsi, par l'adultération et la décrédibilisation, le denier d'argent impérial perd progressivement mais irrémédiablement de son pouvoir d'achat. Cela mécontente beaucoup les légionnaires qui réclament un doublement de leur solde et désertent la carrière. Mais enfin, cette défiance était matériellement fondée : les archéologues spécialistes estiment que le titre des pièces s'effondre durant le siècle, passant de 70 % à moins de 5 % d'argent. Si bien que – pour l'anecdote –, en 258 Valérien fait brosser les pièces de monnaie, espérant que cette restauration de leur lustre en renforce l'impression de valeur. Résultat : ça n'a pas marché.

De toute manière, sous le règne de Claudius Gothicus, en 268 le denier d'argent circule comme le roi nu de la fable d'Andersen, il n'est guère plus qu'une pièce de bronze plaquée d'une fine couche d'argent ; et plus personne ne croit dans son pouvoir d'achat. Le prix des esclaves est multiplié par 20. La crise économique de l'Empire est si profonde que la population diminue, ce qui renforce encore la crise économique.

Les Légions deviennent moins fiables, l'Empire devient poreux. Un peu partout, des masses monétaires sont enfouies, confiées à l'invisibilité du sol, signe que les gens avaient dû fuir. En 270, pour reconsolider le pouvoir de la capitale, Aurélien fait édifier de nouvelles enceintes autour de Rome. Mais enfin, les récoltes restent moins abondantes qu'avant.

Au tournant du IVe siècle apr. J.C., les règnes de Dioclétien, à partir de 284, et de Constantin Ier à partir de 306, marquent le retour à une certaine stabilité. Ils mènent l'un comme l'autre des politiques raisonnables de dévaluations dont les principes et les mises en œuvre relèvent de sophistications politiques et administratives inouïes pour l'époque.

Dioclétien lance une série de réformes militaires et économiques[2]. En 285, il scinde le territoire de l'Empire en deux diocèses principaux, l'un à l'Occident dont la capitale serait Mediolanum (Milan), et l'autre à l'Orient dont la capitale sera Byzantium. Il crée une tétrarchie, une division des pouvoirs pour éteindre les guerres civiles et stabiliser politiquement l'Empire.

---

[1] Plus de 70 empereurs se succèdent en l'espace de trente-cinq ans entre 235 et 270. Seuls deux ou trois ne sont pas morts assassinés. C'est la guerre civile permanente. Par ailleurs cette époque correspond avec une phase d'offensive intense de l'Empire perse Sassanide sur les frontières orientales de l'Empire romain.

[2] Et par ailleurs, il persécute copieusement les chrétiens.

Mais cela révèle surtout l'affaissement culturel du système de patronage romain.

Il édicte des plafonds de prix (le fameux « édit du maximum » affichait la même liste de prix uniformisés dans tout l'Empire) : par exemple le modus de blé y valait 100 deniers maximum. Sur le papier, la journée de travail d'un ouvrier moyen pouvait normalement acheter 2 kg de viande. Mais le marché noir se développe et, sachant qu'un artisan gagnait en moyenne 50 deniers par jour et que la journée de travail d'un éboueur est à 25 deniers, les sous-nutritions se développent[1].

Le système fiscal réforme l'imposition sur la base des possessions et des revenus des contribuables. C'est absolument inédit à cette échelle dans l'histoire ; l'œil du pouvoir veut tout voir. C'est vécu par beaucoup comme étant de l'ordre de l'exaction. Les déclarations doivent être effectuées auprès des services du préfet du prétoire (directement lié à l'empereur). L'*indictio* (« annonce ») actualise alors la base fiscale tous les 15 ans. D'ailleurs, en 312, Constantin rend obligatoire la datation de tous les actes juridiques par l'année d'indiction. Le futur premier empereur chrétien manifeste déjà la volonté d'intégrer le contrôle du temps dans le pouvoir impérial.

Constantin fait de Byzantium sa capitale, qu'il nomme en 330 Constantinople. En se convertissant au christianisme, il en profite pour saisir l'or de tous les temples païens, et il émet une nouvelle pièce d'or au titre plus faible que l'aureus : le *solidus* (« le solide »)[2]. Cette pièce d'or romaine se conservera dans l'Empire byzantin, où elle prendra le nom de *nomisma*. Cette unité de compte ne sera dévaluée de nouveau que sept siècles plus tard. Les Francs eux, l'utiliseront sous le nom de « sol » puis « sou »[3].

Reste que l'inflation atteint à Rome des niveaux délirants au milieu du IVe s. apr. J.C. : entre 330 et 354, les prix sont multipliés par 300. Cela dit, ces troubles monétaires résultant de l'épuisement des stocks d'or au cœur de l'Empire éveillent dans la pensée économique marchande la conscience du caractère foncièrement fiduciaire de la monnaie. L'usage du billet à ordre endossable se développe.

Sous l'Empire, d'Auguste à Justinien[4], la notion juridique de *fideicommis* (« laissé entre des mains fidèles ») se trouve de plus en plus codée : disposition

[1] Un fermier gagne 5 000 deniers par an alors que la solde d'un légionnaire n'est officiellement que de 1 800 deniers (cela dit, la prise en compte des avantages divers d'un légionnaire amène un revenu réel estimé à 15 000 deniers par an).

[2] Qui lui sert d'abord à payer les mercenaires germaniques et scandinaves employés massivement à cette époque. Car à partir du IVe siècle tous les voyageurs dans l'Empire se déplacent armés. C'est de là que se généralise l'usage du mot « soldat ». Et puis ensuite, c'est sur la base de cette unité de compte que sont effectués les prélèvements fiscaux. Le solidus circule alors très bien.

[3] C'est aussi de là que vient le verbe « solder ».

[4] Le dernier « grand empereur », qui règne au milieu du VIe siècle.

de volonté par laquelle un bien est concédé à un tiers pour être finalement versé à un bénéficiaire.

Le fermage en est le modèle archaïque. Le Code Hammurabi en définissait déjà la logique : un bailleur de fonds remet à un commis un capital, en nature ou en argent, qui doit le faire fructifier puis partager les bénéfices avec le premier.

On retrouvera cette idée dans la subjectivité chrétienne : l'âme du fidèle lui est confiée par le Seigneur, en fermage. Cela implique tout un ensemble de dettes et d'échéances (*cf.* « parabole des talents »). Et à la fin, en partant, veuillez rendre l'âme à qui elle appartient, et la poussière à la poussière…

Définition d'une fiducie (« *trust* » en anglais) : opération par laquelle une personne appelée « constituant » confie la propriété de biens ou de droits, présents ou futurs, à un tiers appelé fiduciaire, agissant au profit d'un ou plusieurs bénéficiaires, avec des conditions d'usage ou de durée.

Le *trust* se codera en droit dans la féodalité anglo-normande du XIIIe siècle où le chevalier qui part en croisade confie ses droits féodaux à un ami en confiance, le roi « en vacance » confie les rênes du royaume à un chancelier.

La notion rentrera ensuite par là même dans la *Common Law* anglaise. Le *trust* lie un *settlor* et un *trustee* par la concession d'*equity* (fonds propres), selon les termes constitués par la rédaction d'un contrat (« *declaration of trust* », « *trust settlement* », « *letter of wishes* »…).

Le concept de contrat arrive à maturité (*societas coitur* : « union, alliance alimentaire »).

Cela dit, tout cela s'applique sur une subjectivité romaine sous-jacente. Alors, vu la distance, pour comprendre l'intensité des réaménagements qui composent ce qui apparaît comme de l'ordre de l'évidence aux yeux d'un sujet moderne, il faut reparcourir le long cheminement de maturation de ces idées durant tout le Moyen Âge. Il faut donc déjà faire retour sur les processus d'individuations dans les sociétés romaines, avant de voir comment dans la chrétienté va se déployer une matrice du temps qui poste une échéance finale générale, à la fois par la perspective du jugement dernier, et en même temps dans l'ici-bas, par le quotidien indéfiniment répété de la vie en société.

Toujours est-il que la notion de société (*societas*) va pouvoir faire son apparition, comme association, consentement collectif formé par le libre vouloir des sociétaires. À partir de là, la société deviendra la norme, l'*imperium* moderne (l'affection de la multitude par elle-même) : immanente, transcendante, toute puissante, évidente…

LA SOCIÉTÉ CIVILE

« Il n'y a pas de moyen plus ingénieux et plus sûr de saper les fondements d'un ordre social que d'avilir sa monnaie. »
Lénine cité par J.M. Keynes

Pour le souverain, la circulation monétaire permet une délégation de pouvoir indéfinie parmi ses sujets puisque la monnaie confère au porteur une capacité d'achat, c'est-à-dire une capacité de commande du travail.

De manière adjacente, les statuts individuels qui fonctionnent en couplage avec la circulation monétaire existent formellement au regard du souverain. C'est-à-dire qu'ils vont laisser des traces écrites dans le système d'archivage. Ainsi, par définition, une existence civile prend place dans le système d'écriture du souverain.

Dès lors, il y a un jeu des moitiés entre celui qui donne l'argent et celui qui le prend. La rencontre incidente et continuelle entre cette capacité d'action sur l'action des autres d'une part, et la juridicité du sujet autorisé à la posséder et à l'utiliser « pour son compte » d'autre part, fonctionne très exactement sur le modèle de la tessère. Comme un jeu de circulation des moitiés où une serrure cherche sa clé. Car ce médium de la raison d'État est ambivalent dans les transactions.

Partout où s'appose d'un sujet la marque de son identité, sa signature, son sceau, alors se manifeste la présence d'un problème de confiance (dans la fiabilité des actions déléguées), et l'ouverture d'un problème de crédibilité de la parole de l'auteur, qu'il soit roi souverain ou marchand patriarche. De là s'étaye en même temps, dans les hiérarchies sociales, la problématique complexe de l'accréditation, lorsque la parole d'un ascendant (en dernière instance : le souverain) se donne comme garantie de celle d'un assujetti.

Dans ce cadre, le statut donc, mesure le degré d'autorité d'un sujet, c'est-à-dire, très exactement la valeur de sa parole. Et là-dessus : un homme qu'on n'écoute pas est de faible statut, un homme qu'on écoute est de statut élevé, point.

Le règne et le recensement : la *Pax Romana*

« Que celui qui a quelque chose à dire s'avance et se taise. »
Karl Kraus

Les historiens s'accordent à dire que l'ordre romain est assis sur le « *regnum* », la souveraineté qui *s'impose* avec la monnaie.

Selon Tite Live et Pline l'ancien, l'invention romaine de la monnaie en pièces est attribuée à Servius Tullius, l'un des premiers rois étrusques. C'est lui qui, au VIe siècle av. J.C., fit édifier les premières murailles délimitant les frontières sacrées de Rome du reste de l'espace du monde. Et puis, il chercha à faire valider son accès au trône, sa légitimité, son « *regnum* », par le suffrage de la plèbe, en promettant de racheter les dettes des pauvres et de régler, par la loi, les désordres d'alliances.

L'élu-roi donna à Rome – instituée capitale du Latium – une organisation sociale fondée sur le *census*, c'est-à-dire sur l'évaluation monétaire des dignités, par leur estimation. Le mot estimation vient du latin « *aestimatio* » : la mesure au poids du bronze. De sorte que l'*as* était l'unité monétaire par laquelle se mesurait le rang d'un citoyen ; c'était aussi l'unité de mesure des amendes dues à l'État.

Le régime républicain du Latium distingue au départ[1] la citoyenneté romaine (*cives romani*) de la citoyenneté latine (libre mais sans droits politiques, le droit de contracter y était subordonné aux traités qui liaient telle ou telle cité à Rome (*jus gentium*)).

Sous la République[2], le Sénat regroupe les plus éminents patriciens. C'est une institution législative qui, en son cœur, se dote de consuls au pouvoir exécutif.

Et dans les têtes, au sein de cette aristocratie, pour ce qui est du modèle de l'honneur, on attribue habituellement le point de départ de l'expansion inexorable de l'influence de Rome depuis le IVe siècle av. J.C. à un ancestral et légendaire patricien tribun militaire (*tribunus militum consulari potestate*) : Marcus Furius Camillus « second fondateur de Rome après Romulus » et « instrument du destin » (*dux fatalis*). Il avait été élu à la charge de censeur lorsqu'il fit construire sur le sommet du Capitole le temple de Junon, la déesse mère, Et les chroniques de ses actes inspirèrent pendant des siècles les politiciens romains.

Pour autant, dans la Rome antique les hiérarchies sociales de citoyens se déployaient très progressivement, du travailleur de la plèbe (*non optimo jure* : *proletari* par exemple), au petit paysan travaillant une terre en fermage, jusqu'à l'honorable chevalier patricien (*optimo jure* : *equites* par exemple)[3].

---

[1] Du V e siècle av. J.C. jusqu'en - 91.

[2] *Res publica* : « chose publique » – distincte de la *res privata* « la chose privée » –, fondée en - 509.

[3] Cela dit, le niveau de vie moyen dans l'Empire romain était plus faible à cette époque qu'en Chine ou que dans le bassin de l'Indus. Au début de la période impériale, on estime en général le produit annuel par tête à 500 $ actuels. C'est essentiellement parce que la production céréalière par tête y demande plus de travail. Mais au faîte de sa puissance Rome ne manque pas d'esclaves…

Dans la société romaine, la logique censitaire implique que le paiement de l'impôt contribuant à la puissance publique de l'État soit lié à la citoyenneté et au droit à la parole publique dans la cité (à l'origine, seuls les propriétaires terriens autour de chaque cité-État payaient, dans une logique de tribut, un impôt annuel, par exemple d'un pour cent de leur richesse sur leur fortune privée[1]).

Dans un système censitaire, les plus gros contributeurs aux ressources de la puissance publique sont naturellement les voix politiques les plus influentes de la cité, notamment concernant les objectifs à servir par l'emploi des dépenses. La logique de rivalité politique est ainsi un dispositif puissant d'incitation à la contribution fiscale. Puisque des seuils de revenus déclarés définissent des classes de prestiges politiques acquis par les citoyens (par exemple, le cens pour un chevalier s'exprime à 400 000 sesterces). De sorte que nul dispositif de surveillance n'est nécessaire pour contrôler les déclarations frauduleuses des passagers clandestins de la cité. Chacun paye autant qu'il peut, pour atteindre le statut social le plus élevé possible aux yeux et au sein du souverain.

Pour ce faire, le marqueur spécifique de la conduite de vie aristocratique se situe au niveau des dépenses libres, à visée politique : les *liberalitas* ; et ce, notamment dans le cadre des relations de patronages.

Ensuite, ce système fiscal censitaire va être projeté à un autre niveau, par l'extension territoriale de la souveraineté de la Rome républicaine, puis celle de la Rome impériale. Car il implique l'assujettissement de provinces entières à une administration centralisée dans la cité capitale.

La vie dans la paix romaine[2] : le système d'intégration des citoyens dans la *Pax Romana* articule sous l'autorité symbolique de Rome (SPQR[3]), sa puissance armée et les populations des provinces dans un seul et même dispositif juridico-fiscal de circulation de la monnaie et d'implémentation des

---

[1] Le modèle grec est particulièrement inspirant pour les Romains : chaque domaine patriarcal membre d'une cité contribuait en nature, en armant lui-même sa trière pour contribuer avec honneur à l'armée dont la levée a été décidée collectivement sur l'*agora*.

[2] Voir les travaux de Claude NICOLET, spécialiste des finances publiques de la Rome antique, notamment : *Le Métier de citoyen dans la Rome républicaine*, Paris, Gallimard, 1976, ainsi que : *Tributum*, Bonn, Habelt, 1976, et : *Rendre à César : Économie et société dans la Rome antique*, Paris, Gallimard, coll. « Bibliothèque des histoires », 1988.

[3] *Senatus Populus Que Romanus*, « l'harmonie du Sénat et du Peuple de Rome ».

hiérarchies statutaires[1]. Pour y voir clair, il faut suivre le trajet des pièces de monnaie[2].

Au départ, l'initiative de la création monétaire relève de l'autorité symbolique de Rome. L'autorité monétaire représente ce qui fait unité. La monnaie, en latin, se dit d'une part du verbe *monere* : « avertir », et d'autre part de *moneta*, « la seule, l'unique », épithète de Junon, dans le temple de laquelle se trouvaient les ateliers de frappe des pièces (*aedes junonis monetae*). L'activité se déroulait sous la direction d'un collège de trois de magistrats (*triumviri monetales*), le tout, sous la surveillance paisible et néanmoins divine des oies sacrées du Capitole qui gambadaient notoirement à cet endroit.

Et lors, l'usage premier de la monnaie est d'alimenter la machine de guerre. Ainsi, au point de départ du circuit politique de la monnaie romaine, par le versement de la solde aux légionnaires – le *salarium* – Rome s'autonomise de sa dette militaire à l'égard de la Légion[3]. Ensuite, cette monnaie est dépensée par les soldats occupants dans les provinces (*pro-vincere* : « déjà vaincu »), plutôt que de disperser la Légion pour piller les territoires conquis, afin de produire une acquisition non violente de marchandises auprès des autochtones qui acceptent la paix romaine (*provinciales*).

Seulement, à ce moment-là, pourquoi les indigènes d'un territoire occupé accepteraient-ils la monnaie romaine ? En Gaule par exemple, circulaient déjà des monnaies métalliques celtes très fiables depuis le IVe siècle avant J.C. La romanisation de la province pose donc le problème de la zone d'acceptation de la monnaie, le problème de la portée territoriale de la zone de reconnaissance de la crédibilité de l'autorité émettrice. Le pouvoir d'achat d'une monnaie – son pouvoir de commander le travail – en dépend.

Mais puisque le denier d'argent commande le travail d'un légionnaire, pourquoi ne commanderait-il pas également, par le nombre, celui d'un résident d'un territoire assujetti par le militaire ? Là est la question : comment assujettir le provincial ? Réponse : par une logique pro-vinciale.

En fait, les autochtones reconnaîtront le pouvoir d'achat de cette monnaie, ils l'accepteront d'autant en paiement de leurs livraisons de produits qu'elle

---

[1] Je choisis de l'appeler ainsi parce que c'est notamment sous Auguste et après lui que ce système d'intégration politique par la monnaie a fonctionné à plein régime. Pour les historiens, l'expression *Pax Romana* à strictement parler désigne l'époque de prospérité de l'Empire allant de - 27 à 180 apr. J.C. ; ça correspond justement à l'âge d'or du système romain d'intégration politique par la monnaie. Aussi nous le désignerons par ce terme.

[2] Certes, elles n'étaient pas aussi abondantes qu'au XXe siècle, mais leur fonctionnement symbolique dans la civilité était très important, et n'était pas aussi « automatisé » qu'aujourd'hui.

[3] La Légion partie en campagne n'a pas le droit de revenir passer le Rubicon pour marcher sur Rome. Et pour le général qui aurait rendu de fiers services, acclamé *imperator* par ses troupes, on pourra toujours lui offrir un accès à la gloire par une célébration triomphale (*ovatio*), et éventuellement un arc de triomphe à la clé. Mais en principe ça s'arrête là, la vertu se justifie pour elle-même.

leur permettra de s'acquitter des éventuelles réparations de guerre (*stipendium*) qu'il leur faudra payer après leur défaite, et ensuite surtout elle leur permettra de payer le recensement censitaire[1].

Ce faisant, le paiement de l'impôt marquera leur entrée dans l'appartenance à la citoyenneté romaine. Il financera l'implantation, dans leur province, d'infrastructures urbaines publiques standardisées, où ils pourront prendre place à leur rang en tant qu'usagers (routes, casernes, entrepôts, tribunaux, relais de postes, thermes, amphithéâtres, aqueducs, etc.). Et en tant que citoyens, ils pourront bénéficier de pouvoir commercer avec des intérêts puissants, et peut-être même commencer à briguer à leur tour des privilèges.

Cette circulation monétaire participera à la (re)définition des hiérarchies sociales. Les plus collaboratifs à l'ordre nouveau y auront les meilleures places. En effet, l'intégration se fait d'abord à travers tous les faisceaux d'activités de construction des infrastructures d'assujettissement et, au gré des circulations monétaires pour commander le travail, elle produit des localisations d'accumulation de droits sur les ressources entre les mains de ceux qui ont fourni le plus de ressources à la présence romaine.

Ces encaisses monétaires accumulées par certains des autochtones leur permettront de payer volontairement un cens plus élevé. En effet, les élévations dans les hiérarchies sociales sont entérinées par le renouvellement du paiement d'un impôt plus élevé, qui exhibe une richesse plus grande, et qui permet de monter son nom en grade dans la liste du recensement des citoyens.

Et ce paiement de l'impôt ramène finalement la monnaie à l'émetteur : Rome. (Alors on peut remarquer au passage l'étonnante intelligence économique de Matthieu concernant l'enjeu fondamental de la circulation monétaire, lorsqu'il témoigne de cette parole de Jésus, parlant d'un denier d'argent romain : « Rendez donc à Dieu ce qui est à Dieu, et à César ce qui est à César » (22 : 21)).

Dans ce système, on estime ainsi qu'environ 5 % du produit annuel remontait en impôts directement jusqu'au souverain[2].

Mais, dans ce système d'imposition de l'ordre public où la monnaie de Rome sort de sa main droite pour lui revenir par la main gauche, si c'est le corps militaire qui a la fonction de faire ruisseler l'émission monétaire, par quelle autre main se réalisait le prélèvement de l'impôt, dont le résultat permettait au souverain d'estimer si l'opération de conquête d'une province tenait toutes ses promesses ?

---

[1] N.B. : pour l'anecdote, la naissance d'un certain Jésus de Nazareth dans une étable de Bethléem est causée justement par un recensement qu'avait ordonné l'empereur. Luc parle d'un recensement ordonné par Auguste « pour recenser toute la terre », mais les historiens ne détectent rien de cet ordre autour de l'an 0, seulement un décret datant de l'an 15, au tout début du règne de son successeur Tibère.

[2] Par ailleurs, sur les transmissions de patrimoine, Auguste instaure en - 13 un droit de succession d'un vingtième.

La charge de lever les taxes sur une province était soumise aux enchères parmi les nobles patriciens (*nobilis* : « connu, célébré ») organisés en sociétés de publicains. Le censeur était en charge de surveiller les adjudications aux différents procurateurs (chefs d'administrations) ; en fait il était en charge d'attribuer en fermage jusqu'à la levée du moindre droit de douane ou de péage.

Ainsi, dans ces enchères, la famille qui promettait de manière crédible (*stipulor*) le montant le plus élevé se voyait confier la charge de tenir personnellement cette promesse de contribution à la puissance publique de Rome. Et dans ces négociations, la réputation et la fiabilité de la parole étaient des déterminants implacables de la mesure de la dignité d'un nom[1]. Ensuite, une fois faite l'attribution de la charge, les questeurs (comptables) de chaque domaine et de chaque gouverneur se voyaient confier leur budget par les questeurs centraux du Sénat avant leur départ pour la province.

Après, comme pour toute magistrature ou délégation de service public dans la Rome antique, quel que soit le niveau de responsabilité ou le type d'activité, tous les surplus dégagés dans l'exercice de la charge reviennent légalement bénéficier à son titulaire. Tant que les comptes prévisionnels de l'administration centrale sont annuellement bouclés dans le cadre de la loi (*lex permittit*), chaque gouverneur peut se constituer une trésorerie propre, administrer sa province, et exploiter les ressources qu'il y découvre comme il l'entend.

Voilà donc par quel genre de logique de pari sur l'avenir, l'esprit de conquête s'inculquait dans la jeunesse de la noblesse patricienne romaine qui avait des ambitions politiques, ainsi que dans la jeunesse plébéienne qui voulait partir à la rencontre de son destin ; voilà comment et pourquoi les généraux romains partaient en campagne.

Par ce dispositif gouvernemental, à l'apogée de l'Empire, 200 familles exerçaient le pouvoir sur plus de 50 millions de personnes…

[1] Les philosophes stoïciens avaient beau jeu de contester l'importance des honneurs et des privilèges aux oreilles de leurs jeunes disciples, mais c'était justement des belles paroles aux yeux des aînés. Reste que sérieusement, la problématique du stoïcisme standard tourne autour d'une définition de l'honneur et de la vertu du citoyen axé sur la dichotomie entre locus interne et locus externe : il s'agit de tracer la limite de ce qui relève de la responsabilité de soi par rapport à ce qui ne dépend pas de soi.

Rome, cité éternelle

« Rome s'étendait partout à travers les âges. Rome écrasait le monde de sa masse,
cuirassée comme elle l'était, énorme avec ses noirs murs de métal,
ses geôles et ses rues, ses chaînes et ses anneaux de fer, ses guerriers casqués. »
Philip K. Dick, « Interview Radio Libre Albemuth »

Rome est le modèle d'organisation socio-urbaine pour toutes les urbanisations romaines. Elles résultaient de la circulation de la monnaie romaine ; et comme un reste sédimenté des flux de pouvoir, elles demeurent encore aujourd'hui dans l'espace.

D'abord, toutes les villes romaines étaient ainsi construites en miroir de Rome (le mot latin pour signifier un miroir est « *speculum* »[1]). L'édification des villes en province se faisait selon une logique de réplication (*urbs*), le plus souvent en lieu et place d'une ville pré-romaine, ou édifiée sur une place forte, un bourg (*oppidum*), ou fondée après conquête, au plus près des axes de communication dans les plaines[2].

Chaque cité romaine se devait d'avoir son capitole (*aera capitolina*), son aire sacrée dans laquelle s'édifient ses temples et ses arcs de triomphe. En ce centre citoyen, on y trouvait au minimum les temples de la triade capitoline (*templum* ; « espace délimité et inauguré ») : le temple de Jupiter (à la gloire du souverain Jupiter *optimus maximus*, maître des signes[3]), le temple de Junon (trésor public), et le temple de Minerve (chambre de commerce). Et puis au pied des temples monumentaux du capitole s'étendait le *forum*, la place publique.

Au cœur de cette projection universelle, la ville de Rome elle-même est un sanctuaire, un territoire sacré, inaccessible à la propriété civile (*Urbs*), et séparé du reste de l'espace (*ager*) par le *pomerium*, la limite sacrée.

La *Pax Romana* produisait partout une forte urbanisation (les taux d'urbanisation montent à 10 voire 20 % dans certaines régions). Les romains étaient d'infatigables constructeurs. Pour y revenir d'ailleurs, on ne s'étonne pas que le bœuf, l'animal développant la plus grande puissance de travail dans l'édification des villes et des monuments glorieux, soit clairement chez eux

---

1 Les plus anciens miroirs retrouvés datent de 8 000 avant notre ère. Ils étaient en bronze poli.

2 Par exemple Narbo Martius, le plus grand port de la Méditerranée occidentale après Ostie, était la première colonie romaine en Gaule, fondée en - 118 sur la *via domitia* reliant Rome à l'Hispanie. Autre exemple : Auguste fait déplacer la ville des artisans forgerons légendaires de Bibracte qui était (en Bourgogne) le plus vaste *oppidum* gaulois de l'époque, pour l'intégrer dans le réseau routier d'infrastructures impériales ; ainsi la ville est déportée vers Augustodunum à 20 kilomètres de là.

3 Dans le temple de Jupiter sur le Mont Capitole de Rome étaient déposés les Livres sibyllins : recueils d'oracles prophétiques en vers qui étaient consultés pour expliquer les prodiges et comprendre les présages.

un symbole de virilité (la tête de bœuf c'est le « *pecus* », c'était l'unité de mesure de valeur dans les transactions pratiquées par les ancêtres étrusques avant l'adoption du monnayage grec). Et puis leur ciment mélangeant roche de lave et calcaire était le meilleur du monde.

Mais enfin évidemment, dans les urbanisations, rien de tout cela ne suit une rationalité économique réduite à la satisfaction d'intérêts marchands. Les enjeux d'investissement englobent d'un même mouvement le politique, l'économique et le religieux. La sacralité de la crédibilité monétaire, c'est une affaire prise très au sérieux à l'époque.

Par exemple : la « Porte Auguste » fut offerte à la cité de Nîmes par Auguste lui-même pour finaliser la construction des remparts de la colonie (*nomius*)[1]. Et pourtant, ces remparts étaient inutiles en cette époque de *Pax Romana.* C'est qu'en fait l'infrastructure servait bien plutôt à installer un péage, un point de contrôle sur la *via domitia* qui reliait l'Espagne à l'Italie. C'était une construction de prestige au sens propre du terme (maîtrise de l'accès et de l'élection à l'urbanité).

Cela dit, les Gaulois qui vivaient là y trouvait leur compte, comme en témoigne l'initiative locale de la construction, sur la place du forum, de la « maison carrée » à la gloire de l'empereur. C'est un temple doté d'une façade au portique de style hexastyle (doté de 6 colonnes), dédié au culte impérial, comme il s'en construira beaucoup en Gaule par la suite.

L'aqueduc construit à Nîmes, 80 années après (en 40 apr. J.C.), n'était pas plus nécessaire que les remparts… Mais l'abondance d'eau manifestait une certaine forme d'évergétisme (*largitiones*). D'ailleurs, la construction de l'amphithéâtre sur le modèle du Colisée de Rome se fait dans le siècle qui suit[2]. Ces édifices étaient avant tout la preuve, le symbole d'un siège de pouvoir, d'une forte concentration de capacité à mobiliser du travail en ce point du territoire assujetti.

À cette époque à travers toute la Gaule, les pouvoirs gaulois des chefs de tribus, des conseils des anciens et des druides se restructurent dans ces nouvelles conditions.

Le droit romain reconnaît trois types d'espaces dans le territoire romain (*ager romanus*) : le domaine royal (*ager regius*), l'espace attribué aux patriciens (*ager privatus*), et l'espace public (*ager publicus*), comme domaine propre à la cité. La majeure partie des recettes publiques étaient fournies par l'*ager publicus.*

Ces relations à l'espace n'ont cessé de se transformer à travers les siècles. Notamment, à l'issue des guerres puniques au IIe siècle av. J.C., l'espace agricole s'est progressivement transformé. Les petites parcelles en fermage

---

[1] La construction avait commencé vers 47 av. J.C.

[2] Rem. : le jeton d'entrée pour prendre sa place dans les emplacements désignés par corporations s'appelait communément *arena tessera.*

ont été regroupées en grands domaines industriels (*latifundia*) employant essentiellement des esclaves (les plus grands domaines pouvaient employer plusieurs dizaines de milliers d'esclaves).

Par exemple certains développent des élevages industriels de poulets avec des bâtiments couveuses, et des manufactures de conditionnement. Cela implique toute une logistique d'investissement.

Conséquemment, les petits paysans ont suivi un exode rural pour venir gonfler les rangs de la plèbe urbaine. Rome grossit très vite et abrite près de 700 000 habitants déjà au Ier siècle av. J.C.

La plupart des citoyens urbains vivent dans des immeubles d'habitation collective (*insula*). L'usage romain est de se raser la barbe. Il y a des barbiers en bas de tous les coins de rue à Rome. C'est en ce lieu que chacun se met au courant des nouvelles qui circulent en ville, et consulte éventuellement la gazette quotidienne (*acta diurna*), où figure les nécrologies, l'actualité du Sénat et celle de la cour impériale, ainsi que les comptes rendus de décisions judiciaires. Chacun porte son argent attaché à la taille, dans une petite bourse de cuir (*follis*[1]).

La structure de prix sous l'Empire (en 160) est à peu près la suivante.

La journée de travail manouvrier est à 5 sesterces, c'est deux à six fois plus pour un artisan. La solde annuelle d'un légionnaire (hors primes) est de 1 200 sesterces, 5 000 pour un centurion ordinaire, 15 000 pour un centurion *primipilus*. Un médecin gagne environ 100 000 sesterces d'honoraires par an, un professeur 100 sesterces par élève.

Un artiste populaire peut réussir à gagner à peu près le même revenu. Cela dit, les musiciens les plus connus peuvent être de véritables superstars, tutoyant les empereurs[2]. L'excellence dans un art permettait de s'attacher à de bons patrons. Le médecin personnel de l'empereur par exemple enregistre environ 500 000 sesterces d'honoraires par an et des professeurs de rhétoriques réputés (*oratores*) gagnaient autant.

La solde d'un officier impérial pouvait aller de 60 000 à 300 000 sesterces[3]. Le revenu des magistrats est déterminé par la charge qu'ils ont acquise, dans la mesure où les services de justice ne sont pas marchands (au moins jusqu'à l'avènement de l'Empire). Cela dit, les honoraires pour les

---

[1] Le mot pouvait aussi être utilisé pour désigner une somme rondelette : 250 deniers d'argent.

[2] Ce sont la plupart du temps des joueurs de cithare, l'instrument le plus prestigieux de la culture hellénique classique dont on enseignait la pratique aux jeunes gens de bonne famille. Par ailleurs, un gladiateur star du Colisée peut revendiquer jusqu'à 100 000 sesterces de salaire pour une seule exhibition. Et un pilote de char superstar du *Circus Maximus* avec plusieurs centaines de victoires au compteur, peut partir à la retraite après avoir gagné plusieurs dizaines de millions de sesterces.

[3] La solde était un marqueur de rang social, et pouvait même constituer un titre : *ducenarius* signifie « un agent administratif de Rome à 200 000 sesterces ».

services d'un orateur jurisconsult (*advocati*) lors d'une procédure judiciaire pouvaient aller de 10 000 sesterces à plusieurs centaines de milliers.

Le revenu d'un sénateur tourne autour du million de sesterces, et les patriciens les plus fortunés ont des revenus annuels pouvant aller jusqu'au milliard de sesterces.

La journée de travail matinale d'un citoyen fait à peu près 6 heures. Ensuite l'après-midi est consacré à la socialité et aux affaires. C'est un temps le plus souvent passé aux thermes (*balnea*), et qui s'ensuit d'un long dîner (*cena).* Le régime alimentaire de base est constitué de céréales, de vin, d'olives, d'oignons et de choux.

L'entrée aux thermes coûte 1 as. L'entrée au théâtre ou au cirque est gratuite mais les places de prestige s'obtiennent par patronage. 1 as achetait deux grands verres de vin. Et puis, 1 livre de figues ou 1 pain fait 1 sesterce, le double pour du porc cuit. Servi dans une bonne taverne, un steak de bœuf coûte 8 as (c'était également le prix moyen d'une passe dans un lupanar). Un livre coûte 10 sesterces, une tunique 100 sesterces, une paire de sandales 80. Le prix moyen d'un esclave est de 5 000 sesterces[1] (et il faut compter un coût d'entretien annuel de 500 sesterces). Une vache vaut 1 000 sesterces, un cheval 3 000, un âne 300.

Le prix moyen d'un appartement en immeuble (*insula*) dans le centre-ville de Rome est de 20 000 sesterces par an. Une petite maison de paysan dans la campagne alentour coûtait 2 000 sesterces par an, un *domus* (de la racine *dom-* : « deux générations ») : 1 000 000, et une *villa* avec son domaine paysager : 4 000 000.

La villa est l'habitat préféré des romains. On n'aime rien de plus dans la Rome antique que de faire, avec des amis, le tour des villas des uns et des autres, en vacances de Rome l'été…

Sur le Forum – place publique centrale de la capitale où circulent toutes les rumeurs – se trouvaient les édifices du *Comitium* (« assemblée »), où se rendent magistrats et sénateurs pour participer aux décisions et aux énonciations des lois de la cité[2]. C'est un espace consacré par les augures au rassemblement des citoyens (*templum*). Des orateurs publics (*praecones*) y déclament les nouvelles du jour[3]. C'est en son sein que se trouve la Curie où se rassemblent les sénateurs (*Curia Hostilia*).

---

[1] Un enfant ou un vieillard vaut 4 fois moins cher, alors qu'un scribe, une jeune fille ou un gladiateur valent 10 fois plus.

[2] Selon la tradition, ce fut Servius Tullius qui inaugura la première assemblée circulaire en *Comitium*. Certains historiens pensent que ce furent les premières arènes romaines pour les joutes d'orateurs et les combats de gladiateurs.

[3] À peu près 10 % de la population romaine est lettrée. Les gazettes quotidiennes (*acta diurna*) sont produites par des scribes (*notarii*) qui assistent aux séances officielles et qui parcourent le Forum à la recherche d'intéressés ainsi que d'informations complémentaires. Les gazettes sont copiées à relativement petit nombre, certaines sont archivées. Et tous les jours, des esclaves

L'entrée de la Curie est encadrée de deux statues : celle de Pythagore d'une part et celle d'Alcibiade d'autre part[1]. Autour se trouvent diverses basiliques destinées à accueillir des audiences judiciaires, des activités de négoce ou des rassemblements publics (du grec *basilika oikia* : « salle de la maison du roi »).

Toujours sur le Forum, entre les archives d'État (*tabularium*) et la prison d'État (*tullianum*), le temple de la Concorde (*aedes concordiae*) est le lieu des « affaires sociales ». Il commémore l'adoption des célèbres lois licinio-sextiennes en 367 av. J.C., qui limitèrent l'*ager publicus*, partagèrent le pouvoir politique des patriciens à la plèbe, et surtout abolirent le *nexum*.

Le *nexum* était le serment d'hypothèque solennelle – sur sa propre liberté ou sur celle de membres de sa famille – que produisait un débiteur citoyen en garantie auprès de son créancier lors de l'octroi d'un crédit[2]. Par là même, la faillite – signifiant l'incapacité d'honorer ses promesses et de tenir sa parole – était sanctionnée par la servitude, et donc par la perte de la citoyenneté. Alors, malgré son abolition formelle durant la République (pour les citoyens romains), la tombée en servitude pour dettes restait un élément essentiel du fonctionnement de la citoyenneté romaine, c'est-à-dire de sa raison d'État.

La population romaine comptait en moyenne un tiers d'asservis. Cela dit, en principe le droit romain reconnaissait néanmoins aux esclaves le droit d'accumuler un *peculium*, une épargne qui leur permette de racheter leur liberté (*solutio per aes et libram*)[3]. Mais bon, dans les faits, le maître en disposait selon sa volonté (cette faille stratégique dans le dispositif juridique donne une idée de l'écart habituel entre droits formels et droits réels dans la société romaine, et donc ça donne une idée de la masse de corruption et de mauvaise foi qui pouvait être en circulation).

Et justement, le *podium* du temple de la Concorde était le lieu légitime d'expression, à la fois des tensions et des résolutions qui pouvaient naître de la distance des droits formels aux droits réels. D'ailleurs, la Rome antique a aussi connu quelques tables rases des systèmes de dettes. La plus fameuse eut lieu en - 133, lorsque les frères Gracchus, tribuns de la plèbe, forcèrent *ad populum* la réforme agraire qui redistribua les terres vers les plébéiens.

Juste en face du temple de la Concorde se trouvait, tout à côté du temple de Saturne sur la place du Forum, « l'être là de l'ici », le centre, le point zéro de l'espace auquel menaient toutes les routes de l'Empire (*cura viarum*) : le milliaire d'or (*milliarium urbis*, (*umbilicus urbis Romae* : « le nombril de

---

scribes en nombre viennent recopier certaines gazettes pour les rapporter à la villa de leurs maîtres.

[1] N.B. : tous deux sont certes des personnages illustres, mais ce sont des personnages historiques réels et non mythologiques.

[2] Depuis les lois fondatrices dites « des 12 tables » (en - 450), les taux d'intérêt annuels étaient plafonnés au douzième.

[3] Non sans payer une taxe sur l'affranchissement qui vient alimenter un « trésor sacré » de la République, qui était une caisse de réserve mobilisable en cas de désordre civil.

Rome »)). C'est à partir de cette borne milliaire d'origine, érigée par Auguste en 9 av. J.C., que sont mesurées, *pari passu* (d'un pas égal) toutes les distances de l'Empire, reportées sur les cartes des postes-relais romains[1]. C'est à partir de ce point de vue que Rome porte son regard, vers le nord scandinave glacé et le sud africain désertique, vers l'Occident lusitanien ou britannique, ou vers la porte de l'Orient, vers Byzantium. C'est à partir de là que, à proprement parler, on s'oriente.

Et pour que toutes les routes mènent à Rome, trois types de routes sillonnaient l'espace : les routes impériales (*viae publicae*), les routes interurbaines (*viae vicinales*), et les routes domaniales (*viae privatae*).

Traditionnellement l'arpentage était considéré comme étant une charge des augures (*inauguratio*) ; mais en réalité la centuriation romaine relevait d'une corporation de cartographes et d'ingénieurs géomètres prestigieuse (*auctor mensores clarissimus*)[2]. C'est que, avec ce corps, et avec toutes ces mesures de l'espace, des plans rationnels civils ou militaires peuvent être échafaudés et budgétés.

En moyenne, la maintenance militaire absorbait en temps normal la moitié de la dépense publique ; et de l'autre côté, représentant l'autre grosse moitié, il y avait l'entretien du domaine public, des temples et des infrastructures. Sachant que, pour la mise en œuvre de l'entretien des espaces publics, des édiles étaient élus à cette charge par la plèbe[3].

Au sud-ouest du Forum se trouve le plus ancien pont de Rome : le pont Sublicius. Ce pont sacré de la capitale enjambe le Tibre depuis le VIIe siècle av. J.C. Sa surveillance et son entretien étaient à la charge du Collège des « pontifes »[4] qui y effectuaient les rituels sacrificiels.

À leur tête, le *pontifex maximus* (grand pontife[5]) siège à la *Regia* de Rome : le palais des anciens rois, adossé au temple de Vesta, où brûle le feu sacré de Rome. L'ensemble de bâtiments longe la *via sacra* à l'est du Forum.

Le grand pontife est celui qui entretient ce qui relie les hommes aux dieux (*religio*). Il est celui qui, partant du calendrier, déclare les jours fastes (ouvrables), et les jours néfastes (fériés). Ces déclarations pontificales avaient lieu durant les périodes de *calendes* (nouvelle lune). Ces jours-là, traditionnellement, le paiement des échéances des débiteurs aux créanciers

---

[1] Le mille romain (*milia passuum* : « mille pas ») fait à peu près 1.5 km ; et en subdivision, le pied fait 30 centimètres. A son apogée, le maillage du territoire par les voies publiques s'étend sur cent mille miles romains. Il fallait à peu près deux mois pour qu'un message parcoure l'Empire de bout en bout.

[2] Dont le jeune Octave fut superintendant (après avoir été élu au Collège des augures).

[3] Leur fonction est aussi ancestrale que celle du censeur. Toutes deux furent créées en 443 av. J.C.

[4] N.B. : assemblée sacerdotale des prêtres des différentes religions d'État romaines.

[5] L'étymologie du mot pontife est ambivalente : de *facere* (faire), *pons* (pont), et *posse* (pouvoir) : « faiseur de ponts » / « faiseur de pouvoir ».

avait lieu. En effet, le jour des *calendes* (littéralement « ceux qui sont appelés »), les pontifes annonçaient, à la date concernée, les débiteurs qui devaient payer leurs dettes indiquées dans les *calendaria* (« livres de comptes »), et ce, *pari passu*[1].

Le calendrier républicain avant Auguste remonte au VIIIe siècle av. J.C. Avec cet instrument, pour mesurer le temps qui passe dans les récits romains, trois dates font jalon à partir desquelles est mesuré le temps romain. La chute de Troie en - 1184, la fondation de la République romaine en - 509, et entre les deux, la fondation de Rome par Romulus en - 753 : an I de la fondation de la ville[2].

Mais ça fluctue selon les historiens romains, notamment pour le décompte des années de règne. Et puis, incidemment, le calendrier a été l'objet de corruptions. À l'occasion de tel ou tel évènement, des jours ont été effacés, d'autres ont été suspendus pendant plusieurs jours, etc. Ainsi, on raconte qu'à l'arrivée de César au pouvoir, on fêtait les vendanges au printemps ! Bref…

En - 46, Jules César – qui avait été élu à la fonction de *pontifex maximus* – impose le calendrier que nous connaissons aujourd'hui, avec 12 mois de 30 ou 31 jours, et les années bissextiles qui s'ajustent sur le mois de février : le calendrier julien.

À son arrivée au pouvoir, Auguste s'empare également de cette fonction de *pontifex maximus*, pour cumuler *imperium* consulaire, puissance tributienne, et *intercessio* sacramentaire. Et pour affermir son pouvoir divin, il ramène un obélisque d'Égypte sur le Champs de Mars à Rome, pour en faire une méridienne, un monumental gnomon de 22 mètres. Ensuite, il confie à Tite-Live le soin d'écrire la somme monumentale des souvenirs du peuple de Rome : *l'Histoire Romaine*. Ouvrage de référence dans l'invention du récit des origines de Rome.

Un peu plus au nord, près du champ de Mars, s'élève le majestueux Panthéon de Rome (temple de « tous les dieux » : *dii consentes*). Pour le bien-être des citoyens, la beauté de Rome, et la gloire de l'empereur Auguste[3], sa construction fut financée en - 27 par l'*imperator* bâtisseur Agrippa[4].

L'amitié des deux hommes était légendaire : sur les deniers d'argent émis durant ce règne, le portrait de l'un était adossé à celui de l'autre. D'ailleurs, lorsqu'il fut mourant en - 23, Auguste remit à Agrippa le sceau authentifiant les actes officiels de l'empereur, en présence de tous les sénateurs, magistrats

[1] I.e. : « d'un pas égal ». Clause contractuelle stipulant que les créances d'un débiteur ont toutes le même degré de séniorité (priorité).

[2] Ainsi, le calendrier romain date son origine *ab urbe condita* : « à partir de la fondation de Rome » (Tite-Live la fixe au 21 avril -753).

[3] Qui y fit trôner en son centre une statue de Jules César.

[4] Compagnon d'enfance d'Octave, gendre d'Auguste, frère aîné de Claude, père d'Agrippine, grand père de Caligula, et arrière-grand-père de Néron.

et chevaliers présents à Rome ce jour-là. Il lui légua sa fortune privée ainsi que sa clientèle, tandis que les archives, documents militaires et financiers furent confiées au co-consul Piso qui prit la tête de l'administration ; et l'*imperium* fut rendu au Peuple de Rome.

Mais finalement, surprise ! Auguste s'en remet. Il profite de la confusion pour mater au passage les complots de régence qui couvaient, et finalement, l'épreuve passée, il prend Agrippa pour gendre afin de renforcer leurs liens officiels, et pour que tous le considèrent sérieusement comme « collègue » de l'empereur.

Mais, humblement, malgré son statut impérial, Agrippa assumait lui-même la fonction d'édile de Rome. Il va ainsi porter la capitale de l'Empire à la pointe des technologies de l'eau. Il fait construire des thermes majestueux, des aqueducs, des distributions d'eau à toutes les maisons. Il fait rénover les rues et les égouts (*cloaca maxima*), et ériger des centaines de fontaines[1]. Rome est transformée sous son ministère. D'ailleurs Suétone rapporte qu'Auguste était satisfait : « J'ai trouvé une cité faite de briques, et l'ai laissé faite de marbre. »

En bas de l'*argiletum* – la rue des libraires qui mène au Forum – se trouve le temple de Janus, le dieu de l'équivocité[2]. Le vieux calendrier des 355 jours de l'année romaine s'y trouvait entreposé. De là, les augures observaient le vol des oiseaux.

Le temple avait les portes fermées en temps de paix, et ouvertes en temps de guerre pour appeler les citoyens aux armes. Ainsi, Auguste se fit un honneur de les fermer après la bataille d'Actium[3], non sans les avoir fait refaire en bronze à cette occasion. *Pax Romana*. Fermer les portes de Janus, ça ne s'était pas vu à Rome depuis la fin des guerres puniques.

Néron également refera en 66 la même cérémonie de célébration de la paix et de la stabilité civile retrouvée, lors de l'organisation du triomphe de son général Cabrullo, victorieux des Parthes. Il ne manqua pas de chercher à faire savoir cette victoire militaire de son règne en faisant frapper un denier, avec au côté face son profil, et sur le revers, le commémoratif de la bataille pour marquer l'occasion et redorer son blason. Mais enfin bref…

Inscrits dans le calendrier romain, les jours de fêtes officielles (*feriae stativae*) visent à satisfaire les dieux (*dies ferialis*) afin d'obtenir la bonne fortune de leurs faveurs[4].

---

[1] N.B. : ce n'est pas pour autant que l'hygiène est rationnelle : les médecins prescrivent des cures thermales pour soigner les maladies gastro-intestinales (bonjour les microbes dans les bassins !).

[2] « *Devom deus* » : dieu du seuil, des portes et des mystères, le dieu des dieux, première figure frappée sur les pièces romaines, (d'où le nom du mois de janvier : *januarius* premier mois du calendrier. Ensuite, les mois de notre calendrier grégorien sont également calqués sur les 11 autres mois du calendrier romain).

[3] En 31 av. J.C., où, aux côtés d'Agrippa, il défit les forces de Marc Antoine et Cléopâtre.

[4] Il s'agit bel et bien d'un dispositif de transports en commun organisé par la raison d'État.

L'affaire était prise très au sérieux : il y avait plus d'une centaine de jours fériés par an. À certaines périodes, seule une trentaine était chômée ; mais il arrivait souvent que ce soit bien plus encore lorsque l'empereur était content : ça pouvait aller à près de deux cents jours fériés sur une année voire à plusieurs mois de célébrations ininterrompues.

Parmi les jours fériés, les saturnales marquent le solstice d'hiver d'une fête carnavale, où les esclaves se comportent comme des maîtres et les simples d'esprits sont célébrés comme des rois. Les édiles sont en charge de l'organisation de l'enthousiasme général[1]. Une parade de bœufs est sacrifiée sur le Forum devant le temple de Saturne (i.e. Chronos : le dieu du temps). Des tirages de loterie sont effectués. Et c'est le temps des orgies bacchanales (*brumalia*). En clôture de tout ça, dix jours plus tard, à quelques jours de la fin de l'année, c'est la fête du jour de la renaissance du soleil invaincu (*di natalis invictis solis*)[2]. À cette occasion, il était d'usage, durant cette fête de la nativité et de la renaissance au solstice d'hiver, de veiller à la bougie l'année qui vient, et de faire des cadeaux aux enfants.

Au début du IVe siècle, Constantin Ier – le premier empereur converti au christianisme – était dans sa jeunesse un adepte du Soleil invaincu, comme en témoigne la présence de *Sol Invictus* en effigie sur les pièces qu'il fait frapper…

D'ailleurs, traditionnellement, c'est la position du soleil qui marque le temps dans la journée romaine. Déjà au IIIe siècle av. J.C., les Romains utilisent largement les cadrans solaires. Cela dit, la mesure de l'heure ne s'y fait pas par la longueur de l'ombre mais plutôt par son orientation ; donc contrairement au gnomon, le cadran n'est pas meuble, et la subdivision journalière du temps y est approximative, puisque l'heure d'été y fait 80 minutes alors que celle d'hiver 40. Certes ça n'a pas tellement d'importance à l'époque, de toute manière, nul n'est jamais à 30 minutes près. Mais enfin, pour une maison, c'est un objet ostentatoire de science et d'art, souvent muni en *titulus* d'une devise représentative de la famille (« *véritas filia temporis* »).

Sur le côté ouvert du Forum, la *via sacra* dans le centre de Rome est le lieu d'établissement privilégié des grandes maisons de banque et de commerce.

---

[1] Une année même, Néron mena à bien l'extravagante idée d'offrir la gratuité des prostituées à tous les romains pour toute la durée des saturnales.

[2] Selon Plutarque, ces célébrations ont été introduites à Rome par Pompée de retour de campagne en Orient. Le culte de *Sol Invictus* va prendre de l'importance chez les officiers romains du Bas-Empire. La date de sa célébration au 25 décembre est officialisée par Aurélien qui en fait une religion d'État aux alentours de 270. C'est un culte hermétique perpétuant la tradition mystérieuse du culte de Mithra à travers un syncrétisme des figures d'Apollon et de Dionysos, et qui était pratiqué des siècles avant l'existence de Rome par les Grecs de Bactriane. Sous cet angle, Mithra est la figure du contrat (accord de volontés) alors que Varuna est la figure du serment (promesse invoquant le sacré). L'empereur chrétien Théodose décrétera la persécution de ce culte en 392.

La logique du risque et de l'assurance est très bien comprise dans les activités bancaires romaines. Le système de réserve fractionnaire est largement utilisé. Le taux d'usure habituel sur un prêt (le *fenus* : « produit de l'argent ») est de un centième par mois (soit un taux d'intérêt annuel d'environ 12%).

Dans ce cadre, la fiabilité de la parole, la crédibilité, est de toute première importance. Sachant que c'est la parole du sujet souverain qui est de crédibilité maximale. Et en considération de la possibilité de défaut, l'hypothèque – distincte dans le droit romain du gage (*pignus*) ou de la fiducie –, est un mode de constitution de sûreté réelle dans l'opération de prêt, qui procure au débiteur un crédit qui pourrait éventuellement faire défaut à son statut. De sorte que la fortune est bel et bien considérée comme un ensemble de conditions favorables à l'existence.

Les *argentarii* (banquiers) exercent sous l'agrément délivré par le censeur de Rome. Dans ce cadre, excepté sur les comptoirs étrangers, ces prêteurs et changeurs de monnaies romains sont pour la plupart membres du corps équestre doté d'une charge publique (*publicani*). Certains vétérans retournent ainsi accompagner des Légions romaines en province, mais pour affaires (*negociatores*). Et d'ailleurs, on appelait « monnayeurs » les jeunes aristocrates qui affichaient ostensiblement leurs ambitions politiques en émettant des deniers frappés de leurs profils inconnus (non souverains)[1].

Les riches romains stockent leurs encaisses dans les coffres-forts de leurs villas. Mais quand les flux sont trop importants, ils en confient le stockage à une banque qui propose des services de chèque (*praescriptio*). On estime ainsi la quantité d'or stockée à Rome sous l'époque impériale à environ 500 tonnes (et la quantité totale d'or en présence dans l'Empire à environ 1 000 tonnes).

Cela dit, au contraire des Phéniciens et des Grecs, les Romains sont de piètres navigateurs, ils n'ont pas le goût des aventures commerciales et des explorations maritimes à la découverte d'opportunités exotiques. En revanche, les Romains sont d'extraordinaires bâtisseurs, ils aiment à investir dans l'immobilier et les esclaves. Cela génère des rentes dont la collecte est une activité sociale qui s'articule particulièrement bien avec le système de socialité du patronage. Ainsi, les plus riches sénateurs employaient usuellement leurs fonds, en outre de la levée des corps d'armée, en prêts aux villes de province, ou aux rois étrangers.

Bien sûr, il y avait des résistances au développement de la finance romaine. Déjà sous la République, la pratique de taux d'intérêt élevés était dénoncée comme étant une pratique d'usure par Caton le censeur. Reste que sous l'Empire, les institutions bancaires réalisent de massives opérations d'octroi

[1] Peut-être cette pratique aura-t-elle été une erreur de jeunesse de Jules César en son temps, qui explique la fin précipitée de son règne ?

de crédits sur la base de réserves fractionnaires. Des crises financières pouvaient donc survenir.

En 33 apr. J.C. par exemple, déjà troublé par des mauvaises récoltes et des révoltes fiscales dans les provinces de l'Empire[1], le règne de Tibère (de 14 à 37 apr. J.C.) sombre dans la crise financière suite au naufrage d'un important convoi d'or dans la mer Rouge. C'est qu'il eut pour conséquence de provoquer l'effondrement du prix des terres dans la péninsule italienne. Pour y remédier, la création d'un fonds hypothécaire de 100 millions de sesterces est décidée. Et l'empereur dut refinancer lui-même les banques en faillite par la frappe de dizaines de millions de sesterces mis à leur disposition pour éviter les ruées sur les réserves des banques.

Caligula, son successeur (de 37 à 41 apr. J.C.), fut comme on sait très occupé par ses affaires familiales ; et il ne montra, pour sa part, pas autant d'expertise dans l'art de mener des politiques économiques[2]. Bilan : il finit assassiné par la garde prétorienne[3].

Partant du Forum, la grande avenue (*altasimita*) menait aux résidences palatiales des collines alentour, avec leurs magnifiques jardins privés. Mais au demeurant, dans les bas-fonds de Rome, insularisés par la muraille sacrée de la République (*pomerium*), les rues des quartiers plébéiens étaient – au sens propre du terme – mal famées[4].

Dans le centre urbain, proche du Forum, le quartier des tavernes et des lupanars – appelé *sabura* – était tenu pour être la cour des miracles de la capitale : c'était pourtant là qu'un florissant commerce de boutiques de détail (*tabernae*) faisait prospérer la ville[5].

---

[1] En l'an 15 en Macédoine, puis en l'an 17 en Judée et en Syrie.

[2] C'est à lui qu'on doit l'un des plus fameux apophtegmes de la raison d'État antique : « *Oderint, dum metuant* » (« Peu importe qu'ils m'aiment ou qu'ils me haïssent, pourvu qu'ils me craignent. »).

[3] La garde prétorienne était un corps institutionnel créé par Auguste. Il va jouer systématiquement un rôle majeur dans les coups d'État et les usurpations du trône dans les siècles à venir (c'est notamment la garde prétorienne qui proclame Domitien au trône en 81). Et ce, jusqu'à Constantin qui les remplace par la garde palatine (*scholae palatine*), qui comprenait, notamment au cœur de son sein, une élite exceptionnelle de quatre *candidati* en tuniques blanches, qui formaient la garde personnelle du corps sacré du premier empereur chrétien.

[4] Ils étaient certes inclus dans le périmètre de la muraille d'Hadrien mais bien distincts des quartiers centraux du Forum. Pour pouvoir y circuler en sécurité, les gladiateurs affranchis formaient la réserve de recrutement pour les gardes du corps les plus prisés. Cela dit, pour l'escorte des magistrats détenteurs de l'*imperium*, il y avait un corps d'élite : les *lictores*. Ils précédaient les autorités dans la marche, porteurs des faisceaux de verges entourant une hache, symboles du pouvoir coercitif légitime. Quiconque leur barrant le chemin pouvait être légalement exécuté sur place.

[5] La densité de ce genre d'établissements de détail était habituellement plutôt élevée dans une ville romaine, cela allait d'un pour mille habitants à un pour cent.

Au début IIe siècle, pour renforcer les filières d'approvisionnement et la multiplicité des commerces de détails, Trajan fit construire au bord du Forum, sur le flanc de la colline Quirinal, un monumental centre commercial (*macellum traiani*) en forme de demi-hémicycle ouvert, surmonté d'arcades sur 6 niveaux de terrasses en gradins.

L'approvisionnement des boutiques se faisait en face. Sur l'autre rive du Tibre au sud de la ville, le port fluvial (*emporium*) fait le lien avec le port maritime d'Ostie plus en aval sur la côte. L'*emporium* est un ensemble de quartiers d'entrepôts et de greniers (*horrea*), où se déroulent les transactions du commerce de gros le jour, et les règlements de comptes la nuit[1].

L'autre embarcadère important dans la capitale se trouvait plus en amont au niveau du pont Sublicius : le *forum boarium*, le marché aux bœufs. C'était la plus ancienne place de marché de Rome. Et juste au-dessus plus au nord se trouvait les argilières, les ateliers artisans, les tanneurs, et les cimetières populaires du Vaticanum.

L'état civil romain

« Les maisons font la ville, les citoyens font la cité. »
Jean-Jacques Rousseau

La loi régule la plupart des aspects de la vie romaine. Et plus encore, dans la civilisation romaine, le droit civil romain institue la vie romaine (*vitam instituere*). Cela dit, son application implique le fonctionnement d'un système judiciaire.

Lorsqu'une affaire est portée en justice pour demander réparation, parmi les magistrats, le *praetor* préside la cour qui juge la plupart des affaires civiles. Au tribunal, le débat contradictoire y mène à la qualification des faits, et à l'établissement du jugement de la violation de la loi, sur la base de la charge de la preuve.

Dans le système juridique romain (qui fonde les systèmes juridiques modernes), la valeur de la preuve dans un litige – et notamment la crédibilité d'une parole aux yeux du juge représentant la justice du souverain – suit une logique archaïque de la valeur de vérité juridique : au premier titre de la valeur de vérité, on considère l'acte écrit (au mieux, authentifié par un officier de l'État ou par le secrétaire d'une autorité (*notarius*[2])), puis au deuxième titre

[1] Les entrepôts d'une cité romaine – dont une bonne partie était souvent enfouie dans la fraîcheur du sol – pouvaient occuper jusqu'à 20 % de sa surface. A Rome, à cet endroit, la décharge d'amphores usagées finira par former au fil des années une huitième colline dans la ville éternelle, une colline artificielle : Monte Testaccio.

[2] À partir du Ier siècle apr. J.C., le terme *notarii* désigne l'armée de secrétaires (esclaves ou hommes libres) attachés au service de l'empereur.

vient le témoignage oculaire (au mieux, effectué par des officiers de l'État investis de son autorité), et enfin vient le raisonnement déductif d'experts dont l'autorité est reconnue par l'État.

Dans ce cadre donc, l'*auctoritas*, l'autorité, c'est le droit d'être cru dans ce qu'on dit. C'est là que se joue l'enjeu de la hiérarchisation des statuts : car la hiérarchisation de la qualité de signature, de la crédibilité de la parole aux yeux du souverain, est l'enjeu principal de la hiérarchisation des statuts.

Dans le monde hellénique des cités-comptoirs maritimes, le problème de la reconnaissance de l'identité et de l'imposture était déjà intense. N'était-ce pas le problème de *L'Odyssée* en fin de compte, lorsque Ulysse, navigateur aux mille ruses, rentre chez lui à Ithaque ? Comment prouver que cette terre est la sienne ? Au-delà du témoignage de reconnaissance des proches, fondamentalement, c'est toujours à cet endroit que l'épreuve de la tessère vient résoudre le problème d'authentification de l'identité : une reconnexion de deux moitiés séparées jusque-là atteste de l'unité persistante du sujet originel et de ses propriétés essentielles attribuées. De retour dans sa maison face aux usurpateurs, l'homme, son fidèle compagnon au pied, et son bras armé aux côtés de son fils, tout est là, prêt : action !... Les imposteurs finiront dans un bain de sang et serviront d'exemple. Puis enfin, maintenant que le souverain s'est fait justice, retour à la paix. La clé a retrouvé sa serrure, et l'homme son identité.

Chez les Romains aussi, le souci de l'identité juridique est très important. L'usurpation de l'identité pouvait être passible de la peine de mort.

Dans la société romaine cosmopolite, les problèmes d'authentification de l'identité pouvaient se poser au premier titre pour la reconnaissance de la citoyenneté, mais aussi communément pour les transactions commerciales, les reconnaissances de dettes, les revendications de propriété ou d'héritage, le mariage, l'exercice des prérogatives du *pater familias*, et par définition les problèmes d'authentification se posaient pour toutes les activités juridiques.

Cela dit le système romain d'authentification de l'identité était très pragmatique. L'intensité de la preuve de l'identité devait simplement être proportionnée à l'importance de l'enjeu.

D'abord, pour des revendications de faible enjeu, la simple parole du requérant suffisait, pour peu que les signes qui la soutiennent soient réunis à la tribune : l'expression de la revendication en langue latine correcte, la désignation de sa propre personne (du latin *persona* : « le masque ») par la convention des *tria nomina* (*praenomen*, *nomen* (pour identifier la *gens*, la famille), et *cognomen* (le renom pour identifier le caractère ou la branche de la famille)), et puis, il fallait un usage vestimentaire approprié en fonction du statut (le port de la toge par un non citoyen est considéré comme une usurpation).

Dans ce cadre, le lien d'un créancier à un débiteur se faisait par un contrat verbal ou écrit engageant des paroles, ou au surplus, des jeux d'écriture (*stipulatio verbis*, *stipulatio litteris*). La stipulation scellant les engagements suivait un rituel de questions/réponses explicites et concordantes en présence des deux parties (Le créancier demandait : « *centum dare spondesne ?* » Le débiteur répondait : « *centum dare spondeo* ». (« T'engages-tu ? – Je m'engage. »)). L'engagement pouvait concerner par exemple un simple dépôt (*depositum*), un prêt (*commodatum*), une cession temporaire de propriété (*mutuum*), etc. Et les clauses de droit d'usage, de rémunération, d'usure ou de compensation pouvaient-être diverses et variées.

De manière commune, pour sceller les engagements on invoquait les divinités du serment[1] : les dieux-génies *Semo Sancus* (la fidélité, la garantie semée), *Dius Fidius* (la bonne foi), et la déesse-génie *Salus Semonia* (le salut, la sécurité, le bien-être de l'individu et de l'État)[2].

Ensuite, la situation litigieuse la plus commune est la revendication de propriété. Le droit de propriété recouvre trois dimensions qui peuvent faire problème :

– le droit d'exclure (enclore),

– le droit d'aliéner (certains biens sont inaliénables),

– le droit d'user (et de tirer fruit du bien, ainsi que d'en abuser et de la détruire (*usus*, *fructus, abusus*)).

Dans les transactions, la *mancipatio* (« prendre avec la main ») est le contrat par lequel la propriété d'un bien capital[3], tel qu'un esclave, un animal de trait, un chariot, ou un bâtiment, est transférée à autrui contre un paiement monétaire. La formalité était accompagnée de solennités. En présence de témoins citoyens et d'une balance symbolique, l'acheteur, en posant la main sur le bien (*res mancipi* : « chose qu'on prend par la main »), déclarait : « Par le droit des Quirites (*populus romanum*), j'affirme que ce bien est mien, acquis par moi [*tria nomina* identifiant] avec cette pièce et cette balance. » Puis il frappe la balance de sa pièce, et il l'offre en symbole de paiement au vendeur. Ensuite l'échange est concrètement effectué, ce qui clôt la transaction.

Pour des enjeux plus conséquents, le témoignage de tiers citoyens romains venait soutenir l'authentification de l'identité.

---

[1] Les Semones, qui avaient le même statut religieux que les Pénates (les esprits du foyer) ou les Mânes (les fantômes des défunts).

[2] Le temple de cette dernière fut consacré à Rome dès la fin du IVe siècle av. J.C. Son culte était souvent célébré en association avec celui de *Fortuna* (la chance) et de *Spes* (l'espoir), et quelquefois associé à celui d'*Hygie* (fille d'Asclépios, déesse de la santé préventive, de la propreté, de l'hygiène). Ainsi, le plus souvent, les empereurs romains se faisaient frapper des aureus avec leur face de profil sur l'avers, et *Salus* au revers.

[3] Étymologiquement, de *capita* : « à la tête ».

Ainsi, la cooptation patronale pouvait venir accréditer en sus la parole de l'individu (du latin *individuum* : « le non séparé, l'indivisé »). Cela s'inscrivait dans un système de clientélisme politique normal dans la Rome antique (*patrocinium*) : chaque plébéien s'affiliait à un patricien protecteur contre une assistance financière (*portula*), et par conséquent il lui devait en retour de le suivre (*salutatio*) et de le soutenir dans ses charges et activités politiques publiques (*dignitas*)[1]. Ensuite, l'ensemble des clients d'un patron pouvaient former une faction, un faisceau.

L'intermédiation des femmes pouvait jouer un rôle essentiel dans ce système, car les liens de patronage pouvaient durer à travers les générations, ce qui assurait de fortes loyautés. Ainsi, tout comme il était bien vu pour un citoyen d'affranchir quelques-uns de ses esclaves méritants après sa mort, il n'était pas rare qu'un client mentionne son patron parmi ses légataires post-mortem[2]. D'ailleurs, très clairement, le mécénat finançant les arts et les sciences faisait partie du système de patronage.

Bref, plus le patron était prestigieux, plus la confiance accordée à la parole de l'individu affilié était grande. Ainsi, dans la plupart des activités, il était tout à fait banal d'user de lettres de recommandation frappées du sceau d'une autorité tutélaire.

Au plus haut niveau, les patriciens entre eux entretiennent aussi des relations de clientélisme. Le Sénat, à défaut d'être une aristocratie légitime, est une ploutocratie bien ordonnée ; mais lorsque les conflits entre factions de patriciens dégénéraient en guerre civile, le régime de la République se dotait d'un dictateur pour imposer l'ordre public.

Plus tard, sous l'Empire, on appelle *beneficium* le soutient patronal accordé par l'empereur lors de son accès au pouvoir à ses propres clients politiques subordonnés : sénateurs, chevaliers, préteurs, gouverneurs de provinces, préfets, officiers militaires, etc.

Et c'est par extension de la logique patronale que l'évergétisme impérial s'est développé : donner du pain et des jeux au Colisée, c'est une faveur bienveillante de l'empereur pour le peuple, exhibée à tout le peuple, ça exprime le patronage direct de l'empereur sur toute la plèbe. Le spectacle exhibe la justice *ad gladium* du souverain (par le glaive). Le Peuple s'y représente en spectacle à lui-même, en bon ordre : aux places de prestige (*podium*) les magistrats, ensuite aux premiers rangs les chevaliers, en seconde

---

[1] Dans la période républicaine tardive notamment, ce système a été particulièrement utilisé au niveau diplomatique par de puissants patriciens sénateurs ou consuls (comme Pompée par exemple) pour s'allier des rois étrangers. Par exemple, alors qu'il était questeur, Jules César se fit patron de la ville d'Hispalis dans la Bétique, qu'il favorisa afin de s'assurer de l'approvisionnement des extraordinaires ressources d'olive et de minerai d'argent dont regorgeait la région. Mais durant la guerre civile de César (en 49 av. J.C.), la cité le trahit et s'allia avec Pompée.

[2] Par ailleurs, lors des funérailles, il était d'usage de sacrifier une truie en victime au temple de Cérès (déesse de l'agriculture et de la croissance), afin de purifier la famille.

classe les citoyens, en troisième la plèbe et les esclaves, et tout en haut au fond en retrait sous les travées (*maesianum summum in legneis*) les femmes qui d'aventure viendraient assister aux évènements. Chaque domaine avait ses propres voies d'accès et ses portes d'entrée, et à chaque place était lié une tessère particulière pour y accéder. Ces tickets d'entrée numérotés étaient émis par l'organisateur des jeux (*editores*), et pouvaient servir de proto-monnaie dans des trafics intenses.

En temps normal, les jeux avaient lieu une fois par mois. Les rivalités internes du clientélisme trouvaient ainsi un lieu en jeu pour se représenter. Ça occupait.

Et finalement, les enjeux les plus importants et les activités strictement juridiques nécessitaient le recours au système administratif d'état civil (*tabularium publicum*), qui enregistrait les naissances déclarées (*professio*), sous 30 jours et avec 7 témoins. Des certificats de naissance (c'est-à-dire, des certificats de natalité romaine) rédigés sur des tablettes de cire pouvaient être délivrés. Et après un nombre d'années spécifié, à l'adoption de la toge virile (entre 14 et 18 ans), l'administration réalisait le contrôle de l'identité citoyenne lors de la conscription militaire ; cela se faisait en fait, de manière tout à fait similaire aux Grecs.

Tous les actes écrits sont consignés sur des tablettes de bois enduites de cire (*tabella*). Éventuellement, on pouvait en confier la rédaction à des écrivains publics (*tabellion*). Certains étaient spécialisés dans les actes juridiques pour les transactions commerciales. La description des termes de la transaction était alors précédée de la mention : « *Lex est quodcumque notamus* » (« Ce que nous écrivons fait loi »).

Cela dit, pour qu'un acte juridique puisse faire l'objet d'un recours devant un tribunal, il fallait qu'il soit enregistré par un magistrat chargé de la conservation des archives (*tabularius*).

Ainsi, avec les siècles qui passent, la bibliothèque d'archives s'enracine dans la cité en faisant rayonner la portée de l'œil du pouvoir à travers les générations. Les chroniques et récits officiels (*libri lintei*), qui s'entassaient aux côtés des livres de comptes et des listes d'état civil (*tabulae censoriae*), formaient comme un écrin contextuel serré qui venait instruire dans l'actualité les jugements de valeur statutaires lors de litiges (*parem vindictam* : « violence (représailles) de même rang (de même valeur) »). Dans des sociétés d'inégalités de naissances, les généalogies statutaires s'authentifiaient de la sorte.

Plus tard, dans le Bas-Empire, à partir du IIIe siècle les inégalités de la société romaine se polarisent en deux grands ordres séparés juridiquement : les *honestiores* et les *humiliores* (l'élite et les humbles).

Par ailleurs, s'ils ne devenaient pas citoyens mais restaient résidants, les esclaves affranchis étaient tenus de pouvoir s'identifier (*non figitivus*) par leur enregistrement dans un recensement spécifique (*tabella manumissionis*).

De manière générale, la famille romaine n'est pas une famille nucléaire. Sous l'autorité du *paterfamilias* et de sa femme (*matrona*), se trouvent subordonnés[1] ses enfants, et puis les esclaves de la maison ainsi que leurs enfants[2]. Une famille pouvait donc juridiquement compter des centaines de membres sous la responsabilité d'un seul nom. D'ailleurs, il était d'usage d'afficher les représentations des ancêtres de la famille, ainsi que les mémoires de leurs accomplissements dans l'*atrium* de la maison (la cour intérieure, ouverte au ciel et à la clientèle).

Dans la maison, pour ce qui est de la fonction fondamentale de perpétuation des générations, le taux de mortalité infantile varie selon les époques de 30 à 50 %. Ensuite, survivant à la mortalité infantile, un romain avait une espérance de vie moyenne autour de 40-50 ans. Ainsi de nombreuses divinités mineures étaient mobilisées autour de la natalité[3].

Après la naissance, le bébé était présenté au *paterfamilias*, posé au sol dans la pièce principale de la maison, pour obtenir reconnaissance. Si le *paterfamilias* se détourne sans un mot, le nouveau-né était donné aux esclaves (et son existence tombait dans l'insignifiance, sous les radars de l'histoire). Et par contre si le bébé était salué par le père, une semaine après sa reconnaissance, la venue de l'enfant dans la famille était célébrée. L'aîné des garçons recevait le nom de son père[4].

L'enfance dure jusqu'à 7 ans, âge où toutes les dents de lait sont tombées. Et comme le lait est supposé transmettre les vertus, il est attendu des mères qu'elles s'occupent elles-mêmes de leurs enfants[5]. À partir de là, les enfants des familles patriciennes sont confiés aux soins d'un précepteur (*pedagogus*), et le port de la toge prétexte bordée de pourpre (comme celle des consuls) est de mise pour les jeunes citoyens, jusqu'à leurs 17 ans. Alors, ils revêtent la toge virile, entièrement blanche, qui signale leur pleine responsabilité[6]. Pour

---

[1] Le *dominion* est pour les Romains la forme archaïque de relation sur le modèle de laquelle se fonde le droit de propriété en général, comme droit de disposer des choses, parfaitement extrinsèque à tout principe de droit d'usage.

[2] En cas de meurtre d'un maître par son esclave, il était d'usage d'exécuter tous les esclaves de la maison. On appelle *familia* l'ensemble des esclaves d'une maison, et on désigne spécifiquement comme *famulus* un esclave domestique.

[3] Par exemple, *Vaticanus* était le dieu du cri primal, *Volupia* la déesse des plaisirs excessifs, etc.

[4] Cela dit, l'ensemble des prénoms romains était plutôt réduit : Appius, Faustus, Gaius, Gnaeus, Lucius, Marcus, Publius, Titus, et ils pouvaient tout simplement numéroter la fratrie (5e, 6e, 7e, etc.) : Quintus, Sextus, Septimus, Octavius, Decimus…

[5] Il est également attendu d'une bonne épouse qu'elle habille elle-même son mari, car la qualité de la tenue d'un homme honore sa femme.

[6] Les adolescents sont souvent décris comme tiraillés par des folies tenaces et des désirs impétueux qu'il faut canaliser. À cette fin, les punitions physiques sont la norme dans l'éducation romaine. Par ailleurs, les filles sont formées à la fonction matronale et aux amusements. Cela dit, un pédagogue surpris à avoir des relations sexuelles avec une élève s'expose à la condamnation à mort de lui et de la fille par le *paterfamilias* concerné.

le reste, les familles plus modestes instruisent par elles-mêmes leurs enfants en les mettant au travail.

Pour l'héritage, à partir du Bas-Empire, le modèle familial nucléaire égalitaire s'institue progressivement : par ses règles de legs égaux entre les enfants, garçons et filles, autonomisés à un âge plutôt précoce. Donc, sorti de la noblesse et de ses règles de primogéniture patrilinéaire utilisant les garçons comme vecteur de conservation des biens patrimoniaux, les valeurs d'égalité entre pairs, et de libéralité par rapport aux ascendants, participent depuis cette époque de la formation des individus sociaux européens.

Les Romains poussèrent à travers le temps la sophistication administrative du système d'identification : en le liant avec le système fiscal de recensement, en réalisant des rouleaux de listes tribales (d'où la convention des *tria nomina* dans laquelle le nom permet d'identifier la lignée d'appartenance (*gens*)), et en produisant une périodicité de révision administrative quinquennale. Le procurateur du censeur élu de chaque circonscription était en charge de cette administration. Et le Sénat vérifiait les comptes du censeur tous les 5 ans. À certaines périodes, les registres pouvaient être intégralement remontés au centre administratif de la capitale pour être rigoureusement compilés et archivés dans le trésor public (*aerarium*), entreposé dans le temple de Saturne au cœur même du Forum[1]. L'économie de l'État et la spiritualité de l'État sont liées : les fonctions de Rome sont sacrées.

Cela dit, à d'autres périodes, ou bien aux périphéries de l'Empire, l'état civil était une ressource administrative inaccessible. En ces cas-là, l'organisation des activités par la civilité se repliait et laissait place à l'organisation des activités par l'ordre militaire.

Ainsi, dans le cadre de la civilité romaine établie, les marchands et artisans se réunissent en corporations (*collegium mercatorum*) afin de mieux réguler les usages de leurs activités, de réaliser leurs affaires en toute confiance, et de représenter les intérêts de leurs branches auprès du pouvoir politique.

Les membres de la confrérie instituée œuvrent à assurer la sécurité des transports de marchandises. Et ils se promettent assistance mutuelle en cas d'évènement catastrophique. L'entité disposait en effet d'une personnalité juridique propre qui lui permettait de détenir des biens en son nom, d'organiser des liturgies religieuses spécifiques, et de mener des actions en justice devant les tribunaux. Les relations de clientélisme/patronage assuraient la cohésion de l'ensemble.

Cela dit, manifestement, ces corps intermédiaires n'avaient pas en eux-mêmes une consistance suffisamment robuste pour leur permettre à eux seuls d'assurer la continuité de l'Empire au-delà des troubles politiques qui provoquent son effondrement au tournant du Ve siècle après J.C.

---

[1] Saturne : dieu du temps, de la richesse et de l'abondance.

De sorte qu'à partir de l'effondrement de l'Empire romain et pendant quelques siècles à venir, les routes de commerce en Europe occidentale vont devenir beaucoup trop dangereuses pour permettre la continuation des circulations le long des chaînes d'approvisionnements à longue distance qui, justement, caractérisaient l'existence de la souveraineté impériale.

Avec l'effondrement du pouvoir impérial à Rome, c'est toute la société civile romaine occidentale qui s'est disloquée…

Revue « Marché et Organisations »

Promouvoir la recherche originale sur les relations de plus en plus étroites entre le marché et les organisations. Les acteurs économiques de taille, de puissance et de pouvoir différents dont les intérêts peuvent être convergents, complémentaires ou, le plus souvent, antagoniques, ont tendance à organiser les marchés. La raison du marché, pourtant, est la référence stratégique pour l'entreprise ainsi que pour les institutions publiques de décision économique.

N°6 : Entrepreneuriat et accompagnement. Outils, actions et paradigmes nouveaux, 2008
N°7 : Développement durable des territoires. Economie sociale, environnement et innovations, 2008
N°8 : Développement durable et responsabilité sociale des acteurs, 2009
N°9 : Gouvernance : exercices de pouvoir, 2009
N°10 : Le travail collaboratif. Une innovation générique, 2009
N°11 : Economie sociale et solidaire. Nouvelles trajectoires d'innovations, 2010
N°12 : Relations à la marque et marques de la relation. Regards croisés sur le management relationnel de la marque, 2010
N°13 : Les contrats au service de la recherche ?, 2011
N°14 : Le potentiel économique de l'Afrique subsaharienne, 2011
N°15 : Management de la distribution, 2012
N°16 : Territoire Vert. Entreprises, Institutions, Innovations, 2012
N°17 : Eco-conception, conception et innovation. Les nouveaux défis de l'entreprise, 2013
N°18 : Intelligence économique : entreprises et territoires, 2013
N°19 : La finance globale. Un monde fini, 2013
N°20 : La crise du « développement », 2014
N°21 : La Chine innove. Politiques publiques et stratégies d'entreprise, 2014
N°22 : Go East! Nouvelles Economies de Marché, 2015
N°23 : L'économie du changement, 2015
N°24 : Le temps des artisans. Permanences et mutations, 2015
N°25 : Innovations de proximité et esprit d'entreprise, 2016
N°26 : L'avenir des économies du Maghreb : entre inertie structurelle et envie de rupture, 2016/3 (n° 27)
N°27 : Le sport aux frontières du marché du travail, 2016
N°28 : Dynamiques internationales des entreprises, 2017
N°29 : L'univers du risque, 2017
N°30 : Les petites entreprises dans l'histoire industrielle, 2017
N°31 : Economie sociale et *social business* ? Au défi d'entreprendre et se financer, 2018
N°32 : Éducation et fertilisation des économies africaines, 2018
N°33 : L'entrepreneuriat innovant dans les pays du Maghreb, 2018
N°34 : L'entrepreneuriat scientifique : institutions et innovation, 2019
N°35 : Le champ économique de la culture, 2019
N°36 : Economie sociale et solidaire ? Modèles d'innovation et modes de gouvernance, 2019
N°37 : Rethinking Luxury Business, 2020
N°38 : La santé connectée. Nouvelles technologies et réorganisation des soins, 2020
N°39 : Options stratégiques et systèmes complexes d'innovation, 2020
N°40 : Les services : intégration des systèmes productifs et lien social, 2021
N°41 : Crise pandémique, crise globale. Réalité et controverses théoriques, 2021
N°42 : La crise de la covid-19. Le marché et les organisations en perspective, 2021
N°43 : (Re)faire système. *Bug & reset*, 2022
N°44 : Aléas du marché et management du risque, 2022
N°45 : Le renouveau du transport et de la logistique : les systèmes d'information, 2022
N°46 : Entrepreneuriat et innovation dans l'enseignement supérieur, 2023
N°47 : Le tourisme créatif. Culture, créativité, patrimoine, management, 2023
N°48 : L'Afrique : questions de performances, 2023
N°49 : *Fintech* en sciences du management, 2024

https://www.cairn.info/revue-marche-et-organisations.htm

Collection « L'esprit économique »
fondée par Sophie Boutillier et Dimitri Uzunidis en 1996

Dernières parutions

► ***Série Economie et Innovation***
Y. EL YAHYAOUI, *Economie des plateformes numériques. Captation de la valeur, pouvoir de marché et communs collaboratifs*, 2021.
G. DUTHIL, *Handicap et insertion professionnelle*, 2022.
T. MICHAUD, *La science-fiction institutionnelle*, 2023.
M. TOMAS, *Gouvernance territoriale et développement économique au Maroc : l'opportunité d'une étude économétrique*, 2025.
► ***Série Le Monde en Question***
O. MUMBERE MUHONGYA, *Efficacité de l'aide publique au développement. Question de la qualité des données*, 2024.
M. CAMARA, *Être ministre de l'Économie et des Finances de la République de Guinée*, 2024.
R. A. OBAM NLONG, *Du franc CFA à l'Afrix : la nécessaire refonte du Fonds Monétaire Africain*, 2024.
A. N. BASAHAG, *La réforme budgétaire dans les États de la Communauté économique et monétaire d'Afrique centrale (CEMAC)*, 2025.
A. OUCHEN, *Analyse des crises financières de grande ampleur : étude économétrique de contagion*, 2025.
O. S. AWAL, *Dette publique et développement au Cameroun : outils, stratégies et souveraineté économique*, 2025.
M.-C. DJIENA WEMBOU, E. B. AKONO, *Réformes économiques et financières en Afrique centrale : bilan et perspectives*, 2025.
E. FAKABA SISSOKO, *L'État, le marché et la fragilité : dynamiques croisées de l'investissement public et privé dans l'Alliance des États du Sahel (AES)*, 2025.
► ***Série Krisis***
G. MINART, *Condorcet économiste : un libéralisme économique au service du bien public*, 2023.
A. MANRAY, *Petit traité de gouvernance à l'usage des despotes éclairés*, 2024.
B. LANDAIS, *Théorie générale de la croissance économique et du développement*, 2024.
V. SOYER, *Critique de la théorie contemporaine de la valeur*, 2024.
E. CARREY, H. LANDIER, *De l'économie financière à l'économie du sens et du soin*, 2025.
► ***Série Clichés***
B. S. BONBON, *Géométrie parabolique tridimensionnelle ou perspective parabolique*, 2023.
S. BOUTILLIER, B. LAPERCHE, S. T. K. LE, *Ports industriels en transition : De l'économie circulaire à la décarbonation*, 2024.
B. HAGIARIAN, *En route vers le capitalisme*. Suivi de *Qu'est-ce qu'un supermarché ?*, 2025.
► ***Série Cours Principaux***
Y. KEHO, *Introduction à l'économétrie appliquée sous EVIEWS, Rappels de cours et illustrations pratiques*, 2023.
K. AMZILE, *Intelligence artificielle et modélisation du risque de crédit*, 2023.
B. LANDAIS, *Macroéconomie. Les fondamentaux*, 2024.
A. KATFI, O. EL MNOUER (dir.), *Mathématiques financières. Cours d'initiation et exercices corrigés*, 2024.
J. NGONGO NGOY, *Manuel d'analyse financière*, 2024.
H. GUENICHI, *Analyse avancée de données de panel : aperçu du cadre théorique et applications avec Stata et R*, 2025.
Y. KEHO, F. B. DOUCOURE, *Économétrie des données de panel : rappels de cours et applications avec Stata*, 2025.
► ***Série L'économie formelle***
J.-P. ROSELLO, *Marchés financiers, capital financier et crises systémiques*, 2024.
J.-L. VILLOUTREIX, *L'eau coule à Aguad : un conte économique*, 2024.
B. MEUNIER, *L'insoutenable dette publique de la France*, 2024.
J. LATREILLE, *Le PIB, ou la mesure de notre démesure*, 2024.
C. MEIDINGER, *Controverses macroéconomiques contemporaines*, 2024.
J.-M. RUFFIE, *La loi de l'offre et du besoin : décrocher de la demande*, 2025.
J.-N. COTTIER, *Les financières de l'immobilier locatif : SCPI, OPCI (SPPICAV et FPI) et SIIC*, 2025.

Structures éditoriales du groupe L'Harmattan

L'Harmattan Italie
Via degli Artisti, 15
10124 Torino
harmattan.italia@gmail.com

L'Harmattan Hongrie
Kossuth l. u. 14-16.
1053 Budapest
harmattan@harmattan.hu

L'Harmattan Sénégal
10 VDN SICAP AMITIE 3
BP 45034 Dakar-Fann
direction@senharmattan.com

L'Harmattan Cameroun
Tsinga/Derrière polyclinique FECAFOOT
BP 11486 Yaoundé
Jacques.koukam@harmattan.fr

L'Harmattan Burkina Faso
Villa 281, secteur 23 623, rue 14.32
Ouagadougou
zagbie@outlook.fr

L'Harmattan Guinée
Almamya, rue KA 028 OKB Agency
BP 3470 Conakry
harmattanguinee@yahoo.fr

L'Harmattan RDC
185, avenue Nyangwe
Commune de Lingwala – Kinshasa
matangilamusadila@yahoo.fr

L'Harmattan Congo
219, avenue Nelson Mandela
BP 2874 Brazzaville
deunovmikhael@gmail.com

L'Harmattan Mali
Immeuble Mgr Jean Marie Cissé
Aci Hamadallaye
BP 145 Bamako
syllaka@yahoo.fr

L'Harmattan Togo
Djidjole – Maison Amela
face EPP BATOME
02 BP 20680 Lomé
didieramela11@gmail.com

L'Harmattan Côte d'Ivoire
Résidence Karl – Cité des Arts
Abidjan-Cocody
03 BP 1588 Abidjan
harmattan.ivoire@gmail.com

L'Harmattan Bénin
Rue 604, (Immeuble à l'entrée
de la rue UCAO- Cite de Saint-Jean)
Cotonou
stepcorpus@gmail.com

Nos librairies en France

Librairie internationale
16, rue des Écoles
75005 Paris
librairie.internationale@harmattan.fr
01 40 46 79 11
www.librairieharmattan.com

Librairie des savoirs
21, rue des Écoles
75005 Paris
librairie.sh@harmattan.fr
01 46 34 13 71
www.librairieharmattansh.com

www.ingramcontent.com/pod-product-compliance
Lightning Source LLC
LaVergne TN
LVHW011454061026
849535LV00004BA/1082